철학자의
진로 내러티브

진로구성주의 관점에서 12명 철학자의 진로와 철학 이해

철학자의 진로 내러티브

진로구성주의 관점에서
12명 철학자의 진로와 철학 이해

인쇄 1쇄 인쇄 2021년 2월 20일
발행 1쇄 발행 2021년 2월 25일

지은이 | 이종주
그린이 | 이은소
펴낸이 | 김태화
펴낸곳 | 파라아카데미 (파라북스)
기획편집 | 전지영
디자인 | 김현제

등록번호 | 제313-2004-000003호
등록일자 | 2004년 1월 7일
주소 | 서울특별시 마포구 와우산로29가길 83 (서교동)
전화 | 02) 322-5353 팩스 | 070) 4103-5353

ISBN 979-11-88509-43-0 (03100)

철학자의
진로 내러티브

이종주 지음

진로구성주의 관점에서 12명 철학자의 진로와 철학 이해

파라아카데미

우리는 현재 인수공통감염증인 코로나19 바이러스의 전 세계적 확산 이후 불어 닥친 엄청난 도전과 시련을 겪고 있는 중이다. 코로나19는 전세계 보건재난의 위기이면서 동시에 경제사회적 재난의 위기이다. 개인차원에서 보면 코로나19로 인해 가장 긴급한 것은 방역의 생활화뿐만 아니라 자신이 현재 몸담고 있는 직장이나 하고 있는 일에서 업무환경의 변화에 적응하는 것이다. 나부터도 지난 1년간 실시간 온라인 비대면 방식으로 학생들을 가르쳐야 하는 상황에서 온라인 시공간 속에서 소통하는 법에 익숙해져만 했다. 이미 온라인 시공간에 익숙해 있던 학생들에게도 Zoom이나 Meet를 활용한 실시간 소통방식은 새롭고 낯설다.

많은 업종이 코로나19로 인한 사회적 방역시스템 때문에 크나큰 타격을 입었다. 대기업이나 대학가 혹은 관공서의 경우와는 달리 소상공업에서는 구조조정 바람이 불면서 수많은 사람들이 해고되었다. 또한 다른 어떤 나라보다 자영업 비율이 높은 우리나라의 경우 많은 자영업을 하는 사람들은 손님이 끊겨 인건비는 어떻게 줄여보지만 조물주보다 위에 있다는 건물주의 임대료 횡포 앞에서 살길이 막막해지고 있다. 물론 이런 새로운 지구적 위기상황이 어떤 업종에게는 커다란 기회가 되기도 했다. 특히나 본래 온라인 거래를 중심으로 하던 아마존,

넥슨 등의 온라인, IT 게임업종의 경우 주가가 폭등했다고 하며, 우리나라의 경우 배달, 택배수요가 폭발적으로 증가했다고 한다.

그러나 코로나19 확산 이전에 이미 직업심리학자나 진로상담가들은 21세기 디지털 시대 진로환경의 급변과 그에 대한 대처에서 새로운 관점의 변화를 주장해왔다. 대표적인 직업심리학자이며 제3세대 진로구성주의 상담이론을 주도하고 있는 마크 사비카스Mark Savickas는 다음과 같이 말한다.

21세기는 유연한 일의 형태와 유동적인 조직으로 재배치되면서, 미래를 계획하고 자신의 정체성을 확립하고 관계를 유지하는 데 '일'로 인하여 불안과 불안전성을 경험하게 되었다. 이에 따라 사회적 정체성과 자기 개념을 유지하면서 일생의 직업변화를 조정해 나가는 문제를 제기하고 있다. 비고용 형태의 과업중심적 일dejobbing or jobless work은 평생직장의 개념을 단기 프로젝트로 전환, 프로젝트의 완성을 필요로 하는 다양한 고용주에게 서비스와 기술을 제공하는 커리어 관점을 요구하며, 유동적인 커리어 형태로의 변화는 진로 상담의 형태 변화를 요구하고 있다. 디지털 혁명은 안정된 조직 내에서 커리어를 발전시키기보다는 개인이 자신의 커리어를 스스로 관리하도록 요구하며, 개인이 일생의 직업 변화를 어떻게 조정해야 하는가에 대한 새로운 질문을 제기하며, 이 질문에 대한 하나의 대답으로 진로 구성 이론이 부각되고 있다.

– M. L. 사비카스, 『커리어 카운슬링』

  사비카스는 일의 유연성과 조직의 유동화에 따라 자신의 정체성, 자기 개념을 유지해나가면서도 직업변화를 조정해나가는 문제의 긴급함을 강조한다. 단순히 환경변화에 맞춰 적응해 나가는 것만이 중요한 것이 아니라 자신의 사회적 정체성을 유지하면서 혹은 성숙시켜 나가면서 변화에 적응해야 한다는 것이다. 현대는 더 이상 적성이나 흥미에 맞는 직장을 구하는 것만이 혹은 안정된 조직 내에서 나의 커리어를 발달시켜 나가는 것만 중요하지 않다. 개인이 스스로 자신의 진로를 관리하고 급변하는 직업환경(진로전환, 업무변환, 진로트라우마 등)을 조정해나가면서 자신의 정체성을 구성해 나가는 것이 더 중요하다.

  사비카스의 진로구성주의가 다른 직업심리학이나 상담심리학과 구별되는 점은 바로 개인의 정체성을 스스로 만들어나가면서 자신의 삶의 주제에 대한 철학적 성찰을 요구하고 있다는 점이다. 사실 나에게 철학과 심리학은 개인적인 지적 호기심을 넘어 그때마다 내 삶의 수많은 에피소드들 속에서 나의 심리내적 역동과 사회적 조건들의 상호작용에 대한 성찰과 능동적 대처를 위해서 불가결한 것이다. 어떻게 보면 진로, 직업과는 가장 동떨어져 보이는 철학이 진로의 의사결정에서 중요하다고 역설하는 사비카스의 진로구성주의는 평소에도 철학과 심리학의 관계에 대한 관심을 많이 갖고 연구해왔던 나에게 철학을 진로구성주의 관점에서 다시 재구성해보고 싶은 동기를 심어주었다.

진로구성주의는 진로에서 성공보다는 의미를 더욱 중시한다. 다시 말해 정체성에서 중요한 것은 성공이 아니라 의미와 가치이다. 이미 1990년대 이후 새롭게 등장한 마틴 셀리그만의 긍정심리학에서도 행복에서 기쁨이나 즐거움과 같은 감각적 긍정정서보다 감사, 용서, 만족, 낙관 등과 같은 긍정정서가 중요하며, 이런 긍정 정서는 개인의 도덕적 강점과 미덕으로서 지혜와 지식, 용기, 사랑과 인간애, 정의감, 절제력, 영성과 초월성과 깊은 관련이 있음을 밝힌 바 있다. 긍정심리학은 진로에서도 단순한 부와 명성이라는 직업적 성공이 아니라 의미와 가치가 진로만족과 행복에서 결정적인 요소임을 강조한다. 이것은 생업이나 전문직보다 천직이 갖는 중요성과도 연결된다. 우리가 알고 있는 동서양의 고대부터 현대까지 많은 철학자들은 사실 성공한 삶을 산 사람들이라기보다는 삶의 의미와 가치를 누구보다도 고민하며 성찰하며 실천해온 사람들이다. 또한 그들의 철학은 자신의 생업과 전문 직, 천직과 관련해 고민과 성찰을 해온 결과물이라고 말해도 과언은 아니다. 왜냐하면 자신의 진로 고민 속에서 자신의 철학이 형성되었고 또한 그러한 철학이 자신의 진로에서 성숙과 적응, 나아가 자신의 캐 릭터인 성격의 변화까지 이끌어내었기 때문이다.

  이런 점에서 지금 진로와 관련해서 고민하는 사람, 전공에 대해 고민 중인 대학 1~2학년생, 취업을 고민 중인 졸업생, 취업 후 적응 때문에 고민 중인 직장인, 직장 내 적응의 어려움으로 직업전환을 고민 중인 직장인, 구조조정으로 퇴사하면서 새로운 직업을 구해야 하는 퇴직자, 정년 후에도 긴 노후 동안 일을 하며 자신과 가족, 사회에 기여하고 싶 어 하는 노년에 이르기까지, 단순히 지적 호기심이나 교양차원이 아니 라 자신의 진로정체성을 재성찰해볼 수 있는 중요한 방법으로 철학자 들의 진로고민과 성찰의 이야기는 의미가 있을 것이다.

  나는 재직 중인 대학의 철학교양 과목인 〈즐거운 철학이야기〉 강좌 를 6년간 맡으면서 철학과 진로의 관계를 대학생들에게 강의해왔다. 이 강의는 사비카스의 진로구성주의 관점에서 철학자의 생애와 철학 을 그들의 진로 내러티브 속에서 고찰하는 방식으로 진행되었다. 나는 단순히 학점을 따기 위해 혹은 지적 호기심으로 철학과목이나 교양과

목을 수강하려는 학생들에게 어떻게든 철학에 대한 관심을 넘어 철학 공부에 대한 실제적인 동기부여를 해보기 위해 철학과 진로문제를 연결시켜보려고 노력해왔다. 그런 점에서 이 책은 6년 동안 가르친 학생들과의 교류와 소통 속에서 만들어진 결과물이다.

프롤로그를 마무리하면서 두 분의 스승과 한 명의 제자에게 감사의 말씀을 전하고 싶다. 나의 상담심리학 박사논문 지도교수로서 나에게 진로구성주의를 소개하며 학문적 도움과 지지를 해주신 경북대학교 교육학과 김진숙 교수님께 감사의 말씀을 전하고 싶다. 또한 철학박사 논문 지도교수로서 발달심리학과 현상학의 학제 간 연구를 누구보다 격려해주시고 철학적 통찰을 주신 서울대 철학과 이남인 교수님께도 감사의 말씀을 전하고 싶다. 끝으로 젊은 날 진로 모색 중에 내 강좌를 수강하면서 본래 사회학을 전공했지만 철학으로 전공을 바꾼 이은소 학생에게 고맙다는 말을 전한다. 은소는 나에게 12편의 멋진 철학자 삽화를 그려주었다.

차례

진로구성주의 관점에서
철학자의 진로고민을 이해하기

1. 철학의 아이러니

책의 제목에 대해서부터 이야기를 시작해보자. 이 책은 우선 철학기초를 위한 강좌교재로서 주로 기존에는 『철학개론』이라고 불렸다. 그런데 마치 『철학개론』이라고 하면 이를테면 『경제학개론』이나 『물리학개론』처럼 소수의 잘 정의된 핵심 기본개념과 원리와 체계적인 이론을 갖춘 학문영역으로서 철학에 대한 기초적인 이해를 돕는 책이라고 할 수 있다. 사실 『경제학개론』 혹은 『물리학개론』과 같은 사회과학이나 자연과학은 그런 소수의 핵심 개념과 원리가 존재하고 이를 기반으로 하는 주요 영역별 이론체계가 잘 갖추어진 학문이다. 반면 철학은 벌써 서양철학과 동양철학으로 나뉘어져 있고 영역별로도 세분화되어 있다. 게다가 철학자마다 철학에 대한 정의가 달라서 각 철학영역 간의 공유할 수 있는 이론은 고사하고, 기본 개념이나 원리도 거의 없다고 말해도 과언이 아니다.

그런데 철학의 역사와 경제학이나 물리학의 역사를 비교해보면 이런 현상이 참 이상하다. 경제학이 18세기 말 아담 스미스 때부터 시작되었다고 본다면 대략 200년 이상이 지났고, 물리학이 17세기 중엽 아이작 뉴턴 때부터 시작되었다고 본다면 대략 300년 이상이 지났다고 볼 수 있다. 반면 철학은 서양철학이든 동양철학이든 기원전 6세기 경 그리스 이오니아 지역의 탈레스 혹은 중국 춘추시대 노나라의 공자에서 시작되었다고 본다면 거의 2600년 이상이 지난 학문이다. 200~300년밖에 지나지 않은 경제학이나 물리학은 학문체계가 잘 자리 잡혀 있는데 2600년이나 된 철학은 학문체계가 여전히 자리 잡혀 있지 않은 게 너무 아이러니하지 않은가?

이런 아이러니를 이해하기 위해서는 철학이라는 학문이 물리학이나 경제학과 같은 학문과 근본적으로 다른 본성을 갖고 있다는 점을 알아야 한다. 비록 물리학이나 경제학은 각자 자연현상과 경제현상을 다루고 있고 이런 자연현상과 경제현상은 우리가 매일 매일 경험하는 일상이다. 그만큼 물리학이나 경제학이 다루는 주제는 우리의 삶과 너무나 밀접하게 관련을 맺고 있다. 그러나 실제로 물리학이나 경제학을 제대로 공부하려고 하면 미적분이나 통계, 확률과 같은 고난이도 수학을 어느 정도 알아야 한다. 왜냐하면 물리학이나 경제학은 우리의 삶과 밀접한 관련을 맺는 자연적, 경제적 현상 그 자체의 이해를 목표로 하는 것이 아니라 이런 현상들의 분류·설명·예측·통제를 목표로 하며, 경험적 현상들에 대한 추상화 과정을 통해 조작적 정의 하에서 측정 가능한 변인들과 수학적으로 공식화될 수 있는 변인들 간의 인과관계를 다룬다. 결국 경제학이나 물리학은 모두가 공부할 수 있는, 하고 싶어 하는, 나아가 해야 하는 분야도 아니고 전문가의 영역일 뿐이다.

반대로 철학이 다루고 있는 것은 무엇이며, 그것에 어떻게 접근할까? 본서에서 다루고 있는 철학적 개념은 붓다가 말하는 십이지연기, 사성제와 팔정도, 공자의 정명과 인의와 맹자의 사단과 오륜, 노자의 무위자연, 장자의 도추와 소요유, 소크라테스의 정의, 플라톤의 이데아와 정의, 아리스토텔레스의 중용, 데카르트의 방법론적 회의와 실체 이원론과 신존재 증명, 스피노자의 실체일원론, 심신평행론, 코나투스와 수동적, 능동적 정념, 칸트의 선험적 종합판단과 순수이론이성과 실천이성과 최고선, 헤겔의 자기의식, 이성, 절대정신과 주인과 노예의 변증법, 니체의 가치전도, 허무주의, 초인, 힘에의 의지와 동일자의 영원회귀, 하이데거의 현존재, 사방세계 등이다. 이들은 일견 너무나 낯설고 생경한 개념인 까닭에 우리의 일상적 삶 속에서 거의 경험해본 적도 없는 것 같고, 생각해본 적도 없는 영역처럼 보인다. 그럼에도 불구하고 철학적 개념을 이해하고 활용하는 데 있어서 경제학이나 물리학을 공부할 때와 달리 특별히 전문적 지식이나 기술이 필요하지는 않다. 기본적인 읽고 쓰고 말하며 듣는 언어적 소통능력에 기반을 둔 논리적 사유능력만 있다면 누구나 철학에 접근 가능하다. 왜냐하면 위에서 언급된 철학 개념은 철학자 각자가 경험하는 자신의 삶과 시대를 어떠한 이론적 조작이나 편견 없이 있는 그대로 성찰하고 통찰하려는 사유의 산물이기 때문이다.

2. 철학자의 진로고민을 알아보려는 이유

학자마다 이견은 있겠지만, 우리의 판단으로 철학은 다른 어떤 학문보다 철학자 각자의 삶에 대한 성찰meditation과 자신의 시대에 대한 통찰insight에 바탕을 두고 있다. 철학자의 개념과 학설은 자신의 삶과 시대 경험과 그에 대한 성찰과 통찰의 상호작용interaction의 결과이다. 철학자에게는 저마다 고유한 개념과 학설을 가지고 있다. 그렇다고 이런 개념들과 학설들 사이에 연속성succession이 존재하지 않는 것은 아니다. 누구나 당대에 통용되는 개념과 학설을 의식적으로든 무의식적으로든 받아들이면서 자신의 삶과 시대를 경험한다. 그러나 이전 개념과 학설로는 이해되지 않는 삶과 시대의 고유성을 겪으면서 새로운 개념과 학설의 발견이 이루어진다. 이런 점에서 철학에서 존재하는 연속성은 학문적 가설이 법칙과 이론으로 공식화되는 과정이 아니라 전승과 혁신이라는 역사적 과정이다. 여기서 말하는 혁신은 철학자마다 그의 삶과 시대가 다르고 그 속에서 각자가 추구하는 가치와 목표가 다른 까닭에 필요로 하는 변경일 뿐 가설이나 법칙, 이론의 반증의 의미의 논박은 아니다. 당연히 이런 경험은 그들이 참여하고 헌신하는 일, 진로 속에서 이루어진다.

그래서 철학을 공부하는 한 가지 접근법으로서 우리는 철학자들이 저마다 살아온 시대와 삶에 특히 그들의 진로고민에 귀를 기울여 보려고 한다. 흔히 철학자와 직업에 대해서 갖는 대표적인 선입견 중 하나가 철학자라는 직업은 먹고사는 일과는 가장 동떨어진 직업이며, 직업이란 철학과 상관없는 일차적으로 먹고사는 생업이거나 능력과 기술이 요구되는 전문직이라는 믿음이다. 이런 믿음이 상식이 되어버린 까닭에는 생업을 포기하고 철학하는 일에만 골몰한 바람에 아내 크산티페가 악처로 이름을 날린 소크라테스나 정승자리마저 거부한 장자와 같은 동서양의 철학자의 에피소드에 대한 단편적인 학습도 한몫을 하고 있다. 사실 '문송합니다(문과라서 죄송합니다)'라는 말이 유행어가 되었을 정도로 현실적으로도 취업과는 거리가 먼 인문대의 문학·사학·철학, 그 중에서도 철학과는 대학에서 점점 도태되어 가는 학과이기도 하다. 이런 믿음과 현실을 바꾸기란 쉽지 않다. 또한 이 책에서 철학을 전공으로 하거나 철학을 직업으로 삼자는 허무맹랑한 주장을 하려는 것도 아니다. 다만 우리는 철학자의 진로고민을 들여다보는 것이 철학을 이해하는 데 왜 중요한지 해명하려고 한다. 이런 철학자의 진로고민을 이해하다 보면 왜 각자의 진로고민에서 철학을 공부하고 싶어 하고, 공부할 수 있고, 공부해야 하는지도 자연스럽게 설득되기를 바랄 뿐이다.

3. 철학자의 진로고민의 유형

우선 철학자의 진로고민을 논하기에 앞서 한 가지 짚고 넘어가 할 것이 있는데 직업과 진로의 구별이다. 마치 직업과 진로의 관계는 사건과 이야기의 관계와 유사하다. 사건들이 무대와 주제와 인물들과 플롯 속에서 엮어지면서 하나의 이야기가 만들어진다. 마찬가지로 우리는 생업이든 전문직이든 천직▪이든 여러 가지 직업을 거치고, 저마다의 작업공간에서 특정한 역할을 수행하면서 우연이든 필연이든 수많은 사건들을 겪는다. 그러면서 나름의 주제를 갖는 진로 내러티브를 만들어간다.

동양과 서양, 고대에서 중세까지 수많은 철학자들의 진로 유형은 다양하다. 철학자 중에는 철학하는 것을 천직으로 삼기 위해 생업을 포기한 사람도 있고(장자), 생업을 넘어 전문직마저 포기한 사람도 있고(소크라테스, 니체), 처음에는 철학하는 일을 천직으로 삼기 위해 생업이든 전문직도 포기했지만 나중에는 전문직을 위해 철학하는 일을 포기한 사람도 있고(데카르트), 철학하는 일을 천직으로 삼기 위해 최소

■ 생업, 전문직 그리고 천직의 차이

직업 중에 생업, 전문직 그리고 천직이 있다. 생업은 사는 데 필요한 돈을 벌기 위한 직업이다. 때문에 그 직업을 통해 다른 보상을 얻으려 하지 않는다. 생업은 여가활동이나 가족 부양 등을 위한 수단일 뿐이며, 임금을 받지 못하면 당연히 일을 그만둔다. 전문직은 직업에 따른 개인적 투자를 많이 한다. 이것은 돈으로 성공을 평가하기도 하지만, 출세도 중요하게 여긴다. 승진하면 승급은 물론 명예와 권력이 함께 따른다. 하지만 더 이상 올라갈 자리가 없을 때 상실감과 소외감이 밀려들기 시작하고, 그때부터 만족과 의미를 얻을 수 있는 일을 찾아나선다. 천직은 일 자체에 모든 정열을 쏟는 직업이다. 자기 직업을 천직으로 여기는 사람은 더 많은 의미가 함축되어 있다. 천직은 부와 명예를 얻지 않아도 그 일을 하는 것만으로도 자아를 실현하는 것이다. 그런 만큼 물질적 보상이나 명예가 보장되지 않아도 일을 계속한다.

― 마틴 셀리그만, 『긍정심리학』

한의 생업에만 종사하고 전문직의 기회를 포기한 사람도 있고(스피노자), 철학하는 일이 생업도 되고 전문직도 되고 더욱이 천직까지 되는 사람도 있고(붓다, 공자, 플라톤, 아리스토텔레스), 천직으로서 철학하는 일에 이르기 위해 생업에서 전문직을 거쳐온 사람도 있다(칸트, 헤겔, 하이데거). 그러나 그들의 공통점은 바로 무엇을 생업이나 전문직이나 천직으로 삼든 그들의 진로 내러티브에는 생애의 원초적 경험과 그들의 철학이 핵심 주제가 되어 있다는 점이다.

4. 진로고민에서 철학의 의미

그런데 우리가 알고 있는 철학자들은 자신의 진로 내러티브에서 왜 철학에 대한 연구와 가르침을 핵심 방향으로 설정했을까? 더욱이 우리가 앞으로 공부하려는 철학자들은 모두 기존의 철학과는 다른 새로운 철학의 창안자들이다. 그들은 어떻게 자신의 진로 내러티브를 만들어가는 과정에서 그들만의 고유한 철학적 혁신을 이루어내었을까? 그런데 이런 질문들은 철학자에게만 던질 수 있는 독특한 질문은 아니다. 왜냐하면 모든 사람은 나름대로 자신의 직업을 자의반 타의반 찾고, 선택하고, 그만두고 또 찾고, 다시 선택하기 마련이고, 그런 진로의 도상에서 각자만의 고유한 인생관이나 세계관, 즉 인생철학을 갖게 마련이기 때문이다. 그래서 우리는 이미 특정한 직업에 종사하면서 각자의 진로를 꾸려나가고 있는 모든 사람들에게 이렇게 물어볼 수 있다. 왜 당신은 다른 분야가 아닌 그런 진로를 선택하였고, 또 그런 진로의 선택과 수행과정에서 본인은 어떤 가치관, 인생관 그리고 세계관을 갖게 되었는가?

질문이 너무 거창하다면 이렇게 물어도 되겠다. 지금 자신의 진로 여정에서 깨달은 게 있다면 무엇이고, 그런 깨달음은 이후 자신의 진로를 새롭게 만들어 나가는 데 어떤 영향을 줄 것이라고 생각하는가? 물론 대부분의 사람들은 정작 자신은 먹고 살기 위해 여러 가지 일을 해왔지만 아직 나의 진로의 방향과 관련해서 가치관, 인생관, 세계관*을 의식적으로 생각해본 적 없고 또한 딱히 깨달은 것도 없다고 말할 수도 있다. 그러나 대개의 사람들은 그래도 자신이 왜 이런 진로로 방향을 택했을까를 심사숙고해보면 나름의 가치관과 인생관, 세계관으로서 철학이 있게 마련이다. 우리는 이렇게 질문해볼 수 있다. 이것이 가

■ 가치관, 인생관 그리고 세계관

철학을 최초로 분류한 철학자는 아리스토텔레스이다. 그에 따르면 철학은 도구와 방법론으로서 논리학, 이론학으로서 자연학과 형이상학, 실천학으로서 윤리학과 정치학, 제작학으로서 시학과 수사학 등으로 분류된다. 현대에 와서 철학은 훨씬 세분화되어 있다. 그러나 그것이 어떤 종류의 철학이든 거기에는 저자의 인생관과 세계관 그리고 가치관이 반영되어 있다. 심지어 논리학이라는 방법론에만 국한시켜 보더라도 우선 인간의 진리 발견과 도덕적 실천에서 감성이나 의지보다 이성이 주도적이어야 한다는 가치관이 전제되어 있으며, 인간의 삶과 세계가 아무리 혼란스럽고 복잡다단하다 해도 논리적 법칙이 작동하고 있다는 인생관과 세계관이 전제되어 있다.

장 중요한 질문인데, 이런 철학자의 철학사상을 공부하는 일이 여러분 각자의 진로 방향을 정하는 데 어떤 도움이 될까? 이 질문에 대한 대답은 앞서 제기했던 질문들 "왜 우리는 철학을 공부해야 하며, 할 수 있고, 하고 싶어 하는 걸까?"와 깊은 관련을 맺고 있다.

5. 제1세대 진로이론 : 특성·요인 매칭이론

이미 짐작하겠지만 우리는 철학을 공부해야 하고, 할 수 있고, 하고 싶어 하는 이유를 찾는 한 가지 방법으로 직업심리학 혹은 진로상담학의 관점에서 철학자의 진로에 대한 접근을 시도해보려고 한다. 직업심리학 혹은 진로상담학 분야의 1세대 이론은 각자의 적성, 능력, 관심의 발견과 그것에 걸맞는 직업의 선택이 중요하다고 보면서 일종의 각자 개인의 성격특성과 직업요인의 매칭에 관심을 가졌다.

진로상담에서 대표적으로 사용되고 있는 홀랜드Holland의 적성탐색검사RIASEC검사는 이런 특성 · 요인 간 매칭이론에 기반을 두고 있다. 이 이론은 기본적으로 두 가지 전제를 갖고 있다. 첫째, 사람은 자신의 특성에 걸맞는 직업을 선택하는 게 합리적이고, 두 번째로 직업은 각 업무요인에 따라 비슷한 성격특성들을 갖는 사람들이 모여 있다는 것이다. 그래서 홀랜드는 사람의 성격 · 적성을 크게 실재형Real type, 탐구형Investigative type, 예술형Artistic type, 사회형Social type, 기업형Enterprising type, 관습형Conventional type 등의 6가지로 나누고, 각 유형에 맞는 대표적인 직업군을 소개하고 있다. 이것은 마치 플라톤의 정의로운 국가 개념과 유사한데, 사회에는 세 가지 계급—통치자, 수호자, 상인—이 존재하는데, 세 가지 계급에 요구되는 덕목들 역시 세 가지—지혜, 용기, 절제—가 있으며, 정의로운 국가란 바로 세 가지 계급과 각자에게 요구되는 덕목이 일치하는 사회를 말한다.

■ **홀랜드 적성탐색 검사 코드, 성격적성, 대표직업**

• **실재형(R)** : 성격적으로 솔직하고, 성실하고, 검소하며, 신체적으로 건강하고, 소박하고, 말이 적으며, 기계적 적성이 높음. 대표적인 직업으로는 기술자, 엔지니어, 농부, 자동차 정비사, 전자수리기사, 전기기사, 운동선수

• **탐구형(I)** : 성격적성으로는 탐구심이 많고, 논리적·분석적·합리적이며, 지적 호기심이 많고, 수학적·과학적 적성이 높음. 대표적인 직업으로 과학자, 의사, 생물학자, 화학자, 인류학자, 물리학자.

• **예술형(A)** : 상상력이 풍부하고, 감수성이 강하며, 자유분방하며, 개방적이고, 예술에 소질이 있으며, 창의적 적성이 높음. 예술가, 연예인, 소설가, 화가, 음악가, 무용가, 디자이너.

• **사회형(S)** : 다른 사람에 친절하고 이해심이 많고, 남을 도와주려 하고, 봉사적이며, 인간관계 능력이 높으며, 사람들을 좋아함. 대표적인 직업으로는 사회복지사, 심리상담사, 교사, 종교인, 간호사, 유치원교사.

• **기업형(E)** : 지도력과 설득력이 있으며, 열성적이고 경쟁력이고 야심적이며, 외향적이고 통솔력이 있으며, 언어적성이 높음. 대표적인 직업으로는 경찰, 정치가, 판사, 영업사원, 상품구매인, 보험회사원.

• **관습형(C)** : 책임감이 있고, 빈틈이 없으며, 조심성이 있고, 변화를 좋아하지 않으며, 계획성이 있으며, 사무능력과 계산능력이 높음. 대표적인 직업으로는 서기, 세무사, 경리사원, 행정공무원, 은행원, 감사원.

— 「홀랜드 적성탐색검사」

나의 홀랜드검사 결과는 IS형, 즉 탐구형과 사회형이다. 탐구형이 가장 높고 그 다음으로 사회형이 높다. 현재로서는 나의 직업을 누군가가 묻는다면 학자이고, 교수라고 답할 것이고, 탐구형으로서 나의 적성은 학자로서 직업에 맞고, 사회형으로서 내 적성은 교수로서 직업에 어느 정도 부합한다. 그런데 이런 특성요인 매칭이론에서는 직업과 진로의 구별이 없다. 또한 직업선택과 진로의 방향설정에서 추구하는 의미, 가치에 대한 고려가 빠져 있다. 쉽게 말해, 철학적 통찰이 개입할 여지가 그만큼 없다는 이야기이다. 사실 이런 특성요인 매칭이론은 20세기 전반기 산업화 과정에서 미국의 거대 도시로 밀려들어온 농민들과 이민자들에게 알맞은 일자리, 직업정보를 빠르고 정확하게 알려줘야 하는 상황 혹은 1, 2차 세계대전에서 참전했던 군인들의 임무 배치에 필요한 정보를 빠르고 정확하게 제공해야 하는 상황에서 등장한 이론이다.

6. 제2세대 진로이론 : 전 생애 진로발달이론

이런 특성요인 매칭이론은 생업이나 전문직의 결정에 많은 도움을 줄 수 있겠지만, 사람의 성격과 적성이 고정되어 있지 않고 전 생애 발달과정에서 시기별로 조금씩 변화되며, 또한 이루어야 될 과업이 더욱 복잡해지거나 심층적인 것이 된다는 점을 놓치고 있다. 내 경우만 보더라도 처음부터 철학공부를 시작한 것도 아니고, 학자나 교수로서 직업이 나의 첫 번째 직업은 아니었다. 더욱이 지금도 나는 학자나 교수라는 직업보다는 다른 직업, 이를테면 심리상담사나 진로상담사에 대한 꿈을 갖고 있다. 그래서 등장한 것이 흔히 2세대 진로이론이라고 불리는 슈퍼Super의 진로발달이론▪이다. 이 이론은 생애 발달단계별로 다른 과업을 파악하고 단계별 발달과업에 대한 교육에 초점을 맞추었다.

물론 2세대 이론이 1세대 이론을 대체하는 것은 아니다. 여전히 특성·요인 간의 매칭이 필요하지만 그 외에도 각 개인별로 발달단계별 과업에 대한 교육이 필요하다고 본다. 이런 2세대 진로발달 이론의 경우 20세기 후반 경제호황기에 한번 취업하면 그 직업이 평생직이 되던 시절, 단순히 취업하고 업무배치를 하는 것뿐만 아니라 직장 내에서 업무전환, 승진에 따른 과업의 변화, 발달에 발맞춰 고용인의 능력개발과 교육이 필요한 시대상황과 맞물려 있다. 이런 진로발달 이론에서는 직업과 진로의 구별이 이루어지기 시작했고 하나의 직업 내에서 업무 변화 혹은 여러 직업 간의 과업 변화, 발달과정에서 생의 과제에 대한 철학적 숙고가 요구되기 시작했다. 그러나 슈퍼의 진로발달이론은 20세기 후반 미국의 교육, 사회체제와 맞물려 있는 이론이라는 점에서 한국의 교육, 사회체제와 발달연령이 어긋나는 점이 많다. 또한 21세기에 들어서면서 우리가 맞고 있는, 평생직장이라는 개념이 사라지고 직업과 진로를 여러 번 바꾸고 변경해야 하는 상황에서, 또 상시적인 구조조정과 고령화라는 사회적 상황에서, 현대사회의 진로는 단계적인 진로발달의 선형적 과정을 밟지 않는다.

■ 슈퍼의 진로발달이론

1. **성장기(~14세) :** 초기에는 욕구가 지배적이나 차차 흥미와 직업에 따른 능력을 중시하게 된다.
   ① 환상기(4~10세) : 욕구가 진로선택에 지배적이며 환상을 갖고 직업을 바라봄.
   ② 흥미기(11~12세) : 진로를 결정하는 데 흥미가 중요 요인으로 작용함.
   ③ 능력기(13~14세) : 점차 직업에 필요한 능력을 살피게 되며, 해당 직업에서 요구하는 조건도 고려함.

2. **탐색기(~24세) :** 미래에 대한 계획을 세우는 시기로 학교생활이나 여가활동, 아르바이트 등을 통해 스스로를 검증하고 직업탐색을 시도하는 시기.
   ④ 잠정기(15~17세) : 자신의 흥미, 적성, 가치, 기회 등을 고려하면서 경험을 통해 잠정적으로 진로를 선택함.
   ⑤ 전환기(18~21세) : 직업세계로 들어가기 위한 훈련을 받으며 현실적인 요인을 중시함.
   ⑥ 시해기(22~24세) : 적합하다고 판단되는 직업에서 일을 하기 시작하며, 실질적으로 해당 직업과 적합한지 시험해봄.

3. **확립기(23~44세) :** 자신에게 적합한 분야를 발견하고 해당 분야에서 본격적으로 근무하면서 생활의 터전을 잡으려고 노력하는 시기
   ⑦ 시행기(25~30세) : 자신이 선택한 일이 적합하지 않다고 판단되면 적합한 일을 찾을 때까지 한두 번 직업 전환을 시도함.
   ⑧ 안정기(31~44세) : 진로가 본격적으로 안정되는 시기로서, 선택한 직업으로 안정감과 소속감, 지위 등을 얻게 됨.

4. **유지기(45~64세) :** 종사하는 직업세계에서 위치가 확고해지며, 이를 유지하기 위해 노력하는 시기. 다른 단계에 비해 상대적으로 안정된 삶을 살아감.

5. **쇠퇴기(65세 이후) :** 진로발달 이론에서 마지막 단계인 이 시기에는 정신과 육체적 기능이 점차 쇠퇴하면서 직업전선에서 점차 물러나게 됨. 이후 여가를 즐기거나 다른 제2의 활동을 탐색함.

7. 제3세대 진로이론 : 진로구성주의 *

　최근 제3세대 진로이론가인 사비카스는 진로라는 것을 홀랜드나 슈퍼와 같은 선배 세대 — 두 사람은 모두 사비카스의 박사논문 지도 교수이기도 하다 — 와는 전혀 다른 시각에서 바라보고 있다. 사비카스는 진로에서 중요한 것은 각자의 특성에 걸맞는 직업선택이나 전 생애 발달단계에 따른 과업의 교육뿐만 아니라 자신의 진로를 각자의 가치관, 인생관, 세계관에 맞게 구성해가는 것이라고 말한다.

드라마의 비유 : 배우로서 직업

　자신의 진로를 구성한다는 말의 의미를 이해하기 위해서 한 가지 비유를 들어보자. 진로를 한 편의 드라마에 비유한다면, 우리의 직업은 드라마의 요소들 중 특히 무엇에 비유할 수 있을까? 흔히 사람들은 드라마의 배우처럼 자신의 직업을 일종의 역할로 여긴다. 홀랜드의 특성요인이론처럼 사람에게는 각자 주어진 역할 같은 게 있고, 자신에게 주어진 역할을 잘 찾고 거기서 최선을 다해야 한다. 그럴 때 훌륭한 연기를 한 배우에게 관객들의 갈채가 주어지듯이 사람들의 관심과 인정을 받고 승진에 따른 금전적 보상과 명예, 권력을 가질 수 있다. 그러나 일종의 배우actor로 여기는 직업관은 앞서 특성요인이론처럼 한계를 갖는다. 여기서 굳이 자본주의 사회에서 더욱 심화된 직업귀천의 차별처럼 드라마의 역할도 저마다 비중이 다르다는 점에 대해서는 논하지 않겠다. 실제로도 많은 사람들이 직업을 배우처럼 일종의 역할로서 여

▪ 진로구성주의의 시원으로서
제임스 조이스의 『젊은 예술가의 초상』

사비카스는 진로구성주의 관점을 채택하는 데 중요한 착상을 제임스 조이스(James Joyce)에게서 얻은 것으로 보인다. 20세기 초 제임스 조이스의 『젊은 예술가의 초상(A Portrait of the artist as a young man)』은 21세기 포스트모던적 인간의 전형을 잘 보여준다. 조이스의 자서전적 작품으로 이 소설의 주인공은 국가나 교회와 가족과 같은 전통적인 제도나 기구의 요구나 기대에 맞추어 자신의 진로 내러티브의 배우(actor)나 행위주체(agent)가 되지 않는다. 이 작품은 국가, 교회, 가족을 벗어나 작가(author) — 실제 의미이며 동시에 비유적 의미에서도 — 로서 자유로운 영혼, 예술가로서 자신의 진로를 창의적으로 구성해 나가는 스티븐 디덜러스(Stephen Daedulus, 조이스의 필명으로 본인의 자아이상을 의미한다)의 진로선택, 발달을 넘어 커리어 스토리의 구성과정을 잘 보여주고 있다.

주인공 스티븐 디덜러스는 유년시절 자신에게 부당하게 매질을 했던 신부의 체벌에 맞서 교장에게 항의함으로써 사과와 향후 대책을 얻어내었고, 청소년기 자신이 매질당할 때 보호해주지 않았던 아넬 신부의 신부직 제안을 단호히 거부했으며, 이단적인 문학을 좋아한다는 이유로 급우들로부터 조롱과 학대를 당하면서도 자신의 의지를 꺾지 않았다. 이 세 가지 초기 기억을 통해 스티븐 디덜러스는 자신 내면에서 들려오는 핍박과 업악에 대한 저항 본능의 집념을 키워내기 시작한다.

결정적으로 대학입학 직전 해안가에서 자신의 이름 '스티븐 디덜러스'에 함축된 의미를 알아차림으로써 문학, 예술가로서 자긍심, 포부를 확인한다. 요컨대 조이스는 작가로서 자신의 삶을 구성하기 위한 중요한 롤 모델로서 고대 그리스 신화에서 미궁과 날개를 만든 아테네의 명장 다이달로스와 그리스도교 최초의 순교자 성 스테파노에게서 자유와 창의성을 특징으로 하는 자기상, 자아이상을 수립한다.

스티븐은 이런 자유로운 창의적 작가가 되기 위해서는 국가, 교회, 가족의 요구나 기대와 같은 전통적인 내러티브를 강요하는 환경, 무대를 벗어날 필요가 있었고, 결국 세 가지 멍에에서 벗어나는 망명을 선택한다. 그의 망명은 일종의 직업적 흥미를 펼치기에 적합한 장소, 사람, 문제, 방식의 선택을 의미한다.

실제로 조이스는 그 이후 평생 조국 아일랜드가 아닌 유럽에서 작가로서 창작활동을 한다. 다음과 같은 구절에서 우리는 조이스가 살고 싶었던 삶 혹은 진로 내러티브를 읽어낼 수 있다.

"너는 나한테 내가 무엇을 할 것이며, 무엇을 하지 않을 것인지 물었지. 이제 내가 무엇을 할 것이며 무엇을 하지 않을 것인지 말해줄게. 나는 내가 더 이상 믿지 않는 것은 그것이 설령 나의 가정이나 나의 조국이나 아니면 나의 교회라 하더라도 섬기지 않을 거야. 그리고 어떤 생활방식이나 예술양식을 통해 가능한 한 자유롭게, 가능한 한 완전하게 나 자신을 표현하려고 노력할 거야. 나 자신을 방어하기 위해 내가 나 자신에게 허용하는 최선의 무기들, 즉 침묵과 자기추방과 간교함을 이용해서 말이야."

끝으로 그의 작품의 중요한 두 구절에서 우리는 작가로서 자신의 철학을 확인할 수 있다.

"살아가면서, 실수하기도 하면서, 추락하기도 하면서, 승리하기도 하면서, 삶에서 삶을 재창조하리라!"
"오라, 오 인생이여! 나는 백만 번이라도 경험의 실재와 마주쳐 내 영혼의 대장간에서 아직 창조되지 않은 내 민족의 의식을 벼리기 위해 떠난다."

조이스는 21세 때 생계를 위해 그때까지 공부하던 의학을 포기하고, 22세 되던 1904년에 『예술가의 초상』이라는 제목의 설화체 에세이를 쓰기 시작했고, 제목을 『스티븐 히어로』로 바꿔 대폭 확대하여 장편으로 개작하기 시작했다. 그 해 그는 비로소 작가로서 자신의 진로를 결정하고, 거리에서 만난 로라와 사랑의 도피를 위해 아일랜드를 떠나 런던, 취리히, 트리에스테를 거쳐 유고슬라비아 폴랑에 도착해서 스티븐 디덜러스라는 필명으로 작가의 삶을 본격적으로 시작했다. 1907년에 제목을 다시 『스티븐 히어로』에서 『젊은 예술가의 초상』으로 바꾸고 내용을 대폭 압축, 개작하기 시작했다. 1911년에는 『젊은 예술가의 초상』이 뜻대로 풀리지 않자 낙담하여 그 원고를 난로에 던져버렸는데, 그의 누이동생 아일린이 건져 헌 종이로 싸둔 것에는 불에 그슬린 흔적이 없었다고 한다. 1914년 런던의 『에고이스트』에 연재되기 시작했고, 1916년 비로소 뉴욕의 B. W. 휩시에 의해 출판되었다. 1917년 2월에는 런던의 에고이스트 사에서도 출판되었다. 이처럼 조이스의 『젊은 예술가의 초상』은 10년 이상의 개작과 수정을 거듭하였다. 이것은 그만큼 작가로서 그의 삶, 진로의 험난함을 보여준다.

사실 사비카스의 저술이나 논문에서 제임스 조이스의 인용이나 언급이 없지만 사비카스의 '생애 초상(life portrait)'이라는 표현 그리고 위에서 확인할 수 있듯이 그의 커리어 스토리 인터뷰의 다섯 항목 — 유년기 기억 속에서 집념, 롤 모델들의 특징에서 자아이상, 직업적 흥미에서 정체성, 진로 내러티브, 철학 — 은 조이스가 이 소설 속에서 보여준 진로의 구성과정에 정확하게 적용될 수 있다. 사비카스가 커리어 스토리 인터뷰의 중요한 아이디어나 단서를 조이스의 이 작품에서 얻은 것이 아닐까 하는 합리적 의문을 가져볼 수 있다.

긴다는 점을 부인하지도 않겠다. 그러나 드라마에서도 흥미와 감동을 위해서는 처음부터 끝까지 배우의 성격이나 역할에 변화가 없다면 곧 지루해져버릴 것이다. 삶에서 우리의 직업은 어떤가? 비록 한 가지 직업을 천직으로 여기며 사는 사람도 있겠지만 다수의 사람은 평생 여러 번 직업을 바꾼다. 뿐만 아니라 단순히 직장을 바꾸는 것을 넘어서 진로가 변경되는 경우도 많다. 더욱이 배우는 자신에게 주어진 대본의 대사에 따라 연기를 해야겠지만, 우리의 직업은 과연 그런가? 똑같은 직종이라도 한 가지 직업 내에서 사람마다 천차만별이 아니던가?

드라마의 비유 : 연출자, 제작자로서 직업

우리에게 직업은 배우의 역할연기를 넘어선다. 그렇다고 드라마의 비유에 뭔가 문제가 있는 것은 아니다. 실제로 우리가 흔히 어떤 직업을 생각하면 전형적인 성격 전형이 떠오르는 것처럼 상당수 사람들은 자신에게 주어진 역할에 충실하면서 전형적인 진로를 걷는 경우가 많다. 그러나 드라마의 연출자나 제작자가 드라마의 모든 배우를 캐스팅하듯이 우리의 진로도 그때마다 생애의 발달단계에 따라 변화된 흥미, 적성, 능력 혹은 기회에 따라 우리의 역할을 새롭게 바꿔나가는 것 아닐까?

내 경우에 적용해보면 난 청소년 시절과 성인 초기 취업이라는 일차적 목적을 위해 학부에서 경영학을 공부했다. 하지만 당시 1980년대 후반과 1990년대 초반 민주화 운동과 사회변화 그리고 주변에서 만났던 선배들의 영향으로 철학에 관심을 갖기 시작하면서 전공을 바꿔 철학과 대학원을 진학했다. 그런데 생활비와 학비를 벌기 위해 일자리가 필요했고, 때마침 입시전형에서 논술전형이 도입되면서 논술강사로서 철학 전공자에 대한 수요가 있었다. 논술학원 강사를 하면서 내 자신이 강의에 흥미가 있는 게 아닐까 생각하게 되었고 10년 넘게 학원 강사 일을 했다. 그런데 초반에는 수입도 동료관계도 그리고 수강생과의 상호작용에도 만족했지만 점차 내가 동료강사와 협업하는 것을 좋아하고 경쟁하는 것을 힘들어 한다는 점 그리고 학부모와 상담하는 일에 힘들어 한다는 점을 알게 되면서 학원 강사로서 직업에 많은 회의감을 갖게 되었다. 준비도 너무 안 되어 있고 실력도 부족한 학생에게 단기간에 논술강의를 해서 학생의 논술실력을 높인다는 것 자체가 너무도 어려운 일임에도, 학부모 앞에서는 단기간 공부를 해서도 충분히 실력을 높일 수 있다고 거짓말을 해야 하는 상황을 도저히 받아들이기 어려웠다. 물론 이 대목에서 나의 경우를 논술강사 일반으로 확대적용하고 싶은 마음은 추호도 없다. 내 주변에는 실력도 있는데다 교육성과에 대한 확신과 소명의식을 갖고서 학생을 가르치는 선후배도 많다. 결국 나는 중도에 그만두었던 철학공부를 다시 새롭게 시작했고 2년 후에는 철학박사 학위를 받은 후에 시간강사 생활을 3년 정도했고, 대학에 임용되면서 연구자로서, 교수로서 진로가 내 길이라고 여기게 되었다. 그런데 여기서 내 진로의 끝이 아니었다. 나에게는 학문적인 탐구나 지적인 소통을 넘어서 사람들과 또 다른 연결감을 느끼고 싶어 하는 갈망 내지 집념이 있다는 것을 알게 되었다. 그래서 상담심리학을 다시 공부하기 시작했고 현재는 교수라는 직업을 갖고 있지만 심리상담사 혹은 진로상담사로서 새로운 진로를 준비 중이다. 요즘

나의 생애, 특히 진로 내러티브에서 가장 중요한 고민은 "내 진로 드라마의 주제가 무엇일까?"이다. 학자나 대학교에서 상담자로의 직업전환에서 필요로 하는 나의 성격 변화는 무엇이며, 이를 위해 새롭게 정립되어야 하는 인생관, 세계관, 가치관은 무엇인가? 혹은 반대로 요즘 내가 기존과는 달리 어떤 인생관, 가치관 그리고 세계관을 갖게 되었길래 학자나 연구자로서 나의 진로 정체성을 상담자로서 진로 정체성으로 전환하고자 하는 것일까?

드라마의 비유 : 작가로서 직업

특히 이런 진로 주제와 정체성 그리고 그에 맞는 철학을 고민하면서 앞서 사용한 드라마에서 배우나 감독, 제작자의 비유는 한계를 갖는다. 왜냐하면 자신만의 진로를 구성한다는 것은 드라마의 작가가 하는 일과 비슷하다고 여기기 때문이다. 물론 주인공과 감독 그리고 각본을 모두 다해내는 사람도 있는데, 실제로 진로라는 것도 이처럼 세 가지 모두 다해내는 것이 아닐까 생각해본다. 일에서처럼 진로에서도 이미 배우로서, 감독이나 제작자로서 역할연기와 캐스팅에 비유되듯이, 그때마다 달라지는 적성이나 관심에 따라 새로운 직업을 선택하고 역할을 수행하는 것은 맞다. 그런데 가장 중요한 것은 바로 드라마의 각본이다. 드라마의 각본을 쓴다는 것은 드라마의 주제와 플롯을 구상하는 것이다. 마찬가지로 진로를 선택하고 수행하면서 우리는 자신의 진로가 어떤 주제와 내러티브를 갖고 진행되고 있는지를 알아차려야 하지 않을까? 이것은 삶에서 중요한 것이 성공이냐 의미냐의 질문과 연결된다. 여러분은 직업에서 중요한 것이 무엇인가? 성공인가, 아니면 의미인가? 배우로서 명성이나 제작자로서 흥행처럼 우리도 직업에서 부와 명예 같은 것만을 추구할 것인가? 그런데 이런 것을 기준으로 삼게 되면 대다수의 직장인은 성공하기 너무 힘들다. 회사의 임원으로 승진하면서 명예와 높은 연봉을 얻는 게 성공이라면, 그것은 정말 셀러리맨 중에서 극히 소수의 사람들만이 누릴 수 있는 성공이 아닐까? 물론 그렇게 소수만이 누릴 수 있기 때문에 사람들은 거기에 매달리는 것이리라. 하지만 직업 나아가 진로에서 우리에게 중요한 것은 성공보다 의미가 아닐까 생각한다. 직업적으로 성공한 사람도 예외는 아니다. 물론 성공 없는 의미가 가능하냐고 반문하는 사람도 있겠지만, 결과로서 성공과 상관없이 과정에서 나름대로 의미를 부여하는 게—찾는 것이 아니고—더 중요하다는 생각이 든다.

그렇다면 진로에 있어서 의미란 무엇일까? 그것은 드라마의 주제와 유사한 게 아닐까 싶다. 우리가 드라마의 각본을 쓰기 시작할 때 이 드라마를 통해서 어떤 주제를 드러내고 싶은지에 대한 생각이 없다면, 다시 말해 작가적인 주제의식 혹은 작가정신 없이 명성이나 흥행만을 바란다면 말 그대로 싸구려 상업 드라마나 영화가 될 것이다. 그렇다고 명성이나 흥행을 무시하라는 게 아니다. 마찬가지로 진로에서도 명성과 보수와 같은 성공의 기준을 무시하려는 것도 아니다. 다만 그것만으로 각자의 진로를 평가한다는 것은 너무나 중요한 것을 빠뜨리는 게 아닐까 생각한다. 드라마의 주제처럼 우리는 각자의 진로를 선택하고 충실하게 진로를 수행해갈 때 자신의 소명을 고민해볼 필요가 있다. 본래 소명이라는 게 영어로 calling, vocation, 독일어로 Berufung

으로 표현되는데 이것은 모두 '신의 부름'과 연관된다. 하지만 여기서 말하고자 하는 것은 그런 종교적인 의미와는 상관없다. 우리에게는 자신의 진로를 걸어가면서 어떤 소명 같은 게 있지 않을까? 바로 앞서 생업이나 전문직과 구별했던 천직이 바로 이것이다. 여기서 생업과 전문직과 천직을 구별한다고 해서 반드시 천직은 생업이나 전문직과 전혀 다른 직업이라고 생각할 필요는 없다. 생업이면서 전문직일 수도 있고, 생업이면서 전문직이면서 그것이 또한 천직일 수도 있다.

8. 진로 스토리

집념 : 근본 욕구

지금까지 설명으로는 아직 진로의 구성에서 철학의 필요성이 충분히 드러난 것 같지는 않다. 그런데 사비카스가 진로를 구성하는 데 있어서 자기성찰이 필요함을 강조하고 있으며 여기서부터 진로가 왜 철학을 필요로 하는지가 분명해질 것이다. 왜냐하면 철학의 시작은 자기인식에서 비롯된다는 것이 우리의 확신이기 때문입니다. 그런데 자기self는 여러 단계로 나눠서 생각해볼 필요가 있다. 사비카스는 드라마의 주제와 같은 진로에서 소명의 기원을 모든 사람들이 유년시절부터 성장하면서 갖게 된 집념에서 찾는다. 집념이 영어로 preoccupation인데 그 뜻을 풀어보면 '직업, 점유occupation에 앞서pre 갖는 것'을 의미한다. 알프레드 아들러는 프로이트의 영향으로 유년기 성장과정에서 누구나 갖게 되는 억압된 결핍경험 혹은 과잉경험이 고착되어 성인 신경증의 원인이 될 수 있다는 점을 받아들인다. 그러나 프로이트와 달리 구순기―항문기―남근기의 성애적 억압보다는 대인관계에서 겪는 열등감이 성인의 성숙 동기가 되거나 반대로 열등감 콤플렉스로 악화되어 신경증의 요인이 될 수 있다고 본다. 사비카스 역시 아들러의 관점을 수용하면서 열등감을 좀 더 일반화시켜 유년기 집념, 좀 더 쉽게 말해 미해결 욕구나 과제 혹은 과잉 충족된 욕구가 성인 진로선택에서 직업 소명의식의 중요한 한 가지 요인이 될 수 있다고 본다. 집념은 자기의 발달단계 중 가장 원초적인 욕구단계이다.

롤 모델 : 자아이상

집념은 대부분 결핍경험 혹은 과잉충족 경험과 연관되어 있다. 우리들은 자신의 집념의 문제를 해결하고 있다고 여겨지는 인물이나 캐릭터를 유년기부터 선망하면서 그들을 롤 모델로 삼아 모방한다. 이것은 자연스러운 일이다. 다시 말해 우리가 유년기에 선망하게 된 롤 모델들―실제 인물일 수도 있고 만화나 영화 속 캐릭터일 수도 있다―을 갖게 되고, 알게 모르게 롤 모델의 특성들을 모방하게 된다. 실제로 진로상담을 해보면 부모를 롤 모델로 삼는 경우가 많은데, 사실 부모는 자녀에게 모방의 대상이 아니라 내면화의 주체가 될 수 있다. 다시 말해 아동의 선택과 무관하게 부모의 자녀양육방식과 가치관이 아동에게 내면화되는 것이다. 프로이트의 용어를 빌린다면, 그럴 경우 내면화된 부모의 상은 긍정적으로는 도덕적인, 부정적으로는 강박적인 초

자아가 되어 불안의 원천이 될 위험이 있다. 반면 롤 모델은 내면화의 주체가 아니라 모방의 대상으로서, 그 전체 모습이 모방되는 것이 아니라 집념과 관련해서 이상적인 특성들이 선택적으로 모방된다. 부모의 내면화된 표상이 초자아라면, 롤 모델의 모방적 특성들은 자아이상에 가깝다.

직업적 흥미 : 정체성

각자의 고유한 진로 내러티브의 주제와 플롯이 구성되기 위해서는 유년기의 집념을 실현하고 있는 이상적인 롤 모델만으로는 충분하지 않다. 여기까지만 강조하면 과도하게 과거 환원주의나 결정론적 관점에 빠져버린다. 사람들은 자신의 진로를 구성하는 데 있어서 무의식적이든 의식적이든 유년기 고유의 집념과 이상적 롤 모델을 그때마다의 상황 속에서 구체화시킬 필요가 있다.

이쯤해서 여러분들은 지금 우리가 철학 공부를 하는 건지 상담심리학이나 진로상담학을 하고 있는 건지 헷갈릴 것이다. 다시 한 번 말하지만, 나는 지금 철학을 공부하는 한 가지 방법으로서 철학자의 삶, 특히 그들의 진로에 대해 관심을 가져보자는 제안을 하고 있다. 또한 이렇게 접근해보면 철학을 누구나 할 수 있고, 해야 하고, 또한 하고 싶어 하는지, 그 이유까지 알 수 있을 것이라는 약속을 이미 했다. 그리고 약속을 더 완전하게 지키기 위해서 조금 더 직업심리학 혹은 진로상담학적 설명을 해보려고 한다.

누구나 유년기부터 갖게 되는 각자의 집념이 있고 그런 집념은 사람마다 고유한 롤 모델들을 갖게 한다. 그런데 이런 자아이상은 아직 추상적이다. 우리는 성장하면서 다양한 상황에 마주치고 나름대로 자신이 좋아하는 환경, 공간을 갖기 마련이다. 자신의 자아이상을 완벽히는 아니어도 부분적으로나마 실제로 모방해보면서 나 자신의 모습으로 만들어낼 수 있는 기회가 되는 환경 — 더 자세히 말하면 장소, 사람, 문제 그리고 절차 — 을 선호한다. 이런 흥미와 관심을 유발하고 충족시켜주는 환경, 세계 속에서 자아이상은 정체성으로 구체화된다.

논술학원 강사시절 나는 수강생들의 자기소개서를 첨삭해줄 때가 많았는데, 학생들의 경험은 집, 학원, 학교생활, 부모와의 여행 경험이나, 텔레비전과 인터넷 그리고 SNS와 같은 미디어를 통해서 접하는 영상물에 국한되어 있었다. 말 그대로 드라마틱한 인생경험, 특히 다양하면서도 깊은 대인관계의 경험이 참 부족하다는 느낌을 받은 적이 많았다. 실제로 요즘 아동이나 청소년은 자신의 자아이상을 현실 속에서 구체화시킴으로써 자신만의 정체성을 만들어볼 기회가 많이 부족하다. 그러나 현실 속에서든 아니면 가상세계 속에서든 사람들은 자신의 자아이상을 구체화시켜 나가면서 나름의 정체성을 만들어가게 된다.

진로 내러티브 : 서사적 정체성

집념이 만들어낸 자아이상과 그런 자아이상이 구체화된 정체성만으로도 여전히 각자의 진로를 구성해나가는 데는 충분하지 않다. 사람들의 정체성은 특정한 시간에 제한되어 마이크로–내러티브micro-narrative

를 갖는 단편적인 에피소드들로 흩어져 있다. 이런 마이크로 내러티브를 매크로-내러티브macro—narrative로 구성해내기 위해서는 좀 더 생애 발달단계를 확대시켜 보아야 한다. 다시 말해 각자의 고유한 시간의식 속에서 자신이 기억하는 과거 에피소드와 현재 진행 중인 에피소드 그리고 미래에 기대하는 에피소드들을 하나의 이야기로 묶어낼 수 있는 서사적 정체성narrative identity[*]을 탐색해볼 필요가 있다. 이를 위해서 사람들에게는 각자의 삶, 진로에서 어떤 주제를 갖고 어떤 줄거리로 전개되어 왔고, 전개되고 있고, 앞으로 전개될지에 대한 상상력이 필요하다.

▪ 서사적 정체성

서사적 정체성은 맥킨타이어(Alasdair C. MacIntyre)나 리쾨르(Paul Ricoeur)의 철학에서 비롯된 개념으로서 근대철학에서 전통적인 의미에서 데카르트의 사유하는 실체, 칸트의 초월론적 통각으로서 자기의식, 헤겔의 상호주관적 자기의식과는 근본적으로 다른 주체이다. 왜냐하면 근대적 주체는 자기동일적 주체인 반면, 서사적 정체성으로서 자기는 다양한 에피소드와 사건들을 엮어나가는 가변적 주체이기 때문이다. 서사적 정체성은 키에르케고르의 미학적 자기로부터 윤리적 자기에로, 윤리적 자기로부터 종교적 자기에로의 이행에서 형성되는 실존적 자기, 니체가 말하는 자기경멸과 자기사랑, 자기파괴와 자기창조를 거듭해 나가는 초인, 혹은 하이데거의 탄생과 죽음 사이의 역사성으로서 자기로부터 발달된 개념이다.

가치관, 인생관, 세계관으로서 철학 : 캐릭터 아크

지금 우리는 한 사람의 진로를 구성하는 데 있어서 집념에서 출발해서 자아이상의 형성, 정체성으로 구체화 그리고 서사적 정체성으로 전개가 필요하다는 말을 하고 있다. 그런데 누구나 삶은 아직 끝나지 않았다. 물론 앞으로 기대하는 삶의 줄거리가 있을 수 있겠지만 사실 그것은 단순한 소망으로 끝나버릴 수도 있다. 그런 소망이 현실로 바뀌기 위해서는 한 가지가 더 필요하다. 사비카스는 여기서 캐릭터 아크 character arc*라는 문학용어를 사용한다. 본래 캐릭터 아크란 이야기의 전개과정에서 캐릭터의 변형 혹은 내적 여정을 말한다. 이야기 속 캐릭터는 이야기의 전개에 따라 변화한다. 성격이 변화하기도 하고 아예 다른 사람이 되기도 한다. 그래서 캐릭터 아크란 일종의 성격, 특성의 변형을 말한다. 사비카스에 따르면 캐릭터 아크란 사람들을 움직이는 추동력으로 시작해서 전형적으로 삶에서 잃어버린 어떤 것, 개인이 필요로 하거나 열망하는 어떤 것에 관한 것이다. 이런 제약과 연약함을 극복하기 위해 사람들은 그 필요를 채우는 목표들을 성취하려고 시도한다. 결국 최초의 집념이 자아이상이 되고 정체성으로 구체화되고 서사적 정체성을 갖춰 나가는 과정에서 적절한 때에 과거의 자기보다 더 나은 자신이 되는 게 필요하고 이를 위해서는 역경을 극복하고, 자신의 결함을 초월하는 방법을 배워야 한다.

물론 우리는 항상 나의 서사적 정체성에 대해서 고민을 하며 살지는 않는다. 그러나 분명히 생애 어떤 중요한 시기에 누구든지 자신의 서사적 정체성을 고민을 해보게 된다. 다시 말해 나는 어떤 사람으로 살아왔고, 지금 나는 누구이며, 또한 나는 앞으로 어떻게 살아나갈 것인지에 대한 고민을 하게 된다. 이를테면 입시생이나 대학신입생 때, 졸업을 할 때, 첫 번째 직장에서 시련을 겪을 때, 인생의 중반에 명예퇴직의 압박 혹은 해고의 위기에 닥쳤을 때, 정년퇴임이든 오랫동안 했던 일을 그만두고 노년을 준비할 때 우리는 이런 고민을 하지 않을 수 없게 된다. 나는 여태까지 내 삶과 진로에서 어떤 드라마를 만들어왔고 지금 만들고 있고, 앞으로 만들어갈 것인가?

▪톨스토이의 캐릭터 아크와 철학

자신의 삶과 진로 내러티브에서 캐릭터 아크를 실현할 수 있는 철학적 성찰을 해내기 위해 노력했던 가장 극적인 인물로 우리는 톨스토이를 들 수 있다. 역설적인 것은 톨스토이에게 닥친 소설가로서 자신의 진로에 대해서 가장 큰 위기는 그가 『안나 카레니나』를 집필하면서 대성공을 거두었을 때라는 점이다. 톨스토이가 50대에 접어들면서 집필하기 시작한 『안나 카레니나』는 그가 3년간에 걸쳐 완성한 대하소설로서 외견상 한 귀족 여성의 불륜과 자살을 주제로 한 가정소설의 형식을 띠고 있다. 그러나 이 작품은 톨스토이의 분신인 콘스탄친 드미트리치 레빈이 자신의 삶에서 겪게 되는 열등감, 고독, 죽음 그리고 삶의 무의미에 대한 실존적 고뇌와 극복의 과정을 보여주는 성장소설이기도 하다.

레빈은 자신보다 열여덟이나 어린 키티를 사랑했기에 그녀에게 프로포즈를 하지만 거절당한다. 더욱이 그녀가 브론스키 백작과의 결혼을 원했기에 자신의 청혼을 거절했다는 이야기를 듣게 되면서 지독한 열등감의 고통에 빠진다. 레빈은 모스크바를 떠나 자신의 시골 영지에서 농업경영에 헌신하며 열등감의 고통을 잊어보려고 하지만 주변인물들과의 교제 속에서 여전히 자신의 열등감을 극복하지 못한다. 그러나 남들이 기대하는 사람이 되기보다는 이전의 나보다 더 나은 사람이 되는 게 더 중요하다는 가치의 전환 혹은 주체적 가치의 정립을 통해서 점차 열등감에서 벗어나기 시작한다. 그리하여 레빈은 자신의 농업경영자로서 자신의 미래에 대한 계획을 세우고 희망을 품게 된다.

그러나 그는 불치의 병에 걸린 친형 니콜라이의 방문으로 죽음의 불가피성을 자각하며 극도의 불안을 느끼게 되고 자신이 세웠던 미래의 계획 자체의 의미를 더 이상 찾지 못하게 된다. 다행히도 키티와의 재회와 결혼 그리고 그녀의 도움으로 죽음의 불안을 이겨내고 죽어가는 니콜라이 형에게 진실된 공감과 위로를 해주게 된다. 그러나 여전히 나를 포함해서 모든 인간 존재가 죽을 수밖에 없는 유한한 존재자임에도 불구하고 살아야 하는 이유를 찾지 못하고 죽음의 불안보다 삶의 의미의 무지에 대한 불안으로 자살까지 생각하게 된다. 레빈은 삶의 의미를 찾기 위해 기존 과학, 철학 그리고 종교이론 속에서 답을 찾아보고자 한다. 그러나 레빈은 책과 개념과 이론 속에서는 더 이상 "내가 어디서 왔고, 무엇이고 무엇을 위해 살아야 하는가?"에 대한 답을 찾지 못하자 좌절한다. 그렇다고 레빈은 단순히 허무주의에 빠져버리지도 않고 말초적 감각적 삶에 탐닉하지도 않는다. 오히려 함께 일하는 농민들과의 교류와 노동 속에서 몰입의 경험을 하게 되면서 자신의 진로 내러티브를 새롭게 구성해 나간다. 우연히도 농부 표도르와의 대화 속에서 인간이 살아가는 것은 영혼과 하느님을 위해서라는 나름의 인생관, 가치관, 세계관을 갖게 되면서 캐릭터 아크를 이루어내고, 자신의 농업경영과 가족 그리고 이웃에 더욱 헌신하게 된다.

물론 톨스토이는 『안나 카레니나』를 출간하고 나서 엄청난 명성과 부를 얻지만 소설 속에서 자신이 찾아낸 대답에 만족하지 못하며 소설가로서 자신의 진로 정체성을 넘어서게 된다. 이후 톨스토이는 자신의 단편소설들과 중편소설 『이반 일리치의 죽음』 그리고 최후의 장편소설 『부활』에서는 소설가가 아닌 삶과 죽음의 의미와 진실 그리고 인류의 나아갈 길을 제시하는 사상가로서 혹은 정신적 지도자로서 자신의 캐릭터 아크를 새롭게 이끌어낸다.

자신의 삶, 진로 드라마 속에서 자기만의 캐릭터 아크를 실현하기 위해서는 자신의 생애 진로를 성찰적 관점에서 통합적으로 사고해보는 시기에 꼭 필요한 것이 한 가지 있다. 바로 나의 인생관, 가치관, 세계관에 대한 성찰이다. 인생관, 가치관, 세계관에 대한 성찰이란 나는 누구이고, 무엇을 알 수 있고, 무엇을 해야 하고, 무엇을 희망하는지, 내가 살아가며 한편으로는 적응해가면 다른 한편으로는 창조해야 하는 세계는 어떤 세계인지에 대한 의식적 성찰과 실천을 말한다. 사람들은 저마다 고유의 인생관, 가치관, 세계관을 의식적으로든 무의식적으로든 갖고 있다. 그런데 상당수 사람들이 삶에서 겪는 고통과 불행 나아가 행복은 자신의 인생관, 가치관과 긴밀한 관련을 맺는다. 살아오면서 나름의 인생관, 가치관, 세계관을 갖게 되었고 그런 철학이 나름대로 적응적이었을 때도 있다. 그러나 기존의 철학으로는 더 이상 새로운 환경에 적응할 수도 없고 의미도 찾을 수 없는 시점에 이르기 마련이다.

9. 누구나 철학을 할 수 있고, 하고 싶고, 해야 한다.

우리가 공부하게 될 철학자들도 누구보다도 치열하게 생애집념, 자아이상, 정체성, 내러티브 정체성 그리고 철학적 사상을 구성한다. 우리는 철학자들의 진로를 이해하기 위해서는 그의 생애 집념, 자아이상, 정체성, 내러티브 정체성 그리고 그의 철학사상을 탐색해볼 필요가 있다. 이렇게 철학자의 진로의 구성이라는 관점에서 철학을 접근해

보면 누구든 철학을 할 수 있고 해야 되고 또한 하고 싶어 하는 이유, 근거를 자각하게 될 것이라고 기대한다. 물리학이나 경제학과 같은 개별 과학은 그 자체로 지적 흥미를 끌 수도 있고 이를 전공함으로써 직업을 구할 수 있고 직업에서 부와 명성을 얻을 수도 있다. 그러나 개별 과학은 누구나 할 수 있고, 누구나 하고 싶어 하고, 더욱이 누구나 해야 하는 것은 아니다. 왜냐하면 개별과학은 우리의 진로 내러티브 속에서 자신의 서사적 정체성과 캐릭터 아크를 이끌어내는 데 기여하지는 못하기 때문이다.

또한 철학은 물리학나 경제학처럼 어떤 보편적인 공식을 알고 있어서 그것을 현실에 적용만 해보면 되는 학문이 아니다. 철학에는 어떠한 보편적인 공식도 없다. 우리가 앞으로 공부하게 될 철학은 철학자 각자의 삶 속에서 그들 고유의 생애집념, 자아이상, 정체성 그리고 내러티브 정체성에 대한 의식적 성찰을 기반으로 형성해온 지식이요 지혜이다. 여러분의 생애집념, 자아이상, 정체성 그리고 내러티브 정체성은 그들의 것과 같을 수 없다. 우리가 공부하게 될 철학이 여러분의 삶에 그대로 적용될 수 없다. 그러나 우선 고대와 현대까지 동서양의 대표적인 철학자들이 각자의 진로 내러티브 속에서 자신의 철학사상을 어떻게 통찰하며 또한 그런 통찰을 통해서 자신의 진로 내러티브를 어떻게 새롭게 구성해 나가는지를 알아보자. 그러면 여러분도 스스로 자신의 진로 내러티브 속에서 자기 나름의 철학적 인생관, 가치관 그리고 세계관을 새롭게 형성할 수 있겠다는 자신감, 하고 싶어하는 욕망, 그리고 해야겠다는 소명감을 느끼게 될 것이다.

물론 우리는 취업준비를 할 때에 많은 지식과 기술이 필요하다. 전공

지식, 외국어 지식, 컴퓨터 기술, 정보처리 지식 혹은 사교술 등과 같은 거 말이다. 그러나 이런 지식이나 기술은 우리에게 우리 생애 진로의 주제와 새롭게 전개될 미래의 줄거리와 주제를 가르쳐주지 않는다. 대부분 자신의 삶 속에서 고유의 집념과 자아이상, 정체성 그리고 내러티브 정체성에 대한 성찰을 기반으로 자신만의 철학을 수립하지 않고 단순히 기능적이고 실용적인 지식과 기술만을 습득하려고 노력한다. 그러면 우리는 우리의 인생 드라마의 유명한 배우나 감독, 제작자는 될 수 있겠지만, 그 드라마를 만든 작가는 되지 못한다. 결국 누군가 타인들이 만들어놓은 인생대본life script에 따라 살아갈 수밖에 없다. 그렇다고 그렇게 사는 게 무의미하거나 불행하다는 것도, 반대로 작가적 삶을 산다고 해서 무조건 행복할 거라는 말을 하려는 것은 아니다. 그러나 자신의 생애와 진로 내러티브에 대한 진지한 성찰과 철학적 지혜를 찾기 위한 오랜 숙고가 있을 때 여러분의 삶과 진로는 바로 여러분이 구성하는 의미 있는 삶, 아무개의 삶이 아니라 바로 여러분 각자의 진로가 될 것이다.

● **참고문헌**
M. 셀리그만, 김인자, 우문식 옮김, 「긍정심리학」, 물푸레, 2020
J. 홀랜드, 한국Holland, 「홀랜드 적성탐색검사」
J. 조이스, 진선주 옮김, 「젊은 예술가의 초상」, 문학동네, 2017
L. 톨스토이, 연진희 옮김, 「안나 카레니나」, 민음사, 2012
M. 사바카스, 김봉환 외 옮김, 「커리어 카운슬링」, 박영스토리, 2016

01. 붓다

왕자, 출가, 붓다
그리고 중생멸도의 길

1. 행복한 왕자와 싯다르타

　오스카 와일드Oscar Wilde가 쓴 『행복한 왕자』는 그 전에 나온 안데르센의 『인어공주』나 그림형제의 『백설공주』 혹은 마크 트웨인의 『거지와 왕자』와는 다른 구조를 갖고 있다. 『인어공주』나 『백설공주』 혹은 『거지와 왕자』는 모두 궁 안과 밖의 이분법적 구조를 갖고 있다. 궁 안에서의 삶은 행복하지만 궁 밖으로 나가면 불행을 운명처럼 겪는다. 세 작품 주인공은 모두 궁 안에 살면서 행복했으나 자의 혹은 타의로 궁 밖으로 나가거나 쫓겨나면서 불행을 겪고 재차 궁으로 돌아와 다시 행복해지거나 궁으로 돌아오지 않거나 돌아오지 못해서 불행한 삶을 살아간다.

　반면 오스카 와일드의 『행복한 왕자』는 정반대의 구조를 갖고 있다.

왕자는 태어나서 젊은 나이에 죽을 때까지 궁 안에서만 살면서 행복했고, 모두가 자신처럼 행복한 줄 믿었다. 그러나 죽어서 궁 밖 도시에 조각상으로 세워지면서 왕자의 영혼은 비로소 성 밖 사람들의 고통스럽고 궁핍한 현실을 직접 목격하게 되고, 궁 안에서 자신이 누린 행복은 진짜 행복이 아니었음을 깨닫는다. 우연히 남쪽 나라로 늦게 떠난 제비가 왕자의 조각상 밑에서 휴식을 취하다가 왕자의 눈물을 빗물처럼 맞으며 왕자에게 사연을 듣는다. 그리고 왕자는 제비의 도움으로 자신의 청동 조각상을 장식하던 온갖 보석들을 가난한 성 밖의 사람들에게 베풂으로써 그들이 불행을 극복하는 데 도움을 준다.

　오스카 와일드가 『행복한 왕자』를 쓰면서 당시 기존 동화의 구조를 전복하려는 의도를 가졌던 것은 분명하다. 그런데 흥미롭게도 이런 『행복한 왕자』의 테마는 싯다르타가 붓다가 되는 과정을 연상시킨다. 19세기에 유럽에 불교가 본격적으로 전해지면서 오스카 와일드 역시 싯다르타의 일생에 대해서 듣거나 읽지 않았을까 추측해본다. 물론 행복한 왕자와 싯다르타의 연관성을 과장하고 싶지는 않다. 왜냐하면 비록 둘 모두 왕자의 신분으로 궁 밖 민중의 고통을 외면한 채 혹은 모른 채 궁 안에서 자신만이 누리는 행복은 진짜 행복이 아니라는 통찰에 이르렀다는 점에서 유사하지만, 고통의 본질에 대한 이해와 고통을 극복하는 방법에서 많은 차이가 있기 때문이다.

2. 사문유관의 이야기 : 싯다르타의 집념과 롤 모델

불교의 공부는 싯다르타가 붓다로 캐릭터 아크를 이루어내는 과정을 공부하는 것에서부터 시작해야 한다. 그의 생애와 사상을 온전히 담고 있는 문헌은 팔만대장경으로 이루어진 불경이다. 사실 팔만대장경을 개인이 다 읽는 것은 불가능하다. 정확한 출처는 알 수 없지만 팔만대장경을 개인이 한번 다 읽는 데는 80년이 걸린다는 말이 있다. 이것은 불가능하고 필요하지도 않다. 우리는 1권으로 축약된 『우리말 팔만대장경 신편』을 주로 참조해서 싯다르타의 생애와 불교철학을 알아보려고 한다.

앞서 비교했던 오스카 와일드의 행복한 왕자와 달리 싯다르타는 단순히 궁핍에서 비롯되는 고통만을 본 것이 아니다. 십여 세가 되었을 때 봄 농사철에 싯다르타는 궁을 나와서, 처음으로 가족과 함께 백성들의 밭갈이 광경을 구경하였다. 어릴 때부터 싯다르타의 관찰력이 남달랐던 게 여기서도 드러난다. 그는 파리한 농부들이 보습 메인 소를 몰고 땀을 흘리며 소를 채찍질하면서 밭을 갈아엎을 때, 농부의 노동의 고됨과 채찍질 당하는 소의 고통뿐만 아니라 아주 작은 것들의 고통까지도 놓치지 않았다. 싯다르타는 보습 날에 찢기어 다치고 끊어진 땅 속의 벌레들을 까막까치가 재빨리 날아들어 쪼아먹는 것을 보고 크게 놀란다. 싯다르타는 홀로 생각했다.

모든 생명들은 다 같이 제가 살기 위하여 세상에 난 것인데, 어째서 국왕은 백성을 부려먹고, 농사짓는 백성은 소를 부려먹고, 약한 놈의 생명은

밭가는 보습에 찢기고 또 날래고 힘센 날짐승에게 쪼아 먹히고 …… 이것
은 있을 수 없는 일이다.　　　　　　　　　－『우리말 팔만대장경 신편』

　여기서 싯다르타의 성찰은, 후에 살펴보겠지만『장자』에 나오는 〈당
랑규선〉의 이야기에서 장자의 경험과 유사한 점이 있다. 흔히 불교의
사성제 중 고성제에 대한 피상적 이해가 보여주듯이 사실 싯다르타는
중생의 삶 자체를 고통으로 여기며 단순히 비관시하는 것이 아니다.
더 중요한 것은 모든 생명체들이 힘의 불평등한 관계 속에서 살아가며
강자가 약자에게 괴로움을 주지 않을 수 없는 현실을 고통스럽게 직시
하고 있다는 점이다.
　유년기 궁 밖에서의 놀랍고도 고통스러운 경험으로 인해 싯다르타는
궁중의 화려한 생활에서 우울해져만 갔다. 15세가 되던 봄에 싯다르타
는 궁중에 갇혀 있기가 울적하여 궁성 동쪽 대문으로 나가 들로 향하
였다. 그때 "길가에서 머리에는 서리를 이고, 팔다리에는 푸른 버들가
지가 얽히고 얼굴에는 검버섯이 돋친 채로, 활등같이 굽은 허리를 지
팡이에 의지해 걸어가는 노인"『우리말 팔만대장경 신편』을 보게 되었다. 싯
다르타 보기에 이 광경 역시 괴로운 경험이었다. 싯다르타는 불평등한
관계 속에서 살아가는 삶 자체의 고통을 넘어서 힘 있는 자나 힘없는
자나 모두가 늙음의 고통을 겪는다는 것을 깨닫는다.
　다른 기회에 싯다르타는 궁성 남문으로 나가 들에서 바람을 쐬고 있
었다. 그때 "살가죽은 말라붙고 뼈만 앙상한 채, 배는 북통처럼 부어오
르고 숨기운은 톱질 소리가 나며"『우리말 팔만대장경 신편』, 길가 더러운 땅
에 쓰러져 "나를 좀 일으켜 달라"고 목 메인 소리로 외치는 병자를 만

났다. 사람은 늙어 병들면 다 저 꼴이 된다고 곁에 있는 신하가 아뢰자 싯다르타의 가슴은 더욱 불안하였다. 늙음과 마찬가지로 병듦 역시 어떤 사람에게든 예외 없이 닥칠 수 있다는 것을 깨달았기 때문이다.

또 다른 기회에 싯다르타는 다시 궁성 서쪽 대문을 나서 들 밖에서 소풍하고 있었다. 네 사람이 상여를 메고 가는데 처자와 친척은 그 뒤를 따르면서 가슴을 치고 울부짖으며 혹은 사지를 되는 대로 내흔들고 혹은 진흙과 먼지에 뒹굴며 목메어 울부짖는 처참한 광경을 보았다. 부유하든 빈곤하든, 총명하든 어리석든 모든 사람은 다 죽기 마련이라는 생각이 들면서, 싯다르타의 마음은 더욱 불안하기만 하고 세상 그 어디에서도 위안과 안정을 얻지 못했다. 그때부터 싯다르타는 궁에 돌아와 오랫동안 명상에 잠기는 습관이 생겼다.

마지막으로 궁성 북문으로 나가 우울하고 불안한 마음을 다스리던 차에, 길에서 출가한 어떤 사문을 만났다. 그는 머리를 깎고 오른손에 긴 지팡이를, 왼손에 바리때를 잡고, 아무것도 거릴 것 없이 저 맑은 허공을 바라보며 훨훨 걸어가고 있었다. '이것이 집을 떠나 수도하는 사문'이라고 신하가 아뢰었다. "어떤 것이 집 떠난 사람이며 그가 하는 일은 무엇이냐?"고 싯다르타가 물었다. 사문은 다음과 같이 답했다.

이 세상 모든 것은 시시각각 변화하고 있다. 사람은 나고 늙고 병들고 죽으며, 세계는 이룩되고 또 무너지고 …… 나는 이것을 보고 세속의 모든 것, 처자며 재산이며 명예며 권리를 다 버리고 집을 떠나, 그 나고 죽음에서 벗어나는 도를 닦고 있노라. ─『우리말 팔만대장경 신편』

이것은 싯다르타가 카필라바스투 성 동문 밖에서 노인, 남문 밖에서 병자, 서문 밖에서 죽은 자, 북문 밖에서 사문을 만났다는 불전의 소위 사문유관四門遊觀의 이야기이다. 이 이야기는 싯다르타가 왜 붓다의 길을 떠났고 결국에는 지혜를 베푸는 자로 살다가 열반에 이르게 되었는지, 그의 진로 내러티브를 이해하게 해주는 두 가지 중요한 단서를 제공해준다. 첫째, 싯다르타가 삶이란 태어남과 늙음과 병듦 그리고 죽음의 고통이 전부이기에 무상한데, 그렇다면 이런 무상함의 경험을 낳는 고통의 근원은 무엇인가라는 물음을 심중에 품게 되면서 그 답을 찾고자 하는 집념preoccupation을 갖게 된 점이다. 둘째, 그가 생로병사의 일체 고에서 벗어나기 위해 도를 닦고 있는 사문들을 롤 모델로 삼게 된 점이다.

3. 싯다르타의 출가 : 싯다르타의 직업적 흥미

사문유관의 경험으로 싯타르타는 불안과 우울에 휩싸였고 자신이 사는 궁에서는 더 이상 안정을 얻지 못했다. 궁은 싯다르타의 집념과 자아이상을 실현시켜줄 장소로서도 적합하지 않았고, 궁의 사람들이 고민하는 것들과 고민을 풀어나가는 그들의 방식도 싯다르타에게는 적절하지 않았다. 즉 궁은 싯다르타의 진로와 관련된 자신의 관심, 흥미를 해소하는 데 적합한 세계가 더 이상 아니었다. 싯다르타는 이런 상황을 다음과 같이 절박하게 표현한다.

죽음의 귀신이 시각을 다투어 쫓아오는 것을 바라보면서, 타들어가는 불 집 속에 누워 있을 수는 없었다.

– 『우리말 팔만대장경 신편』

결국 싯다르타는 출가를 결심하고 궁을 떠나 브라만 고행자들이 단식과 고행을 수행하는 성지를 찾는다. 또 많은 수행자 특히 요가 수행자들이 모였던 마가다 왕국의 수도이고 정치·경제의 중심지였던 라자그리하를 방문한다. 그러나 소규모 수행자가 모여 있는 성지든, 대규모 수행자가 있는 도시든, 또한 다른 수행자와 함께 고행이든 요가를 통해서 깨달음을 얻고자 하는 방식이 싯다르타에게는 맞지 않았던 것 같다. 싯다르타가 원하는 것은 현생에서 육체를 고통스럽게 함으로써 다음 생에 고통 없는 천상에 태어나고자 함도 아니고, 그렇다고 현세에서 선정을 통해 잠시 동안 희열의 삼매에 머무르고자 함도 아니었다. 싯다르타가 원한 것은 생로병사의 고통을 피하는 것도, 고통을 잊는 것도 아니었다. 고통이 어디에서 오는가를 알아 그 고통을 근본적으로 치유하고 넘어서는 것이었다.

진로구성주의 관점에서 보면 싯다르타는 궁 밖에서도 여전히 자신의 필요와 흥미를 충족시킬 수 있는 활동공간을 제대로 찾지 못한 것이다. 흥미로서 interest에서 inter는 between을 의미하며, est는 it is를 의미한다. interest란 it is between(사이에 있음)을 의미한다. 사비카스의 진로구성이론에서 흥미는 개인의 필요와 그 필요를 만족시키는 목표를 성취하기 위한 사회적 기회 사이의 심리사회적 긴장상태를 나타낸다. 이를 다르게 표현하면 집념과 자아이상을 갖는 자기와 그런 자기가 구체적인 에피소드들을 갖게 되는 장소·사람·문제·절차와 같은 환경의 관계와 같다. 싯다르타가 처음에 찾아갔던 당시 정치·경제의 중심지로서 라자그리하 같은 장소는 그가 수행하기에는 적합한 장소가 아니었다. 또한 그가 만났던 사람들인 브라만 고행자들이나 요가 수행자들이나 그들의 수행의 목적과 방식 모두 싯다르타가 원했던 사람도, 문제도, 절차도 아니었던 것이다.

고통의 근원을 깨우치고자 길을 나선 싯다르타는 자신이 추구하는 목적과 가치를 실현할 활동 공간, 즉 누구와 어디서 어떻게 할 것인지를 모색하면서 6년간 수많은 시행착오를 겪었다. 싯타르타가 결국 찾아낸 장소는 부다가야의 우르베라 마을 부근이었다. 그가 찾아낸 곳과 그의 결심은 다음과 같이 묘사된다.

> 그곳은 매우 정결하고 부드러운 풀이 비단처럼 깔려 있고, 그 가운데 팔빌라 나무가 일산같이 솟아 있었다. 그 나무 밑에 네모반듯한 바위가 좌대모양으로 놓여 있었다. 싯다르타는 그 나무 밑으로 나아가 그 바위를 좌대로 하고, 어떤 장자가 베어다 준 부드러운 길상초를 깔고 앉았다. 스스로 맹세했다. '나는 이 자리에서 일체지를 얻지 못하면 다시 일어나지 않으리라'는 최후의 결심을 했다. 두 다리를 엇걸어 가부좌를 틀고 앉아 선정에 들었다.
> — 『우리말 팔만대장경 신편』

이것은 싯다르타가 붓다가 되는 과정에서 그의 진로 내러티브를 이해하는 세 번째 단서, 즉 싯다르타의 목적추구와 가치실현을 이루어 낼 수 있는 최적의 수행공간이 어떤 곳인지를 알려준다. 우선 깨달음의 수행에서 오랫동안 명상에 빠져들 수 있는 한적한 장소여야 한다.

또한 여러 사람과 함께 수행하기보다는 홀로 수행할 수 있는 곳이어야 한다. 일시적 선정이나 내세의 지복이 아닌 지금 여기에서 고통의 근원에 대한 앎만이 문제여야 한다. 그 절차는 소위 사념처로서 내 몸(身)과 감각(受)과 생각(想) 그리고 세상의 이치(法)에 머무르며 알아차리는 마음챙김의 수행방식이어야 한다.

4. 싯다르타에서 붓다로 캐릭터 아크 :
   싯다르타의 진로 내러티브와 철학

최적의 수행공간을 찾은 싯다르타는 붓다로 거듭나는 캐릭터 아크를 얻게 된다. 이것은 깨달음을 얻고자 집착하는 자인 '싯다르타'로부터 깨달음을 얻고서 더 이상 여하간의 집착으로부터도 자유로워진 자인 '붓다'로의 서사적 정체성의 극적인 변화이다. 여기서 더 중요한 것은 그런 캐릭터 아크의 추동력이다. 싯다르타는 7일 동안 근본적으로 깨달은 바는 고집멸도의 사성제와 십이지연기 그리고 팔정도의 불교철학이다. 팔만대장경에는 수많은 불교교리와 철학이 담겨 있지만 엄격히 말해 근본 불교로서 불교철학의 핵심은 이 세 가지이다.

사실 이 세 가지는 분리해서 설명하기 쉽지 않다. 왜냐하면 사성제 중 고성제가 고통의 정체를 밝히고 있다면, 집성제와 멸성제는 생로병사의 고통이 발생하고 쌓이게 되는 이치 그리고 그 고통을 멸해 해탈에 이를 수 있는 이치로서, 이것이 바로 십이지연기의 두 가지 측면이기 때문이며, 도성제란 고통이 해소된 상태인 열반의 경지에 도달하는 방법으로서 팔정도를 말하기 때문이다.

고성제(苦聖諦)

고성제란 인생 그 자체는 모두 고통이라는 진리요, 현실세계의 결과물이라는 진리이다.

> 고제라 함은, 이른바 중생이 나는 것이 고요, 늙는 것이 고요, 병드는 것이 고요, 죽는 것이 고요, 근심·슬픔·번민이 고요, 원수와 미운 이가 서로 만나는 것이 고요, 은혜와 사랑하는 사람이 서로 이별하는 것이 고요, 원하고 구하는 것을 얻어 이루지 못하는 곳이 고다. 요컨대 오온(색色, 수色, 상想, 행行, 식行)으로 구성된 이 몸과 마음은 모두가 고의 덩어리이니 이것을 고제라 한다.   ─ 『우리말 팔만대장경 신편』

고성제의 의미를 헤아려보면, 유년기와 청소년기에 사문유관의 경험을 통해서 갖게 된 생노병사의 고통에 대한 싯다르타의 막연한 이해가, 사념처 수행을 통해 훨씬 구체화되고 확장되고 심화된 깨달음으로 탈바꿈되었음을 알 수 있다. 단순히 생로병사 자체를 고통으로 보기보다는 그런 생로병사와 관련해서 초래되는 근심·슬픔·번민이 바로 고통이라는 깨달음에서는 고통에 대한 깨달음의 구체성이 성취된다. 또한 이런 생로병사의 근심·슬픔·번민의 고통을 넘어 사랑하는 사람과 서로 이별하게 되는 슬픔과 원수가 서로 만나게 되는 분노와 같은 대인관계 속에서 형성되는 고통이 밝혀졌다. 또한 구하는 것을 뜻대로 얻지 못하는 근심걱정과 같은 개개인의 목적추구 속에서 형성되는 고통에 대한 깨달음의 확장이 이루어진다. 나아가 이런 고통들이 결국에는 모두 색(물질, 육체), 수(감각), 상(생각), 행(의지), 식(의식)의 오온을 통해서 형성되었다는 고통에 대한 깨달음의 심화가 생긴다.

집성제(集聖諦)

집성제란 마음속의 번뇌와 갈등이 쌓여 고통이 생긴다는 진리요, 그것이 고로 가득한 현실세계의 원인이라는 진리이다. 싯다르타는 고통의 정체를 더 구체적이고 폭넓고 깊게 깨달았을 뿐만 아니라 고통의 발생원인과 근원을 깨닫는다. 집제가 그것인데 사랑하는 마음과 욕심내는 마음이 서로 호응하여 늘 염착되기 때문에서 우리는 고통에서 벗어날 수 없다는 것이다.

집제라 함은, 사랑하는 마음과 욕심내는 마음이 서로 호응하여 마음이 늘 염착(탐내어 집착함. 허망한 분별로써 어떤 것에 마음이 사로잡혀 헤어나지 못함)되나니, 이것을 집제라 한다. — 『우리말 팔만대장경 신편』

멸성제(滅聖諦)

멸성제란 고통의 원인이 소멸된 상태로 해탈과 열반의 경지에 이르는 진리를 말한다. 불교의 궁극 목적으로 멸이란 해탈과 열반의 경지, 곧 절대자유와 절대평화의 세계를 말한다. 붓다는 집성제와 멸성제를 십이지연기를 토대로 해서 설명한다.

> 어떤 것이 집제인가? 무명으로 인하여 행이 있고, 행으로 인하여 식이
> 있고, 식으로 인하여 명색이 있고, 명색으로 인하여 육입처가 있고, 육입
> 처로 인하여 촉이 있고, 촉으로 인하여 수가 있고, 수로 인하여 애가 있
> 고, 애로 인하여 취가 있고, 취로 인하여 유가 있고, 유로 인하여 생이 있
> 고, 생으로 인하여 늙고 병들고 죽음과 근심·슬픔 등의 고통이 있나니,
> 이것을 고의 원인인 집제라 한다. 어떤 것이 멸제인가? 무명이 깨끗이
> 없어지면 행이 없어지고, 행이 없어지면 식이 없어지고, 이와 같이 생·
> 노사·근심·고통이 다 없어지는 것이다. 이것을 고의 원인이 없어진 멸
> 제라 한다.   — 『우리말 팔만대장경 신편』

불교철학자인 한자경은 『불교의 무아론』에서 십이지연기를 다음과
같이 설명한다. 무명無明이란 인간 자신과 우주의 원리에 대한 무지無
知를 말한다. 두 번째로 행行이란 전생에서 오온의 생명체가 지은 업을
말한다. 세 번째로 식識*이란 업의 힘인 업력이 죽음 이후 다시 태어나
기까지의 존재인 중유中有의 식이다. 이 식이야말로 윤회의 근거가 된
다. 이 식은 오온 중 하나인 식과 구별해야 한다. 네 번째로 명색名色의
오온五蘊이란 몸의 색色과 마음의 명名 —느낌의 수受, 지각의 상想, 의
지의 행行, 인식 내지 마음의 식識— 으로 세분되므로, 인간은 색·수·
상·행·식의 오온의 화합물로 간주된다. 다섯 번째로 육입처六入處란
명색의 오온으로부터 형성된 기관으로서 안眼, 이耳, 비鼻, 설舌, 신身,
의意의 여섯 근을 말한다. 여섯 번째로 촉觸이란 태내에서 형성된 육입

처가 태 밖으로 나와서 세계와 부딪치면서 발생한다. 일곱 번째로 수受란 촉을 통해서 불러일으켜진 느낌쾌락과 고통이다. 여덟 번째로 애愛란 사랑과 증오를 말하며, 아홉 번째로 취取란 욕망과 회피를 말한다. 열 번째로 유有란 애와 취의 업이 남기는 업력으로서 다음 생을 이끌어 갈 존재가 태어나는 순간의 생유生有, 태어나서 죽기까지 본유本有, 죽는 순간의 사유死有, 죽어서 다시 태어나기까지 중유中有이다. 열한 번째와 열두 번째로 생生, 노사老士, 즉 다음 생과 노사가 있다. 무명으로 인해 선업 또는 악업을 짓게 되면서 이루어지는 십이지연기가 순서대로 악과樂果 또는 고과苦果의 생을 반복하게 되지만, 만일 무명을 멸해 명明을 얻으면 업을 짓지 않게 되고 십이지연기의 고리가 끊기면서 행이 멸하고 식이 멸하고 명색이 멸해, 결국 윤회의 삶을 벗어나게 된다. 즉 고성제와 집성제는 유전문으로서 윤회의 길이라면 멸성제와 도성제는 환멸문으로서 해탈의 길이다.

▪ 유식학에서는 식識을 크게 8가지로 나누고 있다

- 색, 성, 향, 미, 촉은 각각 제1~5식 (구체적 개별감각 내용)
- 지각과 사유의 제6식 (추상적 일반적 개념)
- 지각하고 사유하는 의식을 대상으로 한 의식. 제7식 (말나식)
- 제6식이나 제7 말나식의 분별과 집착의 업이 남긴 업력을 종자의 형태로 함장하고 있는 제8식 (아뢰야식)

앞서 십이지연기 중에서 두 번째 식이란 제8식인 아뢰야식을 말하며, 오온 중 하나인 식은 제7식까지의 식을 총칭한다.

도성제(道聖諦)

  도성제란 열반의 경지에 도달하는 수행방법을 말한다. 즉 도성제란 8정도이다.

  어떤 것이 도제인가? 곧 여덟 가지 성도를 말함이니, 바른 지견正見, 바른 생각正思惟, 바른 말正語, 바른 행正業, 바른 생활正命, 바른 정진正精進, 바른 심념正念, 바른 선정正定이 그것이다. 　 　– 『우리말 팔만대장경 신편』

  이 8정도를 이후 대승불교에서는 육바라밀▪로 계승한다.

5. 붓다의 또 다른 캐릭터 아크

  과연 싯다르타는 붓다로의 캐릭터 아크를 이루어냄으로써 진로 내러티브를 끝내는 걸까? 싯다르타는 7일간의 선정 삼매를 통해 사성제, 십이지연기 그리고 팔정도의 지혜를 깨우친 후에 미묘한 해탈의 법열을 느끼면서 생각한다.

  이곳에는 모든 번뇌가 다하고 나의 할 일은 마쳤다. 나고 죽음의 바다는 마르고 구원겁에 쌓아온 원행은 다 찼다. 그러나 내가 얻은 법은 매우 깊고 알기 어려워 오직 부처와 부처가 서로 증명할 뿐, 저 어둡고 혼탁한 인간에서 탐욕·진심·우치·사견·교만 등에 덮이고 막혀서, 복은 엷

■ 육바라밀

육바라밀이란 생사의 고해를 건너 열반의 피안에 이르기 위해 닦아야 할 여섯 가지 실천덕목이다. 바라밀은 바라밀다(波羅蜜多)의 준말로, 저 언덕(彼岸)에 이른다는 뜻이다. 대승불교의 보살은 이 육바라밀의 실천을 통해 자신의 완성을 이룩하는 동시에 다른 사람들도 완성시켜 정토(淨土)를 건설해 간다. 육바라밀은 구체적으로 보시(布施)·지계(持戒)·인욕(忍辱)·정진(精進)·선정(禪定)·지혜(智慧)의 여섯 가지를 말한다.

• 보시는 조건 없이 기꺼이 주는 생활이다. 이 보시에도 그 주는 내용에 따라 세 가지가 있다.
　물질적인 재보시(財布施)
　교육적인 법보시(法布施)
　종교적인 무외시(無畏施)
• 지계는 계율을 잘 지켜 악을 막고 선을 행하는 생활이다.
• 인욕은 박해나 곤욕을 참고 용서하는 생활이다.
• 정진은 꾸준하고 용기 있게 노력하는 생활이다.
• 선정은 마음을 바로 잡아 통일되고 고요한 정신상태에 이르는 것이다.
• 지혜는 진상(眞相)을 바르게 보는 정신적 밝음이다.

이 가운데 보시·지계·인욕은 타인을 위한 이타(利他)의 생활인 자비의 실천으로, 보통 하화중생(下化衆生)의 생활이라 한다. 정진·선정·지혜는 자신을 위한 자리(自利)의 생활로서, 지혜를 추구하는 상구보리(上求菩提)의 생활이다. 이렇게 볼 때 대승불교의 교육정신은 이 육바라밀에 압축되어 있다고 할 수 있다.

고 근성은 둔하여 지혜와 선근이 없는 인간들로서야 어떻게 내가 얻은 법을 알 수 있을 것인가? 이제 내가 그들에게 법을 바로 설한다면, 그들은 반드시 미혹하여 믿어 받아들이지 못할 것이요, 도리어 비방함 때문에 장차 악도에 떨어져 모든 고통을 받게 될 것이니, 나는 차라리 잠자코 열반에 드는 것이 옳으리로다. ─『우리말 팔만대장경 신편』

이후에 상세하게 논하겠지만 이런 붓다의 고민은, 플라톤의 동굴의 비유에서 동굴 밖을 나와 존재와 인식의 근본원리로서 선의 이데아를 통찰한 자가 다시금 동굴 속으로 돌아가서 동료 수인들에게 겪게 되는 수모와 죽음의 위협이나, 니체의 차라투스트라가 산정 동굴에 올라가 10년 동안 깨우친 신의 죽음과 초인 사상을 태양이 바다 밑으로 몰락하듯 산 아래 도시로 내려가 최후의 인간들에게 가르치려 했지만 오히려 그들로부터 오해와 협박을 받은 상황을 예견하는 것처럼 보인다.

그러나 전해지는 이야기로는 범천·제석 등이 세 번이나 그 법을 설하기를 간청하는 바람에 붓다가 열반을 포기하고 법의 수레바퀴를 굴리기 시작했다고 되어 있다. 그러나 앞서 청소년기 사문유관의 네 가지 경험 이전에 10여 세 때 경험을 떠올릴 필요가 있다. 밭에서 목격했던 미물들이 보습 날에 찢기고 날짐승에게 잡혀 먹는 장면에서 싯다르타는 미물들의 고통에 대한 연민과 공감을 느꼈었다. 비슷한 시기에 싯다르타의 이런 성품을 알 수 있는 또 다른 이야기가 전해진다.

싯다르타 태자가 10여 세가 되었을 때이다. 태자의 사촌 되는 제바달다가 제 동산에 놀다가 공중에 날아가는 기러기를 쏘아 싯다르타 태자의 동산에 떨어지는 것을 보고, 태자는 그 생명을 가엾게 여겨 곧 그 화살을 뽑아 약을 발라 싸매 주고, 제바달다가 자기의 화살로 쏘아 떨어진 기러기를 내어놓으라고 독촉하였으나 마침내 돌려보내지 않았다.

– 『우리말 팔만대장경 신편』

싯다르타는 단순히 고통의 근원에 대한 자각을 통해 고통을 극복하는 법을 깨우치는 것에만 관심을 갖고 있었던 것이 아니다. 그는 생명체의 고통에 대한 자비심, 연민의 성품을 유년기부터 갖고 있었기에 제석·범천의 간청을 받아들인 것이다. 사실 소승불교와 대승불교를 나누는 지점도 이 부분이다. 자기 자신의 해탈과 열반에만 관심을 갖는 소승불교와 달리 대승불교는 중생의 구제에도 동등한 관심을 갖는다. 이런 대승불교의 혁신은 붓다의 초기불교에 대한 혁신이 아니라 오히려 붓다의 초기불교의 정신으로 되돌아가는 운동이다.

싯다르타의 진로 내러티브에서 싯다르타로부터 붓다로의 첫 번째 캐릭터 아크를 넘어서 붓다에서 설법을 베푸는 자로의 두 번째 캐릭터 아크를 이루어내었고, 이 역시 유년기의 초기 기억 속에서 잠재되어 있던 집념preoccupation의 상기였다. 그에 따라 단순히 깨달음을 얻은 자라는 정체성을 넘어서 가르침을 베풂으로써 중생들을 멸도의 길로 안내하는 자로서 새로운 정체성을 실현할 수 있는 수행공간은 달라진다. 더 이상 홀로 수행하며 머물 수 있는 우루베라 마을 부근의 숲보다는 많은 대중에게 설법을 베풀 수 있는 공간이어야만 했다. 붓다는 성도하던 해 여름은 사슴 동산에서 지냈고, 다음 해 여름은 왕사성의 대숲 절에서 지냈고, 삼 년째의 여름은 왕사성의 기사굴산에서 지냈고, 사년째 되던 해에 비로소 수달다 장자가 큰 절을 창건하고 초청하므로 붓다는 일천이백 대중과 함께 코살라국 사위성으로 갔다. 그 절이 바로 기수급고독원祇樹給孤獨園정사 혹은 약어로 기원정사라 불린다. 붓다는 기원정사를 비롯한 여러 사찰에서 80세까지 중생멸도하고 입멸하였다.

6. 싯다르타의 진로 내러티브와 철학

싯다르타는 왕자라는 신분에서 출발해서, 깨달음을 얻으려는 출가자, 고행자를 거쳐 드디어 생애 근본 집념이었던 고통의 근원을 깨우친 붓다가 되었다. 그 후 40년 넘게 중생멸도의 길을 걷다가 80세에 열반에 이르렀다. 싯다르타는 그의 진로 내러티브에서 세 번의 분명한 캐릭터 아크를 이루어낸 인물이다.

그가 왕자라는 신분에서 깨달음을 얻으려는 출가자, 고행자로 캐릭터 아크를 이루어내는 데 결정적인 계기는 청소년과 청년기를 거치면서 지속적으로 품고 있었던 고통의 근원에 대한 통찰욕구였다. 다시금 단순한 출가자나 고행자의 길에서 붓다라는 깨달음을 얻는 자로 캐릭터 아크를 이루어내는 데 핵심적인 계기는 자신에게 적합한 수행공간과 방식을 찾아낸 것이다. 이는 자신의 직업적 흥미, 적성을 잘 찾아낸 것으로서 그 성과는 7일간의 사념처 수행을 통한 사성제, 십이지연기, 팔정도의 깨달음이었다. 다시 해탈을 얻은 붓다가 바로 열반에 이르지 않고 40년 넘게 자신의 깨달음을 중생들에게 설법하며 중생멸도의 길을 걷게 된 결정적 계기는 바로 유년기 미물들의 고통과 불행을 목격하면서 느꼈던 연민의 마음을 회복했기 때문이다.

싯다르타의 진로 내러티브와 세 번의 캐릭터 아크에서 중요한 것은 역설적으로 욕구, 집념을 내려놓는 것이 아니라 자신이 평생에 걸쳐 품고 있었던 자신의 욕구, 집념을 분명하게 알아차리고 그것의 실현에 충실했다는 점이다.

싯다르타의 커리어 스토리

1. **생애집념 :** 미물에 이르기까지 모든 중생의 고통에 대한 연민과 고통의 근원에 대한 앎의 욕구
2. **롤 모델 :** 출가하여 생노병사의 근원을 탐구하고자 한 사문(바라문, 요기)
3. **직업적 흥미 :** 초기에는 부다가야 우루베라 촌의 보리수 밑처럼 홀로 명상을 수행할 수 있는 장소를 원했고, 단식, 요가와 같은 고행의 방식이 아니라 사념처 명상의 방식으로 깨달음을 얻고자 하였고, 궁극적으로 고통의 근원을 알고자 했다. 해탈 후에는 깨달음을 추구하는 소수 사문들이나 다수의 중생들이 모여 붓다의 가르침을 듣고 수행할 수 있는 한적하고 넓은 장소를 선호하였고, 사문들과 중생들 속에서 그들의 해탈을 돕는 방식을 택함.
4. **진로 내러티브 :** 왕자로부터 해탈한 붓다로, 해탈한 자에서 가르침을 통해 중생멸도를 돕는 스승, 보살로 캐릭터 아크를 이룸.
5. **철학 :** 사성제, 십이지연기 그리고 팔정도

● 참고문헌
대한불교청년회(편저) 지음, 월운 감수, 『우리 말 팔만대장경 신편』, 모시는 사람들, 2011
한자경 지음, 『불교의 무아론』, 이화여자대학 출판부, 2006

02. 공자

하급관리, 공위 공직자, 주유열국
그리고 후학양성의 길

1. 사생아로 태어난 피에르와 공자

공자의 생애에서 정치가로서, 교사로서 그리고 문헌 편찬자로서 그의 활동과 그의 철학을 이해하는 데 아주 중요한 생애 초기사건이 있다. 공자는 머리 꼭대기 가운데가 움푹 꺼져 있었기 때문에 구丘라고 불렸다. 공구의 생부는 노나라 곡부에 사는 무사계급 출신의 숙량흘이라는 사람이다. 모친인 안징재는 숙량흘의 동료 무사이자 친구였던 안양의 셋째 딸이었다. 숙량흘이 안징재를 만났을 당시 숙량흘은 60대 후반이었고, 안징재는 16세였다고도 하는데 13세 소녀였다는 이야기도 있다. 숙량흘은 이미 첫 번째 부인에게 9명의 딸과 두 번째 부인에게 아들 하나를 얻은 기혼자였고 이미 손자와 손녀까지 있었다. 숙량흘은 자신의 딸들보다 어린 손녀 나이뻘 소녀와 관계를 맺었던 것이다.

사마천의 『사기』 「공자세가」에서 공구의 탄생을 야합野合이라고 표현했는데, 직설적으로 뜻을 풀이하면 '들판에서 합궁을 해서 낳았다'는 말이 된다. 그 상세한 사실이야 알 수 없지만 그만큼 공구의 출생은 정식 절차를 거치지 않은 비공식적 출생이었다는 의미이기에 사생아나 다름없었다. 사생아私生兒란 법률적으로 부부가 아닌 남녀 사이에 태어난 아이다. 생부였던 숙량흘은 공구를 양육하지도, 양육에 필요한 재정적 지원을 하지도 않았다. 공구는 사생아였기 때문에 공씨 집안 숙량흘의 자손으로 인정받지 못했다. 공구가 3살 때 아버지는 죽었고, 어머니 안징재는 궐리로 이사하여 홀로 공구를 키웠다. 아버지 숙량흘의 재산은 이복누이들과 이복조카에게 상속되었다. 그의 몫으로 돌아온 것은 없었다. 설사가상으로 모친마저 눈이 멀어져 생활형편은 더욱 나빠졌고, 그의 나이 16세 때 어머니마저 죽었다. 공구는 3년 상을 치른 뒤 어머니를 아버지의 묘소 옆에 안장했다고 한다.

과연 공구가 유년기와 청소년기에 아버지 숙량흘과 그의 집안으로부터 원했던 것은 무엇일까? 공구의 마음을 헤아려보는 것을 돕기 위해 톨스토이의 『전쟁과 평화』의 주인공 중 한 명인 피에르(피에르는 표트르의 프랑스식 발음이고 본래 러시아 정식 이름은 표트르 키릴로비치 베주호프이다) 이야기를 잠깐 해보자. 톨스토이의 소설을 언급하는 이유는 그가 다른 어떤 소설가보다 인물의 신체 동작이나 표정을 통한 심리묘사에 탁월하기 때문이다.

피에르는 베주호프가의 사생아로 태어나 10살 때 카톨릭 신부인 가정교사와 함께 외국으로 보내어져 스무 살이 될 때까지 그곳에 머물렀다. 스무 살이 되어 러시아 모스크바로 돌아왔는데, 얼마 지나지 않아 아버지 베주호프 백작이 사경을 헤맨다. 정식 자녀가 없는 베주호프 백작의 직계 상속인들은 피에르의 사촌인 마몬토프가의 세 자매이다. 직계 상속녀 중 한 명의 남편인 바실리 공작이 베주호프 백작이 피에르에게 재산을 상속한다는 유언장을 작성했다는 말을 전하자, 세 자매 중 첫째가 흥분하며 이렇게 말한다.

> "말도 안 돼요!" 공작영애는 눈동자의 표정을 바꾸지 않는 채 냉소를 흘리며 공작의 말을 가로막았다. "전 여자예요. 사촌의 눈에는 우리가 다 멍청이로 보이겠죠. 하지만 저도 사생아가 재산을 상속받을 수 없다는 것 정도는 안다고요. …… 사생아 말이에요."
>
> — 톨스토이 『전쟁과 평화 1』

분명 공구와 달리 피에르는 아버지로부터 경제적 지원도 받았고, 사후 당시 러시아 최고의 부호인 베주호프 가의 유일한 상속자가 된다. 더욱이 사생아는 상속을 받을 수 없었기 때문에 베주호프 백작은 황제에게 서신을 보내 피에르를 정식 아들로 받아들여도 좋다는 허락을 받아낸다. 그러나 정작 피에르는 아버지의 유산상속을 달가워하지도 않았다. 그는 임종 장면에서 두 가지 상이한 모습을 보인다. 첫 번째 장면의 묘사는 이렇다.

> 백작을 돌려 눕히는 동안에 그의 한 손이 힘없이 뒤로 툭 떨어졌다. 백작은 그 손을 끌어당기려고 부질없이 안간힘을 썼다. 그 생기 없는 손을 바라보는 피에르의 두려운 어린 시선을 눈치 챘는지, 아니며 그 순간 죽

어 가는 뇌 속에서 어떤 다른 생각이 떠올랐는지, 아무튼 그는 말을 듣지 않는 손과 피에르의 얼굴에 떠오른 두려움의 표정을 번갈아 바라보다가 다시 손으로 눈길을 돌렸다. 그러자 그의 얼굴에 외모와 어울리지 않는, 마치 자신의 무기력을 조롱하는 듯한 힘없고 고통에 찬 미소가 떠올랐다. 예기치 않게 이 미소를 보게 된 피에르는 가슴이 떨리고 코끝이 찡해지는 것을 느꼈다. 눈물이 그의 눈앞을 흐렸다.

— 톨스토이 『전쟁과 평화 1』

톨스토이의 소설들을 읽어보면 죽어가는 사람과 그를 지켜보는 사람 사이의 말없는 표정이나 동작을 통한 소통에 대한 묘사가 탁월하다. 『전쟁과 평화』뿐만 아니라 『안나 카레니나』에서 죽어가는 형 니콜라이와 그를 지켜보는 동생 레빈 사이의 몸짓 소통, 『이반 일리치의 죽음』에서 죽어가는 아버지 이반과 그를 지켜보는 중학생 아들 사이의 손짓 소통에 대한 묘사가 나타난다. 이들 세 가지 무언의 소통의 공통점은 연민과 공감이다. 다만 피에르가 아버지에게 느낀 연민은 아버지로서 베주호프의 고통에 대한 연민이라기보다는 죽음 앞에서의 인간의 무기력에 대한 연민처럼 보인다. 왜냐하면 피에르에게는 곧바로 대조적인 모습이 나타나기 때문이다. 자신의 아들 보리스의 대부인 고베주호프 백작의 유산 상속자인 피에르에게 어떻게든 경제적 지원을 받고 싶은 안나 미하일로브나는 피에르를 곁에서 돌본다.

그녀는 조용하고 느린 걸음으로 피에르에게 다가왔다. "피에르!" 그녀가 말했다. 피에르는 묻는 듯한 얼굴로 그녀를 바라보았다. 그녀는 청년의 이마에 입을 맞추며 눈물로 그 이마를 적셨다. 그녀는 잠시 침묵했다. "이제 그분은 이 세상에 안 계세요……." 피에르는 안경 너머로 그녀를 바라보았다. "자, 같이 가요. 내가 당신을 안내할게요. 울려고 해봐요. 눈물만큼 슬픔을 덜어주는 것도 없으니까요." 그녀는 그를 어두운 응접실로 이끌었다. 피에르는 그곳에 있는 사람들이 아무도 자기 얼굴을 보지 않아 기뻤다. 안나 미하일로브나는 그를 남겨 두고 자리를 떴다. 그녀가 돌아왔을 때 그는 한쪽 팔에 고개를 묻고 깊은 잠에 빠져 있었다.

– 톨스토이 『전쟁과 평화』 1부

피에르는 밤새 아버지의 죽음을 무덤덤하게 지켜보며 슬픔을 느끼기보다는 밤새 임종 때문에 뜬눈으로 새운 까닭에 졸음을 이겨내기가 힘들 뿐이었다. 청소년기 10년 넘게 가정교사와 함께 외국으로 보내져 살면서 아버지로부터 어떤 애정도 느낄 기회가 없었기에 성인이 된 후 아버지가 자신을 자식으로 인정하고 유산을 남긴 것에 대해 그렇게 기쁠 것도 없었고, 또한 아버지의 죽음이 졸음을 이겨낼 정도로 슬픈 것도 아니다. 그가 아버지에게 원했던 것은 아버지의 막대한 유산도 문서상 자식으로서 인정도 아니었던 것 같다. 그렇다면 그가 진심으로 원한 것은 무엇이었을까?

2. 공구의 인정욕구 : 집념

　피에르에 비하면 공구의 처지는 더욱 열악하고 불우한 상황이었다. 유년시절부터 아버지와 공씨 집안의 자손으로 법적으로도 인정받지 못했을 뿐 아니라 경제적 지원도 전혀 받지 못했다. 게다가 눈이 먼 어머니를 봉양해야 했고, 16세 때 어머니마저 죽고 말았다. 눈여겨볼 것은 공구가 어머니 삼년상을 치르고 나서 아버지 묘소에 어머니를 안장했다는 점이다. 이는 곧 공구가 우선은 아버지 숙량흘과 공씨 집안으로부터 자손으로 인정받길 갈망했다는 표시일 것이다. 그러나 그것뿐이었을까?

　공구가 자신의 불우한 처지를 자각하면서 점차 아버지는 과연 자신에게 어떤 사람이었을까를 생각하게 되었을 것이고, 자연스럽게 다음과 같은 추론에 이르렀을 것이다. 숙량흘은 아버지로서 공구에게 도리를 다하지 못한 사람이라고 여겼을 것이다. 어머니가 서른 즈음에 돌아가셨을 때 아버지 숙량흘은 남편으로서도 도리를 다하지 못한 사람이라고 생각했을 것이다. 그뿐이랴? 숙량흘은 친구 안양의 셋째 딸을 범하고 책임을 지지 않았으니 친구로서 도리도, 어린 소녀를 범했으니 어른으로서 도리도 다하지 못한 사람이라고 여기지 않았을까? 맹자의 오륜을 가지고 설명한다면, 숙량흘은 군신유의를 뺀 부자유친, 부부유별, 장유유서, 붕우유신의 사륜에서 부덕한 행동을 한 사람이다. 아버지로서 자식에게 애정을 베풀어주지 않았고, 남편으로서 아내에게 가장의 역할 다하지 않았고, 친구로서 안양과의 신의를 저버렸고, 어른으로서 어린 안징재에게 도리를 다하지 않았다.

본래 공구의 조상은 주나라의 이전 왕조인 은나라에서 봉토를 하사받은 송나라의 공족(소국의 왕에 해당)이었으며, 공구의 3대 전에 노나라로 옮겨왔다. 그의 집안은 송나라 왕실에서 연유한 명문가문이었으나 몰락하여 노나라에 와서 살게 되었으며, 부친 숙량흘은 무사였다. 생각해보라. 공구는 자신과 어머니의 불우한 처지가 일차적으로 부친 숙량흘의 부도덕한 행동의 결과라고 생각했을 것이고 그럼에도 불구하고 공구에게는 자신이 부친 숙량흘의 가문의 자손, 즉 귀족임을 인정받고자 하는 것이 필생의 목표, 집념이 되고도 남았을 것이다.

아들러는 산다는 것이 열등감을 느끼는 것이라고 하면서 열등감을 인간의 기본적 특성으로서 파악했다. 열등감의 사전적 의미는 자기를 남보다 못하거나 무가치한 인간으로 낮추어 평가하는 감정이다. 열등감은 우리를 불편하게 만들 수는 있지만 보편적이고 정상적인 것이다. 모삭Mosak과 코르시니Corsinin, 웨딩Weddings은 열등감 발생 원인으로 다음의 세 가지를 제시하였다.

> 첫째, 열등감은 자기와 이상적 자기에 대한 확신 간의 불일치가 있을 때 생긴다. 둘째, 자기개념에 대한 확신과 세계관에 대한 확신 간의 일치감이 부족할 때 열등감이 생긴다. 셋째, 자기개념과 윤리적 확신 간의 불일치가 도덕적 열등감을 생기게 한다.　　　– 김춘경 『아들러의 인간관계론』

자신의 열등함에 어떤 의미를 부여하고 자신의 상황을 어떻게 해석하느냐에 따라 열등함의 결과는 달라진다. 즉 열등함을 어떻게 지각하고 해석하느냐에 따라 열등감이 신이 준 축복이 되기도 하고 정신병리의 원인이 되기도 한다.

공구는 아마도 첫 번째 의미의 열등감, 현실의 자기와 이상적 자기 간의 일치감의 부족에서 오는 열등감을 느꼈을 것으로 보인다. 그런데 공구는 자신의 열등감을 긍정적인 방식으로 즉 자신의 글과 지식의 잠재력을 개발함으로써 극복하려고 하였다. 더욱이 진로구성주의 관점에서는 캐릭터 아크를 이루어낼 수 있는 새로운 철학과 인생관은 그 추동력을 유년기 초기 기억으로부터 얻는다고 하였다. 이후 확인하겠지만 공구는 자신의 아버지의 행동에 대한 막연한 불만과 인정욕구를 그의 정명주의 사상으로 발전시킨다.

3.종법제의 기틀을 세운 주공 : 공구의 롤 모델

당시에는 제대로 된 교육기관이나 교사, 교재가 마땅히 없는 상황에서 공구는 그가 만날 수 있는 모든 사람에게서 배웠다. 공구가 노자를 찾아가 예를 배웠다는 것은 여러 문헌에 나온다. 그러나 4장에서 확인하겠지만 『노자』가 전국시대의 인물의 작품이라는 게 맞다면, 노자가 유가적 의미의 인의예지를 거부했다는 점에서 공구가 예를 배웠다는 노자라는 인물은 『노자』의 저자와는 다른 인물일 가능성이 높다. 사실 당시에는 공구에게 롤 모델이 될 만한 생존인물이 없었다. 주지하다시피 공구는 노나라를 건국했던 주공을 본받아야 할 사람으로 받들었다. 주공은 무왕의 이복동생으로서 무왕이 죽은 후에 어린 조카 성왕을 도와 주 왕조의 기틀을 확립하였다.

공구가 주공을 본받아야 할 사람, 즉 롤 모델로 삼게 된 데에는 공구의 심리내적인 이유도 있을 것이다. 아버지인 숙량흘은 사생아인 자신을 돌보지도 않았고 자식으로서 인정도 하지 않았고 더욱이 재산도 남겨주지 않았으며, 앞서 언급했듯이 아버지로서, 남편으로서, 어른으로서, 친구로서 도리를 제대로 다하지 못한 사람이다. 반면 주공은 충분히 자신이 왕이 될 수 있는 명분과 권력을 갖고 있었음에도 불구하고 형인 무왕의 아들인 조카 성왕을 대신해서 섭정을 하면서 주왕조의 종법제의 기틀을 잡고, 송나라와 노나라를 건국하였다. 7년간의 섭정이 끝나갈 무렵, 주나라의 정치·사회 제도는 중국 북부 전역에 확고히 수립되어 있었다. 종법제의 기틀을 마련했다는 것은 왕이 왕으로서 도리를 다하고, 신하는 신하로서 도리를 다하고, 부모는 부모로서 도리를 다하고, 자식은 자식으로 도리를 다하는 예법을 확립하였다는 것이다. 이런 도가 무너진 춘추시대 천하에 새롭게 도를 세우는 게 바로 공구가 유년기 경험을 통해서 갖게 된 목표이자 이상이 된다.

4. 공구의 생업과 전문직 : 직업적 흥미

공구는 자신의 높은 이상을 실현하기 위해 15세에 학문에 뜻을 두었다. 특히 그가 관심을 가졌던 학문은 예법과 관련된 학문이었다. 그러나 생계를 꾸려나가야 하는 현실은 녹록하지 않았던 것 같다. 맹자에 따르면 "공자는 젊었을 때 가난 때문에 생업으로 '창고지기'(좋게 표현하면 회계출납직인 위리)를 한 적도 있었고, '축사지기'(좋게 표현하면

목장 경영직인 사직)를 한 적도 있었다." 30세에 이르러 관리로서 지위를 얻고 많은 학생들을 받아들인 후에는 순전히 강학만을 생업으로 하여 생계의 방편을 삼았다.

당시 관료벼슬은 전문직이지만 명예직에 가까운 것이고, 녹봉이 그다지 크지 않았다. 공구의 실질적인 수익은 학교를 만들어 교육사업을 하면서 얻기 시작한 것으로 보인다. 지금으로 보면 공구는 공무원이면서 부업을 했던 것으로, 지금이라면 공무원 겸직 금지에 걸리겠지만 당시에는 이게 가능했던 것으로 보인다. 위리나 사직은 말 그대로 공구에게 생업에 가까웠지만, 교사는 생업이면서 전문직이었을 것이다. 특히나 교사는 그의 직업적 흥미나 적성과도 연관된다. 『논어』 「위정」편에 나오는 "나는 나이 열다섯에 학문에 뜻을 두었고, 서른에 뜻이 확고하게 섰으며, 마흔에는 미혹되지 않았다"라는 말을 들어보면 일관되게 공구의 직업적 적성, 흥미와 연관되어 보인다. 유년시절부터 공구가 사당에서 예를 지내는 것을 보는 것을 즐기고 이와 유사한 놀이를 했다는 것을 보면, 그가 예법과 관련된 문제에 대한 흥미를 갖고 있었음을 알 수 있다. 이런 예법과 관련된 놀이에 대한 관심은 예법과 관련된 학문에 대한 관심으로 발전되어 학문적 관점을 세우고 그 관점을 확고하게 지켜나갔다.

5. 관료와 주유열국 시기의 정명론 : 첫 번째 캐릭터 아크

우리의 관심사는 공구의 생애 스크립트에서 보이는 세 시기의 생애전환에서 공구가 공자로 불리게 된 자신의 캐릭터 아크의 전환을 이루어 낸 철학적 깨달음들이 무엇인가이다. 여기서 말하는 세 시기란 공자가 55세(기원전 496년)가 되기까지 청장년기 노나라 관료시기 — 젊은 날의 위리, 사직부터 46세 무렵 중도재, 50세 무렵 대사구(현재의 법무부 장관) — 와 그 이후 10년 간 노나라를 떠나 수십 명의 수행 제자들과 함께 자신의 학문적 이상을 현실 정치에서 실현시켜줄 어질고 현명한 군주를 찾아 기약 없는 여정이었던 주유열국의 시기, 마지막으로 65세경에 마침내 학문적 이상이 당시의 정치상황에서는실현될 수 없음을 깨닫고 제후와 군주들을 설득하는 일을 단념하고 귀국 후 후학양성에만 전념하기로 결심하고 미래세대에 남은 희망을 걸게 되는 시기를 말한다.

관료시기와 주유열국의 시기에는 공자는 직접적으로 정치와 관련된 정명주의를 더 많이 언급했던 것으로 보인다. 정명에서 각각의 이름이란 그 정의가 있으며, 그 정의가 의미하는 것은 그 이름이 지칭하는 사물이 다름 아닌 바로 그 사물인 까닭, 즉 그 사물의 본질 혹은 개념이다. 만약 군君, 신臣, 부父, 자子가 그 정의에서 모두 각자의 도를 다하면 천하에 도가 서게 된다. 풍우란은『중국철학사』에서 이런 공자의 정명론을 플라톤의 이데아론과 연결시킨다. 그럴듯한 연결이다. 왜냐하면 플라톤도『국가론』에서 통치자 계급에 적합한 자는 이성의 지혜의 덕목을 가진 자요, 수호자 계급에 적합한 자는 가슴의 기개(용기)의 덕목을 가진 자요, 상인 계급에 적합한 자는 욕망의 절제의 덕목을 가진 자이며, 각자 자신의 덕목에 부합하는 계급의 일을 할 때 그 사회는 정의로운 사회라는 주장을 한다. 그러나 공자의 정명론에 대한 풍우란의 설명을 좀 더 들어보면 플라톤의 이데아와 공자의 정명은 그 인식론적 토대에서 차이가 있다.

> 『춘추』는 선을 북돋우고 악을 물리치게 하며 난신적자를 단죄하고 『춘추』로써 명분(본분)을 계도했나는 말에는 공자도 동의할 것이다. 그러나 사실상 공자가 정명론을 주장하여 『춘추』를 지었다는 전통적 설명을 반대하며, 오히려 공자가 『춘추』 등의 책에서 의를 취해서 정명론을 주장했다고 해야 옳다.
>
> — 풍우란, 「중국철학사(상)」

결국 풍우란의 설명을 받아들이면, 정명이란 플라톤의 이데아처럼 어떤 선험적 이치나 도리로서 우리의 이성에 주어져 있는 것이 아니고, 공자가 『춘추』와 같은 역사서를 통해서 하·은·주의 역사 속 등장했던 수많은 왕, 신하, 아버지, 자식을 검토해보면서 그 의미를 추론하거나 해석한 도리, 이치와 같은 것이라는 말이 된다.

자로가 공자에게 다음과 같이 묻고, 공자는 이렇게 답한다.

> "위나라 임금께서 선생님을 모셔다가 정치를 맡기면 선생님께서는 무슨 일부터 먼저 하시겠습니까?" "그야 물론 이름을 바꾸는 일이다."
>
> — 『논어』

여기서 이름을 바꾼다는 것은 무엇일까?

제 경공이 정치에 대해 물었다. 공자가 말했다. "임금이 임금답고, 자식은 자식답게 되는 것입니다." "훌륭하신 말씀입니다. 정말로 임금이 임금답지 못하고 신하가 신하답지 못하고 아버지가 아버지답지 못하고 자식이 자식답지 못한다면, 비록 곡식이 있다고 한들 임금인 나 역시 어디 제대로 얻어먹을 수 있겠습니까?" – 「논어」

정명론이란 이처럼 공자가 유년시절부터 아버지 숙량흘과의 관계에서 막연하게나마 문제의식으로 느끼고 있던 것을 자신의 역사적, 철학적 성찰을 통해 명료화시킨 정치철학이라고 볼 수 있다. 정명론을 세우고 확고하게 함으로써 일개 정치가로서 공구에서 비로소 사상가로서 공자라는 캐릭터 아크를 이루어낸 것으로 보인다.

6. 정명론의 한계 : 공자의 첫 번째 진로 위기

그러나 이런 공자의 정명주의 정치철학은 한계를 갖고 있는 것으로 보인다. 계손사는 노나라 삼환 계손, 맹손, 숙손 가문을 이끄는 수장이었다. 공자는 노나라 임금이었던 소공과 정공을 무시하고 세력을 떨치던 삼환씨에 대해 깊은 불신감을 갖고 있었다. 삼환씨는 본래 환공의 자손들이었는데, 이들은 자신들의 권세만을 믿고 임금을 허수아비로 만들어 천하의 권력을 자신들 맘대로 주무르던 대부들이었다. 그러나 이들의 가신이었던 양호와 공산불뉴가 난을 일으켜 삼환씨를 가두고 권력을 독점하게 되면서 노나라의 정치는 극도의 혼란에 빠지게 된다.

이 무렵 공자 역시 삼환씨의 무리를 몰아내 어지럽혀진 노나라를 바로 잡으려고 이미 일을 꾀했던 데다가 도덕정치 구현에 대한 열망 때문에 반역자 공산불뉴가 공자를 초빙하자 그와 제자 간에 언쟁이 생긴다.

> 공자는 공산불뉴의 초청을 받고 말하였다. "생각해보니 옛날 주나라의 문왕과 무왕은 소읍인 풍豊과 호鎬에서 일어나 왕업을 이룩하여 천자가 되지 않았던가. 지금 이 땅도 작은 것이긴 하지만 나의 도를 실천하면 될 것이 아니겠는가." 공자가 떠나려 하자 제자 자로가 언짢게 여기면서 공자를 만류하였다. "그만 두십시오. 스승답지 않습니다." 공자가 말하였다. "그렇지 않다. 나를 부르는 사람이 어찌 공연히 부르겠느냐. 나를 통하여 새로운 동주東周를 이룩케 하려는 뜻인 것 같다."   – 사마천, 『사기』

결국 공자는 자로를 포함해서 노나라 출신 제자였던 맹의자, 남궁도 등의 만류로 공산불뉴의 초청에 응하지 않는다. 이 사건을 통해 우리는 두 가지를 읽어낼 수 있다. 첫째, 정명론의 이론적 한계이다. 이 당시 공자의 처신을 보면 한편으로는 삼환과 계손사로 인한 정명의 붕괴에 맞서 공산불뉴의 반역을 동의하는 것처럼 보이면서도 다른 한편으로는 적극적으로 지지하지 못했던 것은 하극상과 같은 밑으로부터의 개혁이 정명론과 양립할 수 없었기 때문이었다. 다시 말해 정명론은 신하가 신하의 도리를 저버리고 왕에게 위해를 가하는 하극상에 대해, 신하의 도리를 저버린 자를 몰아내고 왕이 왕으로서 도리를 다하도록 하려면, 또 다른 부하가 부하로서 도리를 저버리고 상관을 내쳐야 하는 또 다른 하극상을 감수해야 한다.

두 번째로는 공자가 정명론의 사상을 실현할 수 있는 실질적 지위를 얻지 못했다는 점이다. 공산불뉴가 양호와 함께 반란을 일으킨 시기는 『사기』에 따르면 정공8년(기원전 502년) 공자 나이 50세 때이다. 이 시기에 공자는 삼환씨에 의해 노나라의 국정에서 쫓겨나 있었기에 자신이 다시금 등용되기를 갈망하던 시기이다. 이 시기 공자의 처신을 보면 40대 후반 혹은 50대 초반에 구조조정으로 명예퇴직이든 강제퇴사를 당한 사람들의 구직활동을 연상시킨다. 이들은 기존의 자신의 직업적 습성이나 신념만을 여전히 고집하며 자신의 진로 내러티브에 대해서 새롭게 성찰해보지 못하고 여전히 기존 지위 수준의 일자리를 구하는 데 급급해한다. 아니면 정반대로 자녀교육, 주택융자 등의 생활비 때문에 쉽사리 자영업을 시작하고 실패를 거듭하면서 노후를 위해 준비했던 퇴직금을 탕진하는 경우가 허다하다. 우리가 사대 성인으로 숭배하는 공자 역시 중년의 진로 위기에서 자신의 사상적 신념의 한계를 자각하지 못하고 성급하게 자신을 등용해주는 반역자와 공모하는 실수를 범할 뻔한 것이다.

7. 공자의 두 번째 진로위기와 진로적응

공자의 정명론은 이론적으로나 실천적으로 한계가 있었다. 주유열국 시기에 공자의 정명사상에 입각한 도덕정치는 여러 나라에서 외면을 당했다. 왜냐하면 당시의 왕들은 더디더라도 올바른 길을 택하기보다 손쉽게 국력을 팽창시켜 천하를 제패할 부국강병의 방법만을 원하고 있었기 때문이었다. 정명론의 정치철학은 다분히 당위적 차원의 주장일 뿐이며, 위로부터 개혁이라고 하더라도 제후나 대부가 스스로 정명을 실천하고자 하는 동기나 필요성을 넘어서 실천을 위한 정신내적인 혁신의 원리가 필요하다.

사실 공자가 기원전 496년에 계손사의 미움을 받아 더 이상 노나라에서 정치활동을 할 수 없어 망명을 해야 하는 상황이나 10년간의 주유열국의 실패 후에 노나라로 돌아와야 하는 상황은, 진로심리학의 관점에서 본다면 공자가 55세와 65세에 각각 새로운 직업적 과업이나 직업전환의 수준을 넘어 일과 관련된 외상을 입은 심각한 상황이다.

과연 공자는 외상에 가까운 진로의 전환상황에서 과연 성공적으로 적응했을까? 성공했다면 어떤 적응자원을 통해서 어떤 결과를 얻어냈을까? 실제로 우리가 알고 있는 공자의 선택은 두 가지였다. 앞서 지적한 대로 현실정치에서 은퇴하고 후학양성에 전념하는 것과 교육에 활용되는 경전으로서 '육예' 또는 '육경'이라 불리는 '역'·'시'·'서'·'예'· '악'·'춘추'의 계술에 여생을 바치는 일이었다. 현재 동아시아 역사에서 유학, 유교라는 학문적, 종교적, 문화적 전통을 이어올 수 있었던 것은 공자가 오랫동안 자신의 정명론을 현실정치에 실현하기 위해서 노력해온 실제 정치경험도 무시할 수 없지만, 결정적으로는 바로 공자에 의한 유가 제자들의 양성과 육경의 계술 덕분이었다. 그러나 이런 역사적 평가는 공자 사후의 일이고, 공자 생애에서 적응결과를 평가해본다면 그가 "70세가 되어 하고 싶은 대로 해도 법도에 어긋나는 일이 없었다"라는 그의 진술처럼 진로만족과 조직몰입 면에서 성공적이었다고 볼 수 있다.

이렇게 공자가 적응결과에서 성공적일 수 있었던 것은 특히 "마흔에는 미혹됨이 없었고(불혹不惑), 쉰에 이르러서 하늘의 뜻을 모두 알았으며(지천명知天命), 예순에는 모든 일에 대해 순리를 알 수 있었다(이순耳順)"는 말에서 알 수 있듯이 진로적응성에서 관심, 통제, 호기심, 확신을 갖고 있었기 때문이다. 진로관심이란 개인이 직업과 관련된 과거를 기억하고, 직업적 현재를 고민하고, 직업적 미래를 예상할 수 있도록

▪ 진로적응모형

직업적 과업, 직업전환 그리고 일과 관련된 외상에 적응하기 위해서 사비카스와 연구 동료들은 네 가지 단계의 적응모형을 제안했다.

첫째, 적응준비란 진로과업, 직업적 전환, 직업과 관련된 외상 사건을 접할 때 적절하게 반응하는 유연성과 변화하려는 의지를 나타내는 특성들이다. 이것은 개인 내에 있는 안정적이고 고정적인 심리적 특질로서 성격 변인들(성격 5요인 중 개방성, 외향성, 성실성, 우호성)과 인지적 유연성, 능동성과 관련이 있다.

둘째, 적응자원인 진로적응성은 직업적 외상으로 인한 생소하고 복잡한 문제를 해결하기 위한 개인의 자기조절적 힘 또는 역량이며, 이 자원은 사람-환경의 상호작용적인 심리사회적 구조이다. 진로구성이론에서는 진로적응성을 영속성 있는 심리적 측면과 변환 가능한 심리사회적 측면들의 복합체로 보고 관심·통제·호기심·확신의 네 가지 차원을 제안했다. 관심은 미래의 방향, 내일을 위한 준비가 중요하다는 감각을 의미한다. 진로관심은 계획성, 준비성, 낙관적인 태도에 의해 촉진된다. 통제는 개인이 경력을 쌓을 책임이 있음을 느끼고 믿는 것을 의미한다. 개인이 자신의 미래를 소유하고

하는 것인데, 이는 지천명의 의미와 맞닿아 있다. 또한 통제란 개인이 경력을 쌓을 책임이 있음을 느끼고 믿는 것을 의미하는데, 이 역시 공자의 지천명에서 소명의식과 연관된다. 호기심은 자신과 직업세계에 대한 탐색과 개방성을 말하는데, 이는 이순과 연관된다. 끝으로 확신은 불혹과 관련된다.

있고 자신의 선택으로 구성해야 한다는 믿음은 자기 삶에 대한 책임감으로 연결된다. 호기심은 자신과 직업세계에 대한 탐색과 호기심을 말한다. 확신은 적합한 교육과 직업선택 과정을 성공적으로 수행할 수 있는 능력에 대한 자기 효능감을 나타낸다. 적응적 개인이란 ① 직업인으로서 자신의 미래에 관심을 갖고, ② 자신의 직업적 미래에 대한 통제력을 갖고, ③ 자신의 가능성과 미래에 대한 호기심을 갖으며, ④ 자신의 포부를 밀고 나갈 수 있는 확신을 갖는 사람이다.

셋째, 적응반응은 개인이 변화하는 조건을 충족시키는 데 도움이 되는 실제 수행한 행동이다. 사람들은 진로과업, 직업전환, 외상에 당면했을 때 정보를 탐색하고 정보에 의한 의사결정, 일정 기간 전념할 수 있는 행동을 확립, 적극적인 역할관리, 미래지향적인 퇴사의 과정을 수행한다.

넷째, 적응결과는 적응의 성공적인 결과에 해당하는 것으로 학교에서 직장으로, 직업에서 직업으로, 직무에서 직무로의 전환에 적응하며, 경력을 쌓아 성공, 만족, 성장으로 나타난다. 적응결과에 적용되는 요인들로 진로만족, 승진, 조직몰입, 고용 등이다.

- 유지연, 신효정(2019),
「진로적응성 연구의 문헌고찰: 진로구성주의 이론의 진로적응모형을 중심으로」

8. 인의사상 : 두 번째 캐릭터 아크

그러나 궁극적으로는 공자의 철학에서 인의의 사상에 입각한 인본주의 철학이야말로 그가 온갖 진로전환의 시련 속에서도 거듭된 캐릭터 아크를 통해 자기만의 진로 내러티브 정체성을 갖추게 해주었다. 정명사상은 인의의 사상을 기반으로 한다.

"사람이 어질지 못하면 예의가 무슨 소용이 있겠는가! 사람이 어질지 못하면 음악이 무슨 소용이 있겠는가?"

"군자란 의를 바탕으로 삼고, 예에 맞게 행하며, 겸손하게 자신을 표현하며, 신실함을 통하여 성취하는 것이다." ─ 「논어」

이 두 구절을 보면 인과 의야말로 예와 악, 겸손, 신실의 기반이라는 것을 알 수 있다. 결국 왕이 왕답게, 신하가 신하답게, 부모가 부모답게, 자식이 자식답게 행하고자 할 때, 한마디로 말하면 군자가 군자답게 행하고자 할 때는 인의가 바탕이 되어야 한다.

그런데 이 인의라는 게 어떻게 자각되고 구현될 수 있을까? 우선 우리의 본래 어진 마음을 자각하기 위해서는 정직함이 필요하다. 정직이란 무엇인가?

공자는 말했다. "누가 미생고(춘추시대 노나라 무성 사람)를 정직하다고 했는가? 어떤 사람이 식초를 얻으러 오자 이웃에서 빌려다 주기까지 했다." ─ 「논어」

공자에 따르면 정직한 사람은 안으로 자신에게 물어보는 사람이고, 부정직한 사람은 밖으로 남을 의식하는 사람이다. 공자가 미루어 짐작하기에 미생고는 타인으로부터 좋은 평가와 시선을 의식했기에 자신도 없는 식초를 이웃에서 빌려서까지 주었다는 점에서 부정직한 사람이다.

그렇다면 정직함으로 인을 자각하기에 충분한가? 송명도학의 육왕학피는 인간에게는 본디 완전한 양지가 있고, "거리의 모든 사람들이 성인이다"라고 가정한다. 인간은 오로지 자기의 양지를 따라 행하기만 하면 절대로 그릇되지 않는다고 여긴다. 공자에게 이런 사상은 애초부터 없었다. 인간의 진실된 마음의 발로일지라도 원래 그대로 따라 행한다고 해서 반드시 무소불통(통하지 않는 바가 없다)한 것은 아니다. 공자는 "사심을 극복하고 예를 실천하는 것이 인"임을 강조했다. 정직에 따라 행하면 여전히 통하지 않는 경우가 있지만, 인에 따라 행하면 통하지 않는 데가 없다. 흥미로운 점은 앞서 인은 예의 바탕이 된다고 했지만, 여기서는 예를 통해 사심을 극복할 때만 인에 이를 수 있다고 말한다. 다시 말해 정직함과 예 사이에는 순환관계가 존재한다. 이를 공자는 중용으로 설명한다.

> "바탕(질: 참된 마음, 진실한 감정)이 형식(문: 예의범절 등의 격식)을 압도하면 거칠고, 형식이 바탕을 압도하면 태깔만 난다. 형식과 바탕을 잘 어울려야 비로소 군자이다."　　　　　　　　　　　　　－「논어」

즉 형식과 바탕을 잘 어우르는 것이 중용이다. 바탕으로서 마음 자체가 인은 아니며 거기에는 사심이 끼어 있을 수 있다. 예를 통해서 사심을 걸러내야만 인의 마음에 이를 수 있다.

9. 충서 : 다시 유년기의 집념으로

이런 인을 자각하는 것만으로 충분할까? 『논어』 「이인」편을 보면 인의 핵심이 충서임을 밝힌다.

> 공자께서 말씀하시기를 "삼參아! 나의 도는 한 가지 이치로 만 가지 일을 꿰뚫고 있다"고 하시니, 증자曾子가 "예"라고 대답하였다. 공자께서 나가시자, 문인門人들이 "무슨 말씀입니까?" 하고 물으니, 증자가 대답하였다. "선생님의 도道는 충忠과 서恕일 뿐이다."   — 「논어」

증자는 공자의 도는 하나의 원칙으로서 충서를 통해 일관되어 있다고 말한다. 다시 말해 충서를 통해 인이 실천되는 것이다. 인을 행하는 방법은 자기의 경우에서 남의 처지를 유추해내는 것에 있으므로, 인을 행하는 방법은 자기마음을 미루어 남을 헤아리는 데에 있다는 말이다. 자기 욕망을 확인하고 이윽고 타인의 욕망을 인정함은 곧 자기가 서고 싶으면 남도 세워주고, 자기가 통하고 싶으면 남도 통해주는 것이 곧 충이다. 자기가 싫어한다는 사실로부터 남도 싫어할 것이라고 이해함은 곧 자기가 싫어하는 것은 남에게 강요하지 않는 것이니 곧 서다. 충과 서를 실행한다 함은 인을 실행한다는 말이다.

사실 충과 서는 관계적 맥락 속에 적용하면 더 잘 이해할 수 있다. 충이란 말 그대로 아랫사람이 윗사람에게 인을 행할 때 유효하다. 아랫사람이라면 자기가 윗사람의 입장에서 아랫사람이 자기에게 어떻게 행동하기를 원할까? 당연히 윗사람이 하자고 하는 일이나 제안을 성실하게 잘 따라주기를 원할 것이다. 바로 그렇게 아랫사람이 윗사람에게 미루어 앎을 통해 행하는 인이 충이다. 반대로 서란 윗사람이 아래 사람에게 인을 행할 때 유효하다. 윗사람이라면 아랫사람 입장에서 윗사람이 자기에게 어떻게 행동하기를 원할까? 당연히 윗사람이 아랫사람의 실수를 관대하게 용서해주고 부족한 부분에 대해 격려하고 지지하는 것을 원한다. 바로 그렇게 윗사람이 아랫사람에게 미루어 앎을 통해 행하는 인이 서다. 이와 같이 공자는 단순히 정명사상만을 주장하는 것이 아니라 그것이 실질적으로 가능하기 위한 도덕적 원리로서 인의와 실천적 지침을 펼침으로써 왕이 왕답게, 신하가 신하답게, 부모가 부모답게, 자식이 자식답게 스스로 정명을 실천할 수 있는 정신내적 혁신의 길을 보여주고 있다.

공자의 진로 스토리를 마무리하면서 우리는 공자의 인의의 도의 핵심인 충서가 공자의 유년시절 공구로서 아버지에게 진실로 갈망했던 것이 무엇인가라는 질문에 대한 한 가지 대답이 될 수 있다고 말할 수 있다. 톨스토이의 『전쟁과 평화』에서 피에르가 아버지 베주호프 백작으로부터 원했던 것은 자식으로서 법률적인 인정도, 재산의 유일한 상속자도 아니었다. 바로 베주호프 백작이 아들의 마음을 헤아려주는 충서의 실행이었을 것이다. 마찬가지로 공구가 아버지 숙량흘에게 진실로 원했던 것은 아버지로서 이름에 걸맞는 도리를 다하는 것에 그

치지 않고, 인의의 실천으로서 자식의 마음을 헤아려주는 충서였던 것이다.

10. 공자의 진로 내러티브와 캐릭터 아크

공자는 사생아로 태어나 아버지와 공씨 가문으로부터 법률적 인정이나 재정적 지지를 전혀 받지 못했고, 어린 나이에 눈이 먼 어머니를 보양해야 하는 궁핍한 처지에 놓여 있었고 생업을 위해 위리나 사직과 같은 가장 낮은 벼슬자리도 마다하지 않았다. 여기서 중요한 것은 공자가 단순히 먹고사는 생계만을 위해 살지 않고 학문에 뜻을 두고 자신의 학문적 관점을 세워나가는 노력을 병행했다는 점이다. 물론 이렇게 학문에 뜻을 두게 된 심리내적 동기는 무인이었던 부친 숙량흘 가문으로부터의 인정욕구와 주공을 자신의 자아이상으로 삼은 것이기 때문이다. 공자는 조정의 낮은 벼슬로부터 시작해서 노나라의 법무부 장관에 해당되는 대사구의 벼슬까지 오르면서 자신의 정치철학인 정명론을 어떠한 의혹도 없이 확고하게 정립해나간다. 이 역시 유년기부터 아버지가 아버지로서, 남편으로서, 친구로서, 어른으로서 도리를 다하지 못한 것이 아닌가라는 공자의 정서적인 불만이 학문적으로 명료화된 덕분이다. 또한 공자에게 벼슬의 녹봉만으로는 생활이 어려워 제자들을 가르치는 교사가 되었지만 정작 벼슬자리보다 교사로서 그의 생업이 철학을 심화시켜나가는 데 더 중요한 기여를 했을 것으로 보인다.

여기서 이런 질문을 해볼 필요가 있다. "공자가 높은 벼슬에 올랐음에도 불구하고 생계를 넘어 부와 명예와 권력을 쫓아 삼환씨에게 복종하거나 심지어 야합했다면 역사에서 공자와 유학이 존재할 수 있었을까?" 현재도 고위직 공무원들이 자신의 지위에 걸맞는 보수를 받지 못한다고 여겨 여러 이해관계자로부터 뇌물과 청탁을 받으면서 오랫동안 지켜온 청렴결백한 고위 공직자로서 신념을 포기해버리는 경우가 흔하다. 공자에게도 이런 유혹은 항상 있었을 것이다. 그런데 공자는 벼슬은 명예일 뿐이고 제자를 가르치는 교육사업을 최소한의 생계를 위한 생업으로 삼았다.이를 통해 공무원으로서 청렴결백을 버리고 부를 쌓으려는 유혹을 이겨냈던 것이다. 더욱이 이런 교육사업은 공자로 하여금 단순히 전문 정치인을 넘어 자신의 사상과 철학을 가진 정치철학자가 되게 만들었던 것이다.

그러나 공자의 진로 내러티브에서 더욱 중요한 것은 50대 이후 권력자들의 눈 밖에 나는 바람에 벼슬자리에서 쫓겨난 이후 그의 대처이다. 공자는 자신의 정치적 신념을 이루어내기 위해 50이 넘은 나이에 10년간의 주유열국을 한다. 그러나 여러 나라의 왕들과 신하들 그리고 당시 제자백가 사상가들로부터 비난과 조롱을 당하며 노나라 벼슬자리에서 쫓겨났을 때보다 훨씬 더 큰 정신적 고통과 불행을 겪는다. 이것은 요즘 시대 구조조정으로 중년의 나이에 명예퇴직을 당한 사람들이 좌절하지 않고 나름대로 자신의 과거의 경력을 활용하여 새로운 기업에 취업하거나 자영업 혹은 사업을 시작했지만 여전히 기존의 자신의 업무, 사업습성을 버리지 못해 다시 실패를 맛보는 상황과 유사하다. 그러나 공자는 여기서 좀 더 근본적으로 자신이 평생에 걸쳐 무엇을 진심으로 원했고, 자신의 진로와 철학에 대해 원점에서 다시 성찰하는 시간을 가졌다. 마침내 철학에서 근본적인 혁신을 이루어내었고 그의 천직, 바로 제자를 양성하고 후학을 위한 경전들을 편찬하는 일을 새롭게 시작함으로써 유학의 창시자가 될 수 있었다.

공자의 커리어 스토리

1. **집념 :** 아버지, 어른, 남편, 친구로서 도리를 다하지 못한 아버지 숙량흘과 공씨집
   안의 자손으로 인정받고자 하는 욕구
2. **롤 모델 :** 종법제를 바로 세운 주나라 주공
3. **직업적 흥미 :** 예와 관련된 학문에 관심. 배움을 얻을 수 있는 사람들은 누구든지,
   어디든지 찾아감
4. **진로 내러티브 :** 청장년기에 위리, 사직부터 시작해서 중도재, 대사구의 벼슬에
   오름. 중년기 10년 동안 여러 제제들과 함께 노나라를 떠나 자신의 학문적 이상을
   실현해줄 어질고 현명한 군주를 찾아간 주유열국을 함. 노년기 학문적 이상을 현
   실 정치에서 실현할 수 없음을 깨닫고 귀국 후 후학양성과 문헌편집에 전념함으
   로써 유학의 창시자가 됨.
5. **철학 :** 정명론과 인의예악의 사상

● **참고문헌**

공자, 김원중 옮김, 『논어』, 2019

사마천, 소준섭 옮김, 『사기』, 2016

풍우란 지음, 박성규 옮김, 『중국철학사(상)』, 까치글방, 1999

L. 톨스토이, 연진희 옮김, 『전쟁과 평화 1』, 민음사, 2019

유지연, 신효정, 「진로적응성 연구의 문헌고찰: 진로구성주의 이론의 진로적응모형을 중심
으로」, 『진로교육연구』, 2019.

03. 장자

옻나무 관리인이든 정승이든
모두 마다한 원조 '사토리'의 길

1. 쪼그라진 육각형 : '사토리' 세대

진로상담에서 가장 많이 활용하는 검사도구는 홀랜드 검사이다. 이 것은 설문을 통해 육각형의 여섯 개의 꼭짓점에 해당하는 실재형(R), 탐구형(I), 예술형(A), 사회형(S), 기업가형(E), 관습형(C) 중에서 대개 가장 높은 값이 나오는 두 가지 유형을 선택해서 구직자의 직업흥미뿐만 아니라 성격까지 알려주는 아주 효과적인 검사도구이다. 검사결과를 해석할 때 두 가지 가장 높은 값이 서로 인접해 있을 경우(RI, IA, AS, SE, EC, CR) 상대적으로 직업선택이 용이한 반면, 두 가지 가장 높은 값이 서로 대척점에 있으면(RS, IE, AC) 상대적으로 직업선택이 쉽지 않다. 왜냐하면 인접한 적성·성격유형을 충족시키는 직업은 많은 반면, 서로 대척점에 놓이 적성·성격유형을 충족시키는 직업은 적기 때문이다.

그런데 검사결과에서 훨씬 더 어려운 경우가 있다. 바로 여섯 가지 유형 모두 낮은 값을 가지며 더욱이 어느 하나도 특별하게 두드러지지 않은 경우이다. 육각형 모형으로 설명하면 쪼그라든 육각형 모형이 나오는 경우이다. 이런 검사결과를 갖는 사람들은 어떤 것에 대해서도 관심이 높지 않으며, 성격적으로 두드러진 특성이 거의 없다. 이런 검사결과가 나오는 내담자들, 특히 10대 후반부터 20대 초반의 고등학생이나 대학생은 사실 욕구나 관심이 낮은 것이 아니라 자신이 무엇을 원하고 무엇에 관심을 갖는지를 아직 잘 모르는 경우이다.

반면 실제로 검사를 해보지는 않았지만 소위 일본의 사토리 세대를 대상으로 홀랜드 검사를 해본다면 어떤 결과가 나올까? 아마도 앞서 언급한 쪼그라진 육각형 모형의 검사결과를 보일 것이다. 이런 결과는 사토리 세대가 단순히 자신의 욕구나 관심을 자각하지 못해서가 아니라 그런 욕구나 관심이 현실적으로 충족될 것이라는 기대가 없기 때문이다. '사토리'라는 일본말이 의미하는 '깨달음', '달관'의 의미가 말해주듯이, 사토리 세대는 어차피 자신이 욕구나 관심을 갖는다고 해서 그것이 현실 속에서 실현될 가능성도 낮고, 오히려 실현 가능성이 낮은 이런 욕구나 관심을 갖는 것 자체가 마음의 불안을 불러일으키기 때문에 차라리 욕구나 관심을 접는 것이 낫다는 판단을 한다.

2. 또 다른 장자로서 사토리 세대?

홍미로운 건 이런 유사한 달관 내지 깨달음을 우리는 『장자』의 「외편」의 〈산목〉에서 찾아볼 수 있다는 점이다. '산목'이란 산 속의 나무로, 부와 권력과 명예를 얻기 위해 자신의 재능과 유용함을 자랑하는 것에 대한 경계를 위해 사용한 비유이다. 〈산목〉은 「내편」에 나오는 비유들에 비해 다소 조잡한 인상을 주지만 그만큼 의미가 명료하다. 〈산목〉은 총 10개의 글로 이루어져 있는데 일종의 장자식 진로 철학이 담겨 있다. 장자는 당시의 진로에 해당하는 벼슬길에서 허심과 무용을 가르친다. 앞서 언급한 사토리 세대와 관련해서 우리는 첫 번째 글을 좀 더 자세히 읽어보자.

장자가 산 속을 가다가 잎과 가지가 무성한 거목을 보았다. [그런데] 나무꾼이 그 곁을 머문 채 나무를 베려 하지 않으므로 그 까닭을 물었더니 "쓸모가 없습니다" 하고 대답했다. 장자가 말했다. "이 나무는 재목감이 안 되므로 [쓸모가 없으니] 그 천수를 다할 수 있었던 거다." 장자가 산을 나와 옛 친구 집에 머물렀다. 친구는 매우 반기며 심부름을 하는 아이에게 거위를 잡아 대접하라고 일렀다. 아이가 "한 마리는 잘 울고 또 한 마리는 울지 못합니다. 어느 쪽을 잡을까요?" 하고 묻자 주인은 "울지 못하는 쪽을 잡아라"고 했다. 다음날 제자가 장자에게 물었다. "어제 산 속의 나무는 쓸모가 없어서 그 천수를 다할 수가 있었는데, 지금 [이 집] 주인의 거위는 쓸모가 없어서 죽었습니다. 선생님은 대체 어느 입장에 머물겠니까?" 장자는 웃으며 대답했다. "나는 그 쓸모 있음과 없음의 중간에 머물고 싶다. [그러나] 쓸모 있음과 없음의 중간이란 도와 비슷하면서도 실은 참된 도가 아니므로 화를 아주 면하지는 못한다. 만약 [이런 쓸모 있음과 없음 따위를 초월한] 자연의 도에 의거하여 [세속 밖에서] 유유히 노닌다면 그렇지 않게 된다. [즉 그때면] 영예도 비방도 없고 용이 되었다가 뱀이 되듯이 신축자재이며 때의 움직임과 함께 변화하여 한 군데 집착되지 않는다. 올라갔다 내려갔다 하며 [한곳에 머물지 않고] 남과 화합됨을 자기의 도량으로 삼는다. 마음을 만물의 근원인 도에 노닐게 하여 만물을 뜻대로 부리되 그 만물에 사로잡히지 않으니 어찌 화를 입을 수 있겠는가!"

ㅡ『장자』「산목」

요컨대 장자에 따르면 유용한 것이나 무용한 것, 그 어느 쪽이든 집착하면 화를 자초하게 된다. 또 중간을 택한다 해도 그 자체가 유위인 이상 역시 화를 면치 못한다. 다만 시비를 초월한 자연의 대도에서 소요하는 자만이 이 화를 면할 수 있다.

물론 과연 사토리 세대와 장자의 진로관을 비교할 수 있겠는가라는 의문을 제기할 수도 있다. 분명 시대맥락의 차이는 있다. 사토리 세대가 직업과 관련된 욕구와 관심을 가져도 실현될 수 없었던 2010년대 일본의 경제 불황시기에 등장한 세대라는 점에서 실현될 수 없는 욕구와 관심을 접은 세대이다. 반면 장자는 전국시대의 권력의 불안정으로 인해 벼슬길에 오르는 데 쓸모 있음과 없음 그리고 그 중간의 도 역시 화를 면치 못한다는 점에서 우월과 열등의 경계를 넘어서는, 성공과 실패에 집착하지 않는 허심의 자세를 말한다. 그러나 실현될 수 없는 욕구나 관심이든, 쓸모 있거나 없어서 혹은 그 중간이어서 화를 면하기 어렵든 간에, 결국 양자 모두 불안과 근심걱정을 불러일으킨다는 것을 깨달았기에 욕구와 관심과 집착을 내려놓는다는 점에서는 유사하다.

3. 또 다른 사토리로서 장자?

『사기』에 따르면 장자는 한때 송의 지역인 몽 고을의 칠원이라는 곳의 벼슬아치였다. 칠원에서 그가 한 벼슬이은 옻나무 관리인이었다. 가장 말단 공무원인 셈이다. 한편 초나라 위왕이 장자가 현명하다는 소문을 듣고, 후한 예물과 함께 사신을 보내어 정승 자리에 모시고자 했다고 한다. 이때 장자는 이렇게 말한다.

> 천금은 큰 이익이며 정승 자리는 존귀한 벼슬입니다. 하지만 당신은 저 교제(교외에서 천지신께 올리는 제사)에 희생 제물로 쓰이는 소를 보지 못했습니까? 여러 해 동안 잘 먹고 잘 길러지다가 어느 날 아름답게 수를 놓은 비단 옷을 입고 태묘에 들여보내지는데, 그제야 평범한 돼지의 신세를 부러워한들 무슨 소용이 있겠습니까? 이것을 아신다면 더 이상 나를 더럽히지 말고 어서 가십시오! 나는 마음 편히 더러운 오물 속에서 뒹굴지언정, 나라님께 얽매일 일일랑 하지 않겠습니다. 한평생 벼슬하지 않으며 내 뜻대로 살겠습니다.　　　　　　　　　　－ 사마천, 『사기』

『사기』의 내용대로라면 장자가 옻나무 관리인이라는 말단 벼슬아치를 그만둔 까닭이 자신의 재능이 그런 최하급 벼슬자리에 있기에는 아까워서 그만둔 것이 아니었다. 애초에 높은 벼슬자리든 낮은 벼슬자리든 나라님께 얽매이는 것을 원치 않았기 때문에 그만둔 것이다. 나아가 장자는 소극적으로는 단순히 화를 면하기 위한 것이지만, 보다 적극적으로는 "마음을 만물의 근원인 도에 노닐게 하는" 소요유의 상태에 이르기 위해서 은자로서 진로를 택한 것이다.

4. 장자의 이웃사람 지리소

장자가 젊었을 때 생계의 이유로 하급 벼슬아치 일을 했지만, 어떤 계기로 근본적으로 한평생 벼슬자리를 구하지 않겠다는 결심을 하게 된 것일까? 우리는 장자의 유년기 경험에 대한 일화는 단 한편도 아는 바가 없다. 여기서부터 우리는 문헌학적 고증 없이 상상력을 발휘해보려고 한다. 『장자』의 내용 중에서 이처럼 벼슬자리에 대한 극도의 부정적 태도를 취하게 된 동기가 될 만한 사건을 찾아보자.

『장자』「내편」의 〈인간세〉에 나오는 서른다섯 번째 글인 '지리소'에 관한 일화와 〈산목〉편의 아홉 번째 글인 '당랑규선'과 관련된 일화를 자세히 읽어보자. 「내편」의 〈인간세〉는 「외편」의 〈산목〉과 논지에서 '허심과 무용의 방법'이라는 점에서 상응한다. 즉 허심하면 화를 멀리할 수 있고, 무용하게 되면 온전한 삶을 누리며 천수를 다할 수가 있다는 것이다. '지리소'에 관한 일화를 읽어보자.

지리소라는 사나이는 턱이 배꼽에 가려지고 어깨는 정수리보다 높으며, 상투는 하늘을 가리키고 내장이 [머리] 위로 올라 갔으며, 두 넓적다리가 옆구리에 닿아 있다. [이처럼 심한 꼽추이지만] 옷을 깁거나 빨래를 하면 충분히 먹고 살아갈 수 있고, 키질을 해서 쌀을 고르면 열 식구는 먹여 살릴 수 있다. 위(국가)에서 군인을 징집하면 지리는 [병신이라 병역의 의무가 없기 때문에] 사람들 사이에서 두 팔을 걷어붙인 채 [유유히] 다닐 수 있고, 위에서 큰 역사가 있을 때 [인부를 징집하면] 지리는 언제나 병이 있다고 하여 일이 내려지지 않는다. [그러면서도] 위에서 병자에게 곡식을 내릴 때는 3종의 곡식과 열 다발의 장작을 받는다. 저 [지리소처럼] 육체가 온전하지 못한 자도 [세상의 피해를 입지 않고] 그 몸을 보양하여 천명을 다할 수가 있는데, 하물며 그 마음의 덕이 온전하지 못한 자야 더 [자유롭게 유유자적]할 것이 아니겠는가. 　－『장자』,「인간세」

사실 지리소는 특정 인물을 가리킨다기보다는 어느 고을이나 한두 명씩은 이웃으로 있을 법한, 선천적인 신체 장애인을 상징하는 인물이다. 장자 역시 유년시절부터 지리소 같은 이웃 인물을 마을에서 지켜보면서 오히려 그가 몸이 멀쩡한 사람들에 비해 군인이나 인부로는 쓸모없는 까닭에 온전한 삶을 살며 천수를 다할 수 있다는 것을 알게 되면서, 도대체 쓸모 있는 사람이 된다는 게 무슨 소용이 있을까라는 의문을 갖게 되었던 것 같다.

5. 당랑규선의 경험 :
부귀와 명성에 대한 집착을 내려놓으려는 집념

앞에서 인용한 글의 마지막 구절을 다시 보자. "하물며 그 마음의 덕이 온전하지 못한 자야 더 [자유롭게 유유자적]할 것이 아니겠는가." 다시 말해 그 마음의 덕을 남달리 불구로 만든 자, 즉 세상 사람들은 유용에 신경을 쓰고 부귀·명성을 바라지만 그런 마음이 없는 자, 즉 마음을 비운 자는 더욱더 자유로이 지낼 수 있으리라는 깨달음이다. 그런데 이것은 지리소의 사례로부터 곧바로 추론되지는 않는다. 왜냐하면 앞서 지리소의 경우 당랑규선의 장자처럼 특별히 허심을 가질 필요가 없었던 까닭은 군인이나 인부로서 쓸모 있는 몸을 갖지 않았기 때문이다. 반면 사마천의 『사기』에 따르면 장자는 이렇게 말했다.

책을 이해하고 언설을 분석하는 데 뛰어났고, 이야기를 설정하여 진리를 유추했다. 그로써 유묵을 공박했는데, 당시의 석학들도 벗어날 수 없었다.

이처럼 전국시대의 많은 왕들이 신하로 쓰기에는 아주 쓸모가 있는 인물이었기에 앞서 위왕과의 대화에서처럼 높은 벼슬자리 제안이 많았을 것이다. 쓸모 있음과 쓸모없음 혹은 중간 그 모든 경계를 넘어서 진정한 의미의 쓸모없음의 쓸모에 이르기 위해서는 좀 더 강렬한 깨달음의 계기가 필요했을 것이다. 우리는 장자가 성인이 되어 부귀와 명성을 바라는 마음을 내려놓고 은자의 진로를 걷게 된 것은 아마도 '당랑규선'의 일화에서와 같은 경험을 하면서부터였을 것이라고 생각한다.

장자가 조릉이라는 밤나무 밭 울타리 안을 거닐다가 문득 남쪽에서 한 마리의 이상한 까치가 날라오는 것을 보았다. 날개의 넓이가 일곱 자, 눈의 직경이 한 치나 되었다. 장자의 이마에 닿았다가 밤나무 숲에 가서 멎었다. 장자는 '저건 대체 무슨 새일까? 날개는 큰데 높이 날지 못하고 눈은 크나 보지 못하다니!' 하고 말한 뒤 아랫도리를 걷어올리고 재빨리 다가가 활을 쥐고 그 새를 쏘려 했다. [그러나] 문득 보니, 매미 한 마리가 시원한 나무 그늘에 멎어 제몸을 잊은 듯 울고 있다. [그리고 바로 곁에는] 사마귀 한 마리가 나뭇잎 그늘에 숨어서 이 매미를 잡으려고 정신이 팔려 스스로의 몸을 잊고 있다. 이상한 까치는 이 기회에 사마귀를 노리면서 거기에 정신이 팔려 제 몸을 잊고 있다. 장자는 [이 꼴을 보고] 깜짝 놀라서 '아, [모든] 사물이란 본래 서로 해를 끼치고 이利와 해害는 서로 불러들이고 있는 거구나!' 하고 말한 뒤 활을 내버리고 도망쳐 나왔다. 밤나무 밭지기가 쫓아와 [장자가 밤을 훔친 줄로 알고] 그를 꾸짖었다. 장자는 집에 돌아온 뒤 석달 동안 불쾌한 모양을 하고 있었다. ……'나는 외물에 사로잡혀 내 몸을 잊고 있었다. 즉 흙탕물을 보느라고 맑은 못을 잊[듯이 외물에 사로잡혀 자연의 대도를 놓치]고 있었다. ─「장자」

이 글에서 매미와 사마귀와 까치와 장자 그리고 밤나무 밭지기 사이의 먹이사슬 관계 속에서 각자는 외물, 즉 자신의 눈앞에 이익을 쫓다가 자신의 몸, 곧 생명이 해를 입을 수 있다는 것을 잊는다. 결국 행복을 보장할 것 같은 성공의 길이 실은 불행과 죽음을 초래하는 실패의 길일 수 있다는 것이야말로 장자가 오랫동안 불쾌함을 감수하며 깨달은 것이다. 이처럼 '지리소'와 '당랑규선'의 일화의 경험 속에서 장자는 더 이상 부귀·명성이 뒤따르는 벼슬자리를 쫓다가 자신의 자유를 잃는 어리석은 자가 되지 않겠다는 다짐을 하게 된다.

6. 당연히 공자보다 노자 : 롤 모델

유년기부터 성인이 되어서까지도 이처럼 부귀·명성이 뒤따르는 벼슬자리를 쫓는 것에 마음을 비우는 허심의 태도와 쓸모 있음과 없음의 경계를 넘어서 자연의 도에서 노닐며 자유를 향유하고자 하는 무용지용의 집념은, 장자로 하여금 과거의 선현들 중에서 두 인물에 주목하게 만든다. 바로 공자와 노자이다. 두 인물을 대조하는 듯한 인상을 주는『장자』의「산목」의 다섯 번째 글을 읽어보자.

내가 선생을 생각해보니 선생은 자기 지식을 꾸며서 어리석은 사람을 놀라게 만들고 스스로의 행실을 닦아 남의 잘못된 행동을 돋보이게 하며 눈부시게 마치 해나 달을 들고 가기라도 하듯 [자기를 자랑]했을 거요. 때문에 재난을 면하지 못하오. 옛날, 내가 큰 덕을 지닌 분에게서 들은 바에 의하면 '스스로 공을 자랑하는 자는 [오히려] 공을 잃고, 공을 이룬 뒤 물러나지 않는 자는 몸을 망치며, 명성을 이루고 거기 [그대로] 머무는 자는 욕을 보게 된다'는 거요. 누가 과연 공명을 버리고 뭇사람에게 되돌려줄 수가 있겠소? 그 도가 널리 세상에 퍼져 있어서 명성에 머물지 않고, 덕이 온 천하에 시행되어도 명예에 머물지 않으며, 마음을 순수하게 하고 행동을 평범하게 하여 광인처럼 무심하게 거동하며, 자취를 남

기지 않고 권세를 버린 채 공명에 마음을 두지 않소. 덕이 지극한 사람은
세상의 명성을 바라지 않소.　　　　　　　　　　　　　　　　　　－『장자』 「산목」

여기서 '선생'은 명백히 공자를 지칭한다. 이 글은 공자가 진·채 두
나라 사이에서 포위되어 이레 동안이나 끓인 음식을 먹지 못해 죽을 위
기에 처했을 때 대공임이 공자에게 한 말이기 때문이다. 다른 한편 공
자와 달리 그의 도와 덕이 널리 퍼져도 명성과 공명에 마음을 두지 않
았던 큰 덕을 지닌 분은 아마도 노자▪를 지칭하는 게 아닐까 생각한다.
왜냐하면 노자야말로 도와 덕을 말하면서도 그에 따른 명성과 공명에
마음을 두지 않았고, 이렇게 공명을 얻은 자는 그 공명으로 몸을 망치
고 명성을 얻은 자는 그 명성으로 욕을 보게 된다는 논리, 즉 모든 사물
은 발달하여 극점에 이르면 반드시 그 정반대로 일변한다는 주장, 즉
"되돌아가는 것이 도의 운동이다"라는 통찰을 한 인물이기 때문이다.

7. '되돌아가는 것이 도의 운동이다'

장자가 노자를 집념의 롤 모델로 삼은 것은 이런 점에서 자연스러
운 것이다. 노자는 미추, 진위, 선악, 장단의 구별이 상대적일 수밖
에 없다고 본다. 예를 들어보자. 영예와 치욕은 정말 절대적인 구분일
까? 학자로서 연구를 업으로 삼는 나에게 학술지 투고는 일상적인 일
이다. 그런데 논문이 학술지 심사를 통과하면 당연한 일인 것처럼 여
기지만 게재불가 판정을 받으면 상당히 치욕적인 느낌을 받을 때가

■ 노자는 누구인가?

흔히 노나라 사람 공자가 젊은 시절 학문에 뜻을 두고 선생들을 찾아 나서면서 초나라 사람 노자를 만나 예를 배웠다는 말이 있다. 초나라와 노나라 사이에는 송나라가 끼어 있기는 하지만, 고대인들의 배움에 대한 열망을 생각할 때 청년 공자가 노자를 찾아 초나라 국경을 넘었을 것이라는 짐작도 가능하다. 그러나 과연 공자가 만나 예를 배웠다는 노자가 『노자』의 저자일까?

전통적으로는 『노자』라는 책은 공자보다 나이가 많은 노담이 지었고, 공자 이전에 완성되었다고 전해져 왔다. 그러나 실제로는 『노자』는 전국시대 이이의 작품이다. 첫 번째로 공자 이전에는 사적인 저술 ─ 자신의 이름을 책의 이름으로 삼는 저술 ─ 이 없었고, 두 번째로 『노자』의 문체는 『논어』나 『맹자』와 달리 문답체가 아니라 경전체이다. 『노자』라는 책은 『논어』와 『맹자』보다 이후에 쓰인 책이다. 사마천의 『사기』를 보자

> "노자는 초의 고현 여향 곡인리 사람이다. 이름은 이, 자는 담이고, 성은 이씨이다. 노자는 도와 덕을 닦았는데, 그의 학설은 스스로를 숨기고 이름을 드러내지 않는 데에 힘쓰는 것이었다. …… 노자는 숨은 군자였다."

이이가 마침 당시에 '고대의 달통한 진인' 노담에 대한 전설을 알고 있었기 때문에 자신의 학문을 노담의 학문으로 삼음으로써 자신의 이름을 숨길 수 있었던 것이다. 『순자』, 『여씨춘추』, 『장자』의 「천하편」 모두 노자학을 노담의 학으로 여겼다. 사마천도 이이가 노자학의 영수임을 알고 있었지만, 노자학을 노담의 학으로 여기는 속설에 젖어 있었기 때문에, 결국 노담과 이이를 혼합하여 같은 사람으로 오인하였던 것이다.

─ 풍우란 『중국철학사(상)』

있다. 철학 분야의 논문만 투고하다가 몇 년 전에 처음으로 상담분야의 모 학회지에 상당히 신경을 쓴 논문 하나를 투고했다가 세 명의 심사자 중 한 명의 심사자로부터 게재불가 판정을 받은 일이 있다. 다른 어떤 논문보다 애를 써 쓴 논문인 까닭에 심사결과가 나에게 모욕감을 주었다. 별 수 없이 논문을 상당부분 수정해서 다른 학회지에 투고했다. 수정 후 재심이 나왔다. 이제는 내 논문의 수준에 대해서 나 스스로도 인정할 만한데 여전히 모욕감은 지울 수 없었다. 오기가 생겼고 수정요구에 맞춰 대폭 수정을 가했다. 재심을 거쳐 논문은 겨우 통과되었고 개운함보다는 저 모욕감의 앙금이 여전히 남아 있었다. 해당 학회지에서 1년 동안 게재한 논문들에 대한 평가를 통해 우수논문을 선발하는 제도가 있는데, 몇 개월이 지나고 내 논문이 우수논문으로 선발되었다는 소식을 들었다. 그러고 나니 이제는 내 논문이 영예로 여겨졌다. 그런데 이전 기억이 되살아나면서 내 자신이 치욕과 영예의 감정에 휘둘리고 있다는 것을 깨닫는 순간, 머쓱함과 무안함을 피할 수 없었다.

우리 주변에서도 이런 사례들은 얼마든지 있다. 뉴스 기사를 통해서 형제간의 존속살인 사건을 접한 적이 있었다. 로또에 당첨된 형이 상금의 일부를 동생에게 줄 때만 해도 형제간의 우애는 끈끈했다. 그런데 형은 상금을 이런 저런 사업에 투자하면서 다 날리고 빚까지 지게되었다. 빚을 갚기 위해 형은 별 수 없이 동생에게 부탁을 했고 동생은 처음에는 얼마간 형의 빚을 갚아주었지만 더 이상 도와줄 수 없다고 선을 그었다. 그러자 형은 분노를 못 이기고 동생을 살해하고 만 것이다. 로또라는 행운이 형제간의 존속살인이라는 불행으로 끝을 맺은 사건이었다.

노자가 이런 대립적 분별에 주목하는 까닭은 바로 우리가 그런 대립적 분별에 집착하는 것, 다시 말해 선과 악, 미와 추, 진과 위, 행복과 불행의 대립적 규정의 불변성, 절대성을 고수하는 것이 갖는 역설, 폐해를 보여주려는 이유 때문이다. 노자가 분별의 상대성 자각을 통해서 바라는 것은 이분법적 대립규정에 얽매이지 않고 오히려 대립성을 자기 안에 포섭할 수 있는 융통성 있는 태도이다. 폭풍이 불면 단단한 나무는 꺾일 수 있지만 부드러운 갈대는 꺾이지 않는다. 부드러움을 가진 단단함이 필요하다. 영예에만 얽매이기보다는 그 안에 치욕적인 요소도 있음을 수용하는 태도, 진실에만 얽매이기보다는 그 안에 오류, 거짓의 가능성도 열어놓는 태도가 필요하다.

8. 노자 대 장자 : 롤 모델 넘어서기

그러나 장자는 노자의 사상을 단순히 계승한 것에 머물러 있지 않았다. 풍우란은 노자와 장자의 차이를 다음과 같이 설명한다.

> 노자학은 여전히 선후, 자웅, 영욕, 허실의 분별에 주목하며, '단단하면 깨지고 예리하면 꺾임'을 인식하고, 깨지지 않고 꺾이지 않을 술術에 주목한다. 대립의 분별과 처세술은 어떤 관계가 있을까? 사물의 변화나 속성에 대한 대립적 규정은 절대적이지 않으며 대립성을 자신 안에 포함하는 처세와 대처가 필요하다. 반면, 장자학은 '사생을 도외시하고, 시종을

무시한다.' 즉 대립의 분별을 초월하고자 한다. 장자는 분별이 갖는 상대
성을 알고 있기에 분별의 시작과 끝을 넘어서 분별 이전의 근원, 시원을
주목한다. 요컨대 노자학은 처세술을 서술하지만 장자학은 인간사를 초
월하는 것이었다. 노자는 훨씬 속세의 현실 속에 안주하는 법을 말하려
고 하지만, 장자는 현실을 초월한 무하유지향을 꿈꾼다. 비록 장자가 노
자를 자신의 사상 안에 많이 받아들이긴 하지만 동일시하지 않았다.

– 풍우란, 『중국철학사 (상)』

대립을 분별하면서도 그 어디에서 얽매이지 않는 노자의 처세술이
란 정확히 무엇일까? 만일 대립을 분별하지 못하고, 다시 말해 모든 것
이 상대적일 수밖에 없음을 알아차리지 못한다는 것 자체가 이미 집착
을 수반한다. 왜냐하면 분별하면서도 어느 한쪽을 절대화한다는 것 자
체가 이미 집착이기 때문이다. 반대로 대립이 상대적일 수밖에 없다는
것은 실천적으로나 이론상 자신이 어느 한쪽에 처해 있다고 하더라도
항상 그 반대의 가능성을 열어놓는 태도이다. 그런데 엄밀하게 보면
상대성은 이분법적 사고에 얽매여 있는 것이다. 다시 말해 제3의 가능
성, 다양성, 차이를 고려하지 못하는 태도이다. 삶은 미추, 선악, 진위
와 같은 걸로 이분화되지 않는다.

그렇다고 단순히 대립의 중간이라는 것도 정해져 있지 않다. 상대적
이든 절대적이든 옳음과 그름만 있는 것도 아니요, 옳음도 그름도 아
닌 밋밋한 중간만이 있는 것도 아니다. 어떻게 보면 옳을 수도 있고 어
떻게 보면 그릇될 수도 있는 시시각각 변화 가능한 다양한 관점, 차이
가 존재할 뿐이다. 그러나 장자는 노자의 상대주의도 아니지만 그렇다

고 현대적인 의미에서 다원주의도 아니다. 오히려 그런 이분법적 대립이든 다양성이든, 다양한 차이가 만들어지는 시원으로 되돌아가려는 태도, 바로 여기가 장자가 노자를 넘어서는 지점이다.

9. 장자의 무하유지향과 워라밸 : 직업적 흥미

그런데 장자가 말하는 현실을 초월한 무하유지향이란, 말 그대로 현실 속에 없는 곳이 아닌가? 『장자』 「천하편」을 보면 노자나 장자 모두 "초연히 홀로 신명과 더불어 거했다", "홀로 천지의 정신과 더불어 교류했다"는 점에서는 유사하다. 이 점은 공자와 대비시켜보면 노자와 장자가 얼마나 다른 성격유형의 사람인지 알 수 있다. 공자가 정치와 교육활동을 통해 수많은 사람과 교류하고 그 속에서 자신의 철학을 발전시켰다면, 노자나 장자는 사람들과 어울리기보다는 고독 속에서 천지자연의 신명, 정신과 교류했다. 그러나 자칫 이런 견해는 장자나 노자를 성과 고을을 피해 산속에 홀로 칩거해 사는 은자 같은 이미지를 만들 우려가 있다. 니체도 고독과 버림받음을 구별하듯이 고독은 버림받음이나 고립이 아니다.

장자는 단순한 현실회피를 주장하지 않았다. 오히려 그는 자신과 같은 선비가 원하는 나라를 적극적으로 피력한다. 『장자』 「산목」편의 일곱 번째 글에서 남루한 옷을 입고 자신을 찾아온 장자에게 병들고 지쳤다고 비난하는 위왕에게 장자가 하는 말을 들어보자.

왕께서 저 나무에 오르는 원숭이를 보지 못했소! 원숭이는 녹나무가 가

래나무에 올라가 그 가지를 잡고 그 사이에서 의기양양할 때면 예나 몽봉[같은 활의 명수]이라 하더라도 겨냥을 할 수가 없소. 그러나 원숭이가 산뽕나무나 가시나무, 탱자나무 사이에 올라갔을 때는 위태롭게 걷고 이리저리 살펴보며 두려워서 부들부들 떱니다. 이는 [원숭이의] 힘줄이나 뼈가 위급함을 만나 부드러움을 잃은 게 아니오. 있는 곳이 불편해서 그 기능을 충분히 발휘하지 못하기 때문이오. 지금같이 어리석은 군주나 어지러운 신하가 있는 사이에서는 병들고 지치지 않으려 해도 어찌 그럴 수 있겠소. [충신] 비간이 가슴을 찢긴 일을 보아도 분명하지 않소!

－『장자』「산목」

장자가 위왕에게 항의하는 말을 들어보면, 사실 선비로서 장자나 비간이 왕에게 충성을 다해 자신의 재능을 발휘하고 싶어도 화를 면치 못하는 것은 조정의 왕과 주변 다른 신하가 어리석기 때문이라는 것을 알 수 있다. 그렇다면 반대로 장자가 원하는 나라는 어떤 곳일까? 「산목」편의 두 번째 글을 읽어보자. 노나라 왕은 이렇게 하소연한다.

나는 선왕의 도를 배우고 선군의 업을 닦으며 귀신을 경배하고 어진 이를 존중하며 덕이 있는 자와 친히 하여 행동하되 잠시도 [그것을] 멈추지 않았는데 그래도 화를 면치 못하고 있소. 그래서 나는 근심하고 있는 거요.

－『장자』「산목」

이에 대해 시남의 의료는 화를 면하려는 왕의 방법이 천박함을 꾸짖으며 노나라가 아닌 건덕이라는 나라를 배울 것을 제안한다.

남월에는 건덕의 나라라고 부르는 마을이 있습니다. 그곳 백성은 우매하고 소박하며 사심이나 욕망이 적고 경작할 줄은 알면서도 저장함을 모르며 남에게 베풀어 주어도 그 보답을 바라지 않고 무엇이 옳은 길(義)에 알맞은지를 모르며 무엇이 예의禮儀대로 하는 것인지를 모릅니다. [이렇듯] 무심하게 거동하며 자취를 남기지 않으면 곧 자연의 한길[대도]로 나아가게 됩니다. 살아가 [마음껏] 즐기고 죽으면 [편히] 묻힙니다. 저는 임금께서 …… 속된 일을 버리고 [무위자연의] 도와 서로 손잡고 그런 나라로 가시기를 바랍니다.   ─ 『장자』 「신목」

이 글은 초나라 사람인 시남의 의료가 노나라 왕인 노후에게 건네는 말이다. 그만큼 이 글에서는 공자가 생각하는 이상적인 나라와 장자가 생각하는 무하유지향의 나라인 건덕이 대조되고 있다.

장자는 공자의 조국인 노나라의 임금의 어려움은 그가 백성들로 하여금 지식과 사심과 욕망을 불어넣어 자신의 부귀만을 쌓게 만들고, 신하들로 하여금 인위적인 예의를 지키게 함으로써 명성만을 쫓게 만들었기 때문이라고 본다. 오히려 백성들이 우매하고 소박하여 사심과 욕망이 없고, 성실하게 농사를 짓고 수확한 것을 남에게도 베풀지만 자기 재산을 축적하지도 남에게 보상을 바라지도 않으며, 신하가 인의예지의 덕을 인위적으로 따르기보다는 무심하게 행동하면서도 공명이나 명성에 머물지 않는 나라, 오직 모든 백성과 신하가 무위자연의 도만을 따르는 나라를 만들 것을 권한다.

사비카스의 진로구성주의의 용어를 빌어서 장자가 자신의 허심과 무용지용의 필요와 노자적인 무위자연의 이상을 실현할 환경의 네 가지 차원—장소, 사람, 문제, 절차—을 재구성해 보자. 우선 백성이든 벼슬아치든 화를 입지 않는 안전한 곳이면서, 두 번째로는 사심과 욕망이 적어서 부귀·명성에 관심이 없고 상대방을 도우면서도 보상을 바라지 않는 사람들과 더불어, 세 번째로 인의예지와 같은 인위적인 덕이 아니라 무위자연의 도와 덕만을 문제로 삼으며, 네 번째로 마음껏 편히 즐기는 방식으로 일을 할 수 있는 곳이야말로 장자가 원하는 무하유지향이다.

과연 장자의 무하유지향을 닮은 직장이나 일이 존재할까? 우선 화를 입지 않는다는 것은 정리해고나 직장 내 차별이나 왕따가 없는 곳을 말한다. 두 번째로 구성원들이 서로 보상이나 자리를 놓고 경쟁하지 않는 곳이어야 한다. 세 번째 규율과 규칙에 얽매이지 않고 자신의 자연스러운 본성대로 일할 수 있어야 한다. 네 번째로 일과 유희 자체가 구별되지 않는 유희 같은 일이어야 한다. 그러나 과연 현실적으로 이와 같은 직종의 일이 존재할까? 장자가 살았던 전국시대에 이런 일자리나 벼슬자리가 있을 것 같지는 않다고 믿었기에 장자도 차라리 무하유지향이라고 말했다.

최근 일과 여가의 균형이라는 의미의 '워라벨'▪이 함의하는 것도 얼마간은 장자가 말하는 무하유지향의 직업적 환경과 닮아 있다. 사실 현대 자본주의 사회에서 경쟁과 차별이라는 것을 완전히 해소시킨 영리조직이라는 게 거의 불가능에 가깝기에 장자의 무하유지향의 첫 번째와 두 번째 조건을 충족시키는 직장은 찾아보기 어렵겠지만 조직 내 자율성과 유희의 중요성이 점차 중시되고 있기 때문이다.

■ 워라밸이 이루어지는 꿈의 직장

SK텔레콤은 전 직원이 집, 회사, 거점 오피스 등 근무 장소에 구애받지 않고 자유롭게 일할 수 있는 '워크 애니웨어(Work Anywhere)'를 추진하며 업계의 주목을 받고 있다. 특히, SK텔레콤 구성원은 집에서 가까운 거점 오피스에 출근할 수 있게 되면서 길에서 낭비하는 불필요한 출·퇴근 시간과 스트레스를 줄였다. SK텔레콤은 올해 을지로·종로·서대문·분당·판교 등 수도권 5개 지역에 거점 오피스를 구축한 바 있다. 거점 오피스는 집으로 한정된 기존 재택근무 한계를 보완하고, 출퇴근 시간 단축 등 업무 효율성을 획기적으로 개선해 긍정적인 반응을 얻고 있다. SK텔레콤은 구성원 거주지 현황 및 업무 특성 등을 종합 분석해 거점 오피스를 확대할 예정이다.

이와 함께 SK텔레콤은 매달 셋째 주 금요일을 '해피 프라이데이'로 지정해, 공식적으로 쉴 수 있도록 했다. 해피 프라이데이는 가족과 시간을 보내거나, 취미생활을 통해 자기계발에 몰입하도록 워라밸을 지원하는 제도다. 앞서, SK텔레콤은 자기주도적으로 일에 몰입할 수 있는 'DYWT(Design Your Work & Time)'를 지난해부터 실시해 왔다. DYWT는 본인 근무시간을 스스로 설계해 출퇴근 시간을 조정해 업무 몰입도를 높이는 등 업무 효율을 극대화하고 있다. 실제로 해피 프라이데이와 DYWT 도입 이후 SK텔레콤 구성원 대상 설문 조사에서 업무 생산성이 향상됐다는 답변이 60%를 넘었다.

또한, SK텔레콤은 '임신기 단축근무' '입학자녀 돌봄휴직' 등 자녀출산 및 양육에 있어 구성원이 일과 가정을 양립할 수 있는 제도도 적용하고 있다. 지난달부터는 남녀 구성원 모두 육아휴직을 최대 2년까지 사용할 수 있도록 제도를 확대했다.

― 「억대 연봉에 워라밸까지? SKT, '꿈의 직장' 맞네~」 중에서,
최민지 기자, 『디지털데일리』, 2020. 12. 24일자 기사

10. 진로 내러티브가 아닌 생애 내러티브 :
  캐릭터 아크로서 진인되기

이쯤해서 우리는 이런 의문을 가져볼 필요가 있다. 결국 "나는 마음 편히 더러운 오물 속에서 뒹굴지언정, 나라님께 얽매일 일일랑은 하지 않겠습니다. 한평생 벼슬하지 않으며 내 뜻대로 살겠습니다"라는 자신의 말대로 장자는 생업도, 전문직도, 천직도 없었다면 더 이상 그에게 진로 내러티브를 묻는 것 자체가 의미 없는 것 아닐까? 물론 여가를 잘 보내는 것도 중요하다고 말할 수 있지만, 애초에 여가餘暇라는 말 자체가 "경제 활동 이외의 시간으로 개인이 처분할 수 있는 자유로운 시간"이라는 점에서 장자에게는 여가활용을 적용하기에는 부적절하다. 장자에게 중요한 것은 일도 여가도 아닌 삶 자체이다. 장자가 구상하는 것은 진로 내러티브가 아닌 생애 내러티브이다. 삶 자체에 대한 장자의 관점을 이해하기 위해서 『장자』의 내용 중 가장 많이 인용되는 「내편」에 나오는 〈제물론〉의 스물일곱 번째 글과 서른두 번째 글을 읽어 보자. 두 글은 공통적으로 꿈을 주제로 삼고 있다.

꿈속에서 즐겁게 술을 마시던 자가 아침이 되면 불행한 현실을 슬피 울고, 꿈속에서 울던 자가 아침이 되면 즐겁게 사냥을 떠나오. 꿈을 꿀 때는 그것이 꿈인 줄을 모르고 꿈속에서 또한 그 꿈을 점치기도 하다가 깨어나서야 꿈이었음을 아오. [인생도 마찬가지요] 참된 깨어남이 있고 나서라야 이 인생이 커다란 한 바탕 꿈인 줄을 아는 거요. 그런데 어리석은 자는 자기가 깨어 있다고 자만하여 아는 체를 하며 군자라고 우러러 받

들고, 소치는 목동이라고 천대하는 따위의 차별을 하오. [정말] 옹졸한
짓이오.　　　　　　　　　　　　　　　　　　　　　－『장자』「제물론」

　장자에게 삶이란 커다란 한 바탕 꿈이다. 그러나 어리석은 사람들은
자신의 삶이 꿈이 아닌 깨어있는 상태라고 여기고 삶 속에서 행복과
불행, 부와 권력의 많고 적음에 따른 차별에 집착한다. 그러나 장자가
보기에 꿈과 현실은 구별되지 않는다. 사람들의 차별에 대한 집착도
다 헛짓거리이다. 이런 상대적인 차별과 구별의 넘어섬은 나와 타자의
구별에도, 삶과 죽음의 구별에도 적용된다.

　언제인가 장주는 나비가 된 꿈을 꾸었다. 훨훨 날아다니는 나비가 된 채
유쾌하게 즐기면서도 자기가 장주라는 것을 깨닫지 못했다. [그러나] 문
득 깨어나 보니 틀림없는 장주가 아닌가. 도대체 장주가 꿈에 나비가 되
었을까? 아니면 나비가 꿈에 장주가 된 것일까? 장주와 나비에는 [겉보
기에] 반드시 구별이 있[기는 하지만 절대적인 변화는 아니]다. 이러한
변화를 물화(만물의 변화)라고 한다.　　　　　　－『장자』「제물론」

　이렇게 모든 구별과 차별에서 자유로운 자를 장자는 진인真人이라고
부른다. 『장자』「내편」의 〈대종사〉 다섯 번째 글을 묶어서 읽어보자.

　옛날의 진인은 삶을 [새삼] 기뻐할 줄 모르고, 죽음을 [새삼] 미워할 줄도
모른다. 태어남을 기뻐하지 않고, 죽음을 거역하지도 않는다. 무심히 자
연을 따라가고, 무심히 자연을 따라올 뿐이다. 그 [태어난] 시초를 모르

고, 그 [죽은 뒤의] 끝을 알려 하지 않는다. 삶을 받으면 그것을 기뻐하고, 죽으면 그것을 [제자리로] 돌려보낸다. 이런 경지를 '분별심으로 도를 버리지 않고, 인위로 자연을 돕지 않음'이라고 하고, 이런 경지에 있는 사람을 진인이라 한다.　　　　　　　　　　　－『장자』「대종사」

결국 장자가 원하는 생애 내러티브는 행복과 불행, 고귀한 자와 천한 자, 나와 타자 나아가 삶과 죽음의 경계에 얽매이지 않는 진인의 삶이다. 이런 삶과 죽음에 초연한 모습은 우리나라 시인 천상병의 시 「귀천」에서도 찾을 수 있다.

나 하늘로 돌아가리라
아름다운 이 세상 소풍 끝내는 날
가서, 아름다웠다고 말하리라……

11. 캐릭터 아크의 근원으로서 도추

장자의 진로, 아니 생애 내러티브와 철학의 마지막 대목에 이른 것 같다. 남아 있는 질문은 이것이다. 이와 같은 행복과 불행, 귀천, 빈부, 나와 타자, 삶과 죽음의 경계를 넘어서기 위해서는 우리에게 어떤 노력 내지 수행이 필요할까? 『장자』「외편」의 〈추수〉의 열여덟 번째 글을 읽어보면, 어떤 실마리를 얻을 수 있을 것이다. 이 글은 장자가 양나라의 재상으로 있던 친구 혜자를 만났지만, 혜자는 장자가 자신의 벼슬자리를 빼앗을까 염려하여 그를 경계하고 있었다. 다음은 그러던 차에 함께 호숫가를 산책하며 나눈 대화이다.

> 장자가 혜자와 함께 호수의 징검돌 근처에서 노닐고 있었다. [문득] 장자가 말했다. "피라미가 한가롭게 헤엄치고 있소. 이게 [바로] 물고기의 즐거움이란 거요." [그러자] 혜자는 말했다. "당신은 물고기가 아니오. 어찌 물고기의 즐거움을 안단 말이오?" 장자가 말했다. "당신은 내가 아니오. 어찌 물고기의 즐거움을 알지 못한다는 것을 안다는 말이오?" 혜자는 [다시] 말했다. "나는 당신이 아니니까 물론 당신을 알지 못하오. [그러고 보면] 당신은 물론 물고기가 아니니까 당신이 물고기의 즐거움을 알지 못한다는 게 확실하단 말이오." 장자가 대답했다. "자 처음[질문]으로 돌아가 말해 봅시다. 당신은 어찌 당신이 물고기의 즐거움을 안단 말이오? 라고 했지만, 이미 그것은 내가 안다는 것을 알고서 내게 물은 거요. [당신은 내가 아니면서도 나에 대해 그렇듯 알고 있지 않소!] 나는 호수 가에서 물고기의 즐거움을 알았단 말이오." — 『장자』「추수」

혜자에 대한 장자의 가르침은 세 가지이다. 첫째, 차별과 구별에 집착하면 결국 논리적 모순에 빠진다. 왜냐하면 물고기와 장자, 장자와 혜자의 구별을 근거로 서로의 마음을 읽을 수 없다고 한다면 혜자가 장자에게 행하는 논박은 자기 자신에 대한 논박이 되기 때문이다. 둘째, 차별과 구별에 집착하게 되면 삶의 즐거움을 놓치게 된다. 장자가 혜자에게 진심으로 전하고 싶었던 마음은 재상과 같은 벼슬자리에 집착하지 말고 물고기처럼 물과 자신의 구별, 자신과 타자의 차별 없이 각자에게 주어진 삶을 향유하라는 것이다. 셋째, 이런 구별, 차별을 넘어서서 삶의 즐거움을 향유하기 위해서는 바로 서로에 대한 구별과 차별과 논박을 하기 이전의 처음으로 되돌아가라는 것이다. 장자는 이미 물고기의 즐거움을 알았고, 알고 있다는 사실을 알고 있었기에 물고기의 즐거움을 말한 것인 반면, 혜자는 장자의 마음을 알고 있었음에도 불구하고 장자의 마음을 자기가 안다는 것을 알지 못했기에 장자에게 시비를 걸어 자가당착에 빠지고 게다가 친구와의 징검돌 근처에서 노는 한가로움을 놓쳐버린 것이다.

이런 모든 구별과 차별 이전의 처음, 모든 구별과 차별이 그로부터 비롯되는 처음으로 되돌아가 그것을 알아차리는 것, 그것이 장자가 말하는 도추道樞이다. 사실 이 개념은 어렵게 설명하려고 하면 끝도 없이 어렵게 설명할 수 있을 것이다. 이것은 내 능력 밖이다. 그런데 도의 지도리, 즉 경첩을 떠올리면 그냥 단순하게 이해될 수 있는 개념이다. 문짝과 문틀을 연결하는 경첩에서 열고 닫음, 안과 밖이 비롯되지만, 그 자체로는 개폐도 아니요 안팎도 아닌 비어있음이다. 모든 구별과 차별을 넘어선다는 게 또 다른 제3의 초월적 영역을 꿈꾸는 것이 아니다. 오히려 모든 구별과 차별이 사라지고 또한 그로부터 시작되는 시원, 근원으로서 도추에 대한 통찰 그리고 그와 같은 시원, 근원에 머무르며 사는 태도야말로 옻나무 관리인이든 정승이든 더 이상 벼슬자리에 연연하지 않고 초연히 무위자연의 삶으로 캐릭터 아크를 이끌어낼 수 있는 장자의 핵심 철학인 셈이다.

12. 장자의 진로 내러티브와 캐릭터 아크

장자는 옻나무 관리인이라는 하급 벼슬자리를 잠깐 한 적은 있지만 그마저 그만두고 정승이라는 최고의 벼슬자리 제안도 사양하고 평생을 무용과 유용, 삶과 죽음의 경계에 얽매이지 않는 무하유지향에서 진인의 삶을 살고자 했다. 일종의 원조 사토리의 삶을 살았던 장자의 진로 내러티브는 그의 생애 내러티브와 구별되지 않는다.

이처럼 아무나 쉽게 흉내 내기 어려운 장자의 진로 내러티브는 그의 생애 초반 지리소의 일화나 당랑규선의 일화에서 겪었던 중요한 경험에서 시작된다. 즉 성공과 행복의 길이라고 사람들이 믿는 길이 실은 실패와 불행의 길이요, 삶의 길이라 믿었던 것이 사실은 죽음에 이르는 길이라는 깨달음에서 출발한다. 장자는 고립적이고 회피적인 인물이 아니었고 오히려 누구보다도 급진적인 이상적 정치철학을 갖고 있었다. 다만 그의 정치철학은 그가 살았던 전국시대에 어찌 보면 공맹의 정치사상보다 더욱 실현되기가 불가능한 사상이었을 뿐이다.

우리에게 장자의 진로 내러티브는 어떤 가르침을 줄까? 금수저를 물고 태어나지 못한 서민의 자식들인 우리는 어려서부터 항상 공부 열심히 해서 명문대학에 진학하고 대기업에 취업하고, 수준이 맞는 배우자를 만나 결혼하고 은행에서 융자를 얻어 좋은 집과 좋은 차를 사고, 자녀에게 부모와 같은 삶을 살도록 사교육을 시키며 이자와 교육비를 대기 위해 더욱 열심히 일하며 사는 게, 삶의 진리인 것처럼 믿고 산다.

사실 공부 잘해서 명문대를 나오고 잘 나가나는 대기업에 취업하거나 고위 공직자가 되거나 의사나 변호사가 되어서 경쟁에서 승승장구하는 성공한 삶을 사는 사람들마저도 예외가 될 수 없는 시간이 찾아온다. 삶의 어느 시기에 한두 번은 진로의 위기가 찾아오고 삶의 의미나 가치에 대한 극심한 회의에 빠지는 순간들이 있을 것이다. 다시 말해 소위 성공한 사람들마저도 자신의 진로에서 부와 명성과 권력만으로는 직업적 소명의식 충분히 느끼기에는 뭔가 부족한, 삶의 깊은 공허를 느끼게 된다. 하물며 성공과는 거리가 먼 대부분의 평범한 사람들이 바늘구멍과도 같은 그런 성공의 좁은 문 안으로 진입한 자를 부러워하며 자신의 처지를 한탄하며 생애를 허비해야 할까? '소확행'이나 '웰빙'이니 하는 삶의 자족적 태도도 피상적인 것은 매한가지이다. 왜냐하면 이런 태도는 진지한 자기성찰과 자기극복을 위한 깨달음이 부재한 자기합리화일 가능성이 높기 때문이다.

누구에게나 중요한 것은 자신의 삶에서, 특히 누구나 예외 없이 찾아오는 진로 위기의 순간에 이런 질문들을 던져보아야 한다. "나는 무엇을 하며 살아왔지? 난 지금 무엇을 하고 있지? 도대체 내가 정말 원하는 것은 무엇일까?" 톨스토이의 『안나 카레니나』나 『전쟁과 평화』를 읽어보면 수많은 인물들이 등장하지만 모두 두 부류로 나뉜다. 처음부터 끝까지 아무런 캐릭터의 변화 없이 똑같은 성격과 가치관을 갖는 인물들, 그리고 계속해서 자신의 삶에서 의미와 가치와 목적을 물으며 시행착오 속에서도 새로운 깨달음을 얻으며 캐릭터의 아크를 이루어낸 인물들이다. 장자의 진로 내러티브와 그의 철학에서 우리가 다시금 물어야 할 것은 바로 이것이다. 우리가 그동안 믿어왔던 유용성, 행복의 가치가 정말 내가 원하는 길이었는가? 지금 내가 살고 있는 이 길이 진정 내가 원하는 삶으로 이끄는 길인가?

장자의 커리어 스토리

1. **집념** : 지리소와 당랑규선의 경험으로부터 부귀, 명성에 대한 집착을 벗어나려는 집념
2. **롤 모델** : 미추, 진위, 선악의 분별에 집착하지 않는 무위자연의 도를 따르는 노자
3. **직업적 관심** : 백성이든, 벼슬아치든 화를 입지 않는 안전한 나라에서 살길 원하며, 사심과 욕망이 적어서 부귀, 명성에 관심이 없고 상대방을 도우면서도 보상을 바라지 않는 사람들과 함께 하기를 원하며, 인의예지의 인위적 덕이 아닌 무위자연의 덕만을 문제 삼으며, 마음껏 편히 즐기는 소요유를 원함.
4. **스토리** : 하급 벼슬자리(옻나무 관리자)를 그만둠. 높은 벼슬자리(정승)도 사양함. 나와 타자, 삶과 죽음의 경계에 얽매이지 않는 진인의 삶을 살길 소망함.
5. **철학** : 무용과 유용의 경계에 집착하지 않고, 분별의 상대성을 넘어서 그 시원으로 돌아가는 도추의 방법

● **참고문헌**

오강남, 『장자』, 현암사, 2003
풍우란, 박성규 옮김, 『중국철학사 (상)』
천상병, 「귀천」
최민지 기자, 「억대 연봉에 워라밸까지? SKT, '꿈의 직장' 맞네〜」, 『디지털데일리』, 2020,
    12. 24

04. 소크라테스

석공에서 아테네 등에의 길

1. 아테네의 등에 : 소크라테스의 진로 정체성

다른 철학자들과 반대로 소크라테스의 진로와 철학의 관계를 설명하기 위해서는 그의 생애 마지막 시기부터 주목해보자. 왜냐하면 소크라테스가 사형선고를 받고 난 이후 마지막 변론에서 자신의 천직, 진로 정체성을 분명하게 밝히고 있기 때문이다.

제 변론은 저 자신보다 여러분을 위한 것입니다. 저에게 유죄판결을 내림으로써, 신이 그대들에게 주신 선물에 대해 죄를 짓지 않기 위함이지요. 저를 사형에 처하신다면 여러분은 다른 사람을 찾기 어려우실 것입니다. 아주 우스꽝스러운 비유를 들자면 도시에 달라붙어 있는 저와 같은 사람을 말입니다. 크고 혈통도 좋지만 그 덩치 때문에 게으르고 굼뜬 말에 달라붙어 잠들지 않도록 따끔하게 찔러대는 등에처럼, 아마도 신은 저를 도시에 달라붙게 했겠지요. 그대들 한 사람 한 사람을 일깨우고, 설득하고, 논박하는 일을 하루 종일 어디에서건 하도록 말입니다.

― 플라톤, 『변명』

여기 인용한 소크라테스의 마지막 변론은 함축하는 바가 많다. 재판부의 배심원들에게 자신의 진로 내러티브가 여기서 끝나지 않고 계속될 수 있게 해달라고 요청하고 있다. 둘째로 자신은 신이 아테네라는 도시와 시민들에게 내린 선물임을 주장함으로써 자신의 일이 천직임을 밝히고 있다. 셋째로 당대 아테네에 대한 비판이 담겨 있다. 페르시아 전쟁에서 승리를 거둔 이후 최전성기를 누렸던 아테네는 스파르타와 벌인 펠로폰네소스 전쟁에서 패한다. 아테네는 스파르타의 식민지의 처지로 전락했건만 옛 영광만을 여전히 꿈꾸며 무엇이 문제인지에 대한 근본적인 성찰이 부족했다. 넷째, 소크라테스는 자신의 천직이 바로 아테네라는 게으르고 굼뜬 말이 잠들지 않도록 따끔하게 찔러대는 등에라고 한다. 다섯째, 소크라테스가 아테네와 아테네 시민들로 하여금 깨어 있도록 하기 위한 '등에'로서 일이란 바로 아테네 시민 한 사람 한 사람을 일깨우고, 설득하고 논박하는 일이라는 것이다.

2. 아레테에 대한 소크라테스의 직업적 흥미

소크라테스가 자신의 천직, 진로 정체성이 아테네의 시민들을 일깨우고 논박하고 설득하는 일이라고 말했을 때 소크라테스의 직업적 흥미를 좀 더 상세하게 설명해볼 수 있다. 소크라테스가 아테네 시민들과 대화를 나누며 일깨우고 논박하고 설득하기를 선호했던 장소는 아고라 광장처럼 개방된 장소였다. 그가 대화를 나누길 선호했던 아테네 시민들은 특히 정치가, 군인, 상인, 작가, 정치인 등과 같은 아테네의 지도계층이었기에 아고라 광장처럼 많은 사람의 주목과 시선을 끌만한 장소여야만 했다. 소크라테스가 대화하는 방식이 논박과 설득이었고, 더욱이 석공이 직업인 평민이었던 소크라테스가 아테네의 지도계층의 무지를 일깨우고 논박하고 설득하는 일을 했으니 그들로부터 미움을 받는 것은 어찌 보면 당연지사였다. 소크라테스 역시 이런 위험을 몰랐을 리 없다.

소크라테스의 직업적 흥미와 관련해서 가장 중요한 것은 소크라테스가 아테네 지도층 인사들과 대화를 나눴던 문제가 아레테arete라는 점이다. 흔히 아레테는 다음과 같이 정의된다.

> 모든 사물에는 그 나름의 훌륭한 상태나 좋은 상태가 있다. 가령 눈이 그 기능을 최고로 발휘하거나 말이 최고의 상태를 발휘해 가장 잘 달릴 때, 그것이 눈의 아레테나 말의 아레테이다. 이렇듯 아레테는 '자신의 기능을 최대한 발휘하여 최고의 결과를 이끌어 낸다'는 의미를 가지고 있다.
> — 이한규, 『단숨에 정리되는 그리스철학 이야기』

플라톤의 초기 대화편을 보면 소크라테스가 관심을 갖는 아레테는 추상적인 규범이나 덕목이 아니라 아테네 시민들의 삶 속에서의 덕목이며, 『크리톤』을 보면 법과 관련된 아레테에서 자기 자신 역시도 예외는 아니었다. 소크라테스는 자신을 국법으로 빙의해서 자기 자신의 탈출행동에 대해서 "지금 내가 무엇을 하고 있는 것이지?"라며 자신의 행동을 일깨우고, 탈출하려는 행동의 이유를 반박하고 탈출행동을 하

▪ 소크라테스를 고소한 사람들은 누구인가?

디오게네스 라에르티오스는 안티스테네스의 『철학자들의 계보』와 플라톤의 『변론』을 전거로 해서 소크라테스를 고소한 사람은 아니토스, 리콘, 멜레토스 세 명이었다고 한다. 아니토스는 장인들과 정치가들을, 리콘은 소피스트들을, 또 멜레토스는 작가들을 대표하여 소크라테스가 이 사람들 모두를 웃음거리로 만들었기 때문에 화가 났다고 쓰고 있다. 소크라테스를 고소한 사람들의 면면을 보면 당시 소크라테스가 특히 당시 아테네의 민주정 하에서 여론을 주도한 사람들을 상대로 등에 역할을 했음을 알 수 있다. 그들의 공소장을 보면 다음과 같다.

"피토스구에 사는 멜레토스의 아들 멜레토스는 알로페케구 사람 소프로니코스의 아들 소크라테스를 다음과 같이 공사하고, 선서한 다음 구술하는 바이다. 소크라테스는 국가가 인정하는 신들을 인정하지 않고, 다른 새롭고 기묘한 신령 따위들을 들여오는 죄를 저지르고 있다. 또 청년들을 타락시키는 죄도 저지르고 있다. 이리하여 사형을 구형한다."

— 디오게네스 라에르티오스, 『그리스 철학자 열전』

지 말 것을 자기 자신에게 설득한다. 이 과정을 보면 소크라테스는 자신의 천직을 자신의 목숨이 걸린 문제에도 철저하게 적용하고 있음을 알 수 있다.

3. 아름다움에 대한 에로스 : 소크라테스의 첫 번째 집념

모든 사물에 있어서 최선의 상태, 즉 사물의 기능이 최대로 발휘하여 최고의 결과에 이르게 하는 상태로서 아레테에 대한 소크라테스의 관심은 한 가지 중요한 발생적 기원을 갖고 있다. 소크라테스는 기원전 470년 경, 아테네 알로페케 지역에서 석공인 소프로니코스와 산파인 파이나레테 사이에서 태어났다. 청소년기와 초기 성인기에 직업을 세습하던 당시 관례에 따라 아버지 밑에서 석공 기술을 배웠고 부자 친구였던 크리톤의 도움으로 철학, 기하학, 천문학 등을 공부했다. 석공이라는 가계의 직업적 환경과 경력 그리고 기하학과 천문학 등에 대한 배움은 아레테에 대한 소크라테스의 관심과 중요한 관련을 맺고 있다.

그리스 아테네에서 가장 발달한 예술장르는 2500년이 지난 지금도 남아있는 신전건축과 조각상에서 확인할 수 있는 조형예술이다. 아버지의 가업을 이어받으면서 소크라테스는 석공으로서 일을 했지만 아름다운 여신상들도 조각하는데 참여한 것을 보면 당시 석공들 모두가 그랬는지는 알 수 없지만 그가 예술적 감각과 기술도 갖고 있었던 것으로 보인다.

두리스는 그[소크라테스]가 또한 노예로 일했고, 돌을 깎는 일을 했었다고 쓰고 있다. 나아가 아크로폴리스에 있는 옷을 입은 우아하고 아름다운 여신들의 상도 그의 작품이라고 하는 사람들도 있다.

– 디오게네스 라에르티오스, 『그리스 철학자 열전』

   플라톤의 초기 대화편에 속하는 『심포지엄(향연)』을 보면 소크라테스가 누구보다 아름다움에 대한 높은 관심과 취향을 갖고 있었다는 것을 알 수 있다. 석공으로서 조각상을 만들면서 소크라테스는 신체의 형상에서 드러나는 아름다움에 대한 관심을 갖는 것은 너무나도 자연스럽다. 그런데 놀라운 것은 소크라테스는 이런 개별적 신체의 아름다움에 대한 에로스로부터 출발해서 아름다움 그 자체의 지식에 대한 에로스에로 나아갔다는 점이다. 소크라테스는 디오티마로부터 에로스에 대한 최종적인 비의의 계시를 다음과 같이 듣는다.

   그녀[디오티마]가 말하기를, "이러한 문제로 향해 올바르게 가는 사람이 젊다면, 그는 아름다운 신체로 향하기 시작하고, 그리고 그의 길라잡이가 올바르게 이끈다면 그는 하나의 신체를 사랑하여 거기에서 아름다운 논의를 생성할 것이고, 그러고 나서 그는 어떤 신체에 있는 아름다움도 어떤 다른 신체에 있는 아름다움과 똑 닮았다는 것을 자각하고, 그래서 모습에 있는 아름다움을 추구해야 한다면 모든 신체의 아름다움이 하나이고 똑같다고 생각하지 않는 것은 아주 어리석다는 것을 자각하게 될 것이네. 이러한 것을 고찰하고 나서 그는 모든 신체적 아름다운 것을 사랑하는 사람이 되어야 하고, 하나의 신체에 대한 지나친 사랑을 누그러뜨리게 되고 그것을 경멸하고 하찮은 것으로 생각한다네."

– 플라톤, 『심포지엄』

여기까지만 보면 석공, 조각가로서 누구라도 자신의 직업적 전문성 수준에서 이를 수 있는 아름다운 모습, 형상에 대한 관심일 것이다. 개별 신체의 아름다움에 대한 사랑이 육욕적 수준에 머물러 있다면 모든 신체적 아름다움에 대한 사랑은 일종의 예술적 승화를 보여준다. 그러나 소크라테스는 신체적, 감각적 수준의 아름다운 형상, 모습에 대한 사랑을 정신적인 아름다움으로 한 단계 더 승화시킨다.

> 그 다음에 그는 신체에 있는 아름다움보다 영혼에 있는 아름다움이 더 가치 있다고 생각하기에, 어떤 사람이 하찮은 (신체의) 청순함을 지녔지만 영혼에서 품위가 있다면 그는 그것에 만족하고, 그를 사랑하고 염려하고, 젊은 사람을 더 좋은(훌륭한) 사람으로 만드는 그러한 논의들을 낳고 추구하여서 관행과 법에 있는 아름다운 것을 새롭게 관찰하지 않을 수 없게 되고 이러한 모든 것이 서로 닮았다는 것을 보게 되기에, 신체의 아름다운 것을 하찮은 것으로 생각하게 된다네. – 플라톤, 『심포지엄』

플라톤은 중기 대화편인 『국가론』에서 예술가는 이데아의 모방의 모방만을 창작하는 자이기에 진리에서 가장 멀리 떨어져 있는 자라고 비판한다. 그러나 초기 대화편 『심포지엄』에서는 소크라테스의 관점은 전적으로 다르다. 소크라테스는 아름다움의 이데아로 나아가기 위한 중요한 출발점으로서 특정한 모델의 아름다운 신체에 대한 사랑에서부터 아름다움 형상 자체의 제작, 창작에로 나아가고, 감각적, 신체적 형상의 아름다움으로부터 영혼의 품위, 훌륭한 품성을 낳는 관행과 법에 있어서 아름다움에로 나아간다.

4. 소크라테스적 산파술의 반어법 :
소크라테스의 두 번째 집념

소크라테스의 직업적 흥미에서 또 다른 특성 중 하나가 그의 독특한 대화의 방식, 즉 반어법이다. 40세 이후 더 이상 군인으로 참전하지는 않았고, 그렇다고 석공으로서 생업에 복귀하지도 않았고 정치를 1년 정도 했지만 그것은 당시 아테네 시민의 의무라는 점에서 전문직이라고 보기도 어렵다. 그의 주된 일은 아고라 광장에 나가 일종의 소피스트로서 청년들의 교화에 힘쓰는 일이었다. 그런데 사실 공자나 소피스트처럼 수강료라도 받고 청년들을 교육한 것도 아니며 또한 그들에게 직접적으로 뭔가 지식을 가르친 것도 아니었다. 대개는 소크라테스는 아고라 광장에서 정치인, 군인, 작가, 상인 등 당대의 잘나가던 사람들과 만나 대화를 나누었다. 일종의 반어법 형식의 대화법을 통해 각 분야의 아레테에 대해 누구보다 잘 알고 있다고 자부하는 저들을 아포리아, 즉 해결의 방도를 찾을 수 없는 난관에 처하게 만듦으로써 그들의 무지를 인정하게 만들거나 폭로했다. 기성세대에 대해 불만을 갖고 있던 청년들은 석공에 불과한 소크라테스가 당대의 지도층 인사들을 일깨우고, 논박하고, 설득하는 것을 지켜보면서 카타르시스를 느꼈을 것이고, 보고 배우면서 자연스럽게 교화되었을 것이다.

고대철학 연구자 피에르 아도는 소크라테스의 반어법을 다음과 같이 설명한다.

> 소크라테스가 자신은 아무것도 모른다는 그 한 가지만을 알고 있노라고 말했을 때, 그는 앎의 전통적 개념을 거부한 것이다. 그의 철학적 방법은 앎을 전달하는 데에, 즉 제자들의 질문에 '대답'하는 데에 있는 것이 아니라 반대로 '질문'하는 데 있었다. 앎의 이론적 내용에 관한 한, 그 자신에게는 제자들에게 말할 것도, 가르칠 것도 없었기 때문이다. 소크라테스의 반어법은 상대에게 무엇인가를 배우고자 하는 체하면서 그 상대로 하여금 스스로 잘 알고 있다고 자처하는 분야에서 무지함을 깨닫게 하는 데 있다.
>
> — W. 바이셰델, 『철학의 뒤안길』

대화에서 소크라테스가 주로 사용했던 반어법을 그는 '산파술'에 비유한 적이 있다. 산파술이란 아이를 가진 여자가 고통을 이기고 사랑스러운 아기를 낳도록 도와주는 기술이다. 산파가 자신의 아이를 낳는 게 아니라 산모의 아이를 낳는 것을 도와주는 것처럼, 소크라테스도 자신의 지식을 상대에게 알려주는 것이 아니라 상대방 스스로가 자신의 무지를 깨닫고 자신의 지식을 발견할 수 있도록 도와주는 일이다. 과연 소크라테스가 자신의 반어법을 산파술에 비유한 것이 반어법의 숨은 목표인 비판과 조롱을 숨기기 위한 혹은 합리화시키기 위한 장치였을까? 또한 앞서 언급했듯이 소크라테스의 어머니 파이나레테가 산파였다는 것은 단순한 우연이었을까? 분명 소크라테스는 유년시절부터 어머니의 산파일이 단순한 생업, 즉 생계를 목표로 하는 방편에 불과한 것으로 여기지 않았을 것이다. 반대로 생각해보자. 산파가 없다면 아이를 낳는 일은 산모에게나 태아의 생명에 엄청나게 위험한 일이었을 것이다. 산파의 도움으로 아이를 안전하게 낳을 수 있다는 사실을 소크라테스 역시 어렸을 때부터 알고 있었을 것이고 그런 어머니의 직업은 소크라테스의 직업적 소명의식에 긍정적 영향을 끼쳤을 것이다.

당시 산파술과 석공술은 평민들의 일, 심지어는 노예의 일처럼 천시되었다. 그러나 소크라테스에게 부모의 직업적 기술이 갖는 함의는 소크라테스에게 반어법적 대화술과 아레테의 앎에 대한 끊임없는 추구라는 직업적 적성, 나아가 천직의 수행에 결정적인 원동력이 되었다.

5. 디오티마 : 소크라테스의 롤 모델

소크라테스 이전의 철학과 이후의 철학을 나누는 경계는 자연철학적 관심으로부터 도덕, 실천으로의 관심의 이전이다.

> 그는 또 자연연구는 우리에게는 아무런 도움도 되지 않는다는 것을 깨닫고 일터에서도, 광장에서도 윤리적인 사항을 논했다고 한다. 그러나 또한 '집 안에서 일어나는 진정으로 선한 일과 악한 일은 무엇이랴!' 그렇게 말한 것도 탐구해야만 한다고 그가 주장했던 것이다.
>
> – 디오게네스 라에르티오스, 『그리스 철학자 열전』

소크라테스 이전의 철학자들만 하더라도 기하학과 천문학에 대한 관심은 자연철학에 대한 관심으로 이어졌다. 이후 플라톤이나 아리스토텔레스도 그렇지만 당대 그리스 철학자들은 배움을 위해서라면 지중해 연안의 여러 나라로의 여행을 마다하지 않았다. 그러나 소크라테스는 전쟁을 위한 경우를 제외하고 대부분 아테네에 머물렀다.

> 그는 다른 많은 철학자들과는 달리 외국에 나갈 필요를 느끼지 못했다. 다만 외지로 출정을 해야만 하는 경우는 예외였지만. 그래서 그는 그 이외의 경우에는 고국에 머물면서, 차츰 [펠로폰네소스 전쟁에서] 패배의 기운을 느끼면서도 문답의 상대를 해 줄 사람들과 함께 탐구를 계속했던 것인데, 그것은 상대의 의견을 박탈하기 위해서가 아니라 진실을 확인하기 위해서였다.　　　　－ 디오게네스 라에르티오스, 『그리스 철학자 열전』

소크라테스가 청장년기 이후로 평생에 걸쳐 자연철학에 대한 관심보다 도덕적 실천과 법에서 아레테에 대해 관심을 갖고, 산파술적 반어법에 기반을 둔 대화를 통한 진실탐구에 헌신하게 된 데에는 단순히 부모의 직업적 환경과 본인의 직업적 경력이라는 발달적 기원만을 고려하는 것은 불충분하다. 소크라테스가 만난 사람들 중에는 소크라테스의 반어법적 대화를 통해 자신의 무지가 드러난 사람들만 있었던 것은 아니다. 반대로 소크라테스에 중요한 깨우침을 전해준 사람도 있었을 것이다.

플라톤이 쓴 초기 대화편 대부분은 경건함, 용기, 정의, 절제 등과 같은 아레테에 대한 대화로 이루어져 있다. 소크라테스는 그런 아레테에 대해 누구보다 잘 알고 있다고 말하는 자들을 만나 그들이 알고 있는 것은 아레테의 한 가지, 그것도 부정확한 사례일 뿐이고, 본질적인 아레테를 알지 못하고 있음을 지적한다. 더욱이 자신이 모르고 있다는 것을 모르고 있다는 이중의 무지를 일깨운다. 그런데 예외적인 작품이 하나 있는데 바로 앞서 인용했던 『심포지엄』이다. 심포지엄 속에서 소크라테스는 단순히 반어법의 전략 하에 자기를 낮추고 상대방을 높이는 게 아니고, 그가 말 그대로 진심으로 현명함을 칭송하고 배움을 청한 사람이 있다.

> 내가 답하기를, "디오티마, 그럴 수 있었다면 나는 그대의 지혜에 놀라지 않았을 것이고, 바로 이러한 것을 배우고자 그대를 찾아오지도 않았을 것이네." …… "디오티마, 내가 방금 말했듯이, 그러한 이유로 나는 스승이 필요하다는 것을 알기에 그대에게 왔다네. 그러니 에로스적인 것들과 관련된 이런 것들과 그 밖의 것들의 원인이 무엇인지 나에게 말해 주게."
> – 플라톤, 『심포지엄』

『심포지엄』에서 소크라테스는 에로스에 대해 파이드로스, 파우사니아스, 에릭쉬마코스, 아리스토파네스 그리고 아가톤과 논쟁을 한 연후에 자신의 논의를 전개하기보다 만티네이아 여사제인 디오티마의 논의를 전한다. 이후 헤겔과 하이데거의 진로와 철학을 논하면서 상세히 언급하겠지만 독일의 최고의 서정시인 횔덜린은 프랑크푸르트에서 은행가 곤달트의 집에서 가정교사로 머물렀을 때 곤달트의 부인인 스젯테와 깊은 정신적인 에로스적 관계를 맺는다. 횔덜린에게 스젯테는 그리스적 아름다움과 조화의 화신이었기에, 그의 소설『휘페이론』에서 그녀를 디오티마라고 부른다. 사실 디오티마는『심포지엄』에서만 처음으로 언급된 인물이기 때문에, 그녀가 실존인물인지에 허구적 인물인지에 대해서는 논란이 있다. 그러나 진로구성주의 관점에서 본다면 유년기 집념의 이상적 실현자로서 롤 모델이 실존인물인지 허구적 캐릭터인지는 중요하지 않다. 중요한 것은 롤 모델의 특성을 통해 사람들은 집념, 미해결 욕구로부터 정체성을 형성하는 매개 역할을 하는 자아이상을 만든다는 점이다. 허구적 인물이든 실제적 인물이든 디오티마는 소크라테스에게 그의 진로 정체성을 일깨워주는 결정적인 롤 모델이다.

그녀가 말하기를, "앞서 언급한 바와 같이 [에로스는] 가사적인 것(인간)과 불사적인 것(신) 사이에 있다네." "디오티마, 그러면 그는 무엇인가?" "소크라테스, 위대한 다이몬daimon; 수호신이네. 모든 다이몬은 신과 인간(가사적인 것) 사이에 있다네." …… 내가 말하기를, "디오티마, 지혜롭지도 않고 무지하지도 않다면 철학을 하는 그들은 누구인가?" 그녀가 답하기를, "에로스를 포함한, 그 둘 사이에 있는 이들이고 에로스도 이들 중 하나라는 것이 이제 어린아이에게도 명확하네. 지혜는 실제로 가장 아름다운 것들 중 하나이고, 에로스는 아름다운 것에 대한 에로스이기에, 에로스는 필연적으로 지혜를 사랑하고 철학자는 지혜와 무지 사이에 있다네 …… 친애하는 소크라테스, 이것이 다이몬의 본성이라네."

– 플라톤, 『심포지엄』

지혜에 대한 사랑, 에로스로서 철학의 본성은 바로 다이몬이라는 디오티마의 가르침은 소크라테스에게 자신의 진로 정체성으로서 '아테네의 등에'라는 소명을 갖게 해준다. 디오티마가 소크라테스에게 관심을 갖도록 독려한 지혜가 바로 도덕적 아레테이다.

> 그녀가 말하기를, "가장 위대하고 아름다움 지혜는 도시국가와 가정의 일에 절제와 정의라는 이름을 지닌 질서 지움이라네."
>
> – 플라톤, 『심포지엄』

6. 아테네의 도덕적 타락 : 소크라테스의 진로 내러티브

소크라테스가 자연철학적 관심보다 도덕과 법과 같은 실천철학적 관심을 갖게 된 것이나, 단순히 지식의 가르침보다는 대화를 통한 무지의 자각과 진실탐구의 방법에 평생 헌신한 데에는 그의 유년기의 부모의 직업적 환경과 청년기 직업경력과 같은 발달적 기원과 디오티마와의 만남과 대화에서 얻게 된 스승, 롤 모델로부터 깨우침 때문이다. 그러나 소크라테스가 살았던 당대 시대적, 사회적 조건도 영향을 준 것으로 보아야 한다.

우선 이전 철학자들의 자연에 대한 탐구는 그가 보기에는 당대 스파르타와 전쟁에서 패배의 기운이 느껴지는 상황에서 자신의 조국 아테네와 시민들의 가정생활과 정치생활에 아무런 도움이 되지 않는 지적 탐구에 불과하다고 여겼다. 당시 아테네의 패배는 단순히 군사적 패배일 뿐만 아니라 아테네의 도덕적 수준의 타락과도 연관되어 있었다. 페르시아 전쟁 이후에 맺게 된 델로스 동맹의 기금을 그리스 전체를 위해서가 아니라 아테네 자국의 이익을 위해 횡령한 점, 그리스 동맹국들이 반기를 들었을 때 무력으로 진압하여 해군을 장악한 다음, 마치 피정복 국가를 대하듯 공납을 강요한 점 등은 그리스 도시국가들 간의 관계에서 아테네에 대한 신망을 크게 떨어뜨리는 도덕적 과오였다. 특히 아테네인은 펠로폰네소스 전쟁에서 중립포기를 거부했다는 이유만으로 멜로스 섬의 남자 전원을 살해하고, 여자와 어린 아이를 노예로 삼는 반도덕적 패악을 저질렀다.

이처럼 소크라테스는 아테네의 쇠퇴의 근본 원인은 군사적 열세가 아니라 아테네 정부와 시민들의 도덕적 타락에 있다고 보았다. 그에 따라 그의 관심사는 오로지 국가의 법률과 가정의 윤리에서 아테네인들이 갖추어야 될 아레테의 진실이었다. 그의 비판은 주로 당시 아테네의 도덕적 타락을 주도하거나 눈감았던 당대의 지도층 인사들의 정신적 게으름과 자만을 겨냥했고 주로 비판의 방식은 잘 알고 있는 반어법과 아포리아였다. 더욱이 저들 지도층 인사들의 분노를 자아낸 것은 소크라테스가 평민인 석공 주제에 귀족층의 이중적 무지, 다시 말해 그들이 자부하는 저마다 분야의 아레테에 대한 그들의 무지와 그런 무지에 대한 무지를 스스로 인정하게 만들었기 때문이다. 그래서 성미 급한 인사들은 그 자리에서 소크라테스에게 무시와 욕설과 폭력을 가했고, 좀 더 주도면밀한 사람들은 소크라테스를 결국 고소하였다.

그는 또 인생에 대해 논한 최초의 인물이고, 나아가 철학자들 중에서 유죄판결을 받고 사형에 처해진 최초의 인물이기도 했다.

— 디오게네스 라에르티오스, 『그리스 철학자 열전』

또한 이처럼 지도층 인사들의 무시, 비난, 폭력, 고소 등의 대응에 대한 소크라테스의 반응은 그들을 더더욱 분노하게 만들었다.

또 대부분의 경우에는 바보취급에 조롱을 당했지만, 그래도 그는 이런 모든 것들을 묵묵히 참고 견뎠다. 그가 발길질을 당해도 참는 것을 보고 누군가 질려 하면 그는 이렇게 말했다는 것이다. '만일 당나귀가 나를 발길로 걷어찼다고 한다면 나는 당나귀를 상대로 소송을 걸어야 하겠는가?'라고.

— 디오게네스 라에르티오스, 『그리스 철학자 열전』

그렇다고 소크라테스가 이렇게 조롱과 폭력 그리고 소송을 당하기만 하는 마조히스트 같은 성격의 인물은 아니었다. 그에게는 지조와 용기가 있었다. 이런 지조와 용기가 있었기에 그는 저런 조롱, 폭력, 소송도 감수하면서까지 자신의 천직에 헌신할 수 있었다.

그는 지조가 굳은 사람으로서 민주파에 호의를 갖고 있었다. 그것은 크리티아스 일파 사람이 살라미스의 부호 레온을 사형에 처하기 위해 그들의 본거지로 연행해 오라고 명령했을 때, 그가 그 명령에 굽히지 않았던 데서도 분명히 알 수 있다. 또 아르기누사이 해전 건으로 고발당한 10명의 군사위원을 위해 그 혼자서 무죄에 투표한 것, 그리고 그가 감옥에서 탈출할 수 있었는데도 그렇게 하려 하지 않았던 것 ······ 등에서 알 수 있다.

– 디오게네스 라에르티오스, 『그리스 철학자 열전』

흔히 소크라테스가 민주파에 의해 고소를 당하고 사형을 당했기 때문에 플라톤이 민주정에 대해서 비판적 시각을 갖게 되었고 철인정치를 주장하게 되었다는 해석은 맞을 수는 있지만 스승에 대한 플라톤의 오해도 한몫하고 있는 셈이다. 오히려 그는 아테네의 민주정을 지지했고 또한 민주정을 지지했던 사람들과 친분 역시 두터웠다.

소크라테스는 석공이라는 가업을 처음에는 생업으로 이어가면서 석공기술과 관련된 기하학, 예술에 대한 관심을 갖게 되면서 자신의 직업을 전문직으로까지 상승시켰다고 볼 수 있다. 또한 군인으로서 전쟁에 참전하고, 아테네 시민으로서 정치활동에 참여하게 되면서 아테네의 현실에 눈뜰 수 있게 되었고 그는 자신의 진로 내러티브에서 천직을 발견하게 된다. 즉 그는 아테네인들의 등에로서 살기로 결심했고 이를 너무도 충실하게 수행했다. 성찰과 반박과 설득의 태도를 자기 자신에게까지 철저하게 적용한 인물이었다.

7. 소크라테스의 캐릭터 아크의 원동력

우리는 소크라테스의 진로 내러티브와 진로 정체성과 관련해서 마지막 질문을 던질 수 있는 대목에 이르렀다. 소크라테스가 스스로를 석공이나 조각가에서 아테네 시민의 지혜의 산파, 계몽가로 캐릭터 아크를 이끌어낼 수 있었던 원동력은 무엇인가?

소크라테스는 자신의 제자인 플라톤이나 제자의 제자인 아리스토텔레스와 달리 자신의 고유의 철학 이론을 세우지 않았다. 다만 소크라테스의 독특한 반어법적 대화의 기술에서 우리는 논리학의 출발점이라고 할 수 있는, 정의definition와 관련해서 최근유와 종차를 통해 보편자를 찾는 방법을 볼 수 있다. 그런데 이런 정의의 기술이 과연 소크라테스만의 고유한 발견인지는 알 수 없다. 오히려 소크라테스가 아테네인들을 계몽하는 '등에'로서 자신의 천직을 수행하는 데 필요했던 캐릭터 아크에서 결정적인 점은 바로 시민으로서 그리고 가장으로서 욕구의 절제, 부유함보다 철학을 위한 한가함, 무지보다 배움의 추구였다.

그는 또한 자기를 우롱하는 사람들을 경멸할 수 있는 사람이었고, 또 욕심 없음을 긍지로 삼고 있어서 누구에게든 절대로 대가를 요구하는 경우가 없었다. 또 가장 맛있게 먹으려면 맛있는 음식에 대한 욕망을 가장 적게 해야 하며, 가장 맛있게 마시려면 나에게 없는 마실 거리에 대한 기대를 가장 적게 해야 한다고 말했다. 나아가 필요로 하는 것이 최소한인 사람이야말로 신에게 가장 가깝다고도 했다.

카르미데스가 그에게 하인을 몇 명 제공하여 그들의 노동으로 수입을 얻게 하려 했지만, 그는 이것을 받지 않았다. …… 나아가 크세노폰도 『심포지엄』(4장 44절)에서 쓰고 있는 것처럼 그는 한가함을 인간의 소유물 가운데서 가장 아름다운 것으로 여겼다. 그는 또 지식만이 단 한 가지 선이며, 무지만이 오직 한 가지 나쁜 것이라고 말했다. 부와 가문의 훌륭

함은 사람에게 아무런 문제도 초래하지 않으며 반대로 재앙을 가져온다
고 했다.   − 디오게네스 라에르티오스, 『그리스 철학자 열전』

소크라테스는 신적인 아레테의 핵심이라고 할 수 있는 덕과 행복의
일치가 가능하기 위해 가장 중요한 조건, 즉 욕망과 기대의 절제를 통
한 행복의 일상적인 충족을 이루어낸 인물이다. 사실 우리는 소크라
테스의 사상을 플라톤과 아리스토텔레스의 철학을 통해서만 이해하는
편협한 철학사 이해의 습관을 갖고 있다. 오히려 당대 소크라테스가
더욱 영향을 끼친 사람들은 키니코스학파, 소위 견유학파로서 말 그대
로 욕망과 기대의 절제로서 덕의 실현을 통한 행복의 추구를 이상으로
삼았던 사람들이며 이로부터 직접적으로는 바로 제논의 스토아학파와
간접적으로는 에피쿠로스의 철학까지도 소크라테스의 철학의 영향을
받았다.

또한 소크라테스는 이처럼 신과 같이 살아가기 위해 필요로 하는 것
을 최소화하기 위해 노력해야겠지만 또한 지식과 지혜에 대한 사랑만
은 다른 어떤 명예와 부와 권력보다도 많이 갖고자 하는 태도가 필요
하다고 보았다. 재차 이처럼 부와 권력과 명예를 멀리하고 지혜만을
오로지 사랑하기 위해서는 두 가지가 더 필요하다. 첫째, 한가함이요,
둘째 무지에 대한 자각이다. 한가함이란 부유한 자들의 물질적 풍요
와 여유로움이 아니다. 한가함은 아리스토텔레스도 말했듯이 진리에
대한 관조를 위해서 가장 필요한 정신적 평온상태이다. 나아가 무지
에 대한 자각은 단순히 자기비하적인 마조히즘적 태도가 아니다. 무지
에 대한 자각은 학문의 출발단계에서만 필요한 일시적인 마음상태만

도 아니다. 무지에 대한 자각은 부단히 자신의 지식에 의심을 제기하고 지속적 탐구를 통해서 지식에 대한 수정 · 갱신의 조건이다.

8. 소크라테스의 진로 내러티브와 캐릭터 아크

소크라테스는 누구보다도 분명하게 자신의 진로 정체성을 알고 또한 실천한 사람이다. '아테네의 등에!' 애초에 석공이라는 노예수준의 평민의 삶을 살았고, 전쟁과 정치에 참여했지만 시민으로서 의무를 다한 것일 뿐 그것이 자신의 진로라고 여기지 않았고, 40세가 넘어서야 비로소 자신의 진로의 방향을 찾고 아고라 광장에서 산파술적 반어법이라는 방법과 아레테에 대한 앎의 추구라는 목적만을 갖고서 자기성찰에 게으른 아테네 시민들의 무지를 아프게 일깨우는 역할을 자처했던 소크라테스. 그것이 설령 많은 사람들로 하여금 깨우침보다는 그에 대한 분노와 고소를 초래할지라도 말이다. 진로에서 중요한 것은 부도, 명성도, 권력도 아니다. 자신을 포함해서 아테네 시민들이 지혜롭고 아름다운 삶을 살도록 돕는 일만이 소크라테스의 소명일 뿐이다.

사실 우리가 소크라테스처럼 산다는 것은 너무나 어려운 일이다. 그것은 심지어 부와 권력과 명예를 얻는 성공한 삶을 사는 것보다 더 어려운 일이다. 항상 성인의 삶과 사상을 공부하다보면 주눅만 들고 말 그대로 존경만 할뿐 내 삶과는 무관한 삶일 뿐이라는 생각에 빠진다. 그러나 소크라테스의 진로 내러티브와 철학을 알게 되면서 가장 흥미로운 점은 그가 누구보다 아름다움을 사랑했다는 점이다. 물론 이 아름다움에는 신체적, 감각적 아름다움도 배제되지 않는다. 다만 그런 아름다움에만 머무르지도 않았다는 점이 더 중요하다.

엉뚱한 이야기를 해보자. 흔히 폭주족은 바이크나 자동차를 불법 개조해서 타고 다니며 도로 교통법을 위반하는 집단을 일컫는다. 그런데 폭주족을 취재하는 기자가 그들을 만나 "왜 그렇게 위험한 주행을 하느냐?"고 물으면 돌아오는 대답은 대부분 '멋지잖아요'이다. 흔히 광고에서 소비자에게 구매욕망을 불러일으키는 광고카피로 가장 많이 쓰이는 어휘도 바로 '멋진', '멋있는'이다. '멋지게 산다'라는 말의 의미를 잘 헤아려보자. 분명 화려한 네온사인을 달아 놓은 불법 개조된 바이크도 멋지다. 또한 요란한 머플러 소리를 내고 엄청나게 큰 리어윙과 광폭휠과 타이어로 장착된 자동차도 멋지다. 그런데 그것만 멋진 것은 아니지 않은가? 더 멋진 삶은 참 많다. '멋지다'라는 것은 결국 아름답고 훌륭하다는 것이고 그렇다면 진심으로 자신의 삶에서 훌륭하고 아름다운 일이 무엇인지를 고민해보고 찾고 실현하는 게 중요하다. 설령 그런 멋지고 훌륭하고 아름다운 삶이 자신의 생명을 넘어서는 일이라고 해도 말이다. 우리가 소크라테스의 진로내러티브에서 얻을 수 있는 가르침은 이것이다. "너의 삶과 일은 얼마나 아름답고 훌륭한가?" "도대체 아름답고 훌륭한 삶과 일이 무엇인지는 알고나 있는가?"

소크라테스의 커리어 스토리

1. **집념** : 석공이라는 아버지의 직업적 환경, 본인의 석공과 조각가로서 경력, 그리고 측량술과 기하학을 함께 배우면서 균형, 조화의 최적 상태에 대한 추구집념. 산파라는 어머니의 직업적 환경의 영향으로 산파술적 반어법에 기반을 둔 대화의 기술에 대한 집념

2. **롤 모델** : 이전 자연철학자들에 대한 소크라테스의 반감과 아름다움에 대한 에로스를 통해 지혜에 대한 사랑이라는 철학자의 다이몬을 일깨워준 여사제 디오티마

3. **흥미** : 소크라테스는 아고라 광장에서 작가, 군인, 정치가, 장인 등과 함께 그들이 알고 있다고 자부하는 아레테에 대해 일깨우고, 반박하고, 설득하는 일을 좋아함

4. **스토리** : 부친의 가업을 이어 석공일을 하며 건축과 조각을 했지만 기하학을 배우면서 점차 균형, 조화의 최적의 상태에 대한 관심을 갖게 되었고, 군인과 정치활동을 하면서 아테네의 시민들, 특히 지도층 인사들의 문제를 자각하게 되면서 아테네 시민들의 '등에'가 되는 것을 자신의 천직으로 삼음.

5. **철학** : 욕망의 절제를 통해 필요로 하는 것을 최소화하되, 한가함 속에서 배움을 추구하며 항상 자신의 무지를 자각하는 일이 필요하다.

● **참고문헌**

플라톤, 박종현 옮김, 『에우티푸론, 변론, 크리톤, 파이돈(플라톤의 네 대화편)』, 서광사, 2003

플라톤, 장경춘 옮김, 『쉼포지온』, 안티쿠스, 2011

디오게네스 라에르티오스, 전양범 옮김, 『그리스 철학자 열전』, 동서문화사, 2016

이한규, 『단숨에 정리되는 그리스철학 이야기』, 좋은날들, 2014

W. 바이셰델, 이기상 외 옮김, 『철학의 뒤안길』, 서광사, 1991

05. 플라톤

비극작가, 아카데미아 원장,
그리고 왕의 철학교사로의 길

1. 춘추전국 시대와 그리스 도시국가의 비교

　서양의 역사에서 기원전 6세기부터 4세기까지 200년 동안의 아테네와 스파르타를 중심으로 그리스 도시국가의 역사의 의미는 비슷한 시기 중국의 춘추전국 시대의 역사가 갖는 의미와 유사하다. 동서양의 문명은 오랫동안 구술문화를 통해서 제도와 관습 그리고 신화적 지식이 전수되던 사회에서 기원전 6~4세기경에 문자문화를 통해서 점차 성문화되어가는 법률과 제도, 그리고 탈신화화된 학문적 지식을 통해 질서를 만들어가는 사회로 이행해갔다. 이런 이행이 중국의 제자백사 사상과 아테네의 소피스트, 소크라테스, 플라톤, 아리스토텔레스의 철학을 통해서 가능했다고 말해도 완전히 틀린 말은 아니다. 공자와 맹자의 유가철학이 춘추전국 시대의 무너진 주나라의 종법제를 인의예

악의 사상을 통해서 새롭게 복구시키려한 철학사상이었다면, 플라톤과 아리스토텔레스의 철학은 타락한 과두정, 민주정 그리고 참주정 하에서 쇠락한 아테네의 귀족정을 정의와 중용정치를 통해서 새롭게 회복시키려한 철학사상이었다.

중국이 기록으로만 남아있는 하은주를 이상화시키듯이 그리스 역시 기록으로만 남아있는 기원전 13세기 경 크레테와 트로이를 정복하면서 발전의 최정점에 이른 미케네 문명을 이상화해왔다. 이 미케네 문명은 야만족이었던 북방민족 도리안 족의 침입을 당하면서 기원전 8세기경까지 500년 넘게 암흑기를 겪는다. 기원전 8세기 말에 호메로스가 그 동안 구술로만 전해 내려오던 미케네의 영웅들의 트로이 정복전쟁과 귀환의 이야기를 문자로 기록하여 『일리아스 오디세이아』를 남기게 되면서부터 그리스의 암흑기는 새로운 문명기로 진입하게 된다. 이 역시 공자가 재서술한 '육경'이 동아시아를 암흑기에서 문명기로 새롭게 진입시킨 것과 유사하다.

그러나 중국의 춘추전국 시대와 그리스 도시국가의 비교는 여기까지이다. 하은주의 황제와 각 국가의 제후들 사이의 종법제이든, 아니면 춘추전국시대의 각 국가의 군주들 간의 주도권 쟁탈이든 중국의 고대 정치체제는 전제 군주제이다. 반면 그리스 도시국가, 특히 소크라테스, 플라톤 그리고 아리스토텔레스의 철학적 활동의 무대였던 아테네가 단순히 정치체제의 독특함을 넘어 정치를 통해 추구하고자 한 주제 자체가 전혀 다르다.

2. 아테네의 위대함 : 정의

더욱이 우리는 플라톤의 진로 정체성과 철학을 이해하기 위해서 플라톤이 누구보다 사랑했던 조국 아테네가 다른 어떤 도시국가, 아니 다른 어떤 고대 모든 문명국가들보다도 인류 역사에 기여했던 탁월성의 원천이 무엇이었는지를 알아볼 필요가 있다. 이것은 동시에 플라톤이 평생에 걸쳐 관심을 가졌던 진로와 철학의 주제를 밝히는 데도 도움이 된다.

이미 알고 있듯이 아테네는 민주주의의 원형이 되는 나라이다. 그러나 민주주의는 필요할 때마다 국가 구성원들의 자유로운 투표에 의해서 의사결정을 하는 까닭에 다수의 구성원들이 군중심리에 사로잡히거나 비이성적인 생각으로 결집될 때 다른 어떤 정치체제보다 최악의 결과를 낳을 수 있다. 국가라는 수레가 굴러가기 위해 민주주의라는 바퀴와 함께 법치주의라는 바퀴가 필요하다. 아테네의 민주주의가 위대한 점은 그들의 문명이 꽃을 피웠던 기원전 6~5세기경에 이미 단순히 통치자들의 도구로서 법이 아닌 민주적인 법의 이념으로서 정의에 대해 고민하며 그것을 실현하기 위해 노력했다는 사실이다.

처벌적 정의

정의의 실현에서 재판이 갖는 함의는 크다. 아리스토텔레스의 구분에 따르면 정의란 처벌적(시정적) 정의와 분배적 정의가 있다. 이를 수학적으로 표현하면 산술적 정의와 비례적 정의가 있다. 아마도 처벌적 정의와 분배적 정의 중 전자가 먼저 발달하지 않았을까 생각한다. 왜냐하면 사회 구성원들 간에 우선 서로의 생명과 재산, 자유에 대한 약탈에 의해서 초래된 부정의를 해소하고 처벌적(시정적) 정의를 실현하기 위해서 노력했을 것이기 때문이다. 그런데 최초의 처벌적 정의의 방식은 복수였다. 고대로부터 현대에 이르기까지 모든 드라마와 영화에서 영원한 주제는 사랑과 복수이며, 복수는 항상 정의의 이름으로 수행되었다. 그런데 복수라는 게 제3자 입장에서는 짜릿하고 통쾌하기도 하겠지만 엄격히 보면 복수는 또 다른 불의를 일으킬 소지가 너무 많다. 법이 존재하는 이유는 여기에 있다.

흔히 '어떠한 불의도 저질러서는 안 된다'라는 규범보다는 '어떠한 불의도 감수해서는 안 된다'라는 규범이 실천적으로는 우선하는 이유도 이런 맥락에서 이해될 수 있다. 일견 누구도 불의를 저지르지 않는다면 불의를 감수해야 될 문제 상황도 발생하지 않을 것이라고 생각할 것이다. 그런데 애초에 무엇이 불의이고 무엇이 정의인지에 대한 개개인의 판단은 다를 수 있고 개인의 의도와 상관없이 혹은 정의에 대한 무지에서 누구나 불의를 저지를 수 있다. 그렇다면 '어떠한 불의도 저질러서는 안 된다'라는 규범을 지킨다는 것은 거의 불가능하다. 항상 불의는 초래되는 것이고 불의의 희생자가 있게 마련이며, 불의를 감수하지 않기 위한 복수는 또 다른 불의를 초래할 뿐이다. 현실에서 불의라는 문제는 불가피한 것이라면 그러한 불의의 감수, 즉 불의의 희생자를 막기 위해서는 복수라는 개인의 사적인 방식이 아닌 공동체 전체의 공적 차원에서 개개인의 불의의 피해를 시정하고 처벌해야 하는 일이 필요하다. 이것이 바로 법이 해야 할 일이다.

재판 제도의 탄생 : 아이스킬로스

아이스킬로스의 『오레스테이아 3부작』은 아테네의 재판제도의 탄생을 알리는 작품이라고 말한다.

> 인간사회가 유지되기 위해서는 끝없는 피의 복수는 어디선가 중단되어야 한다. 그러기 위해서는 재판제도가 도입되어야만 한다. 그런 중대한 제도가 도입되려면, '아버지를 위해 어머니를 죽여야만 하는' 오레스테스와 같은 극단적인 상황에 처한 인물이 나와야만 한다. 그의 결행에 신들의 신탁과 명령이 개입되어야 하고, 신들 사이의 대립도 있어야 한다. 핵심은 인류사회를 위해, 피의 복수를, 악순환을 끊는 것이다. 오레스테이아 3부작은 인류 역사에서 사고가 비약하는 순간을 재현해 보인 것이다.
>
> ― 강대진, 『비극의 비밀』

1부 『아가멤논의 죽음』은 그리스 연합군 사령관이자 트로이 전쟁의 영웅인 아가멤논이 귀환하는 장면에서 시작한다. 그녀의 아내인 클리타이메스트라는 자신의 정부 아이기스토스와 함께 그녀의 남편 아가멤논을 살해할 계획을 세운다. 아이기스토스는 자신의 가문의 원수인 아가멤논을 살해할 명분이 있었고, 클라타이메스트라 역시 자신이 남편을 살해할 이유가 있었다. 아가멤논이 트로이 원정을 떠나기 전에 바다의 신 포세이돈의 분노를 잠재우기 위해 신탁에 그 방안을 물었고, 아가멤논이 가장 아끼는 보물을 제물로 바치라는 신탁이 내려왔었다. 그때 아킬레우스를 포함한 장군들이 회의를 열었다. 아킬레우스는 아가멤논이 가장 아끼는 보물은 그의 딸 이피게니아임을 주장하였고 대다수 다른 장군들 역시 아킬레우스의 의견에 동의한다. 아가멤논은 아버지로서 도리와 사령관으로서 의무 사이에서 갈등을 했고 아내 클리타이메스트라의 반대에도 불구하고 결국 자신의 딸을 제물로 바친다. 이때부터 클리타이메스트라는 남편에 대한 복수를 계획하기 시작했고 이를 위해 자신과 아가멤논의 아들인 오레스테스를 쫓아낸다. 드디어 아가멤논이 전쟁에서 돌아와 욕조에서 목욕을 하며 피로를 풀고 긴장을 내려놓는 순간 클리타이메스트라와 아이기스토스는 그물로 아가멤논을 덮치고 꼼짝 못하게 만든 후에 도끼로 아가멤논의 머리를 내리찍어 잔인하게 살해한다.

2부는 자신의 조국으로부터 어머니에 의해 쫓겨난 오레스테스가 아폴론에게 아버지의 복수를 명령받고 조국으로 돌아오면서 시작된다. 그의 여동생이었던 일렉트라가 돌아가신 아버지의 묘에 제주를 뿌리고 있을 때 오레스테스가 나타나 여동생으로부터 아버지가 죽게 된 자초지종을 듣게 된다. 그리하여 오레스테스는 아폴론의 명령과 어머니에 대한 자신과 여동생의 분노 때문에 아이기스토스와 어머니 클리타이메스트라를 살해한다. 그러니까 1부와 2부는 전통적인 방식으로 복수를 통한 정의의 사적 구현의 이야기였다.

3부 『자비로운 여신』들에서 재차 클리타이메스트라는 복수의 여신들을 통해 오레스테스에게 복수하려고 한다. 그러나 악몽과 자책으로 고통받던 오레스테스는 아폴론의 도움을 받아 아테네 법정에 가서 재판관 아테네 여신과 배심원 아테네 시민들 앞에서 재판을 받게 된다. 배심원은 오레스테스에 대한 4명의 배심원이 무죄판결을, 5명의 배심원이 유죄판결을 내렸지만, 재판관이었던 아테네 역시 무죄 한 표를 던지면서 가부동수가 되었고 가부동수의 경우 무죄라는 관례에 따라 오레스테스는 무죄판결을 받는다.

물론 이 재판절차에는 많은 하자가 있었다. 첫째는 재판관인 아테네가 판결에 한 표를 행사하는 것도 문제이고, 둘째는 그녀가 원고측 변호인이었던 아폴론과 남매지간이라는 점이고, 셋째는 그녀가 자신을 낳아준 어머니 없이 제우스가 홀로 낳았기에 진심으로 남자편이고 전적으로 아버지 편이라는 점이고, 넷째는 배심원들이 판결을 하기 전에 아테네가 오레스테스의 무죄를 동의함으로써 배심원들에게 무죄판결을 하도록 유도했다는 점 등이다. 그러나 가부동수일 경우 무죄라는 관례는 현대의 무죄추정의 원칙과 많이 닮았다. 재판절차의 하자나 정당성을 떠나 복수의 악순환을 재판을 통해 끊음으로써 정의를 법의 판결에 맡겼다는 것은 큰 의미를 갖는다.

국법 대 신법 대 여론 : 소포클레스

그런데 소포클레스의 『안티고네』를 보면 이미 당시에 법에 의거한 판결을 넘어, 준법의 정당성의 문제를 다루고 있다. 소포클레스 작품들 중에서 『오이디푸스』, 『콜로노스의 오이디푸스』 그리고 『안티고네』는 마치 오레스테이아의 3부작처럼 오이디푸스 가문의 비극의 역사를 다루고 있다. 물론 쓰인 순서는 『안티고네』, 『오이디푸스』 그리고 『콜로노스의 오이디푸스』이지만 말이다. 『안티고네』는 오이디푸스의 죽음 이후 그를 수발하며 뒤따랐던 그의 딸이자 누이인 안티고네가 조국 테베로 돌아온 이후 겪는 비극적 사건을 다루고 있다. 여기서는 거두절미하고 크레온과 안티고네 그리고 하이몬이 나누는 대화를 차례대로 들어보자. 그러면 사건전개를 곧바로 알 수 있다. 크레온의 이야기부터 들어보자.

> 크레온: 우리를 지켜 주는 것은 조국 땅이며, 조국이 무사히 항해해야만 우리가 안정되게 살아갈 것이오. 따라서 나는 시민들에게 안전 대신 파멸이 다가오는 것을 보게 되면 결코 가만히 있지 않을 작정이며, 조국의 적을 나의 친구로 여기지도 않을 것이오. 이것이 내가 이 나라의 위대함을 지키는 원칙이오. 이 원칙에 따라 국민에게 선포한 것이 오이디푸스 왕의 아들들에 관한 것이오. 조국을 위하여 이름 높은 군인으로서 훌륭하게 싸우다 죽은 에테오클레스에게는 무덤을 만들어 주고 가장 고귀하게 죽은 자들에게 합당한 예식을 갖추어 보답하려는 것이오. 그러나 그의 형제인 폴뤼네이케스는 추방에서 돌아와 조국 땅과 신전을 모조리 불사르고 동포의 피를 마시고 나머지는 노예로 삼고자 했소이다. 그러니 그는 묻어주어선 안되고 아무도 애도해서도 안 되며, 메마른 땅에 버려진 채, 누가 보기에도 끔찍하게 새나 개들이 뜯어 먹도록 내버려 두라고 시민들에게 영을 내렸소. 이것이 나의 뜻이오.   – 소포클레스, 『안티고네』

오이디푸스가 테베를 떠난 이후 그의 두 아들 폴뤼네이케스와 에테오클레스의 왕권다툼이 둘 모두를 죽게 만들고 크레온이 어부지리로 권력을 쥐게 된 상황에서 크레온은 국가의 이익을 최우선으로 하면서 에테에클레스에게는 성대한 장례를 치러주고, 폴뤼네이케스는 들판의 개나 새들의 먹이가 되게 하라는 명령을 내렸다. 그러나 안티고네는 크레온의 명령, 즉 국법을 위반하고 오빠 폴뤼네이케스의 장례를 홀로 치르다 크레온의 병사에게 체포되어 크레온 앞에 끌려간다. 안티고네는 다음과 같이 항변한다.

> 안티고네: 네. 그 포고를 나에게 내린 이는 제우스가 아니었으며, 하계下界의 신들과 함께 사시는 정의의 여신께서도 사람들 사이에 그런 법을 세우시지는 않았기 때문이지요. 나는 또 그대의 명령이 신들의 불문율보다 강력하다고는 생각하지 않았습니다. 왜냐하면 그 불문율들은 어제 오늘에 생긴 것이 아니라 영원히 살아 있고, 어디서 왔는지 아무도 모르기 때문이지요. 나는 한 인간의 의지가 두려워서 그 불문율들을 어김으로써 신들 앞에서 벌 받고 싶지가 않았어요. 나는 언젠가는 죽게 되리라는 것을 잘 알고 있어요.   — 소포클레스, 『안티고네』

크레온이 국법의 권위를 철저하게 국익에 기반하고 있다면, 안티고네는 국법보다 정의로운 신의 불문율을 더 우선시한다. 반면 하이몬은 다음과 같이 말한다.

> 하이몬: 아버지, 신들께서는 인간들에게 이성을 심어 주시는데 그것은 우리의 온갖 재산 중에서 가장 고귀한 것입니다. 아버지를 위하여, 사람들이 말하고 행동하고 비난하는 모든 것을 살피는 것은 제 타고난 임무입니다. 아버지의 눈초리가 무서워서 일반 시민은 아버지의 귀에 거슬릴 만한 말은 입 밖에 내지 못하기 때문이지요. 그러나 저는 그 소녀를 위하여

도시가 이렇게 비판하는 소리를 어둠 속에서 들을 수 있습니다. "모든 여인 중에서 가장 죄 없는 그녀가 영광스런 행위 때문에 비참하게 죽어야 하다니! 날고기를 먹는 개떼나 새들이 먹어치우지 못하도록 오빠의 시체를 묻은 그녀야말로 황금 같은 명예를 받아 마땅하지 않은가?" 이런 소문이 어둠 속에서 은밀히 떠돌아다니고 있습니다. …… 아버지 말씀만 옳고 다른 것은 옳지 않다고 생각하지 마십시오. 누가 자기만이 현명하고 말과 정신에 있어 자기만한 사람이 없다고 여긴다면, 그런 사람이야말로 막상 알고 보면 공허하다는 것이 드러나지요.　　　　— 소포클레스, 『안티고네』

크레온의 아들이자, 안티고네의 약혼자였던 하이몬은 안티고네의 국법위반을 정당하다고 여기지만 그 이유는 안티고네와 다르다. 단순히 신의 불문율이나 신으로부터 벌의 두려움이 아니라 신들이 인간에게 심어준 이성 그리고 그런 이성이 드러나는 여론이야말로 준법과 위법의 기준이 된다. 오레스테이아 3부작에서 아이스킬로스가 서술한 재판제도의 탄생이 아테네 시민들의 사고의 비약을 보여주었다면, 소포클레스가 보여준 준법과 관련된 크레온, 안티고네 그리고 하이몬 세 관점의 차이는 당대의 법에 대한 아테네 시민들의 의식이 훨씬 성숙되었음을 시사한다.

약속한 것은 지켜야 한다 : 소크라테스

플라톤의 초기 아주 짧은 대화편인 『크리톤』을 읽어보면 준법에 대한 소크라테스의 생각을 보여준다. 특히나 흥미로운 점은 소포클레스의 『안티고네』에서 크레온의 다분히 부당한 명령에 대한 안티고네나 하이몬의 위법의 정당성의 관점과 대조적으로 소크라테스 자신에게 내려진 부당한 판결에 대해 소크라테스는 준법의 정당성의 관점을 취한다는 점이다. 크리톤이 사형판결을 받고 감옥에서 사형집행일을 기다리고 있는 친구 소크라테스에게 찾아와 탈출할 것을 제안한다. 이때 소크라테스는 다음과 같이 말한다.

> 소크라테스 : 그렇다면 이렇게 생각해 보세. 지금 내가 이곳을 탈출하여 도망치려 했을 때 국법이나 국가가 "소크라테스, 말해보게. 자네는 무슨 짓을 하려는가? 자네가 하려는 일은 우리 법률과 나라 전체를 자네 마음대로 파멸시키려는 것이 아닌가? 자네는 한 나라에서 일단 내려진 판결이 아무 효력도 거두지 못하고 한 개인의 임의대로 무효가 되고 파괴될 경우, 그 나라가 멸망하지 않고 존속할 수 있다고 생각하는가?"라고 묻는다면 크리톤 나는 어떻게 대답해야 하는가? …… 이 경우 국법의 질문에 이렇게 대답해야 한다는 말인가? "그거야 나라가 내게 부당한 행위를 하고 올바른 판결을 내리지 않았기 때문이오."라고 말일세. 이렇게 대답해야 하는가?
>
> 크리톤 : 마땅히 그렇게 말해야 할 걸세, 소크라테스.
>
> — 플라톤, 『크리톤』

소크라테스 입을 통해서 전달되는 국법이나 국가의 입장은 앞서 『안티고네』의 크레온의 관점과 많이 유사하다. 다만 크레온이 국가에 대한 충성행위와 국가에 대한 배반행위 자체를 구별하고 있기에 법 자체를 직접적으로 다루는 것이 아니라면, 소크라테스는 위법을 국가의 파멸행위와 직접적으로 연결시키고 있다.

> 소크라테스 : 국법이 다음과 같이 말한다면 어떻게 하겠나? "소크라테스, 그것이 자네와 나 사이의 약속이란 말인가? 국가가 내린 판결은 충실히 지키기로 되어 있는 것이 아닌가? …… 자네는 싸움터에서나 법정에서나 그 밖의 어느 곳에서나 조국이 명령하는 것을 수행하지 않으면 안 되네. 만일 그렇게 하지 않으려면 그 정당성에 대해 조국을 설득해야 하네." …… 국법은 또 이렇게 말할 걸세. "우리(국가와 법률)는 자네를 태어나게 했고, 길렀으며, 자네를 가르쳤고, 나아가 자네나 그 밖의 모든 국민들에게 우리가 할 수 있는 최선을 다하지 않았는가? 그리고 아테네 사람 누구나 국가가 마음에 들지 않으면 자기의 모든 소유물을 가지고 어디든지 가고 싶은 곳으로 갈 자유가 있다고 공표하지 않았는가? …… 하지만 누구든 우리가 재판하는 방법이나 그 밖의 나라 일을 처리하는 것을 보고서도 이곳에 머물러 살고 있다면, 그는 이미 국가가 명하는 것은 무엇이나 따르겠다고 동의한 것이라고 우리는 주장할 수 있지 않겠나? 여기에 따르지 않는 사람은 세 가지 측면에서 죄를 짓는 것이라고 말할 수 있네."
>
> – 플라톤, 「크리톤」

소포클레스의 『안티고네』가 실제로 도시국가 테베의 법률을 염두에 두고 쓰고 있다면 소크라테스가 소개하는 아테네의 법률은 크레온의 테베의 법률보다 훨씬 더 정의롭다. 왜냐하면 아테네의 법률은 전쟁터에서나 법정에서 조국의 명령에 대해 그 정당성이 의심스럽다면 비판

할 수 있는 자유가 있으며, 국법이 마음에 들지 않으면 자신의 소유물을 가지고 어디든지 다른 나라로 갈 수 있는 자유가 주어져 있기 때문이다. 그 밖에도 준법의 동의의 범위와 절차의 문제가 발견된다. 소크라테스에 따르면 준법에 대한 동의는 단순히 해당 법률이 자신에게 정당한 판결을 내렸을 경우에만 해당되고 자신에게 부당한 판결을 내렸다고 판단된다면 준법을 할 필요가 없다는 조건부의 동의가 아니라 국가가 내린 판결은 무조건 따르기로 한 무조건적 동의이다. 또한 준법에 대한 명시적 동의가 없었더라도 법에 대해 비판하거나 다른 나라로 떠나지 않았다면 법을 지키기로 암묵적으로 동의한 것으로 여길 수 있다.

플라톤의 평생의 관심사 : 정의

이처럼 무조건적 동의나 암묵적 동의는 법철학적으로 논의의 여지가 많을 것이다. 그러나 플라톤의 진로 내러티브와 철학의 이해와 연관해서 중요한 것은 저 세 개의 작품에서 보이는 정의의 문제이다. 자연 상태와 사회를 나누는 결정적 기준은 사람들 간에 갈등이 발생했을 때 그것을 자신의 이익만을 우선시하며 강압과 폭력으로 해결하느냐 아니면 그때마다 갈등의 유형별로 해결의 일관된 기준, 즉 법에 따라 서로간의 논쟁과 타협을 통해 해결하느냐 일 것이다. 그러나 법이 제정되고 적용된다고 해서 문제가 다 해결된 것은 아니다. 다시 사회는 부정의한 사회와 정의로운 사회로 나눌 수 있으며, 그 기준은 법의 제정과 집행의 방식일 것이다. 아이스킬로스의『오레스테스 3부작』은 자연상태와 사회를 나누는 기준으로서 1, 2부의 사사로운 복수와 3부의 재판제도의 대비를 잘 보여준다. 반면 소포클레스의 『안티고네』와 플라톤의 『크리톤』은 법의 판결과 집행에서 과연 국법을 무조건 따르는 것이 정의로운 것인가 아니면 경우에 따라 국법을 어기는 것이 정의로운 것인지의 문제를 제기하는 작품들이다.

3. 소포클레스와 소크라테스 : 플라톤의 집념과 롤 모델

그리스 비극과 소포클레스

위에서 살펴보았듯이 플라톤 이전 정의의 문제를 가장 첨예하게 다루고 있으며 당대 아테네 시민들에게 가장 큰 영향력을 끼친 것은 그리스 비극작품들이다. 플라톤이 유년기와 청소년기에 축제 때마다 관람했을 법한 비극작품들과 그 작품들에 대한 독서가 플라톤에게 미친 영향을 살펴볼 필요가 있다. 그리스 비극은 그것이 다루는 주제를 떠나서도 그 문학적 양식에 있어서도 플라톤에게 큰 영향을 끼쳤다.

플라톤은 기원전 428년 아테네에서 아버지 아리스톤과 어머니 페릭티오네 사이에서 출생하였다. 친가는 아테네를 개국한 코드로스의 후손이며, 외가는 그리스 7현인 중 한 명이자 아테네 민주정의 기초를 세운 솔론의 후손이었다. 그의 본명은 아리스토클레스이고 플라톤은 예명인데, 그가 태어났을 때 이마가 평평하고 넓다고 붙여진 이름으로 전해지고 있다. 그는 레슬링 대회에서 세 번이나 우승했다는 기록이 남아 있을 만큼 운동을 잘했고, 기병으로 전쟁에 참여하여 무공훈장도 여러 번 받았고, 문학에도 소질이 있어서 시도 잘 썼다고 한다. 이런 그의 출신배경과 재능에 비추어볼 때 자연스럽게 플라톤은 사회에서 가장 명망 있는 인물들을 선망하며 그들 중 누군가를 자연스럽게 자신의 롤 모델로 삼았을 것이다. 과연 소크라테스를 만나기 이전 플라톤에게 가장 큰 영향을 끼친 사람은 누구였을까? 지금부터는 물론 모두 추측이다. 그 추측의 근거는 당연히 플라톤의 저작인『대화편』이다.

　아테네 본토에서 철학이 일어나기 전에 이미 이오니아와 이탈리아 지역에서 자연철학자들이 활동했다. 그런데 현재 남아있는 그들의 철학단편들을 보면 서술방식은 독백적이고 성찰적이고 경구적이다. 반면 그보다 몇 세대 이후 플라톤의 저술방식은 거의 모두 대화체다. 여기에는 아마도 플라톤의 청소년기와 성년 초기 그리스 비극작품의 관람과 독서의 영향을 짐작할 수 있다. 당시 비극작가들 중에서도 소포클레스가 아마도 플라톤에게 가장 영향력 있는 롤 모델이 아니었을까 추측해본다. 소포클레스의 활동상과 경력을 보면 비극작가로서 뿐만 아니라 정치인과 펠로폰네소스 전쟁 초기 장군으로서도 활동을 했다. 소포클레스는 그의 재능과 미모로 아테네인들의 우상이 되고 시민들로부터 큰 사랑을 받았으며 사망 후에는 아테네 시민들로부터 '덱시온'이라는 영웅칭호까지 내렸다. 이런 점에서 소크라테스를 만나기 전 귀족 출신인 플라톤에게 소포클레스는 자신의 예술적 열망과 정치가로서 열망을 함께 충족시켜줄 수 있는 이상적인 롤 모델이었을 것이다. 사실 플라톤은 철학자로서 본격적인 길을 걸은 이후에 서사시인이나 비극작가와 같은 예술가들에게 가장 혹독한 비판가가 된다. 그러나 흥미롭게도 소포클레스에 대한 그의 존경은 거두지 않는다. 『국가』1

권―초기 대화편에 속함―을 보면 시인 소포클레스의 절제적인 생활 방식에 대한 존중을 보여주는 일화를 소개한다.

> 특히 언젠가는 [연로한] 시인 소포클레스께서 어떤 사람한테서 다음과 같은 질문을 받게 되었을 때, 곁에 있은 적이 있습니다. '소포클레스 선생, 성적인 쾌락과 관련해서는 어떠신가요? 선생께서는 아직도 여인과 관계를 가질 수 있으신가요?'라고 그 사람이 물었죠. 그러자 그분께서는 '쉿, 이사람아! 그것에서 벗어났다는 게 정말 더할 수 없이 기쁜 일일세. 흡사 광포한 어떤 주인한테서 도망쳐 나온 것만 같거든'라고 대답하시더군요.
> ― 플라톤, 『국가』

그러나 플라톤에게 소포클레스가 끼친 더 강력한 영향은 그의 비극 작품들을 통해서이다. 소포클레스의 작품들 중 『안티고네』와 『오이디푸스』를 보면 모두 테이레시아스가 등장하는데 그는 크레온이나 오이디푸스와 대조를 이룬다. 후자 둘 모두 국가의 이익을 우선시하는 반면 테이레시아스는 국가의 이익을 넘어선 신적인 이해에 관심을 갖는다. 이후 확인하겠지만 플라톤의 국가관은 현실 속의 귀족정, 과두정, 민주정 그리고 참주정을 넘어서는 이상 국가론이며, 이런 이상적 국가를 통치하는 자들은 감각적 인식을 넘어설 뿐만 아니라 수학적, 기하학적 실재로서 이데아를 추론하는 것마저도 넘어서 이데아들의 이데아로서 선의 이데아에 대한 통찰을 한 자이어야 한다. 맥킨타이어도 『윤리의 역사 도덕의 이론A short history of ethics』(1966)에서 지적하듯이 선의 이데아의 통찰은 종교적이고 신적 성향을 갖는다. 오이디푸스가 감각적이고, 수학적 추론을 중시하는 인간이라면, 바로 테이레시아스는 초감각적이고 직관적인 통찰을 중시한다. 테이레시아스가 오이디푸스에게 신탁의 진실을 일깨워줄 때 오이디푸스는 맹인이었던 테이레시아스의 신체적 취약점을 악용하여 그의 판단력을 비난한다. 그러나 신탁의 진실이 백일하에 드러났을 때 이오카스테는 자결하지만 오이디푸스는 이오카스테의 브로치 핀으로 자신의 눈을 찔러 맹인이 된다. 이 행위는 바로 눈으로 식별할 수 없는 초감각적인 신탁의 진실에 대한 오이디푸스의 무지의 인정을 상징하는 것으로 보인다.

맹인 테이레시아스에 대한 오이디푸스의 비난은『국가론』7권의 동굴의 비유에서 선의 이데아를 보고 동굴의 동료들에게 되돌아온 자에 대한 동료들의 비난과 유사하다. 선의 이데아로서 태양을 보고 온 자는 너무 밝은 곳에서 어두운 곳으로 들어온 까닭에 맹인과 같은 처지가 되고 동료들에게 그들이 실제로 보고 믿고 있는 그림자의 진상을 깨우치려고 할 때 동료들은 그를 비웃고 가능하다면 그를 죽이려고 한다. 물론 이 동굴의 비유상황은 소크라테스가 아테네의 등에로 아테네의 무지를 깨우치고자 했지만 무지 몽매한 아테네 민주정과 배심원들에 의해서 사형판결을 받는 상황을 염두에 둔 비유이기도 하다.

소크라테스의 재판과 변론

두 번째로 플라톤의 삶에서 그의 진로 내러티브와 철학에 결정적 영향을 끼친 경험은 소크라테스와 그의 재판이었다. 특히 재판제도를 통해 드러나는 정의의 문제는 플라톤의 철학의 핵심 문제가 된다. 흥미로운 점은 플라톤이 소크라테스의 재판과정을 목격하면서 비로소 정의의 문제에 눈을 뜨게 되었다고 말하기 보다는 그 전부터 그는 이 문제에 대한 관심을 가졌을 것으로 보인다. 플라톤은 소포클레스의『안티고네』를 보면서 하이몬이 안티고네를 옹호하며 크레온에게 외친 저 대사를 오랫동안 기억하고 있었을 것이다.

> 모든 여인 중에서 가장 죄 없는 그녀가 영광스런 행위 때문에 비참하게 죽어야 하다니! 날고기를 먹는 개떼나 새들이 먹어치우지 못하도록 오빠의 시체를 묻은 그녀야말로 황금 같은 명예를 받아 마땅하지 않은가?
>
> – 소포클레스, 『안티고네』

아마도 플라톤은 자신의 스승이었던 소크라테스가 기원전 399년에 민주정파의 우두머리인 아니토스의 사주를 받은 젊은 멜레토스에 의해서 불경죄로 고소를 당해 재판을 받은 장면에서도 저 대사가 플래시백처럼 회상되지 않았을까? 그런데 플라톤을 더욱 당혹하게 만든 것은 소크라테스의 대처방식일 것이다. 재판과정에서 자신의 무죄를 변론하는 소크라테스를 지켜보면서 플라톤은 응당 아테네의 법정의 판결의 부당함을 동의했을 것이다. 그러나 사형판결 이후 크리톤이 소크라테스에게 탈출을 권유했을 때 소크라테스는 자신에 대한 고소의 부당함과 판결의 부당함을 그렇게 설득했음에 불구하고 법정의 판결은 무조건 승복해야 하며, 암묵적 동의를 내세워 준법의 절대성을 주장하였다. 이때 플라톤은 도대체 정의로움이라는 게 무엇인지 판단의 혼란이 생겼을 것이다. 플라톤에게 정의로움의 의미, 정의는 단순히 지적인 차원에서만 중요한 문제가 아니었다. 왜냐하면 소포클레스의 『안티고네』라는 비극작품에서도 정의로운 자가 오히려 부당한 판결로 죽음을 당하는 것을 알고 있었고, 현실 속에서 자신이 사랑하고 존경했던 스승이 부조리한 고소와 부당한 판결로 독배를 마셔야 하는 상황에 직면에서 도덕적으로 나무랄 데가 없는 자가 부정의한 법이나 법의 부정의한 적용에 의해 불행을 겪는다는 부조리함을 느꼈을 것이기 때문이다.

4. 세 번의 시라쿠사의 방문 : 플라톤의 진로 적응력

결국 플라톤의 진로 내러티브와 철학에서 핵심문제는 정의와 행복의 관계다. 아무리 누군가 자신의 행위를 혹은 사회제도가 정의롭다고 외쳐도 만일 그 행위나 제도에 의해서 무고한 자, 혹은 존경받을 만한 자가 오히려 불행해진다면 어떤 이유에서도 그 행위나 제도를 정의롭다고 말할 수 없을 것이다. 마찬가지로 도저히 용서할 수 없는 죄를 지은 자가 오히려 가장 행복하다면 그의 행위나 그런 자를 행복하도록 허용한 제도 역시 정의롭다고 말할 수 없다.

정리해보자. 플라톤은 청소년기와 청년기에 비극관람과 독서를 통해 소포클레스를 선망하며 비극작가와 정치가를 꿈꿨다. 그러나 20세에 소크라테스를 만나 그를 통해 철학을 배우게 되면서 일찍이 소포클레스의 작품들을 통해 갖게 된 의문들에 대한 답을 철학적 성찰을 통해 얻을 수 있을 것이라는 소망을 갖게 된다. 그러나 28세에 소크라테스가 민주정파의 사람들과 아테네 시민들에 의해서 사형을 당하는 것을 목격하면서 정의로움이란 무엇이며 인간의 행복과 정의로움은 어떤 관계를 갖는가에 대한 의문을 더더욱 갖게 되었다. 플라톤은 자신이 갖고 있는 의문을 풀기 위해 철학여행을 떠난다. 이집트와 지중해 연안 국가들을 돌아다니면 새로운 철학을 배우게 된다. 특히 이탈리아 크로톤을 방문해서 피타고라스학파 사람을 만나게 되면서 기하학과 산술의 추론의 의의와 영혼윤회설을 알게 된다. 엠페도클레스가 자살했다는 시칠리아 에트나 화산의 분화구를 보러 갔다가 디온이라는 인물을 알게 된다. 이 만남에 대해 고대철학 연구자인 이한규는 다음과 같이 상세한 설명을 해주고 있다.

> 디온은 시라큐사의 참주 디오니시오스의 처남이었다. 권위주의적이고 잔인한 디오니시오스와 달리 디온은 이상주의자였다. 디온은 플라톤과 그의 정치철학적 견해를 알게 되면서 플라톤을 시라큐사로 초대한다. 그로 하여금 매형의 생각을 바꿔 훌륭한 통치자로서 보다 나은 정치를 하게 하려는 생각에서였다. 그러나 현실은 디온의 뜻대로 되지 않았다. 디오니시오스는 플라톤의 정의로운 정치를 위한 조언에 화가 났고 결국 그를 노예시장에 내다 팔아버린다. 이 사건은 플라톤의 생애의 절체절명의 위기였다. 다행히도 플라톤은 키레네 출신의 안니케리스 덕분에 고향으로 무사히 돌아올 수 있게 되었다.
>
> — 이한규, 『단숨에 정리되는 그리스 철학 이야기』

아마도 플라톤은 이 사건에 대해 충분히 숙고와 성찰을 거듭했을 것이다. 거기에는 자신의 정의와 행복의 관계에 대한 철학적 사고가 아직 무르익지 않았다는 자각, 자신의 진로에서 더 이상 정치가로서 이상의 실현의 어려움 등에 대한 고민 등이 있었을 것이다.

플라톤은 40세가 되던 해에 아카데모스에게 헌납된 숲 근처에 자신의 철학적 이상을 실현할 학교인 아카데미아를 세운다. 이런 진로 내러티브는 우리에게 익숙하다. 공자나 맹자 역시 자신들의 정치철학적 통찰을 학교를 통해 제자들에게 가르치고자 한다. 붓다 역시 자신의 깨달음을 사찰을 지어서 중생들에게 전파하고자 한다. 특히나 교육은 플라톤에게 정치가로부터 교사로의 직업전환이지만 진로전환이 아니다. 왜냐하면 교육은 그에게 정의로운 정치의 구현과 긴밀한 관련을 맺고 있기 때문이다. 또한 플라톤에게는 언제든지 기회가 되면 정치가로서 자신의 이상을 실현하고자 하는 계획을 갖고 있었다. 그래서 플라톤은 그 후 또 다시 디온의 초청으로 위험을 무릅쓰고 이탈리아 남부의 시라쿠사로 여행을 떠난다. 두 번째 여행에서도 그의 이상적 정치철학은 실현되지 않았다. 사실 플라톤에게 소크라테스의 죽음이나 디온의 만남으로 시라쿠사로의 여행은 모두 준비되지 않은 우연한 사건이었지만 그의 진로에 엄청난 영향을 미친다.

사실 플라톤은 디온과의 만남이라는 우연을 자신의 진로의사결정과 적극적으로 연결시키려고 시도했다. 플라톤은 누구보다 새로운 학습 기회를 탐색하고 우연한 사건으로 생겨난 대안을 쫓아 후속조치를 취하는 데 높은 호기심을 사용했다. 또한 플라톤은 새로운 기회를 추구하고 그런 행동이 유익한 결과를 가져올 수 있을 것이라는 낙관적 신념을 갖고 있었다. 또한 변덕스럽고 잔인한 참주 디오니시오스의 철학교사가 되려고 두 번씩이나 시도했다는 것은 플라톤에게 위험을 감수하고자 하는 용기가 있었다고 보아야 한다. 그러나 두 번의 실패를 통해서 플라톤은 자신에게 주어진 우연을 계획된 우연*으로 바꾸는 데 성공하지는 못했다. 플라톤은 자신의 정의와 행복에 대한 정치철학을 완전히 재검토해보려는 생각을 갖게 된 것 같다. 이것은 플라톤이 진로적응 자원차원에서 미래의 방향, 내일을 위한 준비감각으로서 높은 진로관심을 갖고 있었다는 증거다.

5. 『국가론』에서 드러난 플라톤의 진로 내러티브와 철학

초기 플라톤의 정의론 대 트라시마코스의 정의론

바로 『국가론』의 집필은 이 시기에 이루어졌다. 소크라테스는 개인 차원에서 덕의 이데아의 앎과 실천의 문제를 탐구했다면, 플라톤은

> ■ 계획된 우연planned happentance
>
> 크럼볼츠(Krumboltz)는 사람의 삶에서 우연한 사건의 중요성을 인정한다. 진로의사결정에서 예측할 수 없는 사회적 여건, 교육환경, 직업적 여건과 개인의 유전적 요인은 큰 영향을 미친다. 크럼볼츠는 우연한 사건을 진로에 잘 이용하는 것을 일컬어 계획된 우연(planned happentance)이라고 말한다. 우연학습이론에서 우연한 진로기회를 다루는 데 도움이 되는 다섯 가지 기술이 있다. 이는 호기심과 인내심, 융통성과 낙관성 그리고 위험감수다.

『국가론』에서 개인차원과 국가차원의 상호연관성 속에서 덕의 이데아의 앎과 덕의 실천 그리고 행복 사의 관계로 문제를 확장, 심화시킨다. 다시 말해『국가론』에서 새롭게 정립되는 플라톤의 정치철학은 그에게 캐릭터 아크로서 변화를 이루어내는 결정적 계기가 된다.

연구자들은『국가론』이 총 10권으로 이루어져 있지만 1권과 나머지 9권의 집필시기가 다르다고 본다. 1권은 초기 대화편에 속하지만 2~10권은 중기 대화편에 속한다. 이런 점에서 1권에서 정의의 문제에 대한 플라톤의 접근과 2권 이후의 정의문제에 대한 접근의 차이는 바로 플라톤의 철학적 관점의 변화와 캐릭터 아크를 보여주는 좋은 예시가 된다. 1권에서 플라톤은 기존 초기 대화편과 마찬가지로 "디카이오쉬네(정의)란 무엇인가?"라는 개념정의에서 시작한다. 정의에 대해서 "정의란 진실을 말하고 빚을 갚는 것이다." "정의란 친구에게 이익을 주고 적에게는 해를 끼치는 것이다"라는 식의 사례를 통한 정의는 그 반례를 드는 것이 얼마든지 가능하기 때문에 정의에 대한 올바른 정의라고 보기 어렵다. 플라톤이 정의에 대해서 던지는 질문은 더 정확히 말하면 "어떤 특정한 행위나 혹은 특정한 종류의 행위들에 대해 정의롭다고 할 수 있게 해주는 것은 무엇인가?"라는 질문이다. 이에 대해 트라시마코스는 "정의로운 것이란 '더 강한 자의 이익' 이외에 다른 것이 아니다"라고 주장한다. 트라시마코스는 자신의 주장을 법률제정의 맥락에서 다시 설명한다.

법률을 제정함에 있어서 각 정권은 자기의 이익을 목적으로 한다. 민주정체는 민주적인 법률을, 참주정체는 참주체제의 법률을, 그리고 그 밖의 다른 정치체제들도 다 이런 식으로 법률을 제정한다. 일반 법 제정을 마친 다음에는 이들, 즉 자기들에게 이익이 되는 것을 다스림을 받는 자들에게 정의로운 것으로서 공표하고서는, 이를 위반하는 자를 범법자 및 정의롭지 못한 짓을 저지른 자로서 처벌한다. …… 이게 바로 내가 주장하고 있는 것이다. 모든 나라에 있어서 동일한 것이, 즉 수립된 정권의 이익이 올바른 것이다. 확실히 이 정권이 힘을 행사(지배)하기에, 바르게 추론하는 사람에게 있어서는 어디에서나 정의로운 것은 동일한 것으로, 즉 더 강한 자의 이익으로 귀결한다.   – 플라톤, 「국가」

트라시마코스의 더 강한 자의 이익이라는 '정의'의 기준에서 보면 소크라테스가 아테네의 민주정체에서 겪은 불행 그리고 플라톤 자신이 시라큐사의 참주정체에서 겪은 고통은 정의롭지 못한 행동에 대한 정당한 형벌이 되는 셈이다. 플라톤이 『국가』 1권에서부터 이렇게 트라시마코스의 정의관을 내세운 것은 바로 그것이 플라톤이 자신의 생애 진로 내러티브를 통해서 극복해야 하는 난관이라고 여겼기 때문이다. 그러나 1권에서 플라톤의 논박은 트라시마코스가 제기한 정치법률 체제의 맥락을 놓치고 정의를 지나치게 탈맥락적인 개념적 수준에서 정의하려고 한다.

소크라테스는 우선 통치를 의술이나 항해술과 마찬가지로 하나의 테크네(기술)로 간주하며, 그 기술이 발휘되는 대상의 이익을 위해서 실행함에 틀림없다고 주장한다. 의술이 의사의 이익이 아니라 환자의 이익을 위한 것인 것처럼, 통치술도 통치자의 이익이 아니라 국민들의 이익을 위한 것이 틀림없다. 또한 통치에서 정의로움은 테크네로서 전문지식이 있어야 한다는 점에서 지혜로움과 같으며, 지혜로움은 아레테, 즉 덕과 같다. 반면에 통치술에서 정의롭지 못함은 테크네의 전문지식의 무지함을 말한다. 정의롭지 못함은 나쁨kakia 즉 악덕이라고 규정한다. 나아가 정의로움은 사람들 간의 관계에서 합심과 우애를 가져다주지만, 정의롭지 못함은 증오 및 다툼을 초래한다는 점에서 정의로움이 정의롭지 못함보다 더욱 강력하다. 더 나아가 정의로움은 인간의 혼이 갖는 기능이라는 점에서 훌륭한 혼의 상태이므로 정의로운 사람은 행복할 수밖에 없다. 이처럼 1권에서 정의로움을 지혜로움과 훌륭함 그리고 행복과 동일시한 초기 플라톤의 관점은 기존 소크라테스의 지혜와 덕의 일치의 관점을 더욱 확장시킨 주장이라고 볼 수 있다.

공자가 자국 노나라에서 계손씨를 대표로 하는 삼환의 전횡을 막지 못하였고, 10년간의 주유열국의 시기에 여러 나라의 제후와 대부의 권력다툼을 막지 못했던 것은 애초에 위로부터의 개혁이라는 것이 갖는 한계도 있는 것이지만 정명론 자체가 갖고 있는 당위적, 이상주의적 정치철학 때문이었다. 반면 플라톤의 정치철학은 통치자가 정의로운 통치를 통해서 통치의 대상으로서 시민들에게 이익을 베푸는 것이 지혜로움이 요구되는 훌륭함으로서 덕이요, 더욱 강력한 권력을 얻을 수 있으며 궁극적으로 통치자의 혼의 행복을 얻을 수 있음을 주장한다. 이를 통해 통치자로 하여금 스스로 정의로운 정치를 할 수 있도록 동기부여를 한다. 그러나『국가』1권에서 플라톤의 '정의'에 대한 정의는 개념적 수준에서 정의로움과 지혜, 훌륭함, 행복을 동일시할 뿐이며, 민주정이나 참주정에서 통치자들의 권력욕과 정치체제의 계급적 구조의 현실을 간과한 당위적이고 이상적인 정치이념에 불과하다. 당연히 이런 당위적이고 이상적 정치이념만 가지고서는 민주정이나 참주정의 타락 상태를 개선할 수 없다는 것을 어느 누구보다 플라톤 자신이 가장 잘 알고 있었다.

기게스의 반지

시라큐사의 참주 디오니시오스를 정의로운 통치자로 계도하는데 두 번이나 실패한 플라톤은 정의에 대한 자신의 정의관을 근본에서부터 다시 성찰해야 될 필요성을 자각했다. 그리하여 『국가』 2권에서 글라우콘과 아데이만투스를 통해서 다시금 과거 트라시마코스가 제기했던 논점을 제기한다. 즉 단순히 추상적 개념적 수준의 정의가 아니라 구체적 현실 속에서 실현 가능한 정의관을 모색하고자 한다. 글라우콘과 아데이만토스에 따르면 자연 상태의 인간은 전적으로 이기심에 의해 행동한다. 사람들이 "이기심들이 충돌하게 되면 그 피해는 너무나 크다. 자연 상태의 생활방식을 지속하면서 타인이 가할지도 모르는 상해의 위험을 무릅쓰고 살기보다는, 타인에게 해를 가하지 않는 것이 자신에게 더 이롭다"는 사실을 발견한다. 또 그 사실에 동의하는 바로 그 장면에서 법의 기원을 찾을 수 있다. 그 이래로 사람들이 법에 복종해 온 것은 다만 결과에 대한 두려움 때문이었다. 글라우콘과 아데이만토스의 논의는 근대 사회계약론자들, 특히 토마스 홉스의 만인에 대한 만인의 투쟁상태로서 자연상태의 논의를 훨씬 앞질러 제시하고 있는 것처럼 보인다. 나아가 '기게스의 반지' 신화를 이끌어 들이는 그 다음 논의는 홉스의 리바이어던과 연관되어 보인다. 만일 사람들이 자신의 행위로 인해 발생하는 나쁜 결과를 피할 수 있다면, 법을 지키는 척하기보다는 공개적으로 끝없는 이기심을 드러내 보이게 될 것이다. 만일 기게스가 가졌던 요술반지를 얻어 자신들을 투명인간으로 변신하여 전적으로 마음대로 행동할 수 있게 되었다고 하면, 즉 성공적으로 부정을 저지를 수만 있다면, 어느 누구라도 정의보다는 부정의를 선호할 것이다. 이는 앞서 1권에서 트라시마코스가 제기한 참주정치를 염두에 두면서 전면적인 불의, 정의롭지 못한 짓이 큰 규모로 저질러지는 경우 그것은 정의로움보다 더 강하며 자유로우며 전횡적인 것이라는 주장과 본질적으로 같다. 요컨대 기게스의 반지를 지닌 자처럼 가장 완벽한 상태에서 정의롭지 못한 짓을 한 자는 가장 행복할 수 있지만, 반면에 그걸 당한 자들이나 정의롭지 못한 짓이라곤 아예 하려고 하지 않는 자들은 가장 비참하게 된다.

국가의 정의와 영혼의 정의는 유비적 관계일 뿐인가?

플라톤은 1권에서 트마시마코스의 정의관에 대해 자신의 행한 논박이 참주제나 민주제와 같은 현실 정치적 맥락을 고려하지 못한 개념적 수준의 논의라는 것을 분명하게 알게 된다. 왜냐하면 그가 믿기에 가장 정의로운 자인 스승 소크라테스가 민주제에서 무참하게 사형을 당하는 것을 목격했고, 이후 자신이 두 번이나 시라큐사에 방문해서 참주인 디오니시오스에게 정의로운 통치를 하도록 교육하고 설득했지만 실패했던 뼈저린 경험을 했기 때문이다. 그는 정의의 문제를 현실 사회의 계층구조를 고려한 거시적 차원에서 바라보고자 한다. 이를테면 하나의 국가에는 사회에 필요한 물품들을 생산할 장인들과 노동자들과 국가를 방어할 군인들 그리고 사회생활을 조직적으로 운영할 통치자의 세 시민계급의 필요하다.

국가가 세 계층의 시민으로 구성되어야 한다는 이론을 위해서는 최소한 영혼이 세 부분으로 구성되어 있다는 이론이 참이어야 할 필요가 있다. 왜냐하면 저 사회를 구성하는 세 계층에 적합한 사람들이 되기 위해서는 영혼의 서로 상이한 기능의 탁월성이 요구되기 때문이다. 그런데 플라톤은 스승 소크라테스가 독배를 마시기 직전 제자들과 나눈 대화 속에서 육체는 여러 조직으로 나눠져 있지만 영혼은 단일하기에 육체는 분해를 통해 소멸되어도 영혼을 불멸한다는 이론을 알고 있었다. 그러나 실제로 영혼이 여러 부분으로 구성되어 있다는 것은 영혼에 갈등이 있다는 사실을 통해서 쉽게 알 수 있다. 이를테면 목이 말라서 물을 마시기를 원하는 동시에 그 물의 상태가 의심스러워서 물을 마시길 원하지 않는 경우, 죽음이 두렵기 때문에 전쟁터에서 도망가길 원하는 동시에 명예 때문에 도망가길 원하지 않는 경우에 각각 영혼의 이성적 부분과 욕구의 갈등, 영혼의 기개부분과 욕구부분의 갈등을 경험하고 있지 않은가? 이것은 공자가 자신의 정명론과 인의사상을 정당화시키기 위해서 마음을 사사로운 부분과 어질고 의로운 부분으로 구분하려는 시도와 유사하다. 군자가 되기 위해서는 단순히 진실된 마음만 갖고 있어서는 안 되고 진실된 마음에서 예와 악을 통해 사사로운 마음을 극복할 때 인과 의의 마음을 자각할 수 있듯이, 플라톤은 국가에 있어서 정의란 모든 사람들이 자신의 영혼의 기능에서 탁월한 부분을 아는 것과 관련된다고 본다. 수호자 계층이 되려는 사람에게는 영혼의 기개에 있어서 용기의 탁월성이 필요하다. 통치자 계층이 되어야 하는 사람은 영혼의 이성에서 지혜의 탁월성이 요구된다. 절제는 한 계층에 제한된 것이 아니라 사회 전체에 해당되는 덕목이다. 열등한 다수의 욕구가 뛰어난 소수의 욕구와 지혜에 의해서 통제되어야 한다.

플라톤이 보기에 가장 열등한 계층인 장인이나 노동자들 그리고 상인들은 저급한 욕구만을 갖고 있을 것이며 이는 수호자 계층의 명예를 중시하는 기개, 즉 용기나 통치자 계층의 지혜를 중시하는 이성에 의해서 통제되어야한다. 요컨대 정의는 이러저러한 계층이나 혹은 계층들 간의 특정한 관계들에 해당하는 덕목이 아니라, 전체로서 사회가 조화롭게 기능하는 모습에 관한 덕목이다. 그에 따라 영혼의 정의도 영혼의 각 부분이 자신에게 할당된 적절한 기능을 수행하는가 여부의 문제이다. 어떤 사람이 현명한 것은 이성이 지배하기 때문이고, 용감한 것은 기개에 해당하는 부분이 그 역할을 하기 때문이다. 열등한 육체적 욕망이 이성에 의해 지배된다면, 절제 있는 사람이 된다. 정의는 영혼의 이런 저런 부분이나 혹은 부분들 간의 관계에 해당하는 것이 아니라 영혼의 전체적인 질서와 관련된다.

국가의 정의와 영혼의 정의는 단순히 유비적 관계가 아니다. 국가가 정의롭기 위해서는 정의로운 자들이 존재해야 한다. 반대로 정의로운 자가 존재하기 위해서는 국가가 정의로워야 한다. "어떻게 정의로운 국가가 존재하게 되는가"라는 문제와 "정의로운 사람은 어떻게 교육되는가"라는 문제는 함께 상정되어야만 한다. 『국가』 7권에 등장하는 저 유명한 동굴의 비유는 바로 정의로운 사람에 대한 교육의 문제의 맥락에서 등장한다. 놀랍게도 동굴의 비유는 단순히 교육의 맥락을 넘어

개개인이 정의롭더라도 사회가 정의롭지 못하다면 정의로운 개인이 비극적 운명에 처할 수 있음을 보여준다. 국가의 정의와 영혼의 정의는 단순히 유비적 관계가 아니다. 국가가 정의롭기 위해서는 정의로운 자들이 존재해야 한다. 반대로 정의로운 자가 존재하기 위해서는 국가가 정의로워야 한다. "어떻게 정의로운 국가가 존재하게 되는가"라는 문제와 "정의로운 사람은 어떻게 교육되는가"라는 문제는 함께 상정되어야만 한다.

동굴의 비유의 함의

동굴의 비유는 올라가기 4단계와 내려가기 2단계의 총6단계로 이루어져 있다. 동굴의 비유에 대한 플라톤의 서술부분은 플라톤의 탁월한 비극 작가적 재능이 빛을 발휘하는 대목이다. 올라가기 1단계는 모든 사람들이 동굴 속의 수인이 되어 머리를 포함해서 온몸이 묶여 있어서 동굴 벽면만을 바라보게 되어 있고 동굴벽면에 비친 그림자를 실재로 믿는 단계이다. 2단계는 이들 중 누군가 풀려나서 갑자기 일어서서 목을 돌리고 걸어가 그림자를 만들어낸 모형과 불빛 쪽으로 쳐다보도록 강요당할 경우, 그는 이 모든 걸 고통스러워할 것이고, 동굴 속 모형보다 불에 비친 그림자를 여전히 실재로 믿고 싶어 할 것이다. 3단계는 동굴 밖으로 나와 그림자, 영상, 모형, 진짜 사물 등으로 시선을 적응시키는 단계가 된다. 4단계는 이 모든 것을 존재하고 보게 해주는 태양을 보는 단계다.

내려가기 단계로서 5단계는 모든 존재자의 인식과 존재의 근거로서 태양, 즉 선의 이데아를 본 자가 깨달음을 얻고 다시 동굴 속으로 돌아 가는 단계다. 이는 붓다가 35세 되던 해에 7일간의 용맹정진을 통해 해 탈에 이르렀고 사성제와 연기 그리고 팔정도를 깨닫고 곧바로 열반에 이르려 했지만 중생멸도의 길이 자신의 새로운 소명임을 깨닫고 중생 들에게 가르침을 베푸는 자로 진로결단을 하는 것과 같다. 6단계는 태 양을 보았던 눈으로 동굴 속으로 되돌아온 자가 눈이 어두워져 동굴 속 동료들에게 비웃음 당하고 죽임 당하는 단계다. 마지막 6단계는 민 주정체 속에서 무지한 아테네인들의 등이 되고자 했던 소크라테스 가 민주정체의 지도층 인사들과 다수의 무지한 대중들에 의해서 사형 판결을 받았던 사건이나 플라톤 자신이 시라큐사의 참주정체의 참주 디오니시오스에 의해서 노예를 팔렸던 경험을 연상시킨다.

6단계의 함의는 명백하다. 참주정이나 민주정체에서는 트라시마코 스의 주장대로 정의로운 자는 비참해지고 가장 정의롭지 못한 자가 이 익을 얻는다는 것을 플라톤 스스로 인정한 셈이다. 그렇다면 플라톤 은 자신의 정치철학을 포기하는 것인가? 또한 자신의 정의관, 즉 정의 로운 자가 지혜로운 자요, 훌륭한 자요 그리고 가장 행복한 자가 될 것 이라는 주장을 포기하는 셈인가? 이데아들과 선의 이데아를 알아보는 단계까지 올라가 본 경험을 가진 철학자들은 무슨 일을 할 수 있을까? 그가 정의로운 국가를 이룩하는 데 개입할 수 있는 기회를 가질 가능 성은 역사적으로 볼 때 극히 드물 것이며, 아마 그런 기회는오지 않을 지도 모른다. 앞서도 지적했듯이 플라톤 자신은 일차적으로는 소크라 테스에게 저질렀던 아테네인들의 행각 때문에, 다음으로는 시라큐사 의 독재자들에 대한 환멸로 인해 정치적인 생활에 대해 매우 비관적인 생각을 가지고 있었다. 다시 말해 이상정치의 실현에 대해서 회의적인 시각을 갖게 된다. 그러나 플라톤이 추구한 국가는 현실적으로 존재하는 국가들에 대한 판단을 내릴 수 있는 기준을 제공한다고 주장한다. 즉 자신의 이상적 정치철학이 무용하지 않음을 말한다.

이상정치의 의의

플라톤은 자신의 정의관, 즉 정의로운 국가와 정의로운 영혼의 상관성에 입각해서 당대의 도시국가들을 평가하며 등급을 매긴다. 그의 이상국가에 비추어 볼 때 현실 속의 도시국가들은 모두 타락한 국가요 타락한 영혼들의 집합체다. 스파르타처럼 명예지상주의 국가가 존재한다. 이 나라에서는 수호자와 통치자 사이에 불화가 있게 마련이고, 명예라는 군사적 가치에 기반을 둔 국가제도가 성립된다. 또한 그들의 영혼은 이성이 아닌 명예욕에 의해 욕구가 제어된다. 이보다 더 타락한 국가는 코린토스와 같은 과두정치 체제다. 이 나라는 국익이 아니라 통치계급의 이익만을 위해서 계급구조가 유지되며, 가난한 자에 대한 부자의 착취가 법적으로 정당화된다. 이런 나라는 오직 '부유함에 대한 애착'과 '재산에 대한 관심', '안정에 대한 관심' 때문에 욕구가 제어될 뿐이다. 이 보다 더 타락한 국가가 바로 플라톤의 조국 아테네와 같은 민주정치다. 민주정치는 다수의 가난한 자들이 개인적 영달을 추구하는 자유를 누린다. 그들의 저급한 욕구로서 모든 기호와 성향이 동등함을 지닌다. 가장 타락한 국가는 바로 시라쿠사와 같은 참주정치다. 참주가 되고 싶어 하는 자가 충분한 불평분자들을 규합해서 민주정치로부터 독재정치를 만들어낸다. 참주의 영혼을 지닌 독재자에게서 보다 저급한 욕구, 육체적 욕구가 절대적 영향력을 발휘한다.

플라톤이 추구하는 이상적 국가가현실 속에서 실현되기는 어려울지라도 자신의 더욱 근본적인 전제인 '정의로운 삶이 행복하다'는 주장은 포기하지 않는다. 그에 대한 이유는 세 가지다. 첫째, 정의롭지 못한 사람은 자신의 욕구를 규제할 줄 모르기 때문에, 그의 욕구는 한계가 없다. 한계가 없기 때문에 그의 욕구는충족될 수 없으며, 그 사람도 또한 언제나 만족하지 못하는 상태에 있기 마련이다. 둘째, 오적 철학자만이 이성적 즐거움과 무한한 욕망과 감각의 즐거움을 대비시킬 수 있다. 철학자만이 양쪽 모두를 알기 때문이다. 셋째, 플라톤은 지적인 즐거움은 진정한 것인 반면, 욕망에 얽매인 사람이 즐거움이라고 여기는 것은 많은 경우 음식을 먹음으로써 배고픔을 경감시키는 것과 같은 고통 혹은 불편의 중단에 불과하며, 최상의 경우라 할지라도 지적인 즐거움보다 훨씬 덜 실재적이다.

6. 플라톤의 진로 내러티브와 캐릭터 아크

금수저를 물고 태어났고 지적인, 신체적인 재능도 모두 탁월했고 게다가 이마도 넓고 잘생긴 용모의 플라톤은 유년 시절과 젊은 시절 정치인, 운동선수, 군인 그리고 비극작가를 꿈꿨다. 사실 플라톤은 그가 꿈꾸는 무엇이든 될 수 있었다. 그러나 소크라테스와의 만남과 그의 제자가 된 것은 그의 생애, 진로 내러티브에서 가장 중요한 순간이었다. 더욱이 소크라테스의 재판과 사형을 목격하면서 플라톤은 더 이상 자신의 개인의 영달, 성공만을 꿈꾸던 평범한 천재의 길을 걷지 않고, 선의 이데아를 사랑하며 이런 선의 이데아에 대한 통찰에 비추어 아테네를 포함해서 국가의 정의를 바로 세우려는 위대한 철학자의 길을 걷게 되었다. 플라톤은 번번이 실패했고 죽을 고비를 겪었음에도 불구하고 세 번이나 시라쿠사의 참주 디오니시오스를 찾아가 그의 철학교사가 되어 철인정치를 실현하고자 하는 집요함도 있었다.

플라톤의 진로 내러티브 속에서 그의 첫 번째 캐릭터 아크는 소크라테스와의 조우로 인해서 단순히 성공한 삶이 아니라 아레테를 깨우치고 실천하고 진정한 행복을 찾고자 노력하는 과정에서 이루어졌다. 또한 한 개인의 올바른 아레테의 실현은 국가의 올바름, 즉 정의의 아레테의 실현과 맞물려 있다는 깨달음 속에서 다시 한번 캐릭터 아크를 이루어낸다. 대개의 사람들은 취업을 하고 승진을 하며 직업에서 성공을 위해 노력할 때 나 자신만 열심히 공부하거나 일하면 충분하다는 생각을 한다. 일개 개인인 내가 조직이나 집단을 바꾼다는 것은 너무나 어려운 일이고 게다가 국가의 정치구조를 개혁한다는 것은 더욱더 불가능한 일이다. 사실 플라톤 역시 아카데미아의 원장으로서 아테네를 넘어 그리스 도시국가와 변방국가에까지 그 명성을 알린 철학자이다. 그것만으로 그는 충분히 자신의 진로에서 성공을 이루어낸 인물이다. 그러나 플라톤이 깨달은 것은 나 개인의 성공이나 아레테의 실천이 아니라 사회 전체의 아레테의 실천이다. 개인의 정의로움과 국가의 정의로움은 반드시 맞물려야만 이루어질 수 있다. 그렇지 않고 국가는 부정의한데 개인만 정의로움을 추구할 경우 소크라테스와 같은 무고

한 희생자를 낳는다.

우리는 국가의 부정의함까지는 아니더라도 자신이 몸담고 있는 조직의 부정의함이 자신의 삶과 밀접한 관련을 맺고 있다는 것을 알고 있다. 나 역시 직함은 대학교수이지만 사실 빛 좋은 개살구일 때가 많다. 나의 직업은 전공교수들에 비해 훨씬 더 많은 강의시간 그러나 그에 비해 형편없는 보수와 연구조건을 감수해야 하는 교양과목 교수일 뿐이다. 아니 이런 조건은 둘째 치고 단순히 취업이 최우선이 되어버린 대학에서 교양과목에 대한 대학당국과 전공교수들의 선입견과 편견을 감당하는 일은 더욱 굴욕적이다. 나에게는 두 가지 선택의 갈림길이 놓여 있다. 그냥 남들이 교수라고 불러주는 것에 위로를 얻으며, 편안한 개인 연구실과 그래도 생산직, 사무직 노동자의 업무에 비해 적은 강의노동에 만족하며 살 것인가 아니면 철학이나 역사나 문학과 같은 핵심 인문과목 전공자로 하여금 소위 "문송합니다"라고 말하게 만드는 대학과 사회체제에 맞서 전공 못지않게 인문교양과목도 학생들의 취업과 인성에 모두 중요하다는 것을 설득하며, 그에 합당한 보수와 연구조건을 보장받기 위해 싸울 것인가? 플라톤처럼 모두 조건을 다 갖춘 인물마저도 도시국가의 부정의함을 고치기 위해 목숨을 걸었다면 나에게 주어진 해답은 분명하다.

플라톤의 커리어 스토리

1. **집념** : 소포클레스의 비극작품의 관람을 통해 올바름, 정의에 관심을 갖기 시작함.
2. **롤 모델** : 국가의 정의를 넘어서는 신적인 정의를 보여주고자 했던 비극작가 소포클레스와 무지의 자각을 통해 보편자로서 이데아에 대한 통찰을 하고자 했던 소크라테스
3. **흥미** : 신전과 유사한 교육기관에서 철학자들과 교류하며, 학생들을 가르치고, 군주를 교육시키는 일에 직업적 관심을 가짐. 교육은 주로 스승이었던 소크라테스를 본받아 반어법의 대화를 선호하였고, 글은 내용은 철학을 다루면서도 문체는 비극작가들의 문체를 선호함.
4. **스토리** : 처음에는 정치가와 비극작가를 꿈꿨지만, 소크라테스를 스승으로 섬기면서 철학에 눈을 뜨기 시작했고, 스승이 민주정파들의 고소로 재판에서 사형판결을 받고 독배를 마신 후에 민주정과 참주정의 문제점을 인식하고 정치가의 스승이 되길 갈망함. 동시에 올바른 통치자를 교육해야 한다는 목표 하에 아카데이마를 세워 스스로 교사와 원장이 됨.
5. **철학** : 지혜로운 통치자와 기개있는 수호자 그리고 절제하는 상인들로 이루어진 정의로운 이상국가와 지혜와 덕과 행복의 일치를 이루어내는 탁월한 인간의 조건을 탐구함.

● **참고문헌**

강대진, 『비극의 비밀』, 문학동네, 2013
소포클레스, 천병희 옮김, 『소포클레스 비극전집』, 숲, 2008
플라톤, 박종현 옮김, 『국가』, 서광사, 2005
박종현 옮김, 『에우티프론, 소크라테스 변론, 크리톤, 파이돈』, 서광사, 2003
A. 맥킨타이어, 김민철 옮김, 『윤리의 역사 도덕의 이론』, 철학과현실사, 2004
이한규, 『단숨에 정리되는 그리스 철학 이야기』, 좋은날들, 2014

06. 아리스토텔레스

아카데미아의 우등생, 알렉산드로스의 스승
그리고 리케이온 원장의 길

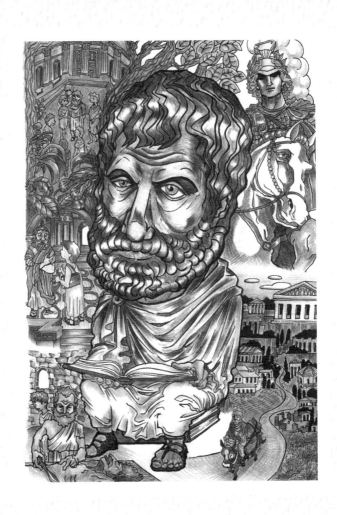

1. 그리스 변방 스타게이로스 출신 아카데미아 우등생

고대 아티카 반도 지도를 펼쳐 보면 그리스 본토를 중심으로 북쪽으로는 마케도니아가 있고 동쪽으로는 이탈리아가 있고, 서쪽으로는 이오니아 지역이 있다. 마케도니아와 가까운 그리스 북부 스타게이로스는 이오니아 지역 거주민들이 만든 식민지 도시로 알려져 있다. 이오니아가 페르시아에 의해서 멸망되면서 유민들 일부가 그리스 본토의 텃새를 예상해서 그리스 북부로 이동해서 세운 식민도시가 스타게이로스라고 한다. 당시 그리스는 아테네와 스파르타를 중심으로 패권다툼이 있었고, 펠로폰네소스 전쟁에서 아테네가 스파르타에게 패배함으로써 그리스의 군사적 주도권을 잃었다. 그러나 정치, 경제, 문화, 예술 모든 면에서 아테네의 그리스 중심적 역할은 상실하지는 않았다.

흔히 실질적 권력을 가지고 있는 자는 자신의 위세를 과하게 강조하지 않는다. 반대로 과거에는 명성과 실권을 누렸지만 이제는 이빨 빠진 호랑이가 되었다면 과거의 명성에 더욱 집착하기 마련이다. 아테네는 스파르타로 인해 상처받은 자신의 자존심을 오히려 자신의 정치제도, 문화와 철학, 예술에 대한 우월감으로 보상하고자 했을 것이다.

아리스토텔레스는 그리스 북부 스타게이로스에서 기원전 384년에 태어났다. 20세기 초 아리스토텔레스의 주석가로 명성을 떨치게 되었던 하이데거에 따르면 아리스토텔레스의 전기는 너무도 단순하다. "아리스토텔레스는 태어났고 공부했고 죽었다." 그만큼 아리스토텔레스는 플라톤과 달리 뭔가 극적인 국면이 없고 평생을 연구와 강의와 저술만으로 시간을 보냈다. 그러나 이것은 아리스토텔레스의 생애 집념이 바로 학문, 지식이라는 점이며 "왜 그는 학문, 지식에 집착했을까?" 라는 질문을 던져보면, 학자로서 그의 진로 내러티브에는 아주 중요한 드라마가 존재한다는 것을 알게 될 것이다.

아리스토텔레스의 아버지 니코마코스는 마케도니아 왕 아민타스 2세의 주치의였다. 더욱이 이오니아 지역 거주민들이 만든 식민도시인 스타게이로스는 아무래도 자연철학적 학문풍토가 지배적이었을 것이다. 소피스트와 소크라테스, 플라톤으로 대표되는 아테네 철학이 인간과 사회의 문제에 초점을 맞추고 있었다면, 소크라테스 이전 이오니아 지역 철학자들—탈레스, 아낙시만드로스, 아낙시메네스, 헤라클레이토스 등—은 자연의 생성소멸의 현상에 더 큰 관심을 갖고 있었다. 아리스토텔레스는 유년시절 아버지가 환자를 치료하는 것을 곁에서 지켜보면서, 아버지의 교육으로 의술이나 자연학에 대한 관심을 갖게 되었고 생명현상에 대한 이해가 남달랐다. 그러나 부모님이 일찍 세상을 떠난 후에 제대로 된 교육기관도 하나 없는 자신의 조국에서 아리스토텔레스는 자신의 학문적 열망을 제대로 충족시킬 수 없었다.

아리스토텔레스는 부모로부터 충분한 재산 상속을 받았기에 아테네로 유학을 가서 당대 최고의 학자인 플라톤의 아카데미아에서 공부를 해보고 싶은 소망이 생긴 것은 당연하다. 17세의 나이가 되던 해에 아리스토텔레스는 드디어 꿈에 그리던 아테네 아카데미아로 유학을 가게 된다. 마침 그 시기는 플라톤이 아카데미아를 세우고 거의 20년이 지났고 여전히 통치자의 철학교사에 대한 평생의 열망을 저버리지 못하고 60세의 고령에도 시라쿠사로 세 번째 여행을 떠났을 때다. 결국 세 번째 시도 역시 실패로 끝나고 크게 낙담한 채 아테네 아카데미아로 돌아온 플라톤에게 이미 아카데미아 학생이 되어 있는 아리스토텔레스가 처음에는 크게 눈에 띄지 않았을 것이다. 그러나 아리스토텔레스가 플라톤의 주목을 끄는 데는 별로 시간이 걸리지 않은 것 같다. 아리스토텔레스의 남다른 지적 능력과 불철주야 학문에 정진하는 성실한 태도로 인해 플라톤은 그를 '아카데미아의 정신'이라고 칭찬하게 되었고, 당시 뛰어나지만 게을렀던 크세노크라테스의 비교하면서 다음과 같이 말했다고 한다. "크세노크라테스는 채찍이 필요하지만, 아리스토텔레스에게는 고삐가 필요하다." 짐작하건데 플라톤으로부터 크나큰 칭찬과 인정을 받았던 아리스토텔레스는 부모와 자신의 조국에서 체득된 자연학과 의술에 대한 관심과 아카데미아에 와서 새롭게 공부하게 된 윤리학과 정치학을 기반으로 학문 전체를 통합하고 싶은 열망을 품게 되었을 것이다.

2. 효자동 이발사 아들과 아민타스 2세 주치의의 아들 :
   아리스토텔레스의 집념

그런데 이런 학문적 관심은 순전히 지적인 것만은 아닐 수 있다. 거기에는 심리내적 역동으로서 모종의 정서와 욕구도 작동하고 있었을 것이다. 당시 의사는 경제적으로는 풍요로웠을지 모르지만 정치인, 군인, 상인, 작가 등의 귀족들과 비교해보면 평민 계층에 해당된다. 듀이도 지적하듯이 그리스는 노동자(노예)와 장인들의 육체노동을 천시하는 시대였고, 의술 역시 일종의 육체노동으로 취급받았다. 변방 국가의 평민 출신이었던 아리스토텔레스는 아테네의 귀족 출신이 대부분인 아카데미아의 다른 동료 학우들에게 열등감이 있었을 것이다.

아들러는 열등감을 극복하려고 노력하는 모습에서 인간의 기본적 욕구인 우월추구의 욕구를 발견한다. 물론 우월성을 추구하려는 우월추구의 목적과 그 목적을 달성하는 방법은 초기 유아기 때 이미 결정된다. 아리스토텔레스는 유년시절 아버지를 따라 마케도니아 왕실에 들어가 아민타스 2세의 왕자인 필립포스 2세와 어울렸다고 한다. 당연히 비록 어린이들이라고 하지만 필립포스 2세와 아리스토텔레스에게는 이미 서열이 있었을 것이다.

2004년에 임찬상 감독과 송강호 주연의 〈효자동 이발사〉를 보면 이런 장면이 나온다. 박정희 대통령의 전속 이발사가 된 성한모(송강호 역)는 대통령의 아들 생일잔치에 아들과 함께 초대를 받는다. 대통령의 아들과 정부각료의 자제들과 어울리게 된 성한모의 아들 낙안은 아이들 간에 자연스럽게 형성된 서열의 맨 아래쪽에 위치하게 되고 서러움을 받는다. 이때 낙안이가 겪은 경험은 그에게 단순히 유년기 추억으로만 남아 있을까? 마찬가지로 아리스토텔레스의 유년시절 필립포스2세와 함께 놀며 보낸 경험은 그에게 열등감에 따른 우월추구의 동기를 불러일으켰다고 말하면 과도한 추측일까?

고트프레드슨Gottfredson의 제한 타협이론에 따르면 아동이 어떻게 자신을 바라보는가는 직업선택에 영향을 미치고, 초기의 직업선택은 마찬가지로 자신을 어떻게 바라보는가에 영향을 미친다. 아동은 사회적 자기를 고려한다는 말이다. 이런 사회적 자기의 발달단계에서 사회적 가치평가를 지향하는데 쉽게 말해 아동은 사회적 계층을 좀 더 강하게 의식하기 시작한다. 아동기 내 경험에 비추어 봐도 초등학교 시절 선생들이 혼낼 때 "니네 애미애비는 뭐하는 사람이냐?"라며 부모의 직업을 비하하는 듯한 어조로 말을 할 때 모욕감을 느꼈던 기억이 있다. 그래서 그런지 지금도 나에게는 당시 초등학교 선생들을 선생님이라고 부르고 싶지 않은 뒤끝이 남아 있다. 비록 필립포스 2세는 아리스토텔레스에게 아동기 놀이친구였지만, 필립포스 2세는 왕의 아들이고 게다가 성격도 난폭했다. 아리스토텔레스는 왕의 주치의의 아들이라는 점에서, 아리스토텔레스가 심리적으로 느끼는 필립포스2세의 위세가 대단했을 것이고, 그들 사이에는 이미 사회 계층적 서열이 정해졌을 것이다. 아리스토텔레스는 열등감 콤플렉스까지는 아니어도 열등감을 많이 느꼈을 것이다.

3. 아리스토텔레스의 롤 모델이자 경쟁자인 플라톤

이런 열등감에 따른 우월추구는 아리스토텔레스가 아카데미아에서 유학했을 때 자신의 롤 모델인 플라톤을 만나게 되면서 좀 더 다른 방식으로 작동하게 된다. 아테네의 명문귀족 출신의 자존감이 하늘을 찌르며 주로 수학과 기하학과 같은 정교한 세계를 꿈꾸는 스승 플라톤과 부유했지만 변방 국가인 마케도니아의 평민 출신이며 유년시절 심한 열등감을 갖고 있었고 자연과학과 의학과 같은 현상 세계에 더욱 친숙했던 제자 아리스토텔레스의 관계는 흥미롭다. 아리스토텔레스는 플라톤에게 한편으로는 인정에 대한 갈망이 있었을 것이고 다른 한편으로는 자신을 비판하거나 소홀히 대한다는 느낌을 가질 때는 무시 받는다는 느낌, 심할 때에는 증오도 느꼈을 것이다. 그런데 사실 이런 애증의 양가감정은 병리적인 것이 아니라 자연스러운 감정이다. 더욱이 그것이 인정에 대한 갈망을 불러일으키는 존재에게는 더욱 자연스러운 것이다.

결정적으로 아리스토텔레스가 플라톤에게 실망한 시점은 플라톤이 죽기 전에 가장 뛰어난 학자였던 아리스토텔레스가 아닌 플라톤의 조카 스페우시포스가 아카데미아 원장으로 임명되었을 때였을 것이다. 스페우시포스는 실력이 형편없는 사람이었고, 단지 아테네 출신이며 플라톤의 혈연이라는 이유로 원장이 되었으니, 아리스토텔레스 입장에서는 그렇게 인정을 받길 원했던 플라톤에 대한 원망과 실망이 컸을 것이다. 물론 당시 아테네인들만이 아테네의 주요 정치, 행정, 교육의 관료가 될 수 있다는 것을 아리스토텔레스도 알고 있었을 테지만 말이다.

플라톤에 대한 아리스토텔레스의 인정욕구와 원망은 아카데미아를 떠난 아리스토텔레스의 이후 진로 선택에서도 영향을 미친 것으로 보인다. 이후 아리스토텔레스는 플라톤에 대한 경쟁의식 속에서 자신의 진로결정을 내린다. 아리스토텔레스는 스승 플라톤이 세 번이나 시라쿠사의 참주 디오니시오스를 정치적으로 교화시키기 위해서 시도했지만 실패했다는 것을 이미 알고 있다. 아리스토텔레스에게도 유사한 기회가 주어진다. 마케도니아의 왕 필립포스 2세가 자신의 아들 알렉산드로스를 교육시키기 위해 왕자의 스승으로 마케도니아로 초청했을 때 아리스토텔레스는 본래 계획에도 없었고, 통치자의 스승이 되려는 야망도 없었음에도 초청에 선뜻 응했다. 또한 알렉산드로스가 왕이 된 후에 아테네로 돌아온 아리스토텔레스는 플라톤의 아카데미아와 유사한 교육기관인 리케이온을 세웠다. 플라톤이 아카데미아를 아테네의 북서쪽에 위치한 아카데모스(그리스 신화에 나오는 아테네의 영웅)에게 헌납된 숲 근처에 세우는데 반해, 아리스토텔레스는 리케이온을 아테네의 동남쪽 아폴론 리케이오스 신전 가까이에 세웠는데, 그 위치가 아카데미아와 대척점에 가까웠다.

4. 아리스토텔레스의 철학에 대한
   심리역동적 접근에 대한 옹호

그러나 더욱 중요한 것은 플라톤에 대한 아리스토텔레스의 양가감정은 아리스토텔레스의 철학에도 그대로 반영되어 있다는 사실이다. 물론 이런 양가감정을 아리스토텔레스는 자기 식으로 합리화한다. "우정과 진리 둘 다 소중하지만, 진리를 더 존중하는 것이 경건한다." 우정은 결국 플라톤에 대한 존중과 플라톤으로부터 인정과 관련되어 있다. 그러나 그가 말하는 진리를 더 존중하는 태도 속에는 심리역동적인 면에서 보면 플라톤의 철학을 뛰어넘고자 하는 우월추구의 동기가 작용하고 있다. 한편으로는 아리스토텔레스의 철학의 핵심 개념과 원리는 대부분 플라톤으로부터 이어받은 것이다. 다른 한편으로 아리스토텔레스는 자신의 존재론, 인식론, 윤리학, 정치학 그 모든 방면에서 플라톤의 철학과 차별화를 도모한다.

이런 식의 심리학적 설명에 대해 기존의 철학사 연구자들은 못마땅할 것이다. 왜냐하면 철저히 이성적이고 합리적 차원에서 철학사상과 학설을 연구해야만 한다고 보는 철학사가들 입장에서는 철학자들의 개인 내적 심리역동을 고려한다는 것은 마치 철학의 근원에 뭔가 비합리적인 요소들이 개입되는 것처럼 여겨지기 때문이다. 또한 역사학적 입장에서도 보편사적 차원에서 역사는 개인의 의도, 계획대로 결정되는 게 아니라는 입장을 취하기 때문에 이 같은 심리역동적 측면을 고려하는 것에 반대할 것이다. 그러나 심리내적 역동을 고려한다는 게 사회적, 역사적 요소를 전혀 고려하지 않는다거나 이성적이고 합리적인 요소를 고려하지 않는다고 오해해서는 안 될 것이다. 개인의 생애 경험은 심리내적 요소와 사회 환경적 요소의 상호작용 속에서 형성되고 연속되며 또한 심리내적 역동으로서 열등감이나 양가감정은 그 자체가 정서적이고 본능적일 뿐 반드시 비합리적이지는 않다. 왜냐하면 열등감이나 양가감정은 일종의 합리적 적응의 한 가지 방식이기 때문이다.

자신의 롤 모델인 플라톤과 관련해서 갖고 있는 심리내적 역동으로서 열등감과 양가감정이 만일 아리스토텔레스로 하여금 자신이 처해 있는 상황을 개선시키기 위한 노력의 동기로서 작동하지 않고, 단순히 그런 불편한 감정의 회피나 왜곡으로 이어지고 학문적 성과로 이어지지 못한다면 그때는 저런 역동은 비합리적이고 병리적인 요소로만 작동한 셈이 된다. 그러나 아리스토텔레스는 자신이 갖고 있는 플라톤에 대한 열등감과 양가감정을 수학, 기하학에 기반을 둔 형이상학에 치우친 플라톤의 철학에 반해서 자연학이나 의학과 같은 경험에 기반을 둔 학문과 수학이나 기하학, 형이상학과 같은 경험을 넘어서는 학문의 통합에 대한 열망으로 승화시켰다. 다시 말해 한쪽 극단에서 다른 극단으로 넘어간 것이 아니라 한쪽 극단을 양쪽을 통합하는 방향으로 종합한 것이다. 이후 상론하겠지만 아리스토텔레스의 윤리학과 정치철학에서 이것이 가장 분명하게 드러난다.

5. 리케이온과 소요학파 : 아리스토텔레스의 직업적 흥미

흥미로운 점은 아리스토텔레스가 세운 리케이온의 건축구조이다. 리케이온의 강의실은 지붕이 있는 건축물이라기보다 산책할 수 있는 여러 갈래의 복도로 건축되었다고 한다. 최근에도 몇몇 국내 유수의 IT기업들이 직원들이 담소를 나누며 산책할 수 있는 공원을 만들었다는 말을 들었다. 이런 건물 구조는 테이블을 둘러싸고 서로 마주보고 회의를 하는 게 아니고 야외에서 같은 방향으로 함께 산책하며 대화를 나눌 때 훨씬 창의적인 논의와 토론이 가능하다는 아이디에서 시작되었다고 한다. 2400년 전 리케이온의 강의풍경을 상상해보자. 아리스토텔레스가 몇몇의 학생무리와 함께 같은 방향으로 산책로를 걸으면서 논리학과 자연학과 형이상학, 윤리학과 정치학과 시학을 설명한다. 제자들은 자유롭게 질문과 이의를 제기한다. 다시 아리스토텔레스는 자신의 설명을 해명한다. 이런 건축물 구조와 강의방식에서 우리는 아리스토텔레스의 직업적 관심, 그 중에서도 그가 선호했던 직업적 활동 공간을 읽을 수 있다. 그는 스승과 제자의 서열이 분명하게 구별된 공간보다는 대등한 입장에서 함께 진리를 향해 나아가는 공간을 원했던 것 같다.

그러나 아리스토텔레스는 강의방식은 자유롭고 유희적인 데가 있지만, 자신의 저술방식에서는 훨씬 체계적이고 위계적인 것으로 보인다. 이런 점에서 이데아라는 하나의 주제를 다양한 각도에서 탐구하는 일종의 방사형 구조를 이루고 있는 플라톤의 대화편과 대조를 이룬다. 아리스토텔레스의 저술은 학문의 도구 내지 입문학으로서 논리학, 이론학으로서 자연학과 형이상학, 실천학으로서 윤리학과 정치학, 제작학으로서 시학과 수사학 등으로 분류되어 있다. 물론 아리스토텔레스가 처음부터 이렇게 분류한 것은 아니고 기원후 1세기 경 알렉산드리아의 도서관의 사서였던 안드로니코스가 그렇게 편집하고 분류한 것이다. 그러나 안드로니코스의 분류가 자의적일 수 없었던 까닭은 이미 아리스토텔레스가 그런 분류를 암묵적으로 전제하면서 자신의 저서, 더 정확히 말하면 강의록을 작성했기 때문이다.

▪ 아리스토텔레스의 강의록의 편집과정에 대해

사실 우리가 접할 수 있는 아리스토텔레스의 저서들은 모두 12년 동안 리케이온에서 강의록이다. 그가 대중을 위한 출판했던 책들은 모두 사라졌다. 사실 강의록도 모두 잃어버릴 뻔했다. 여기에는 사연이 있다.

알렉산드로스 대왕은 그리스를 정복하고 이집트, 페르시아를 거쳐 인도 북부까지 파죽지세로 정복을 해나갔지만 병에 걸려 죽고 만다. 그는 각 나라를 정복한 후에 그 나라의 왕 및 왕족들을 모두 죽이고 자신의 참모를 왕으로 세운다. 알렉산드로스가 죽더라도 구 왕권복구 운동이 일어날 가능성은 없었다. 이점에서 나중에 마키아벨리는 『군주론』에서 알렉산드로스의 선택을 칭송한다. 그러나 문제는 알렉산드로스에게 자식이 있었지만 그는 너무 어렸고 더욱이 그리스 출신이 아닌 피정복민 출신 여성과 결혼해서 낳은 아들이었다. 마케도니아 제국의 각국의 왕들 입장에서 그를 황제로 옹립하려고 하기보다는 자신이 황제가 되고자 하는 마음을 갖게 되었고, 결국 각 나라의 왕들 간의 황제다툼 과정에서 마케도니아 제국은 붕괴하고 만다.

이런 혼란한 틈을 타 아테네에서도 반마케도니아 운동이 발생했고, 알렉산드로스의 스승이었던 아리스토텔레스에 대한 적대감이 팽배해진다. 출판된 그의 저서들은 모두 불태워졌고, 그의 학교 역시 폐교의 위기에 처하게 된다. 그는 급하게 아테네를 떠나야 했기 때문에 자신의 강의록을 모두 제자 테오프라스토스에게 맡겼고, 200년 넘게 소아시아 트로아스 지방의 스켑시스라는 곳에 보관되었다.

아리스토텔레스는 모친의 고향인 칼키스로 피신했지만, 불행하게도 1년 후에 위장병으로 63세의 나이로 죽고 만다. 다만 다행스러운 것은 그 후 기원후 1세기 경 알렉산드리아 도서관 사서 안드로니코스에 의해 강의록은 발굴되었고 앞서 지적했듯이 아리스토텔레스의 강의록은 저서로서 새롭게 분류된다.

6. 극단에서 또 다른 극단이 아닌 중도와 통합으로 : 아리스토텔레스 진로 내러티브와 철학

안드로니코스가 분류한 아리스토텔레스의 12년간의 리케이온 강의록을 보면, 그는 이오니아 지역의 밀레토스 학파와 헤라클레이토스의 물, 불, 공기, 아페이론 등의 아르케론과 엠페도클레스의 4원소설과 데모크리토스의 원자론 등 자연철학적 전통과 아테네의 소피스트와 소크라테스, 플라톤의 변증론과 실천철학 전통, 플라톤에 의해 계승된 이탈리아의 피타고라스학파나 엘레아학파의 형이상학적 전통을 종합한 철학자다. 유사 이래로 아무리 지적으로 뛰어난 자라고 하더라도 아리스토텔레스만큼 그 이전과 당대의 모든 학문을 종합한 자는 존재하지 않을 것이다. 물론 아리스토텔레스의 철학에는 플라톤의 철학이 빛처럼 앞서거나 그림자처럼 뒤따르며 깊숙이 영향을 미치고 있는 것은 사실이다. 그러나 아리스토텔레스의 진로 내러티브와 연관성을 고려할 때 유년시절과 청장년 시절 아리스토텔레스를 사로잡았던 플라톤에 대한 양가감정과 우월추구는 그의 철학에서 새로운 양상으로 나타난다. 앞서 살펴보았듯이 플라톤의 윤리학과 정치철학은 이상주의, 엘리트주의의 전형이다. 반면 아리스토텔레스의 윤리학과 정치학은 중용주의와 대중주의적인 특성을 갖는다.

아들러의 개인심리학의 이론에 의거하면 열등감의 보상기제로서 우월추구가 가장 건강하게 작동하기 위해서는 우월추구의 과도함을 절제해야 하며, 자기초점화된 개인주의에서 타인초점화된 공동체주의로의 전환이 필요하다. 아리스토텔레스의 윤리학은 한마디로 표현하면 중용의 철학이며, 그의 정치철학은 다수의 중간계급을 중심으로 한 안정된 정치체제를 추구한다. 이런 점에서 아리스토텔레스의 열등감이 열등감 콤플렉스와 악화되면서 과도한 우월추구와 자기중심주의로 나아간 것이 아니라 오히려 절제와 공동체에 대한 강조로 나아간 사실은 경이롭기까지 하다.

윤리학에서 중용

행복에 대한 아리스토텔레스의 설명을 들어보자.

> 우리는 그 자체로 추구되는 것이 다른 것 때문에 추구되는 것보다 완전하다고 말한다. 따라서 언제나 그 자체로 선택될 뿐 다른 것 때문에 선택되지 않는 것이 완전하다. 행복이 그렇게 완전한 것으로 보인다. 우리는 행복을 언제나 그 자체 때문에 선택하지 다른 무엇 때문에 선택하지 않는다. 따라서 행복은 최고선(최고로 좋은 것)이다. 인간의 기능을 이성에 따른 영혼의 활동이라고 한다면, 인간적인 좋음은 탁월성(훌륭함, 덕 excellence)에 따른 영혼의 활동이고, 그 활동 자체가 곧 행복이다.
>
> – 아리스토텔레스, 『니코마코스 윤리학』

그는 인간 고유의 행동의 궁극적 목적이 무엇인가를 탐구하고 있다. 인간은 이성적 영혼을 가졌기에 운동의 기능을 담당하는 동물적 영혼이나 신진대사를 담당하는 식물적 영혼과 달리 지적인 사유의 기능을 수행한다. 물론 여기서 말하는 사유는 한편으로는 이론적 사유활동일 수도 있고, 실천을 위한 사유활동일 수도 있다. 아리스토텔레스는 소피아, 즉 진리를 추구하는 테오리아, 관조로서 이론적 사유활동과 프로네시스, 분별력으로서 실천적 사유활동을 구분한다. 프로네시스는 그 자체로 목적으로서 선택되지 다른 것을 위한 도구나 수단으로 선택되지 않는 것, 즉 완전한 것을 추구한다. 완전한 것으로서 최고선은 행복이다. 다만 여기서 행복은 어떤 결과나 상태가 아니라 탁월성에 따른 영혼의 활동 그 자체라는 점이다. 아리스토텔레스의 행복주의 윤리학은 근대의 공리주의 윤리학과 구별된다. 전자는 활동으로서 행복을 말하는 반면 후자는 결과, 상태로서 쾌락의 최대화이기 때문이다. 여기까지만 보면 행복이라는 게 이성적 영혼의 탁월한 활동이라는 점에서 그것은 마치 몇몇 소수의 예외적인 이성적 능력을 지닌 자에게만 허용된 것처럼 보인다.

그런데 여기서 말하는 탁월성의 의미를 이해하게 되면 행복이 예외적인 이상상태가 아님을 알 수 있다.

이제 탁월성이 무엇인지를 검토해야 한다. 영혼 속에서 생겨나는 것이 세 가지, 즉 감정pathos, 능력dynamis, 품성상태hexis이다. 탁월성은 이 셋 중에서 하나일 것이다. 내가 말하는 감정이란 욕망, 분노, 두려움, 대담함, 시기, 기쁨, 친애, 미움, 갈망, 시샘, 연민, 일반적으로 즐거움이나 고통을 동반하는 것들이다. 또 능력이란 그것에 따라 우리가 이러한 감정들을 경험할 수 있게 된다고 말하는 것들로, 가령 화를 낼 수 있거나 슬퍼할 수 있거나 연민을 느낄 수 있게 하는 능력들이다. 품성상태란 그것에 따라 우리가 감정들에 대해 제대로 태도를 취하거나 나쁘게 태도를 취하는 것이다. 예를 들어 분노와 관련해서 너무 지나치거나 너무 느슨하다면 우리는 나쁘게 태도를 취하는 것이며, 중용적이라면 제대로 태도를 취하는 것이다. 연속적이고 분할할 수 있는 모든 것에서는 더 많은 양을 혹은 더 적은 양을 혹은 동등한 양을 취할 수도 있다. 그리고 이때의 더 많고 적음이나 동등함은 대상 자체에 따라 이야기될 수도 있고, 우리와의 관계에 따라 이야기될 수도 있다. 이때 동등함ison은 지나침과 모자람의 중간이다. 대상에 있어서 중간은 각각의 끝에서 같은 거리만큼 떨어진 것을 말하는데, 이것은 모든 사람에게 하나이며 동일하다. 반면 우리와의 관계에서 중간은 너무 많지도 않고 너무 모자라지도 않은 것을 말하는데, 이것은 모든 사람에게 하나이지도 않고 동일하지도 않다. 내가 말하는 탁월성은 성격적 탁월성이다. 왜냐하면 이것은 감정들과 행위들과 관련하며 이것들 안에 지나침과 모자람, 그리고 중간이 있기 때문이다. 예를 들면 두려워하는 일이나 대담해지는 일, 욕망하는 일이나 화를 내는 일, 또 연민을 갖는 일, 일반적으로 즐거워하거나 고통스러워하는 일은 너무 많이 할 수도 있고 너무 적게 할 수도 있지만, 양자 모두에게 있어서 잘하는 것은 아니다. — 아리스토텔레스, 『니코마코스 윤리학』

아리스토텔레스가 말하는 영혼의 탁월성은 감정이나 능력으로서 탁월성이 아니라 품성, 습성으로서 탁월성이다. 그도 그럴 것이 감정은 그 자체로 칭찬할만한 것도 비난할 것도 아닌 결과나 상태이며, 또한 그런 감정을 느끼는 능력도 선천적으로 주어져 있기에 어떤 노력이나 선택의 귀결이 아니다. 반면 품성은 감정에 대해 취하는 태도로서 분별력 있는 선택이 요구되며 또한 훈련이 필요하다. 그런 점에서 품성만이 도덕적으로 칭송되거나 비난받을 수 있는 것이다.

그렇다면 감정에 대한 분별력 있는 태도로서 품성의 탁월성은 무엇인가? 그것은 중용이다. 도덕에서 요구되는 중용은 대상의 중용이 아니라 우리와의 관계에서 중용이다. 중요한 것은 모든 사람에게 동일한 규범이 아니라 사람의 기질, 능력에 따라, 사람이 처해있는 처지나 지위에 따라 달라질 수밖에 없다는 점이다. 이 점에서 중용은 예외적인 소수의 재능 있는 인물들만이 독점할 수 있는 게 아니라 모든 사람이 각자의 처지와 위치에서 준수해야 될 분별력이다. 또한 플라톤에 있어 통치자의 지혜의 아레테가 수호자 계급의 기개나 상인, 노동자 등의 절제보다 상위의 아레테라는 점에서 위계성과 엘리트주의가 전제되어 있는 반면, 아리스토텔레스에게 중용의 아레테들은 맥락과 상황을 고려한다는 점에서도 동등한 덕목들이다. 더욱이 아리스토텔레스의 윤리학은 이상, 규범이라는 의미의 극단이 아니라 적절함의 의미에서 중용을 추구한다는 점에서 아리스토텔레스의 열등감의 보상기제로서 우월추구가 건강한 방향을 찾은 것으로 보인다.

정치철학에서 중용

아리스토텔레스의 정치학은 실천철학의 테두리 내에서 개인차원의 중용의 윤리를 공동체 차원의 시민의 생활방식으로 확장시켰다.

우리는 이제 대다수의 국가와 사람들에게 최선의 정치질서와 생활방식이 무엇인가를 고찰해 보아야 한다. 여기서 우리는 보통 사람들이 도달할 수 없을 정도의 우수성이나 예외적인 재능과 특별한 시설을 요구하는 교육 수준 또는 이상적인 상태를 성취하는 정치질서를 기준으로 삼지는 않을 것이다. 우리는 그저 대다수의 사람들이 누릴 수 있는 정도의 생활과 대다수의 국가가 향유할 수 있는 종류의 정치질서에만 관심을 집중할 것이다. … 우리가 『윤리학』에서 나온 언명들, 곧 (1) 진실로 행복한 생활이란 모든 장애로부터 벗어난 선의 생활이며, (2) 선이란 중용에 있는 것이라는 언명들을 진실이라고 받아들인다면, 최선의 생활방식은 중용에, 즉 각 개인이 실천할 수 있는 중용에 있다는 결론이 나온다. 나아가 시민들이 좋은 생활방식을 갖고 있는가, 아니면 나쁜 생활방식을 갖고 있는가를 결정하는 기준들은 정치질서를 평가하는 데에도 마찬가지로 적용되어야 한다. 왜냐하면 정치질서란 시민들의 생활방식이기 때문이다.

— 아리스토텔레스, 『정치학』

아리스토텔레스는 명시적으로 대다수의 국가와 시민들에게 요구되는 정치질서와 생활방식을 고찰하려고 할 뿐, 보통사람들이 도달할 수 없을 정도의 우수성이나 예외적인 재능과 특별한 시설을 요구하는 교육수준 또는 이상적인 상태를 성취하는 정치질서를 기준으로 삼지 않는다. 이 대목에서 아리스토텔레스는 분명히 자신의 스승 플라톤의 정치철학이 갖는 이상주의, 엘리트주의를 넘어서고 있다.

아리스토텔레스는 윤리학에서 얻어낸 결론으로서 최고선으로서 행복과 여기에 이르는 아레테로서 중용을 정치질서와 시민의 생활방식에 확장시키고 있다. 아리스토텔레스가 적절하다고 판단하는 사회는 사회의 다수를 이루는 중산층이 지배하는 사회이다.

모든 국가에는 세 개의 계급이 있다. 아주 부유한 사람들, 아주 가난한 사람들, 그리고 그 사이에 존재하는 중간계급. …… 국가는 가능한 한 평등하며 동등한 사람들로 구성된 사회가 되고자 한다. 다른 어떤 계급보다 중간계급이 이러한 조건을 갖추고 있다. 중간계급에 기초를 두는 국가가 최선의 질서를 갖고 있음에 틀림없다. 중간계급이야말로 국가를 구성하는 자연스러운 요소이기 때문이다.　　　　－ 아리스토텔레스, 『정치학』

　플라톤이 사회를 통치자, 수호자, 상인으로 나누고 있다면 아리스토텔레스는 사회를 직업과 상관없이 경제적 부를 기준으로 부유층, 빈곤층, 중산층으로 나눈다. 플라톤이 통치자와 수호자, 상인계층 간의 계급사회를 주장한다면, 아리스토텔레스는 중산층이 다수가 되는 평등사회를 주장한다. 여기서 평등은 그 자체로 의미 있는 가치라기보다는 구성원들 간의 평등이 사회의 안정을 도모하는데 효과적이기 때문에 의미가 있다. 결국 그가 말하는 안정이 사회의 최고선으로서 행복이라면, 평등은 그런 사회적 행복을 가져오는 시민들의 아레테로서 중용을 의미한다.
　그런데 이런 의문이 들 수 있다. 과연 중산층이라는 점이 시민의 생활양식에서 어떤 의미에서 중용일 수 있는가? 아리스토텔레스는 시민의 최선의 생활양식의 가장 중요한 기준으로 타인에게 피해를 입히지 않는 공동체 정신에 큰 의미를 둔다.

　중간계급은 다른 어떤 계급보다도 안전하다. …… 그들은 가난한 사람들처럼 다른 사람의 물건을 탐내지도 않고 부자들처럼 다른 사람들이 그들의 물건을 탐내지도 않는다. 또한 부자들처럼 다른 사람에 대하여 음모를 꾸미지도 않고 가난한 사람들처럼 다른 사람들이 그들에 반反하여 음모를 꾸미지도 않는다.   – 아리스토텔레스, 『정치학』

아리스토텔레스가 보기에 타인, 다른 집단에 대한 탐욕과 음모야말로 공동체의 안전을 해치는 가장 큰 악덕이다. 부유한 자들의 사치와 방탕은 다른 사람들, 특히 가난한 사람들에게는 탐욕을 불러일으킨다. 또한 부자들은 다른 사람에 대하여 음모를 꾸미며, 다른 사람들이 가난한 사람에 반하여 음모를 꾸민다. 탐욕의 경우에는 가난한 사람들은 탐욕의 주체가 되고, 부자들은 탐욕의 대상이 된다. 반면 음모의 경우에는 부자들이 음모의 주체가 되고, 가난한 사람들은 음모의 대상이 된다. 그러나 탐욕이든 음모든 사회의 갈등과 대립을 낳는 주요 원인이다. 반면 아리스토텔레스가 보기에 중산층은 이런 음모나 탐욕의 주체도 대상도 되지 않는다. 그만큼 적절한 부를 갖추고 있으면 타인이나 다른 집단에 대해 위해를 끼치고자 하는 동기나 이유가 없으며 그만큼 공동체의 안전에 기여한다.

다만 중산층이라는 기준만으로는 사회의 안전을 보장하지 못한다. 수적으로도 다수여야 한다.

이제까지 논의한 것에 따르면 다음과 같은 점이 분명해진다. 첫째, 최선의 형태를 가진 정치사회는 권력이 중간계급의 손에 있는 사회이며, 둘째, 중간계급의 규모가 큰 국가가 좋은 정부를 구현할 수 있다는 것이다. 중간계급의 규모는 가능하다면 다른 두 계급을 합한 것보다 크거나, 아니면 적어도 두 계급 중 어느 하나보다는 커야 한다. 왜냐하면 후자의 경우에는 중간계급이 어느 한쪽에 가세하여, 서로 적대하는 양 극단 중의 어느 하나가 국가를 지배하게 되는 사태를 방지할 수 있기 때문이다.

— 아리스토텔레스, 『정치학』

중산층의 규모가 다른 두 계급의 규모의 합보다 크다면 다른 두 계급 중 어느 쪽의 탐욕과 음모도 반란이나 폭동으로 이어지는 것을 차단할 힘이 있다. 또한 적어도 두 계급 중 어느 하나보다 크다면 부자나 가난한 사람들이 어차피 함께 연합하기는 어려울 것이고 어느 한쪽이 반란과 폭동을 일으킨다면, 중산층은 다른 한쪽과 연합해서 그런 갈등을 차단할 힘을 갖고 있다. 여기에는 그만큼 중산층이 양쪽 계급에 대해서 상대적으로 우호적일 수 있다는 전제가 깔려 있다.

따라서 국가의 구성원들이 적절하고 알맞은 재산을 갖고 있다면, 이는 그 국가에 아주 좋은 일이다. 어떤 사람들은 재산이 많고 또 어떤 사람들은 재산이 전혀 없는 경우, 그로 말미암아 **극단적인 민주주의** 또는 **단순한 과두정치** 심지어 **폭군정치**까지도 초래될 수 있다. 중간계급이 지배하는 정치질서나 혹은 그와 유사한 정치질서로부터는 이러한 폭군정치가 나올 가능성이 훨씬 적다.(강조는 인용자에 의함)

— 아리스토텔레스, 『정치학』

결국 아리스토텔레스가 최선의 정치질서로 생각하는 정치형태는 가난한 사람들이 지배하는 극단적인 민주주의나 그들의 힘을 기반으로 하는 폭군정치 혹은 부자들이 지배하는 과두정치가 아니라 중산층이 지배하는 정치질서이다.

7. 아리스토텔레스의 진로 내러티브와 캐릭터 아크

아리스토텔레스는 청소년과 청년시절 아카데미아의 우등생이요, 청장년시절 알렉산드로스의 스승이요, 중년 이후 아카데미아에 바금가는 학교였던 리케이온의 설립자요 원장이라는 그의 진로 내러티브에 걸맞지 않게 유년기 극심한 열등감에 시달렸던 소년이었다라고 말한다면 사람들은 곧이곧대로 받아들일까? 설령 그가 유년기에 열등감에 시달렸다는 것이 그의 성인 이후 진로 내러티브와 철학과 무슨 상관이란 말인가라는 반론을 제기할 수도 있다.

열등감은 인간에게 너무나 자연스러운 감정이다. 특히나 아이들이 열등감이든 그에 대한 과잉보상으로 우월감에 사로잡혀 있는 것은 너무나 정상적이다. 중요한 것은 이런 열등감이나 우월감이 인간의 성장에 어떤 영향을 미치느냐이다. 유년기 아리스토텔레스는 평민출신임에도 뛰어난 의사였던 아버지 덕분에 당시 왕이었던 아민타스 2세의 주치의인 아버지를 따라 궁에 들어가 당시 왕자였던 필립포스2세와 어울리게 되면서 알게 모르게 왕자와 비교되는 평민으로서 자신의 신분에 대한 열등감에 시달린다. 마케도니아 스타게이로스 출신, 그러니까 아테네도 아니고 그리스 도시국가 출신도 아닌 변병국가 출신 아리스토텔레스는 플라톤의 아카데미아로 유학을 와서 비아테네, 비그리스인이라는 조롱과 비웃음을 알게 모르게 겪으면서 또 다른 열등감에 시달렸을 것이다. 그러나 그에게 가장 큰 열등감과 함께 인정욕구와 우월추구의 추동을 불러일으킨 사람은 바로 스승 플라톤이었다. 출신도 아테네 최고의 가문출신인데다 모든 면에서 뛰어났던 플라톤은 자신의 정치철학에서도 탁월한 지혜를 가진 철인에 의한 통치를 주장한다는 점에서 뼈 속까지 엘리트주의에 물들어 있는 인물이었다. 그에 따라 아리스토텔레스에게 플라톤은 말 그대로 '넘사벽'이었을 것이다. 그러나 아리스토텔레스의 열등감, 인정욕구, 우월추구는 병리적이지도 비정상적이지도 않았다. 오히려 엘리트주의와 이상주의에 치우쳐 있던 플라톤의 철학에 맞서 중산층을 기반으로 한 공동체주의, 중용의 현실철학을 내세운 아리스토텔레스의 철학은 극단에 맞선 또 다른 극단이 아닌 극단의 진정한 극복으로서 중용을 추구한 철학이다.

엘리트주의의 극복은 우민주의, 중우정치가 아닌 중산층 중심의 민주주의이다. 개인주의의 극복은 전제주의나 절대주의가 아니라 다양한 개인 간, 집단 간 평화와 안정을 도모하는 공동체주의이다. 탁월성에 대한 대립은 열등함이 아니라 중용이다. 아리스토텔레스의 진로 내러티브와 철학도 이런 맥락에서 이해되어야 한다. 그는 플라톤처럼 통치자, 왕의 스승이 되려고 하기보다는 왕이 되고자 하는 왕자의 스승이 되는 것에 만족했다. 알렉산드로스는 자신이 왕이 되자 더 이상 아리스토텔레스의 가르침을 받지 않았고, 아리스토텔레스 역시 왕의 스승으로 남으려는 미련 없이 아테네로 돌아온다. 쾌락에 대한 금욕적 절제를 주장하던 플라톤과 달리 아리스토텔레스는 쾌락에 대한 적절한 중용적 태도를 주장할 뿐이다. 그는 신체적, 감각적 현실을 벗어나 초월적 세계에서 이상과 이데아를 찾기 보다는 신체적, 감각적 경험 속에서 다시 말해 현실 속에서 형상을 찾고자 했다.

현대인, 그러니까 다른 시대의 정치경제체제보다 경쟁을 최우선의 가치로 여기는 현대 자본주의 사회의 구성원으로서 우리는 어느 누구도 열등감과 우월감의 추동의 소용돌이에서자유로울 수 없다. 특히나 이런 열등감과 우월감의 추동의 소용돌이는 교육과 진로에서 가장 강력하게 휘몰아치기 마련이다. 나 역시 누구보다 열등감과 우월감에 얽매여 온 사람이다. 여전히 인정에 대한 갈망과 우월해지고 싶은 욕구는 한시도 멈추지 않고 심장박동처럼 요동치고있다. 우리가 공부나 진로와 관련해서 아리스토텔레스의 진로 내러티브와 철학에서 배울 수 있는 점은 바로 극단에 대한 대립은 또 다른 극단이 아니라 중용과 통합이라는 점이다. 한번 물어보자. 지금 나와 여러분은 자신의 진로에서 어떤 극단에 빠져 있는가? 극단을 넘어선 또 다른 극단이 아닌 중용의 길은 무엇인가?

아리스토텔레스의 커리어 스토리

1. **집념** : 평민, 비아테네인으로서 열등감과 플라톤으로부터 인정욕구
2. **롤 모델** : 엘리트주의, 이상주의자 플라톤
3. **흥미** : 강의에서는 산책로를 걸으며 학생, 학자들과 동등한 위치에서 대화를 통해 철학하기를 선호했지만, 저서의 집필에서는 위계적이면서 체계적인 질서와 순서를 갖춘 학문들의 통합을 추구함
4. **스토리** : 아카데미아 학생으로 자신의 철학자로서 경력을 시작했고 20년 가까이 아카데미아에 머물며 플라톤 철학을 섭렵했고, 아카데미아를 떠난 후 조국 마케도니아의 미래 왕이 될 알렉산드로스의 스승이 되었고, 그의 도움으로 아테네에 아카데미아에 버금가는 교육기관 리케이온을 세워 교사와 원장을 하면서 플라톤의 철학을 넘어서는 학문의 체계적 수립자가 되길 원함
5. **철학** : 중용의 윤리와 정치철학

● **참고문헌**

아리스토텔레스, 강상진, 김재홍, 이창우, 『니코마코스 윤리학』, 길, 2011
아리스토텔레스, 천병희 옮김, 『정치학』, 숲, 2009

07. 데카르트

군인, 수학자와 과학자, 철학자
그리고 여왕의 철학교사의 길

1. 바로크 시대 마녀사냥과 마녀재판

데카르트가 태어나 활동했던 16세기 후반과 17세기 전반의 유럽은 극심하게 혼란스러웠던 시기였다. 경제적으로는 남미로부터 은이 대량으로 유입되면서 물가가 상승했고, 여기에 인구의 증가에 따른 수요의 증가도 한몫을 했다. 종교적으로는 루터와 칼뱅의 종교개혁과 그에 대항한 카톨릭의 반종교개혁 간의 갈등이 첨예했고, 정치적으로는 카톨릭을 지지하는 국가들—주로 스페인, 오스트리아, 이탈리아 등—과 개신교를 지지하는 국가들—주로 잉글랜드, 독일(프로이센), 덴마크, 스웨덴 등—간의 30년간 종교전쟁이 있었다. 이런 경제적, 종교적, 정치적 갈등과 혼란 속에서 가장 큰 피해를 입는 것은 대부분의 역사가 그렇듯이 무지한 민중들이었다.

데카르트의 진로와 철학을 이해하는데 있어 주목할 필요가 있는 사회현상은 바로크 시대 마녀사냥 내지 마녀재판이다. 문화인류학자 마빈 해리스의 이야기를 들어보자.

마녀사냥 제도의 주된 결과는 가난한 사람들이 자신들이 영주나 교황의 희생물이라는 사실을 깨닫지 못한 채 단지 마녀나 악마의 희생물이라고 믿게 만들었다는 사실이다. '당신네 암소가 낙태했다지? 당신네 밭의 귀리는 잘 크지 않는다면서? 당신네 포도가 시어졌다면서? 당신의 자식이 죽었다면서 당신네 울타리를 부수고 빚에 쪼들리게 하게 당신의 농토를 탐내는 자는 바로 당신의 이웃 ······. 마녀로 변한 당신의 이웃이다.' ······ 교회와 국가는 가공할 적들을 격퇴하자는 힘찬 캠페인을 시작했다. ······ 결국 마녀재판이 지닌 실질적인 의미는 마녀광란을 통해 중세후기 사회 위기에 대한 책임을 국가와 교회로부터 인간의 형태를 취한 가상의 괴물들에게 전가시켰다는 데에 있다. 고통당하고 소외되고 헐벗은 대중은 부패한 성직자나 탐욕스러운 귀족을 저주하는 대신 미쳐 날뛰는 악마들을 저주하게 되었다.
— 마빈 해리스, 『문화의 수수께끼』

여기서 마빈 해리스가 말하는 중세후기란 바로 16, 17세기 바로크 시대를 말한다. 경제적 인플레이션과 종교 갈등에서 촉발된 여러 국가 간 종교전쟁은 민중들의 삶을 수탈하며 그들을 지옥 같은 삶으로 내몰았다. 브레히트가 쓴 글을 보면 갈릴레이는 당시의 농민들의 상황을 이렇게 묘사한다.

도대체 왜 그들에겐 아무 것도 없습니까? 왜 이 땅의 질서는 텅 빈 금고金庫의 질서뿐이며, 이 땅의 필연성은 죽도록 일하는 것뿐이오? 무성한 포도원 사이에서, 밀밭을 바로 옆에 두고서! 자비심 깊은 예수님의 대리인이 스페인과 독일에서 벌이고 있는 전쟁 비용은 당신의 캄파냐 농부들이 치르고 있습니다. 왜 그 대리인이 지구를 우주의 중심점에다 갖다 놓을까요? 베드로의 교권이 지구의 중심에 있도록 하기 위해서죠. 문제는 베드로의 교권이지요.
　　　　　　　　　　　　　　　　　　　　　　　— 브레히트, 「갈릴레이의 생애」

　마빈 해리스도 브레히트도 모두 당시 농민들의 끝없는 노동과 궁핍과 질병과 죽음의 책임을 종교전쟁을 통한 자신들의 권력과 지배에 혈안이 되어 있던 교회와 국가가 져야 한다고 본다. 그러나 교회나 국가 입장에서 이런 진실을 농민들이 알아서는 안 된다. 그들이 겪고 있는 지옥 같은 고통의 이유를 그들에게 다르게 설득시킬 필요는 있다. 교회와 국가가 고안해낸 것은 바로 마녀사냥과 재판이다. 물론 기독교는 항상 악의 문제, 악마의 존재를 숙명처럼 떠안고 있다. 그러나 이 당시만큼 악마가 기독교에 의해서 최대로 악용된 적은 없었을 것이다. 쉽게 말해 농민들의 겪는 지옥 같은 고통의 원인이 사실은 전쟁을 위한 교회와 국가의 수탈이 아니라 자신들의 이웃들 중 악마에 사로잡힌 자들 때문이라는 논리야말로 교회와 정부의 책임을 민중들 가운데 우매하면서 취약한 개인들에게 전가시키는 데 가장 효과적인 이데올로기였다.

2. 집단적, 개인적 방어기제 : 분열, 투사, 내사

민중에게 마녀사냥과 마녀재판이 먹히기 위해서 세 가지 방어기제가 활용된다. 첫째, 모든 문제를 선과 악의 문제로 분열시켜 바라보는 경계선적 방어기제다. 마을 내에서 비록 재산은 어느 정도 있지만 남편이나 가장이 전쟁터나 노역에 끌려 간 집안의 아내나 딸들 중에 조금이라도 마을의 관습이나 도덕에 어긋난 행동을 보이는 자가 있으면 그녀를 마녀로 내몰면서 마을에 발생한 흉년, 가축의 유산과 질병 등의 책임을 뒤집어씌운다. 둘째, 마녀로 몰린 여자와 이해관계가 있건 없건 간에 마을사람들은 자신들 안에도 그녀와 비슷한 행동이나 성향이 있을 법한 부분, 칼 융의 개념을 활용하면 그림자를 그녀에게 투사시키며 마녀로 내몬다. 셋째, 마녀로 몰린 여자는 자신이 마녀라고 자백하지 않는 이상 끝나지 않을 고문과 폭행을 당한다. 이때 이런 재판을 주관하는 자는 대개가 마을에서 가장 존경받는 성직자이거나 인근 도시의 명망 있는 법률관이다. 그들은 고문당하는 마녀와 대조적으로 절대선을 상징하는 자들이며 대부분의 마을사람들은 재판관과 자신을 심리적으로 동일시하고 내사하면서 함께 마녀를 심판하는 것에서 정당성을 느낀다. 이와 같은 분열과 투사와 내사의 방어기제는 집단적으로 작용할 수도 있고, 개인적으로도 작용될 수 있다. 또한 이 방어기제는 병리적으로 작용할 수도 있고 정상적으로도 작용한다.

분열과 투사 그리고 내사의 방어기제가 집단적, 병리적으로 작동하는 예는 무수히 많다. 독일정부는 1차 세계대전의 패전국으로 엄청난 전쟁배상금을 물어야 했고 이를 마르크화를 더 발행함으로써 해결하고자 했다. 또한 1920년대 후반부터 미국에서 시작된 경제대공화의 여파로 독일은 초인플레이션을 겪으면서 1930년대 초반 국가경제의 붕괴를 경험한다. 전쟁패배의 심리적 무기력과 경제 붕괴의 재정적 무기력의 이중고를 겪고 있지만, 정치경제학적 지식이 부족했던 대다수의 독일인은 자신들의 궁핍의 이유를 잘 알지 못했다. 이 당시 소수당에 불과했던 히틀러의 국가사회주의당, 소위 나치는 당시 독일의 금융시장을 지배하고 있던 유대인들에게 책임을 돌리기 시작했다. 이런 나치의 반유대주의는 독일국민들에게 큰 설득력이 있었고 유대인들은 단순히 경제붕괴의 책임을 넘어 열등하면서도 사악한 인종으로 누구보다 우수하고 선한 아리안 인종을 파국을 몰고 가고 있다는 점에서 증오의 대상이 된다. 우리가 잘 알고 있듯이 그 다음 시나리오는 유대인의 추방, 수용 그리고 대량 학살의 단계를 밟아갔다. 나치의 유대인 학살에서도 여지없이 집단적인 분열과 투사 그리고 내사의 방어기제가 작용했다. 독일인들은 순수 독일혈통으로서 우월한 인종인 자신들 아리아인과 전 세계를 경제대공황의 위기로 몰아넣은 열등한 인종인 유대인을 선과 악의 집단으로 분열시키고, 자신 내부에 있는 반 기독교적이고 경제적 이익을 우선시하는 성향들을 유대인에게 투사시키고, 자신들에게 히틀러처럼 절대적 선으로 여겨지는 인물을 내사함으로써 유대인에 대한 추방, 수용, 학살을 정당화했다.

중요한 것은 이런 방어기제의 작용방식이 의식적으로 이루어지는 것이 아니라 무의식적으로 이루어진다는 점이다. 또한 이런 방어기제가 반드시 병리적으로만 작동하는 것은 아니라는 점이다. 누구나 어떤 이유에서든지 극도로 불안에 사로잡히면 사람들은 다양한 방어기제를 통해서 그런 불안을 해소하고자 한다. 그런 점에서 개인적, 정상적 차원에서 분열과 투사 그리고 내사의 방어기제가 데카르트의 철학에서 나타날 때는 의아스럽기도 하지만 그의 철학이 유독 다른 어떤 철학보다 명석판명한 확실성을 추구함으로써 내적인 불안을 극복하려는 양상을 보면 이해가 될 것이다. 이후 상론하겠지만 데카르트의 주저인『제일철학에 대한 성찰』(1641)의 방법적 회의의 과정을 보면 의심 불가능한 확실한 진리를 위해 의심과 회의를 하는 정상적인 자와 단순히 환각과 망상에 사로잡혀 있는 비정상적인 광인을 분리시킨다. 또한 내가 착각하고 기만당하는 문제의 탓을 나의 인식적 유한성에서 찾지 않고 전능한 악령에게 투사시켜 전능한 악령의 속임, 기만의 책임으로 전가시킨다. 끝으로 자신 안에 있는 생득관념으로서 완전성의 관념을 절대적으로 선하며 완전한 신의 창조의 내사의 증거로 여김으로써 자신과 신을 연결시킨다.

물론 우리는 당대 마녀재판의 집단적 경계선적 무의식에 사로잡힌 민중들의 방어기제와 데카르트의 방어기제가 동일한 불안에서 비롯되었다고 주장하려는 것은 아니다. 다만 우리는 당대 사회적으로 불안의 분위기가 지배적이었고 집단적으로든 개인적으로든 다양한 양상의 분열, 투사, 내사의 방어기제가 나타날 수 있다는 것을 강조하고 싶은 것이다.

3. 데카르트의 불안의 첫 번째 기원 : 프로테스탄티즘

데카르트의 불안을 이해하기 위해서 당대 집단적 불안의 문제를 좀 더 파고들어 가보자. 데카르트가 20대 초반이 되었을 무렵 유럽은 종교전쟁의 소용돌이에 빠지게 된다. 데카르트도 이 종교전쟁의 소용돌이로부터 자유로울 수는 없었던 것 같다. 데카르트는 어떤 때는 카톨릭쪽 국가의 장교로, 또 다른 때에는 개신교적 국가의 장교로 참전했다. 아마도 데카르트의 종교적 신념은 분명하지 않았던 것 같고 전쟁에 참여한 주요 동기는 데카르트 말대로 '세상이라는 거대한 책'에서 뭔가를 배워보겠다는 젊은 시절의 모험과 치기였던 것으로 보인다.

그러나 프랑스에서 태어나 청장년시기에 네덜란드에서 활동했던 데카르트도 주로 16, 17세기 자본주의가 가장 발달했던 네덜란드, 영국, 프랑스에서 가장 강력한 정치적·문화적 투쟁을 불러일으켰던 칼뱅주의 신앙의 영향을 받았던 것으로 보인다. 칼뱅주의 신앙의 핵심교리인 예정설을 잘 설명해주는 1647년 웨스트민스터 신앙고백의 몇 개 조항을 살펴보자. 먼저 9장 3항에 있는 자유의지에 대한 조항이다.

사람은 타락해 죄의 상태에 빠짐으로써 정신적 선과 구원으로 인도하는 모든 의지를 상실했다. 따라서 사람은 선을 저버리고 죄 가운데 죽기 때문에 자신의 잘못을 회개하거나 이를 준비하는 것조차 불가능하다.

― 막스 베버, 『프로테스탄티즘과 자본주의 정신』

다음은 3장 3항과 5항의 신의 영원한 결정에 대한 조항이다.

신은 당신의 영광을 드러내기 위해 어떤 사람에게는 영원한 생명을 예정하셨고, 또 어떤 사람에게는 영원한 죽음을 예정하셨다. 이는 오직 신의 결정으로 이루어졌다. 영원한 생명으로 예정된 사람들은 신이 당신의 영원하고 변함없는 그리고 당신의 결단에 따라 선택한 사람들로서 이는 순수하게 자유로운 은총과 사랑에서 나온 것이다. 믿음이나 선행, 혹은 이 둘 중 어느 하나를 지속적으로 행한다거나 그 밖에 사람에게서 볼 수 있는 다른 어떤 것에 대한 기대도 결코 신의 선택을 위한 조건이나 원인이 될 수 없다. 모든 것은 오직 신, 당신의 영원한 은총을 찬미하기 위한 것이다.   – 막스 베버, 『프로테스탄티즘과 자본주의 정신』

마지막으로 5장 6항의 섭리에 대한 조항이다.

의로운 심판자인 신께서는 죄 때문에 눈멀고 모질고 악한 그래서 신을 모르는 사람들에 대해서는 당신의 은총을 거두어들이셨다. 뿐만 아니라 때로는 사람들이 갖고 있던 천성마저도 거두시어 그들이 죄악을 만드는 대상과 관계하게 하며 더 나아가서는 욕정, 세상의 유혹, 사탄의 힘 등에 자신을 맡겨 버리게 하신다. 그리해서 신께서 다른 사람들을 유순하게 하려고 사용하시는 바로 그 수단에 의해 그들 자신이 더 비정해지는 것이다.   – 막스 베버, 『프로테스탄티즘과 자본주의 정신』

요컨대 칼뱅의 예정설의 핵심은 신이 사람을 위해 존재하는 것이 아니라 신을 위해 사람이 존재하는 것이라는 점이다. 구원도 사람의 믿음과 선행이라는 노력을 통해서 성취되는 것이 아니고, 반대로 구원받은 사람의 믿음과 선행은 구원의 증거요, 신의 영광의 징표일 뿐이다. 이것은 중세 카톨릭의 성찬 의례에 따른 구원에 대한 전적인 배제를 의미한다. 이러한 태도는 그 어떤 마법적·성례적 구원 효과, 즉 미신을 믿는 것을 단연코 거부한 것이다.

막스 베버는 이 대목을 이렇게 설명한다.

> 신은 은총을 내리기를 거부한 사람에게는 어떤 마법적 수단도 소용이 없으며 다시 은총을 받게 하는 수단도 결코 없다. 모든 피조물이 신에게서 완전히 떨어져 있다는 데에서 유래한 인간의 내면적 고립감은 청교도가 문화와 종교 의식 속에 깃들어 있는 모든 감각적이고 감성적 요소, 그리고 주관적인 종교성에 대해 부정적으로 바라보는 근거가 되었다. 왜냐하면 청교도 관점에서 보면 이러한 요소들은 구원을 위해서 아무 소용이 없으며, 감상적인 환상과 피조물이나 우상을 숭배하는 미신을 불러일으키기 때문이다. 청교도는 모든 감각적 문화에 대한 혐오를 근본적으로 포함하고 있었다. 이처럼 몹시 비인간적 교리에 몸을 내맡긴 개인들에게 이전에는 결코 경험하지 못했던 내면적 고립감이 찾아왔다. 이런 내면적 고립감은 오늘날 청교도적 전통을 지닌 여러 민족들의 국민성이나 제도에서 나타나는 개인주의의 기초를 이루고 있다.
>
> — 막스 베버, 『프로테스탄티즘과 자본주의 정신』

칼뱅주의가 낳은 이런 내면적 고립감을 수반하는 개인주의는 칼뱅주의 교리가 불러온 난관과 고난이기도 하다. 예정설을 달리 해석하고 완화시키거나 완전히 포기하지 않는 이상 다음 두 가지 서로 연관된 신앙생활의 권고가 특징적으로 나타났다. 첫째는 자신을 선택받은 사람으로 여기고 모든 의심을 악마의 유혹으로 여겨 이를 물리쳐야 한다는 것이 의무화되었다. 왜냐하면 자기 확신의 결여는 불충분한 신앙의 결과이고 은총이 충분하지 못한 데서 나오기 때문이다. 둘째는 이런 자기 확신에 도달하기 위한 가장 훌륭한 수단으로 강조되었던 것이 바로 끊임없는 직업노동이었다. 오직 노동만이 종교적인 회의를 떨쳐 버릴 수 있고 구원에 대한 확신을 준다는 것이다. 세속적인 직업노동이 종교적인 불안감을 진정시켜주는 적절한 수단이 되었다.

칼뱅주의의 예정설은 데카르트와 세 가지 측면에서 연관성을 갖는다. 첫째, 칼뱅주의의 영향 하에 있는 사람들이 구원의 불확실성으로 인해서 개인적 고립과 불안에 시달렸다면, 데카르트 역시 그와 유사하게 인식적 불확실성이 낳는 고립감과 불안에 시달렸다. 둘째, 칼뱅주의가 인간의 불신, 의심을 모두 악마의 유혹의 결과로 간주하는 것처럼 데카르트 역시 자신이 감각적 인식에서 빠지는 착각이나 지성적 인식에서 빠질 수 있는 오류가 실은 전능한 악령의 기만 때문이라는 생각을 한다. 셋째, 당시 대부분의 사람들이 신으로부터 은총과 구원의 증거를 위해 끊임없는 직업노동에 대한 강박적 태도가 있었던 것처럼, 데카르트는 "나는 생각한다. 따라서 나는 존재한다"라는 인식적 확실성을 얻었음에도 불구하고 존재론적 차원에서 사유하는 자로서 자신의 존재의 지속성과 외부세계에 대한 명석판명한 인식을 얻기 위한 토대로 신의 전능과 구원의 증거에 대해 관심을 갖는다.

4. 데카르트의 불안의 두 번째 기원 : 죽음에 대한 불안

데카르트의 생애를 살펴보면 그가 사회적 불안의 분위기뿐만 아니라 자신과 타인의 죽음의 문제와 깊숙이 연관된 개인적 불안에도 사로잡혀 있었음을 알 수 있다. 데카르트는 프랑스 투렌 지방Touraine의 투르 인근에 있는 소도시 라 에la Haye에서 태어났다. 부모는 브르타뉴주의 고등법원 평정관이었던 아버지인 조아생 데카르트와 잔 브로샤르이다. 싯다르타의 어머니 마야부인처럼 잔 브로샤르도 데카르트를 낳고 얼마 안 있어 산욕열로 죽는다. 태어날 때부터 몸이 좋지 않았던 데카르트 또한 생명이 위태로웠고, 어머니와 같은 결핵 징후가 있었다. 데카르트는 어린 시절부터 계속 창백하고 마른 아이였다. 어린 시절에는 친구들이 거의 없었고, 돌봐주던 간호사와 사팔뜨기 소녀 친구 프랑수아즈에게 애착을 갖게 되었다.

데카르트와 아버지의 관계는 소원했던 것 같다. 다만 데카르트의 아버지는 직접적으로 자신의 사랑을 아들에게 표현하지는 못했지만 아들도 아내처럼 일찍 죽을 것을 걱정하여, 그가 학교를 가고 싶다는 것을 말리고 강제로 쉬게 했다.

데카르트는 유년시절에 그가 언제 죽을지 모른다는 주변의 염려를 지켜보았으며, 어느 정도 나이가 들고 어머니가 자신을 낳고 산욕열 때문에 죽었다는 사실을 알고 난 후 죽음에 대한 불안이 컸을 것으로 짐작된다. 흔히 프로이트는 유년기 아이와 아동들의 불안은 성욕 등에 대한 억압과 관련되어 있다고 보는 반면, 어빈 얄롬I. Yalom과 같은 실존주의 치료자들은 죽음에 대한 불안이 유년시절부터 아이들이 느낄 수 있음을 강조한다. 흥미로운 점은 데카르트가 어릴 때부터 자신의 불안을 잠재우고 확실성을 찾는 방법을 찾기 시작했다는 점이다. 바로 데카르트는 자신의 선천적인 지적 재능을 알게 되면서부터 앎, 지식의 탐구에서 진리에 이르는 확실한 방법과 더 이상 의심할 수 없는 진리에 대한 관심을 갖게 되었다. 그런데 수학이야말로 그에게 가장 최고의 학문으로 여겨졌고 여러 수학자들이 그에게 주요 롤 모델이 되었다. 데카르트에게 확실성으로서 진리에 도달하는 방법은 이론적 의미만을 갖는 것이 아니라 자신의 건강, 안전을 위한 실천적 의미도 갖는다.

5. 늦잠과 수학적 몽상을 좋아하는 아이 : 데카르트의 직업적 흥미

8살(또는 10살)이 되던 해에 예수회 계열 학교인 라 플레슈(La Flèche)에 입학해 8년을 공부하는데, 몸이 약해 학교 수업을 제대로 듣지 못했다고 한다. 수업을 그렇게 듣지를 못했는데도 성적이 아주 좋았다. 그런 그의 재능을 꿰뚫어 본 교장이 아침 수업을 듣는 대신에 그 시간에 데카르트에게 늦잠을 자는 것을 허락했다. 데카르트의 늦잠 자는 버릇은 이때부터 시작된 듯하다.

이렇게 늦게까지 침대에 있는 습관으로 인해 자연스럽게 그는 사색과 몽상에 빠지는 것을 좋아했고, 이런 사색과 몽상들은 그의 진로정체성을 결정하는 데 중요한 직업적 흥미를 추론하는 데 도움을 준다.

데카르트는 우선 다른 사람들과 교류하는 것보다는 홀로 고립해 있는 것을 좋아하며, 선호하는 장소도 침실이나 거실과 같은 자신만의 사적 공간이다. 이런 점에서 데카르트가 왜 생애 후반기 대부분의 삶을 시끄러운 사교계 혹은 논쟁이 들끓는 대학들이 있는 프랑스 파리보다 네덜란드에서 망명자처럼 살았는지 이해할 수 있다. 또한 그는 주로 수학적 문제에 관심을 갖고 있었고 당연히 문제를 풀어나가는 방식에서 가장 확실한 방법을 추구했다.

▪ 해석기하학의 발견

흥미로운 것은 데카르트가 당시까지만 해도 별도의 학문으로 여겼던 산술학과 기하학을 통합한 해석기하학을 가능하게 만들었던 함수의 발견도 이런 사색과 몽상의 결과라고 하면 사람들은 믿을까? 군대 있을 때 막사 안에서 아침 몽상과 사색에 빠진 데카르트에게 방해가 되었던 것은 막사 멀리서 들려오는 포성이 아니라 막사 안을 날아다니는 파리였다. 문득 데카르트는 파리가 날라 다니는 궤적을 수와 식으로 표현해볼 수 있지 않을까라는 의문을 갖게 된다. 곧바로 막사의 한쪽 구석을 기준으로 애서 직각으로 형성된 세 개의 축에 눈금을 매긴다면 파리의 비행궤적을 수로 표현할 수 있지 않을까라는 기발한 발상을 하게 된다. 바로 데카르트는 좌표를 발견한 것이다. 이것은 그때까지만 해도 서로 독립된 학문으로 발전해왔던 기하학과 산술학을 결합시킨 것이고, 이후 해석기하학이라고 불리면서 함수를 발견하게 만들었고 뉴턴과 라이프니츠의 미적분의 발견의 토대가 되었다.

6. 진로 적성을 발견하기까지

직업장교로 종교전쟁에 참전하기

예수회 학교를 마치고 데카르트는 당시 귀족들이 사회에 진출하는 두 가지 진로 ― 성직과 군인 ― 중 군인을 택하게 된다. 아이러니한 것은 데카르트가 자신의 삶에서 가장 중요한 관심사가 불확실성의 제거, 안전한 삶의 추구임에도 불구하고 직업 장교가 되고자 했다는 점, 그것도 종교전쟁이 한창이던 상황에서 군인이라는 직업을 택했다는 점이다. 신체적으로도 타고난 허약한 체질이었고, 정서적으로 고립적이고, 지적으로도 탐구적이고 사색적이었던 데카르트에게 군대는 적합

> ### ■ 위협에 대한 대처방식
>
> 모든 유기체는 위협에 대해 세 종류의 기본적인 반응을 보이는데, 싸우기 fighting, 도망치기fleeing 및 얼어붙기freezing. 이런 반응은 대처방식으로서 과잉보상, 회피, 굴복과 상응한다. 싸우는 것은 과잉보상이고, 도망치는 것은 회피이고, 얼어붙는 것은 굴복이라고 할 수 있다. 예를 들어 위험이나 질병에 대한 취약성이 있는 사람들 중 굴복의 대처방식을 취하는 사람들은 신문의 사건 소식을 강박적으로 읽고, 일상생활에서 재난을 예상한다. 회피의 대처방식을 택하는 사람들은 전적으로 안전하게 여기지 않는 장소에 가는 것을 회피한다. 끝으로 과잉보상의 대처방식을 택하는 사람들은 위험을 개의치 않고, 무모하게 행동한다.
> ― J.E.Young 외, 권석만 외 옮김, 『심리도식치료』

한 직업이 아니었다.

데카르트가 군인이라는 직업을 선택하게 된 데에는 세상이라는 책에 대한 호기심, 아버지의 강요 내지 권유도 영향을 미쳤겠지만, 그가 불확실성으로 인한 불안에 대한 과잉보상의 대처방식을 선택한 게 아닌가 추측해본다. 처음에 데카르트는 자신의 진로 내러티브와 관련해서 자기 흥미나 적성에 대한 이해와 미래 목표를 충분히 숙고하고 내린 결정을 하지 않은 것처럼 보인다. 그러나 그의 진로 내러티브는 머지않아 다른 이야기를 쓰기 시작한다. 자신의 관심과 목표를 본격적으로 성찰하게 만든 우연한 경험을 하게 된다. 1617년 장교가 되어 네덜란드로 갔을 때 거리에 걸려 있는 네덜란드어로 쓰인 글을 보고 지나가던 행인에게 그 내용을 프랑스어나 라틴어로 번역해 줄 것을 부탁하였는데, 공교롭게도 그 행인은 홀란트 대학의 학장이자 수학자였던 이삭 베크만Isaac Beeckman이었다. 베크만은 아마도 재미삼아 데카르트에게 '자신이 제시하는 기하학 문제를 하나 풀면 청을 들어 주겠다'는 조건을 달았다. 사실 베크만이 제시한 문제는 그때까지 아무도 풀지 못한 문제였으나, 데카르트는 몇 시간 만에 풀어와 베크만을 놀라게 했다. 이 사건과 베크만과의 친교는 데카르트에게 직업으로서 군인에 대해 회의감을 품게 만들었다.

과학자의 길을 걷다 갈릴레이 재판 소식을 듣다

자신의 직업에 회의를 하다가 결국 1621년 군인의 길을 포기하고 이후 5년간 여행을 하면서 순수 수학에 몰두하였다. 과거 군대 막사에서 떠올렸던 좌표에 대한 아이디어를 이때 발전시키면서 함수의 원리를 처음 계발하였다. 1626년 파리에 정착한 그는 소일거리로 광학기구를 만들던 중에, 1628년 당시 파리의 추기경이었던 피에르 드 베륄Pierre de Bérulle과 만난다. 추기경은 데카르트와의 대화에서 그의 명석함에 감명을 받아 오로지 진리탐구에만 전념할 것을 권했다. 데카르트는 추기경의 충고를 받아들여 모든 간섭과 의무를 피해 다시 네덜란드로 건너갔다.

그러나 또다시 자신의 진로를 바꾸게 된 사건이 있었다. 군인이라는 직업의 선택에는 세상이라는 책에 대한 데카르트 자신의 호기심과 아버지의 권유 그리고 그의 과잉보상 대처가 결정적이었다면, 군인을 그만두고 수학과 과학에 전념하게 된 것은 확실성의 추구에 대한 데카르트의 집념이 주요한 동기였다. 1633년 멀리 이탈리아 로마로부터 갈릴레오 갈릴레이라는 천문학자가 교회로부터 단죄 받아 지동설에 대한 자신의 모든 저작이 불태워졌다는 소식에 데카르트는 충격을 받는다. 당시 저술 중이었던 『세계론』(1630~1633)의 출판을 포기하고 ─ 이 책은 데카르트 사후 1664년에서야 출판된다 ─ 과학에 대한 연구마저 상당 부분 포기한다. 여기에서도 그의 근본적 성향인 확실성과 안전에 대한 집념이 주요한 동기로 작용한 것으로 보인다.

자연학의 뿌리, 형이상학으로 가는 길

데카르트는 그 이후 1637년 『방법서설』과 1641년 『성찰』, 1644년 『철학의 원리』를 출간하면서 철학자로서 자신의 진로 정체성을 형성해가면서 당대 많은 철학자, 성직자, 왕족들과 서신교환을 하게 된다. 그러나 과학과 수학에 대한 탐구자에서 철학, 특히 형이상학에 대한 사색가로 진로정체성을 이행해가는 것은 갑작스러운 것도, 뜬금없는 것도 아니다.

데카르트에게 학문의 전체체계는 하나의 나무로 비유된다. 자신이 그동안 탐구해온 수학과 과학은 자연학의 영역으로서 나무로 비유하면 줄기에 해당한다. 이런 자연학을 기반으로 기계학, 의학, 심리학, 도덕 등의 응용과학의 열매를 얻는다. 그런데 재차 이런 자연학의 줄기는 형이상학이라는 뿌리를 기반으로 성립하지 않으면 안 된다. 수학과 과학에 대한 탐구에서 철학에 대한 사색으로 이행은 어떻게 보면 학자로서 자연스러운 순서다. 다만 데카르트에게는 철학으로서 형이상학에 대한 탐구에는 데카르트 본인의 집념인 확실성과 안전의 추구와도 긴밀한 관련을 맺는다.

데카르트는『방법서설』을 통해 학문뿐만 아니라 삶에서 확실성과 안전의 추구를 위한 방법의 중요성을 강조한다.『방법서설』의 원 제목은 『이성을 올바르게 이끌어 여러 가지 학문에서 진리를 구하기 위한 방법의 서설』이다. 이 저서는 '방법의 이야기'이다. 데카르트는 "이 책을 하나의 역사서로서, 또는 바란다면 하나의 이야기로서 제공하는 것이다"라고 말한다. 그는 자기의 정신의 역사로서 철학을 이야기하려고 한 것이다. 그가 여기서 제기하는 방법은 누구를 막론하고 무차별하게 적용되는 일반적인 방법은 아니다. 그것은 어디까지나 '그(저자 자신)의 정신을 바르게 이끄는 방법'이었다. 방법은 실제로 채용하지 않으면 안 된다. 그 방법의 4가지 원칙이라는 것은 놀랄 만큼 단순한 것이다.

요컨대 가장 단순한 여러 사실의 명증적(明證的) 직관과 이것들을 결합하는 필연적 연역이라는 것이다. 그러나 그는 그 방법을 실제로 사용하여, 자연인식이나 형이상학적 진리를 이끌어 냈을 뿐만 아니라 생활의 지도, 건강의 유지, 모든 기술의 발명에도 도움이 될 지식을 이끌어 낸 것이다. 『방법서설』에 나타난 데카르트의 관심을 보면 그가 단순히 자연인식이나 형이상학적 진리에 대한 추론과 같은 학문적 영역뿐만 아니라 생활, 건강의 영역에서도 안전과 확실성을 추구할 수 있는 방법을 추구하고 있었음을 알 수 있다.

7. 방법적 회의에 나타난 방어기제 : 분열, 투사

데카르트의 확실성과 안전에 대한 추구의 가장 궁극적인 모습은 그의 『성찰』에서 가장 잘 드러난다. 데카르트는 기존의 학문이 모두 절대적으로 의심불가능한 진리에 기반을 두고 있지 않다는 점에서 확실성을 담보하고 있지 못하다는 판단을 한다. 『방법서설』의 지침에 따라 아르키메데스의 점에 해당하는 학문의 제일원리로서 절대적으로 의심불가능한 확실한 진리에 대한 명증적 직관이 우선 요구된다. 이를 위해서 필요한 방법이 바로 방법적 회의 혹은 과장법적 회의다. 이 회의의 방법은 일반적으로 회의론자들의 회의와는 성격이 다르다. 방법적 회의는 우선 절대적 진리의 부정을 위한 회의가 아니고 오히려 절대적 진리의 직관을 위한 방법론적 회의다. 두 번째로 방법적 회의는 무작위적으로 이루어지는 것이 아니라 자기 나름의 고유한 원칙과 절차를 갖는다. 즉 조금이라는 의심 가능하다면 그것은 애초에 진리가 아니라고 여겨야 하며, 또한 모든 사실적 인식들에 대한 회의라기보다는—또한 이것은 실제로 가능하지도 않다—모든 인식의 기반, 토대라고 할 수 있는 감각적 경험, 일반적인 것과 보편적인 것의 인식에 대한 회의의 단계를 거친다.

우선 1단계로서 감각적 경험 중 작은 것, 멀리 떨어진 것에 대한 감각적 경험들은 착각의 가능성을 항상 갖고 있다는 점에서 가장 먼저 의심할 수 있다.

2단계로 가까운 것, 신체적 감각에 대한 경험들이다. 사실 눈앞에 있는 사물에 대한 경험이나 심지어 내 신체의 형태와 동작에 대한 경험을 의심하기란 쉽지 않다. 물론 광인들은 정상인들이 판단하기에는 명백히 환각에 불과한 감각경험을 참된 감각경험으로 믿는 경우가 있다. 사실 데카르트는 이 대목에서 우리가 광인이 아니라는 사실이 명백하지 않다는 점에서 우리 역시 눈앞에 있는 현상이나 나의 신체에 대해서 환각을 가질 수 있고 가까운 것, 신체적 감각에 대해서 의심을 할 수 있었다. 그러나 흥미롭게도 데카르트는 자신이 정상인이요 광인이 아니라는 점에 대해서는 한 치의 의심도 하지 않는다. 미셸 푸코는『광기의 역사』(1961)에서 바로 데카르트의 방법적 회의의 과정에서마저 광인과 정상인의 구별을 당연시하고 방법적 회의의 절차로 끌어들이지 않는 것은 그 만큼 그 시대가 정상성과 비정상성의 이분법이 당연시되고 있다는 증거라고 주장한다. 데카르트는 무의식적으로 정상과 광인의 이분법적 사고에 빠져 있는 것이다.

3단계로 데카르트는 광인의 가설 대신에 꿈의 가설을 끌어들임으로써 가까운 것, 신체적인 감각에 대한 경험에 대한 회의의 가능성을 타진한다. 마치 장자가 『장자』 「호접몽」에서 자신이 나비가 된 꿈을 꾸는 건지 나비가 장자가 되어 깨어나는 꿈을 꾸는 건지 알 수 없다는 말을 했던 것처럼 데카르트는 꿈과 생시를 명백히 구별하는 기준이 존재하지 않고, 또한 자신이 현재 눈앞에 보고, 듣고 있는 것이나 자신이 현재 옷을 입고 화로 옆에 앉아서 사색하고 있다는 사실 역시 꿈일 수 있다는 가능성을 배제할 수 없다는 점에서 가까운 것, 신체적 감각경험에 대한 의심이 가능하다고 말한다.

4단계로 일반적인 것이나 보편적인 것에 대해서는 꿈이든 생시든 모두 동일하게 적용될 수 있다. 더 이상 꿈의 가설로는 일반적인 것, 보편적인 것에 대한 의심이 가능하지는 않다. 이 대목에서 데카르트는 아주 흥미로운 가설을 끄집어 들인다. 바로 전능한 악령이 존재해서 우리로 하여금 사실은 1+1=3임에도 불구하고 1+1=2라고 잘못 믿게 하고 있는 것 아닐까라는 회의이다.

사실 데카르트의 『성찰』을 처음 읽는 사람들은 대부분 이 대목을 가장 뜬금없고 설득력이 떨어지는 방법적 회의의 단계라고 여긴다. 그러나 당시 데카르트의 전능한 악령의 가설은 뜬금없고 것도, 설득력이 떨어지는 것도 아니었다. 앞서 칼뱅주의의 예정설에서도 교회는 신자들에게 자신들의 신앙의 회의와 의심은 사실 모두 악마의 유혹으로 여겨 물리쳐야 한다는 조언을 했던 것처럼, 데카르트는 지금 우리가 전능한 악령 때문에 온갖 기만과 착각에 빠져 있을 수 있다는 가정을 해보는 것이다. 셰익스피어의 『햄릿』에서도 햄릿은 아버지 유령으로부터 자신이 클로디오스에게 독살 당했다는 이야기를 듣고 아버지의 복수의 명령을 받아들였지만 이내 자신이 현재 우울한 틈을 타서 악마가 자신을 속이기 위해서 아버지의 유령으로 나타났을 수도 있으며 아버지의 유령의 말을 현재로서는 진리로서 받아들일 수 없다는 판단을 하는 장면이 등장한다. 이처럼 당시 이런 전능한 악령의 존재를 끄집어들이는 것은 개인적으로든 집단적으로든 자신 안에 있고 그 동안 억압했던 그림자에 해당하는 부분을 타자나 다른 집단에게 무의식적으로 투사하는 방어기제의 역동의 일면이다. 다시 말해 신앙적으로든 학문적으로든 확실성을 얻고자 했던 당대의 사람들은 자신 안에 있는 착각, 기만, 의심, 회의의 취약한 요소를 자신의 자아의 유한성의 한계로서 자각하고 수용하고 통합하기 보다는 타자나 다른 집단의 탓, 책임으로 전가시키는 것이 자신의 불안을 잠재우는 효과적인 방어기제였던 것이다.

5단계로 데카르트는 감각적 경험이든 단순한 것이나 일반적·보편적인 것에 대한 인식이 의심가능하다는 점에서 그 어떤 것도 더 이상 학문의 제일원리로 삼을 수 없음을 자각했을 뿐만 아니라 자신의 이런 사태를 물속에 빠져서 물 위로도 나올 수 없고 그렇다고 바닥을 발로 짚을 수도 없는 당혹스럽고 불안한 상황으로 묘사한다. 그런데 이처럼 모든 것이 불확실해지는 상황에서 갑자기 명증적으로 직관되는 것이 있다. 전능한 악령이 날 속이고 기만하고 있다면 내가 속고 기만당한다는 의미의 잘못된 판단을 하고 있다고 하더라도 최소한 그렇게 판단하는 동안만은 생각하는 자로서 나 자신의 존재를 의심할 수 없다는 점이다. 즉 "나는 생각한다. 따라서 나는 존재한다." 이때 '따라서'라는 연결사는 추론의 연결사가 아니다. 저 명제는 "나는 생각하는 자로서 존재한다"는 말이다. 이 명제야 말로 명증적으로 직관되는 진리로서의 심할 수 없는 절대적 진리가 된다.

8. 유한성의 극복의 방어기제 : 신의 내사

데카르트의 확실성에 대한 추구의 집념은 안전에 대한 추구와 연관되어 있다. 다시 말해 확실한 진리라고 하더라도 그것이 안전한 것이 아니라면 어떻게 될까? 안전하지 못하다는 말은 어떤 뜻인가? 방법적 회의를 통해 획득한 "나는 생각한다. 따라서 나는 존재한다"라는 제1원리가 응용과학(의학, 심리학, 기계학, 도덕 등)과 기초과학(자연학)의 학문적 뿌리가 되기 위해서는 제1원리로부터 나오는 귀결 즉 명석판명하게 인식한 것은 의심할 수 없어야 한다는 것이다. 더욱이 그 제1원리의 확실성은 항상적이어야 한다는 점이다. 그러나 데카르트가 방법적 회의를 통해 도달한 5단계에서 얻은 제일원리는 항상적이지도 못하고 의심불가능성을 완전히 배제해주지도 못한다.

"나는 생각한다 따라서 나는 존재한다"는 명제는 내가 생각하는 동안만 유효하다. 그러나 나의 생각은 단절적이다. 내가 무의식상태나 전적인 기절 상태에 있을 때는 나는 존재하지 않게 된다. 생각하는 존재로서 나의 실체성은 지속성을 갖지 못한다. 두 번째로 "나는 생각한다. 따라서 나는 존재한다"는 생각하는 존재로서 나의 의심불가능성을 담보할 뿐 생각의 내용에 대해서는 여전히 의심가능성을 배제하지 못한다. 내가 지성을 통해서 명석판명하게 생각한 연장적 실체의 속성들로서 크기, 넓이, 깊이, 형태, 운동, 부분과 배치 등의 양적 특성들은 여전히 전능한 악령에 의해서 기만된 특성일 수도 있다.

데카르트에게는 뿌리에 해당하는 제일원리로부터 줄기에 해당하는 자연학으로 인식적 정초가 가능하기 위해서는 사유의 지속성과 내용의 타당성을 담보할 수 있는 또 다른 원리가 필요하다. 데카르트가 필요하다고 여긴 것은 바로 절대적으로 전능하면서도 선한 자로서 신의 존재에 대한 증명이다. 이 대목은 한편으로는 앞서 칼뱅의 예정설의 영향대로 나의 믿음과 선행을 통해 신의 구원을 얻어내는 것이 불가능한 것처럼 나의 존재를 통해서 신의 존재를 끌어낼 수 없다. 반대로 나의 성실성과 금욕 및 그로 인한 부의 성취가 내가 신으로부터 구원받았다는 증거일 수 있는 것처럼 내 안에서 신의 존재의 증거가 될 수 있는 징표를 찾는 게 중요하다. 그러나 이 과정에서 데카르트에게는 완전한 존재로서 신과 불완전한 존재로서 자신의 연결을 통해 신의 속성의 일부를 자신도 담지하고 있다는, 즉 신을 자신에게 내사하는 방어기제가 작동한다.

데카르트에 따르면 사유하는 자로서 자아가 갖는 관념 중에는 '완전성'이라는 생득관념이 확실하게 존재한다. 완전성의 관념은 자아가 외부사물에 대한 경험(외래관념)이나 상상(혼합관념)을 통해서 획득할 수 없다. 왜냐하면 경험하며, 상상하는 자아는 착각과 오류에서 자유롭지 못하며, 의심하는 자라는 점에서 유한하며, 불완전한 원인에서 완전한 결과가 나올 수가 없기 때문이다. 내 안에 분명하게 존재하는 완전성의 관념은 그 보다 완전한 자가 나에게 주었을 것이며, 완전성의 관념은 신과 같은 절대자가 나의 정신에 심어 넣어 준 것일 수밖에 없다. 다시 말해 내 안에 있는 완전성의 관념은 자아와 신을 연결시켜 줄 수 있는 신의 증거이다. 이런 완전한 존재로서 신은 전능한 악령의 존재와 병존할 수 없다. 이미 악령은 인간을 속인다는 점에서 자신의 유한성을 인정하는 셈이 된다. 반면 완전한 존재로서 신은 절대로 속이지 않는 자라는 점에서 우리가 지성이 명하는 대로 판단하고 추론하며 명석판명하게 인식하는 것이라면 그것은 진리이며, 더 이상 전능한 악령의 농락의 결과일 수 없다. 또한 완전한 존재로서 신은 나의 사유의 지속성과 명성판명의 인식내용의 진실성을 보장해준다.

근대철학의 아버지라고 알고 있는 데카르트는 분명 근대적 의미의 개인으로서 자아를 발견한 인물이다. 그러나 그 자아는 칼뱅주의의 예정설의 개인처럼 더 이상 교회라는 중간적 존재에 의존하지 못하는 고립적 개인에 불과하며 신의 구원의 확실성을 담보하지 못한 불확실하고 불안한 존재다. "생각하는 자로서 나는 존재한다"는 제일원리는 인식의 순서에는 먼저이지만 존재의 순서에서는 "완전한 자로서 신은 존재한다"가 제일원리다. 그의 학문의 나무에서 뿌리에 해당되는 형이상학의 영역에서 여전히 신의 존재는 불가결하다. 이후 우리는 18세기 말 칸트의 철학에서 신의 존재가 학문적 인식의 영역에서 배제되고 도덕적 실천의 영역에서 요청되는 것을 볼 수 있을 것이다. 그러나 19세기 니체의 철학에 이르면 신이 학문적 인식뿐만 아니라 도덕적 실천에서도 배제되며 신의 죽음을 선포하는 장면을 목격하게 될 것이다. 이런 점에서 17세기로부터 19세기 말까지 서양의 근대철학은 신의 존재와 속성에 대한 인식 없이는 완전히 이해할 수 없다.

9. 데카르트의 또 다른 진로 내러티브의 발달적 기원 :
애착 불안

  과연 데카르트의 진로 내러티브와 철학은 여기서 끝나는가? 그의 철학자로서 진로 내러티브 정체성은 여기서 완성되는가? 아니다. 데카르트는 철학자로서 진로 내러티브 정체성의 또 다른 이야기를 갖고 있으며 이를 알기 위해 그의 생애에서 아주 중요한 사건을 알아보자. 데카르트는 1635년 네덜란드에 있을 때, 가정부에게서 딸아이를 얻고 프랑신이라고 이름을 짓는다. 3년 후 메르센에게 보낸 편지에 따르면, 한 남자가 세 살 난 소녀를 무릎에 앉혀놓고 박수를 치면 소녀가 박수 소리를 듣고 정원을 달리는 동화 이야기가 나오는데, 정황상 데카르트 자신이 딸 프랑신과 놀아준 것을 묘사한 걸로 추정된다. 1640년 데카르트는 프랑신을 프랑스로 데리고 가서 교육을 받게 할 것이라고 기록한다. 하지만 프랑신은 그해 9월 7일, 5살이라는 어린 나이에 성홍열에 걸려 사망한다. 데카르트는 가족을 여읜 친구에게 영혼 불멸에 대한 확신 같은 것을 말하면서 꿋꿋이 슬픔을 참고 이길 것을 간곡한 편지로 써 보냈지만, 그의 전기 작가였던 아드리앵 바예에 의하면 데카르트는 프랑신의 사후 몇 날 며칠을 서럽게 울었다고 한다.

  딸아이에 대한 데카르트의 깊고도 오랜 슬픔을 이해하기 위해서는 다시금 그의 유년시절의 어머니의 죽음과 허약한 몸 때문에 겪었던 죽음에 대한 불안 외에 성장과정의 또 다른 이면을 살펴볼 필요가 있다. 데카르트가 태어나자마자 어머니가 죽었고 그가 성장하면서 어머니의 죽음을 알게 되었고 자신 역시 어머니처럼 허약하고 결핵을 갖고 있어서 일찍 죽을 수 있을 거라는 주변의 염려를 내면화하게 되면서 본인 역시 죽음에 대한 불안을 항상 느꼈다. 5살 밖에 안 된 딸아이의 죽음은 자신의 유년기 죽음에 대한 불안을 상기시켰을 수 있다. 또한 그는 주로 간호사의 보살핌을 받았고, 아버지는 아들의 건강을 염려했지만 아들이 뭘 원하는지 적절하게 대처한 것처럼 보이지 않는다. 그래서 데카르트는 유년기에 간호사와 사팔뜨기 소꿉친구인 프랑스와에게 애착을 가졌다. 그러나 간호사나 소꿉친구에 대한 애착만으로는 데카르트가 유년기에 당연히 갈망했을 법한 애정을 충족시키기에는 불충분했을 것이다.

데카르트는 불안정 애착을 겪었을 것이고 그의 성인기 이후의 대인관계의 어려움과 고립적인 생활스타일을 고려할 때 회피적 불안정 애착유형에 가깝다. 회피적 불안정 애착유형의 사람들에게 보이는 특성 중 하나가 회피적이고 고립적인 생활을 선호하지만 애정에 대한 갈망도 그 만큼 크다. 그가 뒤늦게 낳은 사생아인 프랑신에 보인 애정의 유별난 점은 충분히 이해가 간다. 우선 프랑신이라는 이름은 데카르트가 유년기 좋아했던 사팔뜨기 소녀의 이름 프랑스와를 연상시킨다. 게다가 데카르트는 자신의 철학적 사색과 저술을 위해 네덜란드로 이주했음에도 불구하고 아이의 교육을 위해 다시 파리로 이주할 것을 계획했을 정도로 딸아이에 대한 애정은 각별했다. 이런 점에 비추어 볼 때 어린 딸아이의 죽음에 대한 오랜 슬픔은 데카르트가 유일하게 애정을 베풀며 자신의 애착본능을 충족시켰을 법한 대상의 상실을 의미한다는 점에서 깊은 애도의 과정이었을 것이다.

10. 『정념론』 집필의 실제적, 이론적 동기

데카르트 본인도 비록 친구가 비슷한 상실경험을 했을 때 영혼의 불멸을 이야기하며 친구의 슬픔을 위로했지만 자신이 직접 상실경험을 했을 때 평소대로 영혼불멸에 대한 자신의 이성적 확신은 아무 소용이 없었음을 자각했을 것이다. 본래 데카르트는 죽음에 대한 불안을 극복하기 위해 죽음을 철저하게 유물론적 관점에서 기계로서 신체의 작동중지로 이해하고 있었다.

> 죽음은 영혼의 결여에 의해 일어나는 것이 아니라 단지 몸의 주요 부분 가운데서 일부분이 손상되기 때문이라는 것, …… 그리고 살아있는 인간의 몸과 죽은 몸의 차이는 시계나 다른 자동 장치, 다시 말해 그 자신 스스로 움직이는 기계가 그것이 조립되고 있고 또한 자신 안에 자신이 설립된 이유, 즉 움직임의 물리적 원리를 작동[작용]하기 위해 필요한 모든 것을 함께 지니고 있을 때와 그 동일한 시계나 자동장치가 손상되고 그 움직임의 원리가 작동하기를 멈추었을 때의 차이와 같은 정도로 차이가 있다.
> — 데카르트, 「정념론」

여기서 말하는 움직임의 원리란 피와 동물정기의 순환을 말한다. 죽음은 영혼의 훼손이나 상실과 무관하다. 그러나 이런 데카르트의 이원론적 죽음관은 본인의 딸아이의 죽음 앞에서 속수무책이었다. 사실 장자역시 아내의 죽음 앞에서 처음에는 소리쳐 울며 슬퍼했지만, 스스로 문제의 시원을 다시금 고찰하며 탄생과 죽음을 자연의 섭리의 관점에서 바라보며 삶과 죽음이 같은 것이며, 그 생성소멸의 변화의 필연성을 자각했기에 더 이상 슬퍼하기를 그쳤다. 그러나 데카르트는 자신의 이원론적 죽음관을 수정하기 보다는 슬픔이라는 정념을 지성과 의지가 온전히 통제 못하는 이유를 설명할 필요성을 느꼈다. 장자가 자신의 형이상학적 관점에서 죽음을 통찰함으로써 아내의 죽음으로 인한 상실의 고통과 슬픔을 멈출 수 있었다면, 데카르트는 자연학적 관점에서 딸아이의 죽음으로 인한 상실의 슬픔과 고통을 이해하고자 하였다.

물론 데카르트가 『성찰』 이후에 영혼의 정념에 대한 연구를 하게 된 동기에는 딸아이의 죽음으로 인한 슬픔의 문제 때문만은 아니었다. 그 밖에도 두 가지 이유가 더 있었다. 『성찰』의 출간 이후 그와 서신을 교환하던 엘리자베스 공주와 당시 프랑스의 유물론자 가상디의 문제제기, 즉 사유를 본성으로 갖는 영혼과 연장을 본성으로 갖는 육체의 상호작용을 어떻게 설명할 것인가에 대해서 이론적 설명의 필요성을 느끼고 있었다. 또한 데카르트가 기획하고 있는 철학의 나무에서 기계학, 의학, 도덕, 종교, 미학 등의 토대를 위해서도 영혼과 신체 사이에서 발생하는 정념에 대한 연구가 필요했다.

11. 정념의 본성과 통제 방법

데카르트에 의하면 우리 안에는 모형에 대한 원본과 같은 어떤 기본적 관념 또는 단순 관념이 있으며, 이것에 의해 다른 모든 지식을 형성한다. 형이상학에서 무한실체로서 신과 유한실체로서 몸(물체)과 영혼만을 기본적 관념으로 보았지만, 자연학에서는 몸, 영혼, 영혼과 몸의 결합에 대한 관념을 기본적 관념으로 보았다. 지성과 의지 및 인식과 욕망의 모든 방식들은 생각하는 실체에 속하고, 크기, 넓이, 깊이, 형태, 운동, 나뉘는 부분들의 상태와 배치는 물체에 속하는 것으로 규정된다.

그런데 이것들 외에도 우리 안에서 경험하는 것이 있다. 이것은 영혼이나 몸과 각각 독립적으로 관계하는 것이 아니라 영혼과 몸 사이의 밀접한 결합과 관련되어 있다. 자연적 욕구, 동요, 또는 '생각'에만 의존하지 않는 영혼의 정념들, 가령 화, 기쁨, 슬픔, 사랑 등의 감정과 빛, 색, 소리, 냄새, 미각, 온기, 촉감 등의 모든 감각이 그러한 것이다.

이 중에서 영혼과 몸의 결합에 속하는 것은 지성 혼자만으로는 잘 인식되기 힘들며, 상상에 의해 도움을 받는 지성에 의해서조차도 단지 애매하게 인식될 뿐이다. 그것은 오히려 감각에 의해 아주 분명하게 인식된다. 이렇게 데카르트는 영혼과 몸의 결합문제를 지성에 의해서만 수행하는 형이상학이나 상상력의 도움을 받는 수학이 아니라 우리의 일상적 삶과 관련시킨다. 삶의 문제는 형이상학이나 수학과 달리 증명의 대상이 아니라 경험되는 것이다.

비록 데카르트가 몸과 영혼의 결합을 몸이나 영혼과 마찬가지로 기본적 관념으로 보지만 그 결합의 방식을 설명하지 않을 수 없었다. 영혼이 몸 전체에 결합되어 있더라도 좀 더 특별하게 영혼이 자신의 기능을 실행하는 부분으로서 뇌 한 가운데 위치하는 곳으로서 송과선을 제안한다. 우선 이를 현대적 관점에서 비판하기 보다는 당대 데카르트가 그 이전의 관점에 비해서 얼마나 진전된 주장을 하는지를 살펴보아야 한다. 그는 기존의 철학자들이 영혼의 장소를 심장이나 뇌 전체로 간주하는 것을 거부하고 송과선이라는 특별한 부위만을 영혼으로 연결되는 부위로 보았다. 물론 여전히 의문은 남는다. 몸과 영혼이 연결된다는 송과선은 몸인가 영혼인가? 송과선이 뇌의 일부기관으로서 몸이라면 여전히 송과선과 영혼 사이의 연결은 어떻게 가능한가에 대한 설명이 필요하다. 이런 실체 이원론의 난점에 대해서는 여기서 더 논하지 않기로 하자. 오히려 우리의 관심은 몸과 영혼의 관계보다는 몸과 영혼의 결합으로 발생하는 감각적, 정념적 영혼과 순수한 이성적 영혼 간의 갈등 혹은 자연적 욕구와 의지간의 갈등에 있다.

데카르트는 정념을 세 차원에서 정의한다. 첫째, 정념은 인식을 동반하는 영혼의 단독 작용이나 의지와 구별해서 몸과 영혼의 결합상태에서 생기는 지각이다. 둘째, 영혼과 몸이 결합하는 한에서 정념으로서 감정과 순수 지적 감정을 구분한다. 셋째, 정념에 빠져 있는 사람의 흥분된 상태를 설명하기 위해서는 정념을 영혼의 동요로 이해해야 한다.

데카르트가 보기에 정념은 일차적으로 몸을 보존하는데 유용하다. 데카르트 본인도 유년시절부터 죽음에 대한 불안이나 질병에 대한 두려움의 정념 덕분에 자신의 몸과 건강에 항상 주의했기 때문에 이는 경험을 통해서 누구나 알고 있는 사항이다.

> 모든 정념의 가장 주요한 효과는 정념이 몸에 준비시킨 것을 영혼이 원하도록 영혼을 자극하고 배치하는 데 있다. …… 정념의 자연적 용도는 몸을 보존하거나 몸을 어떤 방식으로 더 완벽하게 하는 데 사용될 수 있는 작용에 영혼이 동의하고 동참하도록 자극하는 데 있다.　　– 데카르트, 「정념론」

정념은 일차적으로 몸과 영혼의 일치, 조화를 이룰 수 있게 한다는 점에서 효용을 갖는다. 이렇게 정념이 갖는 효용을 이후 다윈은 정서의 적응성*으로 설명한다. 즉 정서는 합리적이지도 않고 비합리적이지도 않다. 그보다는 적응적adaptive이다.

그렇다면 데카르트가 보기에 딸 프랑신을 잃고 그토록 오랫동안 자신이 슬퍼했던 까닭도 몸의 보존을 위한 것일까? 이를 설명하기 위해서는 사랑과 슬픔에 대해서 이해해야 한다. 데카르트는 기쁨과 슬픔을 다음과 같이 간략하게 설명한다.

■ 정서의 적응성

심리치료 이론에서 정서를 치료의 핵심 요인으로 보는 이론이 레슬리 그린버그(Lesli Greenberg)의 정서초점치료(emotion-focused therapy)이다. 그린버그의 정서초점치료는 그 이론적 계보에서 보면 데카르트-다윈으로 이어지는 전통 속에 있다. 그에 따르면 정서는 삶을 유지하고 영위할 수 있도록 해주는 내적 신호이다. 인지와 비교할 때 정서는 생물학적으로 더 오래된 적응적이고 빠른 행위 체계이며, 생존을 강화하기 위해 고안된 체계이다. 정서의 일차적 기능은 생물학적 본성을 우리가 살아가는 이 세계와 연관시키는 데 있다. 정서는 생존과 관계된 일들에 즉각적으로 반응하게 만든다. 정서는 주의를 조절하고, 적응해야 할 일들이 일어나는지 환경을 감시하며, 그런 일이 일어나면 의식으로 하여금 경각심을 갖게 한다. 이는 데카르트의 "정념이 몸에 준비시킨 것을 영혼이 원하도록 영혼을 자극하고 배치하는 데 있다"의 통찰과 거의 일치한다. 과학적 증거를 살펴보아도 정서는 아주 어

현재하는 좋은 것에 대한 고려는 우리 안에서 기쁨을, 나쁜 것에 대한 고려는 슬픔을 일으키는데, 이는 좋은 것이나 나쁜 것이 우리에게 속해 있는 것으로 나타날 때다. — 데카르트, 『정념론』

나아가 사랑과 미움은 기쁨과 슬픔과 긴밀하게 관련되어 있다.

한 사물이 좋은 것으로, 다시 말해 적절한 것으로 나타날 때, 그것에 대해 사랑을 갖게 된다. 그것이 나쁘거나 무용한 것으로 나타날 때 우리 안에서는 미움이 생겨난다. — 데카르트, 『정념론』

> 린 시절부터 이런 적응적 기능을 수행한다. 예를 들어 정서는 자기를 조절할 뿐만 아니라 타인을 움직이고 통제하기도 한다. 아동은 분노를 표명하여 타인으로 하여금 물러서게 만들며, 고통을 당할 때는 즉각 울음을 터뜨려 사람들이 자신을 달래 주게 한다. 정서의 적응적 기능은 흔히 긍정적 정서, 부정적 정서라고 부르는 것의 차이점을 살펴보면 쉽게 알 수 있다. 여기서 '긍정적'이거나 '부정적'이라는 것은 정서의 현상학적 측면을 의미한다. 즉 적응적 측면에서 긍정적이거나 부정적이라는 것이 아니라 우리가 정서를 경험할 때 그 감정을 즐거운 것으로 경험하는가 아니면 불쾌한 것으로 경험하는가를 의미한다. 긍정적으로 경험된 정서는 능동적이고 탐색적인 행동을 하게 만든다. 부정적 정서는 세분화되어 진화하였는데 그 이유는 생존의 필요성에 기인한다. 각각의 부정적 정서에는 고유한 행위 경향성이 따른다. 일차적 정서에는 모두 적응적인 행위 경향성이 수반되며, 이는 유기체가 환경과의 관계를 변화시키도록 고안된 것이다. 그러나 이러한 목표는 환경을 변화시키는 게 아니라 우리 자신을 우선 변화시킬 때 이루어진다.
> — L. S. 그린버그 외, 『심리치료에서 정서를 어떻게 다룰 것인가?』

슬픔과 사랑에만 초점을 맞춰보면 양자는 다음과 같이 연결될 것이다. 한 사물이 좋은 것, 적절한 것으로 나타날 때 그것에 대해 사랑을 느낀다. 애착에 대한 결핍으로 외로움을 느낀 데카르트에게 딸 프랑신이라는 존재는 외로움을 달래주고 애착결핍을 해소해주었기에 그는 프랑신을 사랑하지 않을 수 없다. 그런데 프랑신의 갑작스러운 죽음으로 인해서 그 동안 누렸던 기쁨은 사라지고 더 큰 외로움과 더 큰 애착결핍을 느낄 것이며 또한 죽은 프랑신에 대한 연민의 정념을 느낄 것이다. 이렇게 데카르트 안에서 나타나는 나쁜 것으로서 외로움, 결핍, 연민의 고통은 그로 하여금 깊고 오랜 슬픔에 빠지게 만든다.

이렇게 깊고 오랜 슬픔에 빠지는 게 몸에 좋은 일일까? 아마도 슬픔은 타인들에게 동정과 연민을 느끼게 만들고 그에 따라 타인들로부터 위로를 얻게 될 것이고 이로 인해 슬픔을 느끼는 당사자는 위안을 받을 것이다. 그러나 데카르트처럼 고립된 사람들이라면 타인들로부터 연민과 위로를 받을 기회가 적을 것이고 결국 슬픔을 스스로 통제할 필요성이 생긴다. 수동적인 정념을 통제할 수 있는 것은 영혼의 능동적 의지이다. 그런데 영혼도 정념에 대해서 발휘하는 힘이 세 단계로 나누어진다. 첫째, 고유한 무기(진정한 판단력)에 의해 정념을 이길 수 있는 영혼, 두 번째는 그 고유한 무기와는 다른 것으로 정념에 저항하는 영혼, 세 번째는 현재하는 정념에 내맡기는 영혼이다.

그런데 데카르트는 첫 번째로 지성의 판단력이 자신의 슬픔에 소용이 없다는 것을 느꼈다. 그렇다고 세 번째 단계처럼 무력하게 슬픔의 정념에 자신을 내맡겨버리는 것도 안 될 일이다. 아마도 데카르트는 슬픔에 저항하기 위해 정념에 대한 연구에 의해 얻는 기쁨을 통해 얼마간 슬픔을 누그러뜨렸을 것이다. 그러나 이것은 장기적 차원의 대처이고 단기적으로는 영혼이 정념을 전적으로 통제하지는 못한다는 점을 아는 것 자체도 중요하다.

> 정념은 정기의 특별한 운동에 의해서 일어날 뿐만 아니라 또한 유지되고 강화된다. 이처럼 영혼은 가장 격렬하고 강한 정념은 피와 정기의 동요가 수그러든 후가 아니면 쉽게 극복할 수 없다. 그 동요가 격렬한 상태에 있는 동안 의지가 할 수 있는 최상의 일은 동요의 효과에 동의하지 않고 그 동요가 몸을 마음대로 배치시키는 몇 가지 운동을 제지하는 것이다.
>
> – 데카르트, 『정념론』

결국 슬픔의 정념은 주변에 가족과 친척들이 있다면 그들로부터 위로를 얻을 수도 있고, 장기적으로는 슬픔을 벗어나기 위해서 각자에게 맡겨진 자신의 일에 전념하는 것이다. 그러나 당장에는 슬픔으로 인해서 자칫 자책으로 이어져 자살이나 자해를 초래할 까닭이 있으므로 데카르트의 주장처럼 영혼의 동요가 몸을 마음대로 배치시키는 몇 가지 운동을 제지하는 노력이 필요하다.

12. 진로 정체성의 변경과 파국

데카르트는 이와 같은 정념에 대한 자연학적 분석을 『정념론』이라는 제목의 저서로 집필한다. 이 책은 아마도 1945년에서 1946년 사이에 왕녀 엘리자베스를 위하여 집필한 것이지만 앞서도 말했듯이 장기적 차원에서는 자신의 정념을 다룸으로써 몸을 안전하게 보존하기 위해서라도 필요했다. 그런데 데카르트는 이 원고의 사본 하나를 스웨덴 여왕 크리스티나에게도 보냈다. 당시 스웨덴은 종교전쟁의 승전국 중 하나이며, 크리스티나는 유럽 정국에서 중요한 역할을 담당하고 있었다. 게다가 데카르트는 지인을 통해 이 여왕이 매우 지혜 있는 여걸로서 선정을 베풀려고 애쓰고 있으며, 학문에 대해서 열의가 높으며, 유럽의 평화와 안전에 힘쓰고 있다는 소문을 들었다. 본래 데카르트가 의도한 것은 아니었지만 데카르트가 여왕에게 보낸『정념론』이 계기가 되어 여왕은 데카르트에게 깊은 관심을 갖게 되었고, 1949년 2월 데카르트에게 스톡홀롬에 와서 자기의 교사가 되어 달라고 초청을 했다.

이 시점에서 데카르트의 진로 내러티브는 중요한 변화를 맞이하게 된다. 데카르트의 진로는 몇 번의 변곡점이 있었다. 종교전쟁이 터졌던 1618년 자신의 첫 번째 직업으로 군대 장교를 선택했을 때에는 세상이라는 책에 대한 호기심, 아버지의 권유 그리고 자신의 불안, 두려움에 대한 과잉보상적 대처방식이 주요한 결정요인이었다. 1628년 그동안 군인으로서 직업을 그만두고 수학자와 과학자로서 살기 위해 프랑스를 떠나 네덜란드로 이주해왔을 때에는 자신의 수학적 재능, 적성에 대한 발견 덕분이었다. 그러나 1633년 수학자, 과학자로서보다 철학자로서 더 깊은 사색과 연구에 몰두하게 되었을 때 유년시절부터 있었던 불확실성에 대한 불안, 위험에 대한 두려움과 같은 정서적 동기 외에 자신의 학문의 나무에서 자연학으로부터 형이상학에로의 나아가고자 했던 철학적 관점의 심화가 중요한 계기가 되었다. 1949년 2월

크리스티나 여왕으로부터 여왕의 교사가 되어 달라는 제안을 받았을 때 데카르트에게는 많은 고민이 있었을 것으로 보인다.

사실 철학자로서 자신의 진로 정체성에 입각해본다면, 오랫동안 홀로 고립해서 연구에만 전념해오던 자신이 과연 궁정생활에 적응할 수 있는지 의문이었을 것이고, 또한 조용하게 진리탐구에 몰입하는 자유를 빼앗기게 되는 것 역시 큰 손실이 될 수 있다. 더욱이 궁정생활에서 타인들과의 교류, 스톡홀름의 겨울날씨에 대한 적응과 관련된 불안을 고려했을 때 데카르트는 초청을 정중히 거절하는 게 자신에게 더 맞았을 것이다. 그런데 데카르트 연구자 최명관에 따르면 또 다른 흥미로운 동기를 말해주고 있다.

> 데카르트는 자기를 박해할지도 모르는 아리스토텔레스주의자들 내지 신학자들의 음모로부터 피난할 생각에서 프랑스를 떠나 네달란드에 와서 여러 군데로 거처를 바꾸어 가며 숨어 살았다. …… 네덜란드에서도 그의 길은 그저 평탄하고 평온하지만은 않았다. 그를 괴롭히는 사람이 적지 않았다. 그 중에도 특별히 그를 괴롭힌 사람이 두 사람 있는데, 그것은 한때 그의 제자였던 레기우스와 위트레흐트 대학의 학장 보에티우스였다. …… 이렇게 [자신의 철학이 오해되고 비난받는] 불행한 경험 속에서 …… [지인들에 대한] 이러한 환멸감과 실망이 누적되어 마침내 스웨덴으로 떠나기로 작정한 것이다.   – 최명관, 『데카르트 연구』

이후 스피노자의 경우에도 다시 한 번 논의하겠지만, 권위 있는 기관이나 인물로부터 부와 명성을 보장해줄 높은 지위를 제안 받았을 때 자신의 진로 정체성에 대한 고민이 필요했다. 사람의 정체성은 고정되어 있는 게 아니라 진로 내러티브에 따라 달라지는 서사적 정체성이다. 그러나 이런 내러티브의 변화에서 중요한 것은 자신의 캐릭터 아크를 이끌어낼 수 있는 철학적 관점이다. 그런 점에서 데카르트는 자신의 진로 정체성인 철학자로서의 관점을 고려한다면 스웨덴으로 이주는 적절한 선택은 아니었다. 결국 데카르트는 네덜란드에서 학자들과의 교류에서 실망 그리고 유럽의 국제 사회에서 유력한 군주를 가르치게 되면 자기의 철학이 받은 불명예스러운 비난에 대해서 충분히 보상이 되고 세인의 재인식을 얻게 되리라는 희망 때문에 여왕의 초청을 받아들였다. 그러나 1949년 9월 네덜란드를 떠나 스웨덴으로 이주했고 그 다음해 1650년 2월 1일 감기에 걸리고 10일 후인 2월 11일에 숨을 거둔다. 데카르트는 자신의 정념에 대한 이론에 따라 살지는 못했다. 타인들에 대한 실망과 명성에 대한 희망이라는 정념은 그의 몸을 망가뜨렸고 그가 평생 동안 조심했던 감기에 걸려 사망한 것이다.

13. 데카르트의 진로 내러티브와 캐릭터 아크

데카르트의 진로 내러티브와 그의 철학을 이해하는데 중요한 두 가지 키워드는 죽음에 대한 불안과 애착 불안이다. 다소 극단적으로 말해본다면 죽음에 대한 불안에서 파생되는 모든 불확실성에 대한 거부와 확실성의 강박적인 추구가 데카르트의 진로 내러티브에서 군인에서 과학자로 그리고 철학자로의 길을 걷게 만들었다면, 애착 불안은 그의 정념에 대한 통제의 관심과 정념론에 대한 자연학적 연구의 길로 향하게 만들었다. 다른 어떤 철학자보다도 데카르트를 이해할 때는 그의 심리내적 정서와 추동을 이해하는 것이 중요하다. 그러나 그것은 단순히 데카르트 개인의 심리적 취약함만으로 보기는 어렵다. 그만큼 그가 살았던 바로크 시대의 종교전쟁, 마녀사냥과 마녀재판이 낳은 경계선적 방어기제, 종교개혁 이후 칼뱅주의가 낳은 구원의 불확실성과 고립적 개인주의 등은 데카르트뿐만 아니더라도 그 시대 대다수의 사람들이 겪었던 심리내적 역동일 것이다.

　데카르트의 진로 내러티브와 관련해서 우리가 배울 수 있는 부분은 두 가지이다. 하나는 이론적으로나 실천적으로 자신의 삶에서 확실한 진리에 이르는 방법에 대한 중시의 태도이고, 또 하나는 자신의 진로 정체성을 간과할 경우 극복할 수 없는 위기를 자초할 수 있다는 일종의 반면교사로서 교훈이다. 한편으로 공부를 하든 일을 하든 다른 사람보다 불안에 취약한 사람일수록 자기 나름의 분명한 목표의식과 방법적 절차를 마련하고 준수하는 태도는 불안을 이겨내고 확실하게 목표를 달성하는데, 심지어 목표달성에 실패하더라도 어디에 문제가 있는지를 알아내고 갱신하고 수정하는 데 도움이 된다. 그러나 다른 한편으로 다시금 공부를 하든 일을 하든 뭔가 기존과는 다른 기회가 있을 경우 기존의 방법을 고수할 것인가 아니면 융통성을 발휘할 것인가의 고민이 있게 마련이다. 데카르트가 말하는 방법은 세세한 것까지 모두 절차대로 추진해야 된다는 완벽주의적 강박주의는 아니다. 다만 원칙적인 면에서 방법의 준수를 강조하는 것이다. 원칙적인 점에서 방법의 준수는 공부든 일이든 누구나 겪을 수 있는 다양한 종류의 불안을 넘어서는 데 큰 도움이 될 것이다. 왜냐하면 인간의 정서 중에서 인식의 오류나 행동의 악덕을 초래하는 데 가장 큰 걸림돌이 바로 불안이기 때문이다. 다만 데카르트는 자신의 학문적 명예의 훼손, 대인 관계에서 갈등을 견디기 힘들어했고 그로부터 비롯되는 불안에 제대로 처신하지 못한 흠결을 갖고 있다. 물론 여기서 말하는 흠결은 도덕적 과오나 이론적 오류를 말하는 것이 아니다. 오히려 그의 흠결이란 자신에게 진로 내러티브에서 가장 중요한 것으로 진로 정체성, 그러니까 확실성으로서 진리를 추구하는 과학자요, 철학자로서 자신의 목표와 방법을 잠시 망각하고 여왕의 교사로서 명예나 다른 동료 연구자들에 대한 우월감의 추구였고, 이는 결국 그의 가장 치명적인 약점인 건강을 해치고 생명을 앗아가 버렸다.

● **참고문헌**

R. 데카르트, 이현복 옮김, 『성찰』, 문예출판사, 1997

————, 최명관 옮김, 『데카르트 연구 : 방법서설, 성찰』, 창, 2010

————, 김선영 옮김, 『정념론』, 문예출판사, 2013

M. 해리스, 박종렬 옮김, 『문화의 수수께끼』, 한길사, 2017

B. 브레히트, 차경아 옮김, 『갈릴레이의 생애』, 두레, 2001

M. 베버, 박문재 옮김, 『프로테스탄티즘과 자본주의 정신』, 현대지성, 2018

M. 푸코, 이규현 옮김, 『광기의 역사』, 나남, 2010

셰익스피어, 이경식 옮김, 『햄릿』, 문학동네, 2016

J. E. Young 외, 권석만 외 옮김, 『심리도식치료』, 학지사, 2005

L.S. 그린버그 & S.C. 파비오, 이흥표, 『심리치료에서 정서를 어떻게 다룰 것인가?』, 학지사, 2008

데카르트의 커리어 스토리

1. **집념 :** 사회적으로 종교전쟁과 구원의 불확실성으로 인한 불안이 지배적이었고, 개인적으로는 어머니의 죽음과 자신의 건강문제로 항상 죽음에 대한 불안에 시달렸기에 안전에 대한 집념이 누구보다 컸음. 또한 어머니의 죽음, 아버지의 무관심 속에서 불안정 애착을 겪으면서 회피적이고 고립적인 성격을 갖게 됨

2. **롤 모델 :** 이전의 수학자, 과학자 특히 갈릴레이를 존경함.

3. **직업적 흥미 :** 사교계나 대학에서 토론하는 것을 선호하지 않고, 홀로 자신의 침실에서 아침 늦게까지 사색과 몽상을 하는 것과 수학이나 과학문제를 풀기를 좋아했고, 문제해결과 건강관리를 위한 합리적 방법적 절차에 많은 관심을 가짐.

4. **진로 스토리 :** 예수회 학교를 나온 이후에는 무급 장교로 카톨릭 군대나 프로테스탄트 군대에서 근무했고, 학자와 신부로부터 수학과 과학에 대한 재능을 인정받고 과학자로서 길로 전환함. 그러나 갈릴레이가 종교재판을 받았다는 소식을 듣고 과학연구를 접고 형이상학 연구에 치중함. 그러나 자신의 철학이론에 대한 주변 학자들의 오해와 비판에 상심하고 특히 파리의 신학부 교수들에게 받아들여지지 않자, 스웨덴 여왕의 교사가 되어 달라는 제안을 받고 스웨덴으로 떠남.

5. **철학 :** 방법적 회의를 통해 인식적으로나 존재론적으로 의심할 수 없는 명증적 진리, 제일원리를 추구했고, 실체이원론에 따른 이론적 문제를 해결하기 위해 정념의 발생기제, 효과 그리고 그 통제방법에 대한 정념론을 정립함.

08. 스피노자

광학렌즈 연마사와
철학자의 길

1. 직업과 철학의 분리 : 장자 대 스피노자

　스피노자의 진로 내러티브는 의외로 단순하다. 스피노자는 20대 초반에는 수입 상품점 주인이었고, 20대 후반부터 광학 렌즈를 연마하는 일을 했다. 그게 전부다. 첫 번째 직업은 자신의 적성이나 흥미와 상관없이 아버지가 사망하자 가업을 이은 것뿐이고, 두 번째 직업은 유대인 시나고그에서 추방당한 이후 말 그대로 생계를 위한 직업이었다. 스피노자야말로 직업과 철학을 철저하게 분리시킨 사람이었다. 사람과의 교류를 극도로 제한하고 몇 안 되는 출간된 저서들도 익명이었음에도 불구하고 그의 명성이 독일에까지 알려져 하이델베르크 대학으로부터 철학교수라는 전문직을 제안을 받았지만 자신의 자유로운 철학탐구에 방해를 받는다는 이유만으로 그마저도 거절 했다.

이런 점에서 스피노자를 중국의 노자나 장자와 비교하는 연구자도 있다. 나도 강의에서 농담 삼아 스피노자를 '스페셜 노자'라고 부른 적이 있다. 그러나 장자를 강의하면서도 언급했던 바이지만 단순히 장자나 스피노자가 일하는 것을 천성적으로 싫어해서 전문직을 갖기를 거부했던 것은 아니다. 장자가 살았던 전국시대에 낮은 벼슬자리이든 높은 벼슬자리이든 전쟁과 왕권다툼 속에서 안전이 보장되지 않았다. 또한 그는 살기 위해 권력에 스스로를 종속시키는 상태를 원하지 않았기 때문에 어떠한 벼슬자리도 멀리한 것이다. 마찬가지로 스피노자가 아버지에게 물려받은 가게를 동생에게 기꺼이 줘버리고, 하루에 4시간 그것도 자신의 집안에서 렌즈 연마라는 일 외에는 다른 어떤 직업, 특히 대학의 철학교수 자리마저 거부한 데에는 스피노자에게 자신의 이름이 알려지고 신분이 드러나는 것이 극도로 위험한 일이었고 또한 그의 학문적 자유를 포기하고 싶지 않았기 때문이었다.

2. 마녀재판의 피해의식과 유대인의 폐쇄성

스피노자는 1632년 네덜란드 암스테르담에서 태어났다. 그의 양친은 포르투갈에서 카톨릭 교회의 종교 재판과 유대인 탄압을 피해 네덜란드로 망명한 유대인 상인 미겔지 이스피노자와 어머니 아나 데보라 이스피노자이다. 스피노자의 친할머니는 로마 카톨릭 교회에서 마녀로 몰려 화형을 당했다고 한다. 이 사건은 스피노자 부모에게 엄청난 외상으로 남았을 것이고 스피노자 역시 이런 부모의 높은 피해의식과 자녀에 대한 과잉보호 속에서 자란 것으로 보인다. 당시 스피노자의 부모는 시나고그를 중심으로 유대인 공동체 내에서 서로를 보호하며 폐쇄적으로 살아가는 것만이 카톨릭이든 개신교이든 기독교가 지배하는 서유럽에서 유대인이 생존하는 방식일 것이라고 철석같이 믿었다. 부모는 유대인 회의 출생 기록부에 자신의 첫째 아들을 유대인 전통에 따라 바루휘 스피노자Baruch Spinoza라는 이름으로 올렸다. 스피노자는 5세 때에 유대인회 에츠 하임에 등록되어 탈무드 학교의 랍비 사울 레비 모르테이라 밑에서 유대철학과 신학을 전수받았다. 아마도 부모는 스피노자가 율법교사인 랍비로서 진로를 만들어가기를 기대했던 것으로 보인다.

그러나 유대인 공동체의 폐쇄성은 단순히 그들의 생활세계의 물리적, 지리적 공간의 폐쇄성만을 의미하는 것은 아니었다. 사실 이스라엘 역사학자이자 『사피엔스』(2015)의 저자 유발 하라리도 말한 것처럼 공동체의 결속은 상상의 질서를 통해서 이루어진다. 유대민족은 잘 알다시피 기원전 10세기 경 솔로몬에 의해서 통일국가를 이루었지만 이후 북쪽의 이스라엘과 남쪽의 유다로 분열되었고 기원전 6세기경 유다가 바빌로니아에 의해서 정복되면서부터 1948년 팔레스타인 지역에 이스라엘이 독립국가로 세워지기까지 거의 2500년 동안 국가 없는 민족, 즉 디아스포라로 세계 전역에 흩어져 살았다. 그들이 세계 전역에 흩어져 시나고그를 중심으로 소규모 공동체를 이루며 살면서 그들의 민족성을 유지할 수 있었던 것은 유대교라는 그들만의 상상의 질서로서 독특한 종교가 있었기 때문이다.

3. 『성경』에 대한 합리적 해석 추구 : 집념과 롤 모델

스피노자는 유대 공동체인 시나고그에서 전통적인 유대인 교육을 받고 율법학자가 될 것으로 촉망받았지만, 라틴어를 배우고 그리스 철학 및 아랍철학을 접하면서 그들의 율법서인 토라와 성경에 대한 랍비들의 해석에 만족하지 못했던 것으로 보인다. 러시아계 유대인 출신이자 실존주의 정신과의 얄롬이 쓴 『스피노자 프로블럼』(2012)을 읽어보면 스피노자가 시나고그에서 랍비 교육을 받으면서 무엇에 대해 의문과 불만을 갖게 되었는지 잘 알 수 있다. 물론 이것은 어빈의 순수한 창작도 허구도 아니다. 그는 스피노자의 『신학정치론』을 기반으로 소설을 썼다.

> 우선 내가 몇 년 동안 성경공부를 하면서 얻게 된 나의 중요한 결론부터 말씀드리고 싶어요. …… 신의 성경의 핵심 메시지는, 신은 완벽하고, 완전하며, 절대적인 지혜의 소유자라는 것입니다. 신은 모든 것이며 그에게서 우주와 우주 안에 있는 모든 것은 창조되었다는 것입니다. …… 정의된 대로, 우리가 신은 완벽하고, 아무것도 필요하지 않다고 할 때, 그분은 이 세상을 그를 위해 창조하신 것이 아니라 우리를 위해 창조하셨다는 결론에 이르게 됩니다. …… 그리고 그분이 자신의 실체에서 우리를 창조하셨고, 우리를 향한 그분의 목적은—다시 말하지만, 우리는 그분의 실체의 한 부분이죠—우리가 행복과 축복 속에 있다는 사실을 발견하게 하는 것입니다. − 어빈 얄롬. 『스피노자 프로블럼』

여기까지만 보면 성경에 대한 스피노자의 해석은 아무런 논란을 일으키지 않는다. 그러나 문제는 여기서 신이 행복과 축복 속에서 살도록 창조한 우리가 누구인가의 문제이다.

> 주님은 우리 모두에게 선하시고, 그 분의 친절하신 자비가 그의 말씀 전체에 흐릅니다. …… 나는 신은 **모든** 인간에게 똑같은 지성을 주셨고 똑같은 형태의 마음을 주셨다고 적혀 있는 구절을 아주 많이 발견했습니다. …… 나는 성경책에 '모든 사람'이라고 쓰여 있는 것을 '모든 유대인'이라고 **하지 않았다**는 것을 확실히 말씀드립니다. (강조는 저자에 의함)
> — 어빈 얄롬, 『스피노자 프로블럼』

스피노자의 의심과 불만은 단순하다. 랍비들이 해석하듯이 신은 인간을 창조할 때 유대인만을 축복과 행복 속에서 살도록 창조한 것도 아니요, 유대인에게만 지성을 심어준 것은 아니라는 점이다.

> 성경책은 우리 유대인들만이 축복받았다고 믿으면서 자부심을 갖거나, 다른 민족들은 진정한 행복이 무엇인지를 모르기 때문에 유대인들이 더욱 즐거움을 갖게 되었다고는 말하지 않습니다.
> — 어빈 얄롬, 『스피노자 프로블럼』

더욱이 스피노자는 유대인만이 갖는 피해의식에 대해서도 의문을 제기한다. 스피노자의 외할머니도 카톨릭의 종교재판에서 마녀로 몰려 화형 당했지만, 유대인들이 자신들만 다른 민족, 특히 기독교 국가들로부터 탄압받아온 것에 대해서도 의문을 제기한다.

> 슬프게도 토라에는 이스라엘이 권력을 가지고 있었을 때에는 다른 나라들과 마찬가지로 잔인했고 무자비했었다는 증거가 많이 있습니다. 그들은 고대 민족들보다 더 도덕적으로 우수하거나, 더 정의롭거나 더 지능적이지 않았습니다. …… 나는 유대인들이 다른 민족보다 우수하다고 암시하는 것을 토라에서 하나도 보지 못했습니다. 신은 모든 사람에게 똑같이 은혜롭습니다.   - 어빈 얄롬, 『스피노자 프로블럼』

  스피노자는 구약성경 속에서 유대인들 역시 다른 민족에 대해서 아주 무자비하고 잔혹한 학살을 저지른 기록들이 있음을 염두에 두고 위와 같은 의문을 제기한 것이다.

> 그 성읍을 점령하고 그것과 그 왕과 그 속한 성읍들과 그 모든 사람을 칼날로 쳐서 하나도 남기지 말라 하였으니 그 성읍들과 그 모든 사람을 진멸하여 바친 것이 에글론에 행한 것과 같았더라.(여호수아 10:37)
> 그 가운데 모든 사람을 칼날로 쳐서 진멸하여 호흡이 있는 자는 하나도 남기지 아니하였고 또 하솔을 불러 살랐고.(여호수아 11:11)
> 다윗이 블레셋 사람을 죽이고 돌아올 때에 여인들이 이스라엘 모든 성읍에서 나와서 노래하며 춤추고 소고와 경쇠를 가지고 왕 사울을 환영하는데 여인들이 뛰놀며 노래하며 이르되 사울이 죽인 자는 천만이요 다윗은 만만이로다 한지라.(사무엘 상 18:6-11)   - 어빈 얄롬, 『스피노자 프로블럼』

앞서 우리는 데카르트의 진로와 철학에 대해 강의를 하면서 초두에 마녀재판에서 나타난 집단의 경계선적 방어기제를 설명한 적이 있다. 그런데 분열, 투사, 내사의 방어기제는 그런 방어기제를 행사하는 사람들만이 사로잡혀 있는 행동과 사고방식일 뿐만 아니라 그 속에서 희생되는 사람의 사고와 행동방식에도 영향을 미친다.

유대인들, 특히 기독교의 영향이 지배적이었던 서유럽의 유대인들은 기독교인들로부터 악의 축으로 취급되고, 기독교인들 내부에 갖고 있던 분노, 증오, 혐오가 투사되는 대상이 되어왔다. 이때 기독교인들은 자신들을 절대선의 입장을 내사하는 데 반해 그런 투사의 대상이 된 유대인들 역시 자신들에게 투사된 분노, 증오, 혐오를 자신의 감정으로 내사함으로써 자신들을 무기력하고 하찮은 존재로 여길 수 있거나 반대로 그런 분노, 혐오, 증오를 강력한 상대방보다는 자신들보다 무기력한 집단에게 행사한다. 오랫동안 서유럽의 기독교의 지배 속에서 탄압을 받던 유대인들이 20세기 전반기 나치즘에 의해 대량 학살을 당한 이후에 시오니즘에 의해서 결집되어 나중에 엉뚱하게도 팔레스틴에게 자신들의 분노와 증오를 폭발시키는 사례를 우리는 20세기 후반기 현대사에서 목격하고 있다.

요컨대 스피노자는 유대인 집단 내에서 유대인의 선민의식과 피해의식에 대해 성경에 근거하여 이의를 제기한다. 그러나 스피노자가 유대인 시나고그에서 추방된 결정적 계기는 당대 율법학자들의 성경에 대한 자의적 해석을 문제 삼았기 때문이다.

"랍비들이나 신부들은 너무나 빈번하게 자신의 취향대로만 편견을 가지고 읽은 성경의 내용을 확대해서 말합니다. 오직 자기들만이 진리의 열쇠를 가지고 있다고 주장하고 있습니다."

"나는 예언자들은 **생생한 상상을 할 수 있는 특이한 능력**을 부여받은 사람들이었다고 믿습니다. 그러나 그들이 반드시 **고도로 발달된 이성적인 힘**을 가지고 있었다고 믿지 않습니다." (강조는 인용자에 의함)

– 어빈 얄롬, 「스피노자 프로블럼」

스피노자는 성경 속 예언자들이나 성경의 해석자들인 랍비들 모두 성경을 이성적인 근거에서 해석하고 있다기보다는 자신들의 상상에 의거해서 해석하고 있다고 비판하고 있다. 아마도 스피노자가 성경에 대한 이러한 합리주의적 접근을 하고자 한 것은 르네상스와 데카르트의 사상의 영향을 받아 1650년대부터 독자적인 사상을 갖기 시작하면서부터였을 것이다. 결국 스피노자는 유대교 비판과 신을 모독했다는 구실로 가혹한 탄압을 받고 추방되며 1660년경엔 저주의 파문 선고를 받는다.

천사들의 결의와 성인의 판결에 따라 스피노자를 저주하고 제명하여 영원히 추방한다. 잠잘 때나 깨어 있을 때나 저주받으라. 나갈 때도 들어올 때에도 저주받을 것이다. 주께서는 그를 용서 마옵시고 분노가 이자를 향해 불타게 하소서! 어느 누구도 그와 교제하지 말 것이며 그와 한 지붕에서 살아서도 안 되며 그의 가까이에 가서도 안 되고 그가 쓴 책을 봐서도 안 된다.

– 바이셰델, 「철학의 뒤안길」

스피노자는 당시에는 이런 파문에 대해 아무런 대항도 하지 않았다. 다만 한번은 저 파문선고를 염두에 둔 듯 다음과 같이 말했다.

> 나는 각자가 자신의 본성에 따라 살도록 내버려 둘 것이다. 원하는 사람은 자신의 구원을 위해 죽을 수도 있을 것이다. 그러하니 내가 진리를 위해 살 수 있도록 내버려 두어라.　　　　　— 바이셰딜, 『철학의 뒤안길』

요컨대 스피노자는 5세 때부터 탈무드 학교에서 유대철학과 신학을 전수받으면서 성경에 대한 랍비의 해석과 자신의 독서경험의 차이에 대해 깊은 의문을 가졌던 것으로 보인다. 이런 의문은 그 이전 르네상스와 당대 데카르트의 철학을 공부하게 되면서 그들을 자신의 롤 모델로 삼아 성경의 해석에서 상상적 억견과 이성적 사고의 차이를 분명하게 자각한 것으로 보인다.

4. 학문과 사상의 자유의 광장을 찾아서 : 스피노자의 직업적 흥미와 진로 내러티브

아이러니한 것은 스피노자가 속해있던 네덜란드 거주 유대인들이 포르투갈의 카톨릭의 탄압을 피해 거의 추방되다시피 네덜란드로 이주해왔지만, 스피노자는 그런 유대인 공동체에서마저 공동체의 핵심율법에 대한 이의제기를 하는 바람에 추방당한 자이다. 스피노자의 이런 이중적 추방은 최인훈의 소설 『광장』의 주인공 이명준을 떠올리게 만든다. 이명준은 남한의 반공주의 환경 속에서 아버지가 일급 빨갱이라는 이유로 탄압을 받고 월북했지만 다시 북한 공산주의의 기계주의적 관료주의 하에서도 이단자로 몰려 남한과 북한 어느 쪽에도 속하지 않고 중립국을 택한 진정한 의미의 디아스포라이다. 이명준에게 광장은 어떤 이데올로기에 의해서도 정신적으로 억압받지 않고 이성적으로 자유롭게 소통하는 이상적 공간인 것처럼 스피노자는 유대인을 탄압하던 기독교도에 대해서도 비판적이었지만 자신이 속해 있던 유대공동체의 또 다른 편협성에 대해서도 비판적이었다는 점에서 진정한 디아스포라이며 그만의 자유로운 광장을 갈망한 자이다. 이를 진로구성주의 관점에서 재해석해본다면 스피노자의 직업적 관심은 어떠한 감각적, 상상적 편견에도 사로잡히지 않고 이성적 차원에서 자유로운 진리탐구와 소통이 가능한 세계였다.

유대공동체에서 추방당한 스피노자는 아버지로부터 물려받은 수입 상품점을 동생과 누이에게 물려주었을 뿐만 아니라, 부모가 정해준 유대식 이름 '바루휘'마저 '베네딕트'로 바꾼다. 이런 개명은 스피노자에게 자신의 정체성을 유대민족과 가족공동체로부터 온전히 독립시키기위한 선택이었다. 유대 시나고그에서 거의 자발적으로 추방을 당한 후에 스피노자는 한 곳에 오래 머무르지 못한 것으로 보인다. 처음에는 사람들과 멀리 떨어진 암스테르담 근처에서 숨어 살다가 그 후 덴 하그 근처에서 살았다. 왜냐하면 추방을 당한 이후 초기에는 급진적인 유대계 청년으로부터 복부를 칼에 찔리는 테러를 당하기도 했기 때문이다. 스피노자는 자신의 삶의 조건이 안전하지 않다는 것을 항상 상기시키기 위해서라도 테러를 당해 찢어진 외투를 항상 벽에 걸어 놓았다고 한다. 어느 누구에게도 정신적으로뿐만 경제적으로도 의존하지 않기 위해 광학 렌즈를 연마하는 기술을 배웠고 하루에 4시간만 연마 작업을 하고 최소한의 수입으로 여러 곳을 거처를 옮겨가며 철학적 진리를 구현하는 길을 자신의 최종적 진로로 삼았다.

5. 가장 급진주의적 정치 철학자 : 스피노자의 캐릭터 아크와 철학1

스피노자는 단순히 고답적인 학문연구에만 몰입하는 고립적인 이론가는 아니었다. 라인스부르크에서 1660년 『지성개선론』과 1663년 『데카르트 철학의 여러 원리』라는 소책자를 집필하여 출간하기도 하였고, 1663년 포르부르크에서 네덜란드 공화국의 정치적 지도자인 얀 드 비트와도 교류를 했다. 흔히 스피노자의 철학을 공부하기 위해서는 처음부터 『에티카』를 읽기보다는 『신학정치론』을 읽어보라고 권유한다. 『신학정치론』은 1670년에 익명으로 출간되자마자 교회와 국가 당국은 물론 대학 당국으로부터도 금지 당한다. 『신학정치론』에 대해서는 유대공동체뿐만 아니라 카톨릭 관계당국이든 프로테스탄트 관계 당국이든 모두 반대하는 의견일치를 보였다. 당시 유럽에서 종교적 관용이 가장 컸던 네덜란드 총독마저 가장 엄한 처벌을 내리겠다고 엄포를 놓아 이 책의 인쇄나 유포를 금지했다. 그 책은 '신을 모독하고 영혼을 타락시키는' 저작이며 '근거가 없는 위험스러운 견해와 추악한 내용으로 가득 차 있기' 때문이라는 것이 그 이유였다.

그러나 우리에게 더 중요한 것은 그가 당시 사회현실과 상대적으로 동떨어진 기하학이나 형이상학만을 연구한 것이 아니라 일차적으로 당대 정치, 종교처럼 시민적 삶과 가장 밀접하게 연관된 예민한 문제들에 대한 급진주의적 정치, 종교철학적 관점을 취하고 있었다는 점이다. 이 점에서 노자나 장자철학에서 확인할 수 있듯이 스피노자의 철학은 가장 비세속적인 형이상학적 관점을 취하면서도 어떤 정치철학보다 급진주의적 정치 · 윤리학적 관점임을 확인할 수 있다. 특히 비록 당시에 종교전쟁은 끝났지만 많은 앙금이 남아있던 유럽에서 종교는 세속적, 비세속적 관점 모두에서 오해와 왜곡, 분노와 증오 그리고 폭력을 불러일으키는 가장 '뜨거운 감자'였다. 스피노자는 익명으로『신학정치론』을 출간했다. 이 책에서 그는 마녀사냥과 마녀재판을 통해서 보여준 집단적 경계선적 성향을 보이던 유럽 사회의 광기의 본질, 그에 대한 해결책을 제시하고자 했다. 우선『신학정치론』의 중심 주제는 바로 민중의 공포와 미신이다.

> 규칙이나 법을 제정함으로써 주변 환경을 완벽히 통제할 수 있거나 혹은 행운이 항상 사람들 편이라면 그들은 결코 미신에 빠지지 않을 것이다. 하지만, 법조차 무력할 수밖에 없는 곤란한 지경에 빠져들게 되면, 사람들은 가엾게도 불확실한 운명의 호의에 대한 과도한 집념으로 인해 희망과 공포 사이에서 동요하기 때문에 무엇이든 쉽게 믿는 경향이 생긴다. 인간의 마음이란 보통 때는 허풍을 떨고 자만하거나 우쭐대다가도 의심이 생겨나거나 희망과 공포가 교차하는 가운데 어떤 의혹이 그를 사로잡는 순간에 줏대 없이 이리저리 흔들기 십상이다. – 스피노자,『신학정치론』

여기서 '법조차 무력할 수밖에 없는 곤란한 지경'은 직접적으로는 당시 네덜란드 공화정의 몰락이라는 정치 불안이었다. 그러나 좀 더 넓게는 17세기 전반 종교전쟁 전후로 유럽에 불어 닥친 종교적 갈등과 정치적 혼란 그리고 그 와중에 광풍처럼 휩쓸고 지나가던 마녀사냥과 재판의 시대를 말한다. 이런 혼란의 시대에 공포에 사로잡힌 민중은 그들에게 가장 절실한 "이성을 아무짝에도 쓸모없다고 나무라고, 인간의 지혜를 헛된 것으로 거부한다. 이에 반해 상상과 환상 그리고 유치할 정도로 터무니없는 사건을 하늘의 계시인 양 믿어버린다." 이성이 상실되고 정신적 환각과 감정적 충동에 사로잡힌 민중은 "종교를 매개로 해서 통치자를 신과 같이 경배하다가도 다시 그들을 인류 공동의 해악으로 저주하고 규탄하는 일을 밥 먹듯이" 한다. 당시 스피노자와 교류를 나누었던 공화주의자 얀 드 비트도 네덜란드 공화국의 지도자로 숭배되다가 재차 공동의 해악으로 저주당하고 살육당한 사건이 있었다.

여기서 중요한 것은 이런 개별적인 역사적 사건보다 민중의 선과 악의 분열적 신념이다. 또한 그들은 누군가에게 호의적일 때는 그에게 희망을 투사하고, 반대로 그에게 적대적일 때는 분노와 적의를 투사한다. 이런 민중들의 분열적, 투사적 방어기제를 알고 있는 통치자들은

참되건 거짓된 종교이든 간에 어떤 충격에도 견딜 수 있고 숭배자에게 존경심을 계속 불러낼 수 있는 허례허식을 종교에 불어 넣는 것이다. …… 그들은 종교를 둘러싼 그 어떤 토론조차 불경한 행위로 간주했다. 나아가 교조적 형태의 신앙고백 형식을 빌려 인간의 정신을 틀어막음으

로써 의문을 표시할 능력은 고사하고 건정한 이성이 들어설 일말의 여지 조차 남기지 않았다.

                                                 – 스피노자, 『신학정치론』

  요컨대 교회나 정부당국의 통치자들은 민중들로 하여금 그들을 절대선으로 내사하게 함으로써 흔들림 없는 미신을 심어주기 위해 민중의 행동과 신념을 억압하고 어떠한 자유로운 이성적 토론과 논의의 여지를 주지 않는다.

  이쯤해서 여러분들 중 일부는 데카르트와 스피노자를 대비시켜 설명하려는 의도를 간파했을지 모르겠다. 또한 이런 의문을 가질 수도 있겠다. 당대의 민중들의 집단적 경계선적 경향의 분열, 투사, 내사의 방어기제가 데카르트의 철학 속에서마저 작동하고 있는 반면 스피노자는 그런 집단적 경계선적 경향의 방어기제를 간파했다고 보는 것은 뭔가 데카르트의 철학에게 너무 불공평한 접근이 아닌가라는 의문 말이다. 그러나 앞서도 언급했듯이 분열, 투사, 내사가 반드시 비정상적인 광기 형태로만 작동되는 것은 아니라 정상적이고 긍정적 방식으로도 작동될 수 있다는 점이다.

  데카르트는 개인적으로 죽음에 대한 불안과 질병에 대한 두려움으로 인해 상대적으로 불안 수준이 높았던 것으로 보인다. 또한 그는 영혼불멸이나 신존재와 같은 종교적 문제에 대해 한편으로는 아주 합리주의적인 면모를 갖고 있었지만 다른 한편으로는 당대 파리 소르본느의 신학부 대학교수들과의 마찰을 피하고자 하였다. 또한 데카르트는 정치적 문제와 관련해서는 청년시절 카톨릭 군대이든 프로테스탄트 군대이든 가리지 않고 장교로서 활동한 것을 보면 종교의 정치적 측면에 대해 깊은 숙고나 고민이 있었던 것으로 보이지 않으며 사실 그에게 윤리학적, 정치철학적 관심이 부족한 것 역시 사실이다. 반면 스피노자는 종교의 정치적 국면, 즉 종교 교리에 대한 이의와 비판에 대한 교회와 정부당국의 극도의 비관용성의 폐해를 직접적으로 겪었던 사람이기에 누구보다도 종교적 문제에 대해 예민하고 비판적이었다. 또한 유대 시나고그로부터 추방당하고 기꺼이 공동체를 떠났고, 유대 급진주의 청년에게 테러를 당하고 나서도 자신의 안전치 못한 상황을 감수하고 경계하였다. 네덜란드 급진파 공화주의자들과 교류를 하면서, 단순히 『성경』에 대한 율법학자의 해석에 대한 불만을 갖고 있던 젊은 이로부터 불안, 두려움에 맞서 강력한 용기와 신념을 갖는 급진주의적 정치사상가로서 캐릭터 아크를 이루어냈다.

6. 하이델베르크 대학의 철학 정교수직을 거절하다 : 스피노자의 직업적 흥미

스피노자는 공포 앞에서 민중의 이성은 마비되고 상상적 환각과 감정적 충동에서 비롯된 미신으로 작동하고 있는 민중의 분열, 투사, 내사의 기제를 분명히 파악하고 이를 해결하기 위한 사상과 표현의 자유, 말 그대로 각자 자신의 진리에 따라 살도록 관용을 허용하는 정부, 사회를 역설한다. 그러나 더 문제인 것은 사상과 표현의 자유에 대한 억압적 체제 하에서 민중들이 교회와 정부 당국의 이데올로기에 오랫동안 지배당하는 과정에서 민중들이 스스로의 노예적 안일 때문에 자신의 자유의 불안을 회피하는 태도이다. 스피노자도 그의 진로 내러티브에서 이런 위기가 있었다. 역설적으로 그것은 팔츠의 영주 카를 루트비히가 스피노자의 명성을 듣고 그를 철학 정교수로 임용하겠다는 제안을 스피노자에게 했을 때(1673년)이다. 그 제안을 전달한 하이델베르크의 한 신학 교수는 이렇게 첨부하였다.

당신은 다른 어떤 곳에서도 우리 영주처럼 학자들을 — 영주께서는 당신도 그 중 한 사람으로 여기십니다 — 특출하고 자비롭게 대하는 영주를 만나지 못할 것입니다. 당신은 철학하기 위한 가장 완전한 자유를 누리게 될 것이며, 당신이 이 자유를 공인된 교회에 혼란을 조장하기 위해 오용하지 않을 것이라 믿습니다.　　　　　　　　 — 바이셰델, 『철학의 뒤안길』

이런 스피노자의 장면은 장자가 초나라 위왕으로부터 많은 예물과 정승자리를 제안 받았던 상황이나 아리스토텔레스가 필리포스2세로부터 자신의 아들 알렉산드로스의 가정교사가 되어달라는 요청을 받았던 상황, 그리고 데카르트가 스웨덴 여왕으로부터 왕의 교사의 자리를 제안 받았던 상황을 떠오르게 만든다. 주지하다시피 장자는 제사를 위해 잘 먹이고 길러진 소의 운명을 예로 들며 정승자리를 거절했다. 장자는 안락한 예속보다는 궁핍한 소요유를 원했던 것이다. 반면 아리스토텔레스는 플라톤의 아카데미아에서 당했던 설움과 꿈꾸던 아테네 최고 학자로서 명예를 위해 필립포스 2세의 제안을 받아들이고 고국으로 돌아간다. 마찬가지로 데카르트는 자신의 학문적 자유와 안정보다는 당대 유럽 강대국의 왕의 교사라는 명예와 그 동안 파리의 신학부

교수들로부터 당했던 수모를 씻어내고 싶은 희망 때문에 왕의 교사자리를 선택한다. 그 결과는 잘 알고 있을 것이다.

사실 스피노자는 장자나 아리스토텔레스, 데카르트보다 훨씬 절박한 상황에 놓여 있었다. 스피노자는 유대 공동체로부터 추방당했을 뿐만 아니라 유대 급진주의 청년들로부터 테러의 위협을 받고 있었다. 또한 자신의 익명의 출판물들마저 상대적으로 관대하다고 여겼던 네덜란드 당국으로부터 출판금지를 당한 상태였다. 하이델베르크의 철학 정교수 자리는 스피노자에게는 안전하게 자신의 철학적 학문 활동을 할 수 있는 더할 나위없는 자리였다. 그런데 스피노자는 심사숙고 끝에 이렇게 답장을 보낸다.

교수직을 맡는 것이 나의 소망이었더라면, 저는 다른 자리가 아닌, 팔츠의 영주 전하께서 당신을 통해 제게 제의한 바로 그 교수직을 맡았을 것입니다. 자비로운 영주께서 황송하옵게도 제게 허락해 주는 철학의 자유 때문에라도 그렇습니다. 그렇지만 공적인 자리를 맡는다는 생각은 한 번도 해본 적이 없기 때문에 이 훌륭한 제의를 받아들이지 않기로 결심했습니다. …… 왜냐하면 저는 철학함의 자유가 어떠한 한계에 머물러야 하는지 알지 못하기 때문에 공인된 교회를 혼란시키려 든다는 인상을 불러일으키지 않기 위해서입니다. 불화란 종교에 대한 내적인 사랑에서 생기는 것보다는 오히려 인간 감정의 상이함 또는 사람들이 모든 것을 왜곡하고 단죄하는─이렇게 얘기해도 된다면─대립의 정신에서 생겨나옵니다. 저는 이미 저의 고독한 사생활을 통해서도 그것을 경험했습니다. 그런데 제가 그처럼 영광된 자리에 오를 경우에는 얼마나 더한 일들을 우려해야 하겠습니까?진실로 존경하는 선생님, 당신께서는 제가 어떤 더 나은 삶에 대한 전망 때문에 거절하는 것이 아니고, 단지 방해받지 않는 생활에 대한 애정 때문에 ― 그러한 생활을 어느 정도 유지할 수 있기 위해 ― 제가 공식적인 강의를 거절하였음을 이해해 주시기 바랍니다.(강조는 인용자에 의함)
　　　　　　　　　　　　　　　　　　　　　― 바이셰델, 『철학의 뒤안길』

　이 답장에서 우리는 스피노자의 직업적 관심과 본인이 원하는 진로 내러티브를 읽어낼 수 있다. 직업적 관심과 관련해서 스피노자는 '철학함의 자유', '고독한 사생활', '방해받지 않는 생활에 대한 애정'이라는 표현에서 알 수 있듯이 철학함에 있어서 어떠한 외부의 한계도 부과되지 않는, 즉 방해받지 않는 생활을 원한다. 사람들이 서로 왜곡하고 단죄하는 대립의 정신을 낳는 감정에 휘둘리고 싶어 하지 않는다. 자신의 진로 내러티브에서 스피노자는 대학교수와 같은 공적인 자리를 애초부터 꿈꾼 바가 없다. 그러나 이런 왜곡과 대립이 없는 독립적인 공간과 자유로운 철학적 탐구활동만을 원하는 직업적 관심과 진로 내러티브의 배후에는 안전하지만 자유가 없는 삶보다는 안전하지 못하지만 자유로운 삶에 대한 스피노자의 갈망이 있다. 사실 스피노자가 보기에 전자의 안전은 언제든지 자의가 아닌 타의에 의해서 박탈당할 수 있다. 반면 후자의 불안전은 자신의 노력에 따라 극복될 수 있다.

7. 정치철학을 위한 형이상학 :
스피노자의 또다른 캐릭터 아크와 철학2

『신학정치론』과 『에티카』의 목적 비교

스피노자가 이처럼 철학적 학문 활동에서 자유와 독립성을 확고히 신뢰하는 근거는 어디서 오는 걸까? 스피노자의 이런 신념은 처음부터 형성되었다고 보기는 어렵다. 유대 시나고그에서 추방당하면서, 유대 급진주의 청년의 테러를 당하고서 그리고 익명으로 출판된 저서인 『신학정치론』마저 출판 금지되면서 점차 그의 자유와 독립성의 갈망, 자유와 독립성이 자신의 진로에서 갖는 의미에 대한 확신이 확고해졌을 것이다. 이렇게 그의 캐릭터가 단 한순간이 아니라 점진적 과정에서 아크를 이루어낸 데에는 그의 철학적 숙고의 심화가 큰 역할을 했다. 스피노자는 『신학정치론』에서 누구나 처할 수 있는 정치·종교적 억압과 공포 속에서 작동되는 민중들의 분열적, 투사적, 내사적 태도에 대한 직접적인 비판과 사상과 표현의 자유를 보장하는 정부에서 그 해결책을 제시하고자 했다. 그러나 그의 주저이자 사후인 1677년에 출간된 『에티카』에서는 좀 더 근본적으로 형이상학, 인식론, 자연학, 윤리학의 차원에서 분열적, 투사적, 내사적 사고와 욕망과 정념의 태도를 극복하고자 한다.

데카르트는 다양한 차원에서 이분법적 사고에 머물러 있다. 그는 형이상학적 차원에서 무한실체로서 신과 유한실체로서 정신, 육체를, 유한실체인 사유하는 정신과 연장적인 육체(물체)를, 인식론적 차원에서 이성적 회의와 광기적 환각을, 명석판명한 진리와 그렇지 못한 허위를, 자연학적 차원에서 수동적인 정념과 능동적 의지를, 윤리학적 차원에서 선과 악을 분리시키고 있다. 다양한 중간적 스펙트럼을 배제하는 쪼갠다는 의미의 분열splitting적 태도는 이런 이분법적 분리의 사고에서 비롯되는 것이다.

스피노자의 형이상학 : 실체 일원론과 심신평행론

반면 스피노자는 형이상학적 차원에서 신이 정신이나 육체로서 인간과 자연을 초월해 있다고 보지 않는다. 스피노자가 실체와 양태를 어떻게 정의내리고 있는지 들어보자.

> 나는 실체란 자신 안에 있으며, 자신에 의하여 생각되는 것이라고 이해한다. 즉 그것의 개념을 형성하기 위하여 다른 것의 개념을 필요로 하지 않는다. …… 나는 양태를 실체의 변용으로, 또는 다른 것 안에 있으면서 다른 것에 의하여 생각되어지는 것으로 이해한다.   – 스피노자, 『에티카』

스피노자는 정신과 육체(물체)를 신으로서 실체의 변용인 양태로 이해하고 있다. 인간과 자연은 창조주로서 신의 피조물이 아니라 신의 변용들이다. 실체로서 신만이 존재와 인식에서 독립적인 것이며, 양태로서 인간과 자연은 신 속에서 다양한 양태들 간의 관계 속에서 존재하며 인식된다. 내가 신의 피조물이라는 점과 신의 변용이라는 규정은 얼핏 보면 신과 나 사이의 절대적 분리를 주장하는 것처럼 보인다. 분명히 창조주로서 신은 피조물 없이도 존재한다. 그러나 실체로서 신은 무한하게 다양한 변용으로서 양태를 통해서 자신을 드러낸다. 흔히 범신론적 관점으로 이해되는 스피노자의 신관은 유대교나 카톨릭, 프로테스탄티즘 심지어는 이슬람의 관점에서 보더라도 가장 이단적인 사고이다. 이런 전통적인 유일신 종교에서 보면 범신론은 신의 지위의 추락으로 보겠지만, 스피노자에게는 인간의 지위의 상승일 뿐 아니라 인간들 간의 종적인 차별, 구별의 폐기를 의미한다. 유대인의 선민의식, 기독교의 구원받은 자와 저주받은 자는 창조 전부터 신에 의해 예정된 것이지만, 스피노자의 범심론적 관점에서 본다면 어떠한 인간이든 어떠한 자연물이든 모두가 신의 변용이라는 점에서 거룩하고 신성한 존재자이다.

스피노자는 정신과 육체 역시 실체적으로 분리시키지 않는다. 실체와 속성의 관계 그리고 물체와 정신에 대한 스피노자의 정의를 알아보자.

> 나는 속성이란 지성이 실체에 관하여 그 본질을 구성하고 있다고 지각하는 것으로 이해한다. …… 나는 신을 절대적으로 무한한 존재, 즉 모든 것이 각각 영원하고 무한한 본질을 표현하는 무한한 속성으로 이루어진 실체로 이해한다. …… 내가 이해하는 물체는, 신의 본질이 연장된 사물로 보는 한에서, 신의 본질을 어떤 일정한 방식으로 표현하는 양태이다. …… 정신은 사유하는 것이므로, 정신이 형성하는 정신의 개념을 나는 관념으로 이해한다. — 스피노자, 『에티카』

스피노자는 속성이란 실체의 본질을 구성하는 것이며, 실체는 무한한 본질을 갖고 있다고 본다. 반대로 말하면 우리는 지성에 의해서 파악된 속성을 통해서 신의 본질을 이해한다. 인간지성이 신의 본질로 파악한 속성은 사유와 연장뿐이다. 속성이란 신의 본질을 파악하는 하나의 관점이다. 정신, 관념은 사유라는 속성에서 이해된 신의 양태요, 물체나 육체는 연장이라는 속성에서 이해된 신의 양태이다. 이런 점에서 정신과 육체는 대립된 실체가 아니라 하나의 동일한 실체로서 신을 사유라는 속성에서 보느냐, 연장이라는 속성에 보느냐에 따라 파악된 신의 양태이며 분리된 실체가 아니라 실체의 대등한 변용들일 뿐이다.

이처럼 정신과 육체를 대등한 관점에서 바라보는 스피노자의 철학은 비단 기독교적 관점뿐만 아니라 멀리는 고대 그리스의 플라톤적 이원론에 대해서도, 이후 독일 관념론에 대해서도 비판적 함의를 갖는다. 스피노자의 심신평행론은 육체에서 비롯된 감각적, 감정적, 충동적 요소를 악덕과 오류의 근원으로 보며, 육체로부터 독립된 순수한 이성적, 자유의지적 존재로서 정신만을 진리와 덕의 원천으로 보는 이원론에 대한 안티테제요, 결국 육체의 권리에 대한 철학적 복권이다. 스피노자의 육체에 대한 이런 복권은 19세기 니체 철학에서 큰 이성으로서 육체와 작은 이성으로서 정신의 가치전도를 낳는다. 나아가 20세기 메를로-퐁티의 현상학에서 육체는 세계-에로-존재로서 인간이 밑으로는 본능·감각적 수준에서부터 위로는 지성·추론적 수준까지 두께를 지닐 수 있는 실존적 원천이 된다.

스피노자의 인식론과 자연학 : 유물론 우위의 심신평행론과 코나투스

데카르트는 인식론 차원에서 이성적 회의와 광기적 환각을 철저히 분리시키고, 전자의 영역에서만 진리의 가능성을 타진했다. 또한 자연학 차원에서도 능동적 의지와 수동적 정념을 분리시키고 후자의 영역에서도 몸의 보존을 위한 유용성을 발견하지만, 전자의 영역에서만 윤리적 덕의 원천을 찾고자 했다. 물론 데카르트가 진리와 거짓, 선과 악에 대해 명백하게 이분법적 태도를 취할 때 이것이 앞서 존재론적 차원에서 이분법에서 비롯된 결과이다.

스피노자의 인식론과 자연학을 이해하기 위해서는 심신관계에 대한 존재론적 이해에 대한 추가적 설명이 필요하다. 실체의 변용, 즉 양태로서 존재하는 모든 것들은 그것이 신체로 존재한다면 다른 신체 및 물체와의 상호작용 속에서 그리고 정신으로 존재한다면 자신과 타인의 다른 관념들과의 상호작용 속에서 존재하면서 인식된다. 그런데 단순히 스피노자가 신체와 정신의 병행론을 주장했다기보다는 일차적으로 신체의 변용을 일차적으로 보면서 정신이란 이런 신체의 변용의 관념이라고 본다는 점에서 정신보다 신체에 우위를 둔다는 것을 주목해야 한다. 그렇다고 관념은 신체의 변용의 결과가 아니다. 신체의 변용이 다른 신체나 물체와의 상호작용의 결과이듯, 관념은 그런 결과의 관념일 뿐이다.

이렇게 신체의 변용이나 변용의 관념으로서 양태를 이해할 때 중요한 것은 인지와 정서 그리고 의지의 관계 문제이다. 스피노자는 인식과 의지와 정서를 분리시켜서 이해하지 않는다. 신체의 변용이나 변용의 관념으로서 존재하는 모든 양태들은 자신의 존재를 지속하려는 노력, 즉 코나투스를 본질로 갖는다.

> 각 사물이 자신의 존재 안에서 지속하고자 하는 노력conatus은 그 사물의 현실적 본질일 뿐이다. …… 사물은 자신의 일정한 본성에서 필연적으로 생기는 것 외에 어떤 것도 할 수 없다. 그러므로 각 사물이 홀로 또는 다른 것과 함께 행하거나 행하고자 하는 능력이나 노력, 즉 각 사물이 자신의 존재 안에서 지속하고자 하는 능력이나 노력은 그 사물의 주어진 또는 현실적인 본질일 뿐이다. ─ 스피노자, 『에티카』

여기서 사물은 신체의 변용이거나 변용의 관념이다. 신체의 변용이든 변용의 관념이든 모두 신의 변용이라는 자신의 본성을 갖는다. 기독교적 의미의 신은 창조주이기에, 그 창조의 뜻과 구원과 저주의 결정을 우리 인간의 이성으로는 헤아릴 수 없고 다만 계시를 통해서 알수 있다. 바로 여기서 예언자가 등장하며 신의 뜻에 대한 자의적 해석이 만들어지며 민중들에게 공포와 미신이 조장되는 것이다. 그러나 스피노자의 신은 그 존재에서나 인식에서 그 본질이 지성을 통해 파악되는 존재로, 인격적 존재가 아니라 일종의 섭리, 법칙과 같다. 신의 본성을 나눠 갖는 인간 신체의 변용과 변용의 관념은 다른 자연물과 마찬가지로 필연적 법칙 하에서 태어나고 살아가고 죽는다. 그런데 신의 무한한 본성을 나눠 갖고 있는 신체의 변용이나 변용의 관념은 정신적으로든 육체적으로든 자신의 존재를 유지하려는 노력, 능력을 갖는다. 이런 능력, 노력으로서 코나투스를 스피노자는 이렇게 말한다.

정신에만 관계될 때에는 의지voluntas라고 일컬어지지만, 그것이 정신과 신체에 동시에 관계될 때에는 충동appetitus라고 일컬어진다.

- 스피노자, 『에티카』

이런 코나투스로서 의지는 데카르트처럼 무조건 능동적인 것이 아니다. 코나투스는 인지적 차원에서 신체의 변용이든 그런 변용의 관념이든 그것의 원인에 대해서 감각이나 상상을 통하여 손상되고 혼란스럽고 무질서하게 지각될 경우 '작용을 받는다'는 의미에서 수동적이게 되고, 그것의 원인에 대해서 이성이나 직관을 통해 타당한 관념을 얻게 될 경우 '작용을 한다'는 의미에서 능동적이게 된다.

7.4 스피노자의 정념론 : 선과 악의 분리의 상대화

재차 코나투스로서 신체활동 능력을 증대시키거나 감소시키는 신체의 변용이나 변용의 관념이 바로 정서이다. 이런 정서는 이성이나 직관을 통한 타당한 관념을 지닐 때는 능동적 정서인 반면, 감각이나 상상을 통해 혼란스러운 관념을 지닐 때 수동적 정서가 된다. 요컨대 신체의 변용이나 변용의 관념은 각각 다른 신체, 물체, 다른 관념과의 상호작용 속에서 지성적으로 공통의 개념 혹은 신적 실체에 대한 지적 직관을 통해서 파악되면 의지의 증대로서 능동적 정서를 갖지만, 상상력이나 감각에 의해 혼란스러운 개념에 사로잡히게 되면 대개는 의지의 감소, 위축으로서 수동적 정서를 가질 수도 있다. 물론 감각과 달리 상상력은 비록 혼란스러운 개념이지만 그때마다 개별적 인식에 묶여 있지 않고 사물들간의 공통성을 추구한다는 점에서 일시적인 의지의 증대로서 기쁨을 가져올 수도 있다. 그러나 의지의 증대로서 능동적 정서란 단순히 기쁨을 넘어서 만족,[■] 행복과 같은 긍정적 정서를 말하며, 의지의 위축으로서 수동적 정서는 슬픔과 괴로움이며 그로부터 파생되는 공포, 분노, 적대감 등 다양한 부정적 정서들로 나타난다.

그에 따라 스피노자에게 진위의 구별이나 선악의 구별이 절대적인 이분법에 사로잡히지 않는다. 인식의 단계에서 감각, 상상, 이성, 직관의 다양한 단계가 존재한다. 비록 이성과 직관이 타당한 관념을 획득하는데 결정적이지만 상상력 역시 공통 개념의 파악에 기여할 수 있다는 점에서 무조건 거짓과 착각의 원천이라고 보기 어렵다. 나아가 이성이나 직관이라는 것도 그 출발점에서는 감각과 상상에 기초한다

[■] 긍정심리학에서 기쁨과 만족의 구별

쾌락은 짜릿한 감각적 요소와 격렬한 정서적 요소를 지닌 기쁨으로, 원초적 감정이라고 감정이라고 불리며, 황홀경, 전율, 오르가슴, 희열, 환희, 안락함 등을 말한다. 반면 만족은 자신이 몹시 좋아서 하는 활동이지만 반드시 원초적 감정들을 자아내지는 않는다. 그보다는 자기가 하는 일에 푹 빠져서, 자기 존재마저 잃어버릴 정도로 몰입하게 된다. 만족감은 쾌감보다 오래 지속되고, 진지한 사고작용과 해석과정이 따르며, 습관화되지도 않을 뿐더러, 자신의 강점과 미덕을 발휘하여 얻는 것이다.

— 마틴 셀리그만 『긍정 심리학』

는 점에서 감각과 상상을 무조건 배척할 일이 아니다. 이는 칸트의 철학에 이르러 "지식은 경험과 함께mit 시작하만 경험으로부터aus 나오는 것은 아니다"라는 통찰로 나아가는 밑거름이 된다. 다시 말해 감각적 경험은 지식의 전부는 아니지만 핵심적인 원천이 된다. 또한 칸트의 경우 상상력 역시 감각적 경험을 통해 주어진 질료를 지성적 개념에 연결시키기 위한 매개로서 도식을 생산해낸다고 본다.

그러나 스피노자에게 더욱더 혁명적 사고는 선과 악의 구별이다. 앞서 코나투스로서 의지와 충동에 대한 설명으로부터 다음과 같은 결론이 나온다.

> 우리는 그것을 선이라고 판단하기 때문에 그것을 향하여 노력하고 의지하며 충동을 느끼고 욕구하는 것이 아니라, 반대로 노력하고 의지하며 충동을 느끼고 욕구하기 때문에 어떤 것을 선이라고 판단한다.
> 각자는 자기가 선이나 악이라고 판단하는 것을 자신의 본성의 법칙에서 필연적으로 욕구하거나 또는 피한다. 선과 악의 인식은 우리가 그것을 의식하는 한 기쁨이나 슬픔의 정서 자체이다. 그러므로 각자는 선이라고 판단하는 것을 필연적으로 욕구하며, 반대로 악이라고 판단하는 것을 피한다. 그러나 이 욕구는 인간의 본질 또는 본성일 뿐이다. 그러므로 각자는 오직 자신의 본성의 법칙에서 선이나 악이라고 판단하는 것을 …… 필연적으로 욕구하거나 피한다.
> — 스피노자, 『에티카』

앞의 인용문은 『에티카』 2부 정리9의 주석이고, 뒤 인용문은 『에티카』 4부 정리19이다. 얼핏 보면 양자는 상반된 주장을 하는 것처럼 보인다. 전자는 욕구와 회피가 선과 악을 결정한다고 말하는 반면, 후자는 선과 악의 인식, 판단이 욕구나 회피를 결정짓는다고 말하는 것 같기 때문이다. 그러나 스피노자에게 인식과 의지와 정서는 분리되어 있는 것이 아니고 선과 악의 인식 자체가 그것을 의식하는 한 기쁨이거나 슬픔인 정서 자체이며 재차 이런 정서는 의지의 증대나 감소일 뿐이다. 중요한 것은 스피노자가 선과 악을 절대적으로 분리된 것이고 각자의 원천이 다른 것이 아니라 사람들이 자신의 의지의 증대와 감소, 즉 욕구의 충족과 좌절의 의식으로서 기쁨과 슬픔의 수준에서 선과 악의 판단이 이루어진다고 보는 것이다.

분열, 투사, 내사의 극복

지금까지의 스피노자의 논의를 분열적 사고와 연결시켜 설명해보자. 흔히 분열이라는 것은 무조건적으로 어떤 인물이나 행위를 선과 악의 이분법적 구도에서 바라본다는 점이다. 물론 동일한 인물이나 행위에 대한 선과 악의 평가는 뒤바뀌기도 한다. 그러나 중요한 것은 특정 시점에서 특정 인물이나 행위에 대해서 전적으로 선하거나 전적으로 악하다고 평가하는 것이 문제이다. 데카르트의 선과 악의 이분법은 순수한 정신과 육체에 사로잡힌 정념의 구별과 연결되어 있다는 점에서 선과 악의 구별을 절대화한 것이다. 반면 스피노자의 경우 선과 악의 판단, 인식은 그때마다의 욕구의 충족과 좌절, 기쁨과 슬픔과 연결되어 있다는 점에서 상대적인 것이다.

스피노자가 보기에 이런 선과 악의 구별이 심각한 문제인 까닭은 그것이 의지의 자유 및 신에 대한 착각과 관련되어 있기 때문이다. 우선 선과 악이라는 것이 마치 인간의 자유의지에 따라 선택되는 것처럼 여긴다. 그런데 실제로 의지의 자유란 의지의 원인에 대한 무지와 의지를 통한 행위의 통제에 대한 의식이 낳은 가상의 자유일 뿐이다.그런 가상의 자유에서 분별된 선과 악이란 자의적인 것이다. 그런데 이런 선과 악의 자의적 구분이 종교와 연결될 때 절대화되고 억압적인 것이 되어 버린다. 스피노자에 따르면 인간은 의지의 증대와 감소를 철저히 필연적 법칙 속에서 이해해야 한다. 왜냐하면 의지의 증대나 감소라는 게 본래 법칙으로서 실체의 양태인 신체의 변용과 변용의 관념 속에서 이루어지기 때문이다. 그러나 사람들은 의지를 필연적 법칙 속에서 이해하기 보다는 자의적인 수단과 목적의 관계 속에서 이해한다. 사람들은 신이 인간에게 이롭게 하기 위해서 자연을 창조한 것으로 믿지만 실은 인간은 자신에게 유용한 것을 선으로 규정하고 마치 그것이 신이 내린 명령인 것처럼 절대화한다. 민중들이 누군가를 절대적으로 선한 자로 숭배하거나 절대적으로 악한 자로 적대시하는 것은 교회나 정부 당국이 조장한 공포와 미신에 사로잡힌 결과인 것이다.

사실 분열과 투사 그리고 내사에서 결정적인 것은 분열이다. 분열 속에서 선과 악으로 분리시키고 그런 악은 타자에게 투사된 결과이고, 선은 자신에게 내사한 결과이다. 특정 인물이나 행위가 그 자체로 악한 것이 아니라 자신에게 해로운 인물이나 그 행위를 악한 것으로 투사한다. 특정 인물이나 행위를 선한 것으로 숭배하고 칭송할 때 이것은 자신을 그런 선한 인물이나 행위와 연결시켜 내사시킨 결과이다. 스피노자가 보기에 투사와 내사의 문제의 극복의 출발점은 선과 악,

진과 위의 근원인 정신과 육체를 실체 속에서 통합시키는 사고이다. 나아가 양태로서 인간의 유한성을 전능한 악령이나 악한 인물의 탓으로 투사시켜 전가하는 것이 아니라 인간의 한계로서 수용하고 그런 유한성의 원인을 지성을 통해서 통찰해내는 것이다.

8. 스피노자의 진로 내러티브와 캐릭터 아크

스피노자는 다른 어떤 철학자나 사상가보다 많은 역경과 어려움을 겪은 사람이다. 젊은 시절 자신의 유대인 공동체 시나고그로부터 추방당하고 유대인 급진주의자로부터 테러를 당했고, 자신의 책을 익명으로 출판했음에도 불구하고 가장 자유로운 나라였던 네덜란드에서마저 출판금지를 당했고, 유대인이든 카톨릭 신자든, 프로테스탄티스트이든 모든 유일신 종교 당국과 사상가들로부터 배척을 당했다. 게다가 자신의 생업이었던 광학렌즈 연마작업도 그의 폐를 망가뜨려 45세의 젊은 나이에 사망하고 만다.

그러나 스피노자는 누구보다 불안이나 우울, 슬픔과 분노와 같은 치명적인 부정적 정서에서 자유로운 사람이었고, 누구보다도 자신의 학문적, 사상적 자유를 누리고 싶어 했던 디아스포라이고, 비록 유일신 사상의 신의 의미와는 다르지만 신에 대한 정신의 지적인 사랑 속에서 지복을 추구했던 사람이다. 그에게 직업은 철학과 학문을 어느 누구의 방해나 간섭도 없이 자유롭게 수행할 수 있기 위한 최소한의 안전장치이다. 그만큼 그에게 광학렌즈 연마라는 직업은 중요한 생업이었다.

스피노자는 하루에 4시간 이상 연마작업을 하지 않고 또한 돈을 좀 더 벌어보기 위한 어떠한 노력도 취하지 않았다. 그 모든 직업적 개선의 노력이 그에게는 자신의 학문적, 철학적 사색과 집필활동을 막는 걸림돌이라고 여겼다. 그렇다고 스피노자가 고립적인 사상가도 아니었다. 자신의 급진적 정치사상을 당시 공화주의 정치인들과 나누고자 하였고, 자신의 형이상학, 자연학, 인식론, 윤리학을 소수의 신뢰할 수 있는 동료들에게 전하였다.

일을 하다보면 일과 여가 혹은 일과 가정을 분리하는 게 쉬운 일이 아니다. 다시 말해 일을 철저하게 살아가기 위한 방편으로만 삼을 뿐, 일에 치이거나 일중독자가 되지 않고 사는 게 쉽지 않다는 말이다. 일에서 아무런 소명도 없고 발전도 없는 것도 문제이지만 일과 관련해서 발생하는 경쟁욕구, 대인관계 갈등 등에 얽매여 자신의 여가와 가정을 망치고 나아가 자신의 삶에 많은 구속과 억압 장치를 자초하는 것도 문제다. 스피노자의 철학은 자신의 광학렌즈 연마라는 생업과 내용적으로는 어떤 연관이 있는지 찾기는 쉽지 않다. 그만큼 스피노자에게 광학렌즈 연마작업은 생존을 위한 최소한의 수입을 얻기 위한 수단 그 이하, 그 이상의 의미가 없다. 다만 안타깝게도 스피노자는 그런 광학렌즈 연마작업이 자신의 폐에 치명적인 악영향을 끼칠 것이라는 점을 예측하지 못했다. 과연 여러분들은 스피노자처럼 직업을 철저하게 생업 수준의 방편으로 삼고 여하간의 여가와 취미에서 삶의 가치, 의미를 찾을 수 있을 자신이 있는가? 아마도 관건은 의식주와 관련된 생존에 대한 최소한의 조건에만 만족할 수 있는 강인한 절제력, 그리고 자신이 추구하는 가치에 대한 강인한 신념을 갖고 있느냐 여부일 것이다.

스피노자의 커리어 스토리

1. **집념**: 유대 공동체의 피해의식과 선민의식이 만들어낸 폐쇄성에 대해 반감을 갖고 있었고 특히 이성이 아닌 상상에 근거한 성경해석의 자의성에 대해 합리적 의심을 하면서 사상의 자유를 갈망함
2. **롤 모델**: 종교에 대한 계몽주의적, 합리주의적 해석을 시도한 르네상스 사상가들과 데카르트
3. **직업적 흥미**: 선과 악의 이분법을 넘어선 사상의 자유로운 소통이 가능한 세계를 갈망했으며, 공적인 지위나 자리보다는 자유롭고 독립적인 자기만의 탐구공간을 더 선호함.
4. **스토리**: 유년기는 랍비교사가 되길 바라는 부모의 기대하는 대로 살았고, 부모 사후 가업인 수입상품점을 이어받았지만, 유대 시나고그로부터 추방된 후에는 생업으로 광학렌즈 연마를 통해 최소한의 수입에만 의존한 채 철학연구를 하길 원했고, 교회나 정부당국과의 갈등을 원치 않아 하이델베르크 대학의 철학교수 자리 제안도 거절함.
5. **철학**: 실체 일원론, 심신 병행론, 코나투스로서 의지의 증대와 감소에 따른 수동적 정서와 능동적 정서의 구별에 입각한 통합적 철학을 구축함

● **참고문헌**

B. 데 스피노자, 최형익 옮김, 『신학정치론 정치학 논고』, 비르투, 2011

B. 데 스피노자, 강영계 옮김, 『에티카』, 서광사, 2007

I. 얄롬, 이혜성 옮김, 『스피노자 프로블럼』, 시그마프레스, 2013

W. 바이셰델, 이기상, 이말숙 옮김, 『철학의 뒤안길』, 서광사, 1991

최인훈, 『광장 구운몽』, 문학과 지성사, 2014

M. 마틴 셀리그만, 김인자, 우문식 옮김, 『긍정 심리학』, 물푸레, 2020

09. 칸트

철학교수와 철학혁명을 이루는 길

1. 경건주의 집안에서 성장 : 칸트의 집념

칸트가 자신의 부모를 추억하면서 남긴 일기를 보면 칸트가 유년시절부터 부모로부터 어떤 영향을 받았는지 알 수 있다.

> 나의 양친(수공업자 출신의 아버지와 **경건주의 신앙이 독실한 어머니**)은 재산을 아무것도 남겨주지 않았지만, **성실, 예의범절, 규범**의 면에서 모범적인 교육을 해주셨다. 양친의 교육은 도덕적인 관점에서 볼 때, 그 이상 좋을 수가 없는 것이었다. 나는 나의 양친을 회상할 때마다 감사하는 마음이 가득하다. (강조는 인용자에 의함)
>
> — 백종현, 「실천이성비판 해제」

경건주의는 종교개혁을 주도했던 루터파 교회 내에서의 제2의 종교개혁으로, 기존의 프로테스탄티즘이 교리와 교회 중심의 카톨릭에 맞서 서방교회의 정통성을 주창하는 과정에서 기독교인의 근본신앙과 실천보다는 다시금 교리를 중시하게 되는 역설에 맞서 경건생활과 실천을 강조하는 입장이다.

부모에 의해 강조된 경건주의는 칸트에게 깊은 영향을 끼친 것으로 보인다. 경건주의의 이원론은 특히 칸트의 실천철학에서 결정적 영향을 끼친 것으로 보인다. 이론철학에서 칸트는 합리론과 경험론을 종합하여, 궁극적으로 인식에서 감각적, 신체적 질료에서 비롯되는 경험적 내용과 이론이성의 선험적 형식의 결합을 주장했다. 그러나 실천철학에 이르면 철저하게 경험적인 경향성에서 비롯된 비도덕적 행동과 선험적인 이성적 도덕법칙에 의해서 규정된 자유의지의 도덕적 실천 사이의 이원론이 분명하게 드러난다. 그런데 또 다른 기록을 보면 어머니의 영향을 통해서 칸트에게 불러일으켜진 관심은 그의 철학체계를 좀 더 분명하게 짐작하게 해준다.

> 나는 결코 어머님을 잊지 못한다. 내 마음에 처음으로 **선의 싹**을 심어 가꾸어주신 분이 바로 내 어머님이었다. 어머니는 **자연의 신비**를 느끼는 내 마음의 문을 열어주셨고, 내 지식을 일깨워서 넓혀주셨다.(강조는 인용자에 의함)
> － 백종현, 「실천이성비판 해제」

다시 한 번 말하지만 우리는 유년기 집념이 성년기에 선형적인 인과적 영향을 끼친다고 주장하지 않는다. 오히려 성인기에 이르러 자신의 현재의 관점에서 유년기 기억이 재구성되기 마련이다. 그렇게 재구성된 과거의 기억이 현재의 의사결정에 동기와 정당성을 부여하는 것이다. 칸트가 자신의 철학체계를 완성하던 시기에 자신의 철학체계가 유년시절부터 시작되었다고 말하는 것은 분명히 과거의 왜곡은 아니지만 현재의 자신의 철학체계가 논리적 정당성을 넘어 평생의 집념이었음을 강조하려는 의도가 있다.

경건주의에 대한 영향, 선의 싹과 자연의 신비에 대한 관심은 칸트에게 오랜 집념을 만들어주었던 것 같다. 이런 집념으로 인해 그는 생애 내내 자신의 마음의 내면으로서 이성 속에서 도덕법칙과 자연법칙의 근원, 가능조건을 찾고자 했던 것이다. 칸트는 묘비명으로 써 넣어 달라고 유언을 남긴 『실천이성비판』 맺음말의 첫 구절에서도 자신의 집념을 드러내고 있다.

> 그에 대해서 자주 그리고 계속해서 숙고하면 할수록, 점점 더 큰 경탄과 외경으로 마음을 채우는 두 가지 것이 있다. 그것은 내 위의 별이 빛나는 하늘과 내 안의 도덕법칙이다.
> — 칸트, 『실천이성비판』

결국 이것은 칸트에게 생애의 시작부터 마지막까지 자신의 일관된 집념에 가까운 신념이 자연법칙과 도덕법칙이었음을 시사한다.

2. 선의 싹과 자연 신비의 원천으로서 도덕법칙과 자연법칙 : 칸트의 롤 모델

그런데 우리는 이 대목에서 이렇게 질문해볼 수 있다. 왜 칸트는 선의 싹, 자연의 신비의 원천을 법칙에서 찾고자 했을까? 칸트가 살았던 18세기의 유럽의 시대상황을 보면 이론적 분야와 실천적 분야 모두에서 중요한 단서를 찾을 수 있다. 우선 이론적 차원에서 칸트는 누구보다 아이작 뉴턴의 수리물리학에 깊은 관심을 갖고 있었다. 칸트는 김나지움을 졸업하고 쾨니히스베르크 대학에 입학했을 때 처음에는 철학과 수학에 관심을 가졌지만, 점차 당시 철학의 분과로서 자연철학이라고 불렸던 뉴턴의 물리학에 매료되었다. 칸트의 유년시절의 롤 모델이 부모였다면 청년기 칸트의 롤 모델은 아이작 뉴턴이었다고 해도 과언이 아니다.

뉴턴이 만유인력의 법칙을 증명하기 전까지만 해도 거의 2000년 넘게 일반인들뿐만 아니라 학자들도 지상세계와 천상세계의 운동의 방식을 다르게 이해하고 있었다. 관성개념을 이미 알고 있었던 갈릴레이마저도 지상은 직선운동을 하지만 천상은 원운동을 한다고 믿었다. 그러나 뉴턴은 유럽을 휩쓸던 페스트를 피해 캠브리지 대학을 떠나 자신의 고향에 머무는 2년 동안 사과나무와 땅 사이에 작동하고 있는 동일한 힘이 천체들 사이에서도 마찬가지로 작용한다는 법칙, 즉 중력의 보편성을 수학적으로 증명하였다. 그러나 뉴턴이 1687년『자연철학의 수학적 원리』를 통해 만유인력 법칙과 세 가지 운동이론을 증명했지만 그의 법칙과 이론이 보편적인 자연법칙으로서 받아들여지기까지는 거의 150년이 걸렸다. 바로 18세기 후반에 이르면 그의 수리물리학은 보편적인 진리로 여겨졌다.

뉴턴은 만유인력 법칙을 증명하고 나서 자신의 이론을 더욱더 정교화하거나 경험적으로 검증하는 작업보다 오히려 신학에 더욱 관심을 기울였다. 그로서는 자신이 증명한 법칙에 대해 의심도 하지 않았고 오히려 만일 자연세계가 완벽한 단 하나의 법칙에 의해서 보편적으로 지배받는 것이우연일 수 없다면, 이런 자연세계는 전지, 전능, 절대선의 신의 창조에 의하지 않고는 설명될 수 없다는 확신에 이르게 된다. 이는 신존재에 대한 일종의 목적론적 증명의 한 가지 방식이다. 뉴턴은 필연적 법칙에 의해 지배되는 세계를 단순히 하나의 사실로 받아들이기보다는 그런 법칙적 세계의 존재이유를 밝히기 위해서 전지, 전능, 절대선의 창조주를 끌어들인다.

다른 한편 당시 사회체제는 1660년 오랜 종교전쟁을 끝내고 루이14세의 절대왕정체제가 프랑스에 성립된 이후 각국은 부르봉가의 절대주의 체제를 받아들이기 시작했고 칸트가 살았던 프로이센 역시 예외는 아니었다. 루이 14세 치하에서 절대주의 체제와 왕권신수설을 주장했던 자크 보쉬에가 절대주의 체제와 왕권신수설을 옹호하여 쓴 글을 읽어보자.

신은 거룩 그 자체이시며, 선 그 자체이시며, 권능 그 자체이시다. 이러한 모든 것들 속에 신의 주권이 있다. 이러한 모든 것들의 표상 안에 군주의 주권이 있는 것이다. …… 군주는 군주로서 일개 사사로운 개인으로 간주되지 않는다. 왕은 공적 인격이며, 모든 국가가 그 안에 있다. …… 모든 완전성과 모든 권능이 신에게 결합되어 있는 것처럼, 개개인의 모든 권력은 군주의 인격 안에 결합되어 있다. 한 인간이 이토록 많은 것을 구현해 낸다는 것은 얼마나 장엄한 일인가! – 서정복, 『프랑스 절대왕정의 시대』

자크 보쉬에가 생각하는 절대주의 체제란 왕이 신을 대신해서 성직자, 귀족 등의 지배층의 의견을 반영하여 법을 제정, 집행함으로써 무질서한 민중에 대해 절대적인 권력을 행사하는 체제이다. 흥미로운 점은 동시대 뉴턴의 물리학과 신학의 결론과 보쉬에의 절대왕정과 왕권신수설의 결론은 유사한 논리구조를 갖고 있다는 점이다. 뉴턴의 신학과 물리학에서 추론된 결론에 따르면 신이 자연세계를 만유인력의 법칙에 의해서 작동되도록 창조하였다.

또한 보쉬에의 정치철학의 결론에 따르면 신으로부터 권력을 부여받은 군주는 국가를 법을 통해 질서 있게 통치한다. 뉴턴의 자연관과 보쉬에의 국가관은 공통적으로 절대적 권력을 지닌 자가 법칙을 통해 통치한다는 구조를 갖는다. 이런 자연과 국가에 대한 절대적 법칙주의의 사고는 18세기 중엽 이후에는 거의 상식적이고 지배적인 통념으로 사람들에게 자리 잡은 것으로 보인다.

3. 탐구형과 관습형 : 칸트의 직업적 흥미

칸트에게 유년시절부터 형성된 도덕의 싹과 자연에 대한 신비가 결국은 뉴턴의 물리학이나 그가 살고 있던 정치체제로서 절대주의 체제에 대한 관심으로 이어지면서, 자연법칙과 도덕법칙의 근원에 대한 탐구가 자신의 중요한 철학적 과제로 나타난다. 그런데 이런 철학적 이상을 일관되게 추구해온 칸트의 생애에서 드러난 그의 직업적 흥미를 보면 이런 철학적 이상의 추구가 좀 더 쉽게 이해가 된다. 우선 칸트는 당시 평생 동안 프로이센의 상업도시였던 쾨니히스베르크를 100마일 이상 멀리 떠나본 적이 없다고 한다. 두 번째로 평생 동안 독신으로 지내면서 하루의 일과를 세밀하게 계획하고 정확히 시계처럼 맞춰 살았다. 이런 두 가지 사실과 관련해서 하나씩 흥미로운 일화가 있다.

칸트는 평생을 쾨니히스베르크에 살았지만 다른 나라로 여행을 갔다온 어느 누구보다 그 나라의 지리에 대해서 더 많은 해박한 지식을 갖고 있었다. 이를 통해 추론해볼 수 있는 것은 칸트가 비록 유년시절부터 그에게 깊숙한 영향을 미치고 있었던 경건주의의 종교생활로 인해 외면보다는 내면의 영성에 더욱 많은 관심을 갖고 있었고, 이론철학이나 실천철학에서도 법칙의 선험적 근거를 정신내면의 이성 속에서 찾고자 했지만, 경험적 사실에 대한 관심 역시 놓지 않았던 탐구자라는 점이다. 다만 그에게 경험적 사실이란 직접적으로 관찰하고 체험한 현실이라기보다는 문헌을 통한 간접적 경험이다. 이런 점에서 칸트가 직업적 흥미에서 전형적인 실재형이 아니라 탐구형 흥미를 갖고 있음을 알 수 있다.

두 번째와 관련된 일화로는 누구나 알고 있는 에피소드인데 칸트가 살던 마을사람들은 칸트의 산책시간에 맞춰 자신들의 부정확한 시계의 시간을 맞추었다고 한다. 그 정도로 칸트의 생활은 강박적일 정도로 규칙적인 삶이었다. 이것은 당연히 그의 유년기 경건주의 신앙생활에서 실천 되어온 성실, 겸손, 헌신의 습성의 결과로 보인다. 칸트의 철학 저서들을 보면 이런 칸트의 강박적일 정도의 완벽한 체계성이 잘 드러나 있다. 칸트는 철학의 핵심질문으로서 "인간은 무엇을 알 수 있는가?" "인간은 무엇을 해야 하는가?" "인간은 무엇을 희망해도 좋은가?"라는 질문에 맞춰 연구를 해오면서 그 체계성이 완벽해질 때까지 출판을 미룬다.

철학 정교수가 되고 나서도 거의 10년이 지난 57세 때 최초의 주저 『순수이성비판』(1781년)과 『실천이성비판』(1788년) 그리고 『이성의 한계 내에서 종교』(1793년)를 앞서 말한 세 가지 질문에 맞춰 출간한다. 이런 칸트의 생활과 저서출간을 통해서 칸트는 직업적 흥미가 탐구형과 함께 관습형임을 알 수 있다.

4. 쾨니히스베르크 대학의 철학 정교수가 되기까지 : 칸트의 진로 내러티브

칸트는 자신의 생애 근본적인 흥미와 철학적 과제를 해결하기 위해 가장 적합한 진로로 당연히 학자가 되길 원했다. 그는 이를 실현할 수 있는 최적의 직업으로서 쾨니히스베르크 대학의 철학 정교수가 되고

자 했고, 그 목표를 향해 자신의 진로 내러티브를 철저하게 구성해 나갔다. 그러나 칸트는 마구제작자였던 부모로부터 경건주의의 종교적, 도덕적 심성과 습성을 이어 받았을 뿐 경제적으로는 어떤 도움도 받지 못했다. 1746년 22세에 대학을 졸업하고 1770년 쾨니히스베르크 대학 철학 정교수가 되기까지 24년 동안 다양한 생계형 직업을 옮겨 다녔다. 거의 10년 가까이 가정교사를 했고, 10년 동안 대학 사강사를 했고, 그 후로도 7년 동안 왕립도서관 사서가 되었다. 그의 진로 내러티브에서 특이한 점은 세 가지이다. 우선 대학을 졸업하고 철학 정교수가 되기까지 기간이 너무 길었고, 또한 1764년 프로이센 교육부에서 제안한 문학교수 자리를 거절했다는 점, 1770년 철학 정교수가 되었음에도 불구하고 1772년까지 왕립도서관 사서직을 2년간 겸직했다는 점이다.

첫째, 졸업 후 생계와 홀로 학문연구를 위해서 돈을 벌어야 했을 것이고 가정교사나 대학 사강사 그리고 도서관 사서라는 직업의 임금은 자기 홀로 먹고 사는데도 빠듯한 수입이었을 것이다. 칸트가 결혼을 하지 않은 까닭에는 그가 독신에 대한 어떤 신념보다도 아마도 이런 경제적 궁핍도 한 가지 이유가 되지 않았을까 생각한다. 꽤 오랜 기간을 버젓한 전문직 없이 여러 생업을 전전긍긍하면서도 철학연구에 대한 열정과 성실함은 여전했다는 것은 놀라울 따름이다.

두 번째로 프로이센 교육부로부터 문학교수 자리를 제안 받았을 때 거절한 까닭은 그만큼 그가 단순히 전문직으로서 안정된 자리보다는 자신의 천직으로서 자연법칙과 도덕법칙의 가능조건에 대한 지속적인 관심과 탐구에 대한 열정이 더욱 중요했기 때문이다.

세 번째로 흥미로운 점은 1770년 철학 정교수가 되었음에도 불구하고 2년을 도서관 사서를 겸직했다는 사실이다. 세부 사정이야 자세히 알 수는 없지만 도서관 사서로서 원하는 책들을 자유롭게 열람하고 읽을 수 있는 이점도 있었겠지만 아마도 도서관과의 계약기간을 충실히 지켜야 된다는 칸트의 도덕적 의무감이 더욱 중요한 요인이 아니었을까 추측한다.

5. 법칙적, 제도적 절대주의와 경험론과 합리론의 철학적 딜레마 극복의 관계

칸트는 철학자로서는 라이프니츠와 볼프로 이어지는 합리주의 철학의 전통 속에서 자신의 철학적 연구를 시작했다. 그러나 잘 알다시피 칸트는 흄의 경험론에 대한 연구를 통해 합리주의의 독단적 미몽에서 깨어나게 되었다. 그는 모든 인식은 경험으로부터 시작되며 엄격히 말해 외부의 물질적 실체도 내면의 정신적 실체라는 것도 허구에 불과하며 존재하는 것이란 지각을 통한 인상, 관념의 다발뿐이며 그렇다면 자연의 인과법칙이라는 것 역시 자연현상의 필연성보다는 개연성만을 보장해줄 뿐이라는 경험주의적 회의주의를 합리주의 철학에 대한 심각한 도전으로 받아들였다. 왜냐하면 라이프니츠의 사실의 진리와 이성의 진리의 구별을 받아들일 때, 유클리드 기하학이나 산술학과 같은 수학, 뉴턴의 물리학과 같은 자연철학 나아가 자유, 영혼의 불멸, 신의 존재에 대한 형이상학이 보편타당한 인식이 되기 위해서는 이성의 진리에 기초해야 하기 때문이다. 그러나 흄의 경험주의에 기초하면 이성의 진리는 경험적 사실에 기초한 지식이 아니라는 점에서 엄격한 의미에서 우리의 인식을 확장시키는 앎일 수 없다. 그러나 반대로 수학, 자연철학, 형이상학을 경험적 사실에 기반위에 세우고자할 때 흄의 회의주의를 받아들이지 않을 수 없게 되고 이런 지식들은 보편타당성을 획득할 수 없다.

여기서 한편으로는 뉴턴의 물리학이나 보쉬에의 절대주의 왕권신수설에서 주장하는 신에 의한 자연의 법칙적 지배와 왕에 의한 국가의 법칙적 지배라는 현실과 다른 한편으로는 라이프니츠, 볼프의 합리주의적 형이상학과 흄이 제기한 경험주의적 회의주의 간의 철학적 딜레마 문제의 연관성은 무엇인가? 철학자들은 시대와 동떨어진 그들만의 고유한 고답적 문제를 붙들고 관념적 유희를 즐기는 자들이 아니다. 칸트가 합리주의적 형이상학과 경험주의적 회의주의 사이에서 발견한 철학적 딜레마의 문제와 그에 대한 극복은 결국 당대 시대의 자연관과 사회관에 대한 정당화 혹은 비판적 극복의 과제와 연관

	뉴턴	보쉬에	칸트	
주권자	신	왕	이론이성적 주체	실천이성적 주체
법칙	만유인력의 법칙	성직자, 귀족의 입장을 반영한 법률체계	지성의 범주 상상력의 도식 감성의 직관형식	도덕법칙 존경심 자유의지
대상	자연현상	무질서한 민중	잡다한 감각질료	자연적 경향성

되어 있다. 외형상으로만 보면 칸트가 이론철학과 실천철학을 통해서 밝혀낸 철학체계는 뉴턴의 신학과 물리학 그리고 보쉬에의 절대주의와 왕권신수설과 구조적 유사성을 보여준다. 그러나 외형적 유사성을 넘어 칸트의 이론철학과 실천철학이 기존 신학, 정치철학, 자연철학에 대해서 갖는 비판적 함의를 보아야 한다.

6. 자연법칙과 도덕법칙의 근원으로서 신이 아닌 이성

이론철학에서 칸트는 뉴턴이 말하는 자연법칙의 기원을 뉴턴처럼 신에서 찾기보다는 이론이성 속에서 찾는다. 자연법칙은 경험주의자들이 주장하듯이 경험을 통해 귀납적으로 일반화되는 것도 아니요, 라이프니츠의 예정조화론에서 신이 미리 예정해 놓은 것도 아니다. 자연법칙은 오로지 인간의 이론이성 내에서 선험적으로 존재하는 형식―지성의 범주, 상상력의 도식 그리고 감성의 시공간적 직관형식―에서 그 보편타당성을 부여받는다. 또한 신의 역할을 이론이성적 주체로서, 즉 지각에 대한 지각으로서 "나는 …… 라고 생각한다"의 초월론적 통각이 대신한다. 경험주의자들이 놓치고 있는 것은 감각적 인상들의 반복 속에서 습성처럼 어떤 규칙성이 형성되는 것이 아니라 잡다한 감각적 질료에 법칙을 부여하는 것은 바로 이성에 내포된 선험적 형식이라는 점이다. 반대로 합리주의자들이 간과하고 있는 것은 이성의 논리적 형식만 갖고는 세계에 대한 종합적 지식을 얻지 못하며 감각적 경험을 통해 인식을 확장시켜 나갈 수 있는 내용들의 획득이 필요하다는 사실이다. 재차 칸트의 이와 같은 수학, 물리학의 보편타당한 지식에 대한 선험적 정당화는 신, 자유, 영혼과 같은 초험적인 주제들에 대한 형이상학적 지식을 보편타당한 이론적 지식의 경계 바깥으로 추방시킨다.

실천철학에서 칸트는 재차 법률의 선험적 근거가 되어야 하는 도덕법칙의 존재론적 근거를 신이나 신으로부터 권한을 부여받은 군주가

■ 도덕법칙의 인식근거로서 자유의지

누군가가 그의 성적 쾌락의 경향성에 대해, 사랑스런 대상과 그것을 취할 기회가 그에게 온다면, 그로서는 그의 경향성에 도저히 저항할 수가 없다고 그럴듯하게 둘러댄다고 가정해 보자. 그러나 그가 이런 기회를 만난 그 집 앞에, 그러한 향락을 누린 직후에, 그를 달아매기 위한 교수대가 설치되어 있다면, 그래도 과연 그가 그의 경향성을 이겨내지 못할까? 그가 어떤 대답을 할지는 오래 궁리할 필요도 없다. 그러나 그에게 그의 군주가 그를 지체 없이 사형에 처하겠다고 위협하면서, 그 군주가 기꺼이 그럴듯한 거짓 구실을 대 파멸시키고 싶어 하는 한 정직한 사람에 대하여 위증할 것을 부당하게 요구할 때, 목숨에 대한 그의 사랑이 제아무리 크다 하더라도, 그때 과연 그가 그런 사랑을 능히 극복할 수 있다고 생각하는지 어떤지를 물어보라. 그가 그런 일을 할지 못할지를 어쩌면 그는 감히 확정하지는 않을 것이다. 그러나 그런 일이 그에게 가능하다는 것을 그는 주저 없이 인정할 것임에 틀림없다. 그래서 그는, 무엇을 해야 한다고 의식하기 때문에 자기는 무엇을 할 수 있다고 판단하며, 도덕법칙이 아니었더라면 그에게 알려지지 않은 채로 있었을 자유를 자신 안에서 의식한다.

               – 칸트, 『실천이성비판』

아니라 실천이성의 자유의지에서 찾는다. 재차 기존의 행복주의 윤리학자들이 주장하듯이 도덕법칙은 단순히 행복을 위한 영리함의 규칙도 아니다.

우리가 도덕적 의사결정 상황에 도달할 때 이성을 갖고 있는 자라면 누구에게 알아차리는 것은 도덕적 법칙이다. 그런데 그런 도덕법칙을 인식한다는 것은 이미 이성적 존재자는 누구나 동시에 자유로운 의지를 가진 존재라는 전제가 함축되어 있다. 이처럼 도덕법칙은 세속적 경험 속에서 터득한 영리함의 규칙도 아니요, 신의 계시로 알려지는 것도 아니다. 전자의 경우라면 영리함의 규칙으로서 도덕법칙은 예외적인 탁월한 인물들만이 실천할 수 있는 규범이 되어 버린다. 후자의 경우라면 도덕적 실천이 예언자적 광신주의와 유사해질 위험이 있다. 도덕법칙이란 이성을 지닌 자라면 누구나 마음속에서부터 내게 들려오는 명령이다. 도덕법칙이 명령인 까닭은 우리에게는 쾌와 불쾌의 자극으로부터 항상 자기이익을 우선하는 자연적 경향성이 존재하며 도덕법칙과 경향성 간의 갈등을 겪지 않을 수 없기 때문이다. 다시 말해 우리는 자기 행복을 추구하는 자연적 경향성이 있음에도 불구하고 이성을 통해 파악되는 도덕법칙에 대한 존경심 때문에 그것을 당위적 명령으로 여기면서 거기에 의지를 종속시키는 것이다. 물론 도덕법칙에 의지가 종속된다면 과연 그런 의지가 자유로운 의지인가라는 의문이 생길 것이다. 그러나 도덕법칙은 신에게서 혹은 외부의 경험으로부터 주어진 것이 아니고 이성이 스스로 통찰하는 것이며 또한 의지란 바로 이런 이성의 의지이기 때문에 의지는 자율적일 수 있다.

7. 최고선을 위한 선험적 요청 :
자유의지, 영혼불멸 그리고 신의 존재

이론이성에서 추방된 자유, 영혼의 불멸, 신의 존재에 대한 형이상학적 앎은 더 이상 지식으로서 자신의 지위를 잃고 마는 것일까? 이미 우리가 이성적 존재자라면 자유의지를 갖고 있다는 명백한 선험적 사실을 우리가 도덕법칙을 알아차리고 있다는 데서 추론한다. 이때 자유의지의 사실의 추론은 경험을 통해서 입증된 학문 이론적 객관적 지식이 아니다. 그러나 실천철학적 관점에서 본다면 도덕법칙과 자유의지의 관계는 누구나 인정하지 않을 수 없는 지식이다. 다만 이때의 지식은 이론적 지식이 아니라 실천적 지식일 뿐이다. 이처럼 이론적 앎과 실천적 앎의 구별을 우리는 이미 아리스토텔레스가 소피아와 프로네시스를 구별할 때 보았다. 칸트 역시 도덕법칙의 인식 및 자유의지의 사실을 실천적 차원의 객관적 지식으로 여긴다.

종교, 당시 기독교에서 당연시 여기던 영혼의 불멸과 신의 존재의 문제는 칸트의 철학 체계 내에서 새로운 자리를 잡게 된다. 인간은 필연적으로 경향성과 도덕법칙 사이의 갈등을 겪는 존재라고 말했다. 즉 도덕법칙에 한 치의 오차도 없이 일치하는 의지로서 덕Tugend을 실현한다는 것은 한 인간의 생애 속에서 거의 불가능한 과업이다. 칸트는 이런 덕이라는 것이 애초에 실현불가능한 과업이라면 그것은 허구에 불과하다고 본다. 다시 말해 도덕철학 내에 실현불가능한 과업으로서 덕이 핵심 개념으로 자리잡고 있다면 도덕철학은 본래적 의미의 학문이라고 보기 어렵다.

칸트는 인간에게 덕이 실현 가능한 과업이 되기 위해서는 인간 영혼은 불멸해야 되지 않은가라는 합리적 요청을 하지 않을 수 없다고 본다. 다시 말해 인간이 궁극적으로 추구하는 최상의 선에 도달한다는 것은 결국 인간이 덕을 실현하는 것이며 이것이 실현가능한 과업이 되기 위해서는 인간의 영혼은 불멸해야 된다는 가정을 하는 것이 합리적이다.

그런데 도덕에서 궁극적으로 추구하는 최고선은 양의적 의미를 갖는다. 즉 첫 번째는 앞서 살펴본 것처럼 도덕법칙에 부합되는 의지로서 덕의 실현이 최상선이라면, 두 번째로는 덕을 실현한 자가 바로 행복해질 수 있는 자격을 비로소 갖추고 있다고 말할 수 있어야 한다는 점은 완전선이다. 그러나 덕의 실현은 경험과 무관한 예지의 영역에서 법칙과 자유의지의 일치이다.

그러나 행복이란 인간의 정당한 소망, 희망으로서 욕망의 충족이며 그것은 경험적 자연의 영역이다. 그런데 비록 인간의 영혼이 불멸하여 예지적 영역에서 도덕법칙과 의지를 일치할 수는 있을지언정 여전히 인간은 자신의 실천이 자연 안에서 행복이라는 결과를 보장할 수 있는 전지, 전능, 절대선의 의미의 존재는 아니다. 결국 가장 도덕적인 자가 가장 행복한 존재가 되기 위해서는 이렇게 전지, 전능, 절대선한 존재여서 예지적 영역과 경험적 영역을 조화롭게 일치시킬 수 있는 존재, 즉 신의 존재가 요청된다.

8. 칸트의 진로 내러티브와 캐릭터 아크

칸트의 진로 내러티브를 살펴보다보면 과연 칸트처럼 삶과 진로라는 것을 건축물처럼 기초부터 지붕까지 체계적으로 구축해나간 사람이 있을까 의문이 든다. 누구나 살아가면서 수많은 우연들에 휘둘리며 살아간다. 그래서 어느 날 자신이 살고 있는 장소와 일을 되돌아보면 "가만, 지금 나는 왜 여기에 있는 거지? 지금 무엇을 하고 있는 거지? 지금 하고 있는 이 일이 내가 원했던 일인가?"라는 '현타'에 빠지면서 자괴감이 드는 경우가 많다.

좀 더 내 개인적인 이야기를 해보면 나의 학업과 진로에서 몇 가지 중요한 우연들이 그 내러티브의 흐름을 상당히 많이 바꿔 놓았다. 익산시에서 태어나서 고향이 아닌 서울로 대학을 진학하면서 고향을 떠나왔고, 중도에 포기하고 돌아왔지만 유학을 위해 독일의 본과 부퍼탈에서 일 년 반을 머무른 적이 있었고, 다시금 서울에서 학위를 마치고 취업을 위해 경산에 내려와 살게 되었다. 또한 진로 역시 한때는 배의 선장이 되고 싶은 적도 있었고, 그냥 평범한 회사원이 되길 바란 적도 있고, 생계를 위해 잠깐만 하려던 학원강사 일을 꽤 오랫동안 거의 전업처럼 한 적도 있고, 잠깐 동안의 대학강사 생활을 거쳐 대학교수가 되었지만 여전히 이게 나의 천직은 아닌 것 같아, 새로운 진로로서 심리 · 진로 · 철학 상담사를 계획 중이다.

이처럼 내가 거주했던 공간이나 내가 꿈꾸거나 일했던 직업들을 보면 일관된 계획은커녕 목표도 일정치 않았던 것 같다. 마치 드라마에 비유하면 칸트의 진로 드라마는 드라마 촬영 전에 이미 기승전결을

다 갖춘 시나리오가 완성된 영화와 같다면, 나의 진로 드라마는 출연진의 사정에 따라 그리고 시청자들의 반응에 따라 매일매일 시나리오가 바뀌어 애초에 드라마 주제가 무엇이었는지도 기억나지 않는 일일 드라마와 같다.

그러나 수많은 예측할 수 없는 우연에 휘둘려온 우리들의 진로 내러티브를 조금 옹호해본다면, 칸트가 살았던 18세기 후반과 우리가 살고 있는 21세기 현대의 차이를 고려해보아야 한다. 그것은 단순히 당시의 절대주의 왕정체제 하의 안정된 사회와 현대의 급변하는 복잡다단한 자본주의 경제와 과학기술의 시대의 차이만을 말하려는 것이 아니다. 더 중요한 것은 그것이 자연법칙이든 도덕법칙이든 그 법칙의 보편타당성의 근원을 인간 이성의 선험적 형식에서 찾고자 했던 칸트의 철학은 그의 진로 내러티브에 있어서도 역시 어떤 체계성을 갖추게 만들었다. 왜냐하면 그의 철학은 항상 유동적인 사회현실에 대한 그때마다 생생한 경험 자체를 필요로 하지는 않았기 때문이다.

반면 현대인들에게 그리고 나에게 어떠한 방식으로든 인생관과 세계관과 가치관으로서 철학이 성립될 필요가 있다면 그 철학은 더 이상 불변적 원천에서 타당성을 찾기보다는 그때마다 환경과의 상호작용 속에서 조절과 동화라는 의미에서 적응력을 추구해야 한다. 그에 따라 진로 내러티브도 적응력을 갖춘 철학에 따라 복잡다단하고 급변하는 사회현실과의 상호작용 속에서 융통성을 필요로 하기 마련이다. 그러나 칸트의 진로 내러티브와 철학이 불변적인 보편타당성을 추구하고, 우리의 현대적 진로 내러티브와 철학이 융통성을 갖춘 적응력을 필요로 한다는 차이에도 불구하고 공통적으로 지켜야 하는 원칙이

있다. 바로 시대에 복종하고 타협하는 태도가 아니라 시대를 넘어서
는 비판성과 창의성이다.

칸트의 커리어 스토리

1. **집념 :** 자연의 신비, 선의 싹의 원천에 대한 관심
2. **롤 모델 :** 유년기에는 경건주의 생활양식과 자연과 도덕에 대한 관심을 불러일으
   켜준 어머니와 청년기에는 만유인력 법칙을 증명한 아이작 뉴턴을 숭배함
3. **직업적 흥미 :** 전형적인 탐구형으로서 자연, 도덕법칙의 가능조건을 지속적으로
   탐구함. 완벽주의에 가까운 엄격한 생활규칙을 준수하며 저서의 집필에서도 완벽
   성과 체계성을 갖추려고 노력한 점에서 관습형 성격도 갖고 있음
4. **스토리 :** 대학졸업 후 가정교사와 대학 사강사를 함. 문학교수 자리의 제안을 받
   았지만 거절했고, 왕립 도서관 사서로 일함. 철학 정교수가 된 후에도 2년간 도서
   관 사서를 계속함.
5. **철학 :** 자연법칙과 도덕법칙의 가능조건에 대한 탐구로서 선험적 이론철학과 실
   천철학을 정립하고 이를 기반으로 종교철학을 수립함.

● **참고문헌**
칸트, 백종현 옮김, 『순수이성비판』, 아카넷, 2006
칸트, 백종현 옮김, 『실천이성비판』, 아카넷, 2019
백종현, 「실천이성비판 해제」, 2019
서정복, 『프랑스 절대왕정의 시대』, 푸른사상, 2012

10. 헤겔

가정교사, 신문 편집장, 김나지움의 교장,
대학교수 그리고 유럽철학 왕의 길

1. 생업과 전문직과 천직의 통합

우리가 직업을 생업, 전문직, 천직으로 나눴을 때 헤겔은 철학자로서 생업, 전문직, 천직을 통합시킨 인물이라고 말할 수 있다. 그는 튀빙겐 대학을 마친 후 스위스 베른과 프랑크푸르트에서 가정교사로 생활을 했을 때나, 예나로 옮겨가 예나대학의 사강사가 되었을 때에도, 그 후 괴테의 추천으로 조교수가 되었을 때, 밤베르크로 옮겨가 밤베르크 신문의 편집장이 되었을 때, 뉘른베르크 김나지움의 교장으로 학생들에게 철학을 강의했을 때, 하이델베르크 대학의 철학 교수로서 2년을 지내고 드디어 베를린 대학의 철학교수와 총장이 되었을 때에도 그는 항상 생계를 위한 경제적 수익을 고려했다. 또한 자신의 경력을 쌓아가며 전문가로 승진을 도모했고, 나아가 어떤 일을 할 때에도 그

일속에서 궁극적으로 철학자로서 자신의 관심과 소명을 실현하고자 했다. 그런 점에서 헤겔은 철학자의 진로와 철학이라는 본 강의의 주제에 가장 걸맞은 인물이기도 하다.

2. 그리스 비극과 실러의 희곡으로 저항정신 키우기 : 헤겔의 집념

헤겔이 누구보다도 시대와 정신, 현실과 이성의 관계에 주목했던 철학자라는 점에서 그의 진로와 철학의 관계를 이해하기 위해서는 18세기 후반과 19세기 전반의 유럽의 정치경제적 시대상황을 고려해야 한다. 18세기 후반 독일은 명칭만은 신성로마제국이었지 통일된 제국이 아니었다. 독일은 30년 전쟁 이후 체결된 베스트팔렌 조약에 따라 오스트리아, 프로이센 등을 포함한 300여 영방으로 분할되어 있었다. 그당시 각 영방은 완전히 독립되어 있었고, 다소의 예외는 있으나 군주들은 거의 대부분 선진국 프랑스의 로코코 취미에 빠져 있었다. 군주들은 자국의 국력과는 어울리지 않는 호사한 생활을 위해 부르봉 왕조를 모방한 절대주의적 전제정치를 시행했고, 민중의 복지 등은 전혀 염두에 두지 않는 후진성에 빠져 있었다. 헤겔이 태어나 청소년기까지 살았던 뷔르템베르크 공국도 예외는 아니었다.

슈투트가르트를 수도로 하는 뷔르템베르크 공국에서 칼 오이겐 공 밑에서 재무관을 지냈던 게오르크 루트비히 헤겔의 아들로 태어났다. 칼 오이겐 공은 무인으로서는 유능하였다고 하지만 폭군이었으며, 낭비와 방탕의 나쁜 습성을 가진 점에서 역대의 공국 군주와 별로 다를 것이 없었다. 그는 교만과 사치와 전횡이 극치에 달했고, 호화스러운 궁전을 몇 개나 지어 애인에게 주었으며, 재정위기를 벗어나기 위해 중세를 과하였고, 민회를 부당하게 탄압하고, 공의 정책을 비판한다든가 항의하는 지식인들은 체포·투옥하였다. "뷔르템베르크 이상으로 사상에서 노예상태가 이루어졌던 곳은, 독일의 어느 영방에도 없었다"고 말할 정도였다.

— 한단석, 「헤겔의 생애와 시대적 상황」

사실 유년기과 청소년기에 상류층 가문 출신인 헤겔이 당시 정치적 현실상황의 부조리를 직접 체험하고 알기는 어려웠을 것이다. 물론 싯타르타처럼 왕자의 신분임에도 불구하고 이미 유년기부터 인간적, 사회적 고통에 예민한 감성과 기질을 타고난 사람도 있기는 하지만 말이다. 스피노자가 유대 시나고그에서 랍비 교육을 받으며 라틴어와 아랍 철학을 배우고, 르네상스 시대 사상가와 데카르트를 공부하게 되면서 점차 랍비의『성경』해석에 대해 의문을 가졌던 것처럼 헤겔도 청소년기에 접하게 된 실러의 저작이나 그리스 비극작품을 읽기 시작하면서 점차 당대 뷔르템베르크 공국의 부조리에 눈을 뜨기 시작했다.

헤겔이 김나지움에 다니던 10대 초중반에 뷔르템베르크 출신의 작가 프리드리히 실러Friedrich von Schiller, 1759~1805는 시인적 정열과 저항정신이 가득 차 있었다. 그의 작품 활동은 오이겐 공의 노여움을 사게 되었고, 특히 혁명적 기운이 가득 찬 그의 걸작 희곡『도둑떼』(1782)의 상연을 계기로 마침내 공으로부터 집필금지라는 탄압을 받았다. 그러나

이에 대한 반발로 실러는 만하임으로 도망을 가서 쓴 희곡 『간계와 사랑』(1784) 속에서 독일 공국 군주의 파렴치한 이야기를 폭로한다.

독일 어느 공국의 군주가 자기의 애첩인 여자와 헤어지지 않으면 안 되게 되었기 때문에, 그 여자를 다른 귀족과 결혼시키려 했다. 이 결혼을 축하하기 위하여 값비싼 보석을 선물하게 되는데, 그 보석의 대가는 다름 아닌 자기 영주민 7천명을 독립전쟁이 한창이었던 미국에 인신매매한 대금으로 지불했다. 이처럼 실러는 자신의 희곡 작품을 통해 독일의 영방군주에 대한 격렬한 증오를 표현했고 이 모든 이야기는 자신이 뷔르템베르크 공국에서 몸소 겪은 굴욕적인 체험에서 유래한 것이었다.

– 한단석, 「헤겔의 생애와 시대적 상황」

이 시기에 헤겔은 김나지움을 다니던 청소년이었고 그는 외견상 모범생이었다. 그는 김나지움을 우등으로 졸업을 한 연설에서 실러가 그렇게 혐오했던 칼 오이겐 공의 덕을 찬양하고, 이 나라에게 교육을 받게 된 행운을 기뻐한다는 말을 했다고 한다. 그런데 정작 헤겔이 김나지움을 다니면서 가장 관심을 보인 것은 그리스 비극이었다. 특히 헤겔이 청소년 시절에 가장 흥미를 보인 비극작품은 소포클레스의 『안티고네』였다. 그는 이 작품을 스스로 번역하려고 시도하였다고 한다. 앞서 플라톤의 진로와 철학을 이야기하면서 설명했지만 『안티고네』에서 안티고네는 오빠의 장례를 금지한 군주 크레온의 반인륜적 명령을 불복하였고, 체포되어 크레온 앞에 끌려왔을 때에도 그녀는 국가의 정의보다 신의 정의가 우선한다는 근거 하에 자신의 불복종을 정당화하였다. 또한 크레온의 아들이자 안티고네의 약혼자였던 하이몬은 크레온의 명령과 안티고네에 대한 처벌에 대한 시민의 비판의 소리를 대변한다.

어린 헤겔도 크레온이라는 국가권력과 안티고네와 하이몬으로 대표되는 시민권력의 대립에서 비록 힘에서 후자에 대해 전자가 압도적으로 우위에 있지만 정의로움, 즉 도덕적 정당성 면에서는 후자가 전자에 대해 절대적 우위에 있음을 명백히 자각했다. 우리는 『안티고네』에 대한 헤겔의 지대한 관심이 그로 하여금 비슷한 시기에 자국의 공국과 군주의 부패와 독재를 통렬하게 비판했던 실러의 희곡 작품들에 대한 관심으로 이어졌을 것이라는 추측을 해본다. 물론 순서가 반대일 수도 있다. 그러나 중요한 것은 아버지가 칼 오이겐 공의 재무관이었고 헤겔은 김나지움의 모범생 학생이었고 졸업 연설에서도 군주와 공국을 찬양하는 말을 했지만 헤겔의 내면에는 실러와 마찬가지로 절대왕정의 독재에 대한 저항정신이 싹트기 시작했던 것이다. 사실 실러 역시 그의 부친이 칼 오이겐 공을 보필하는 군인이었고, 처음에는 실러도 공이 세운 사관학교에 들어가서 군의관이 되었으나 숨겨두었던 자신의 내면의 열정과 저항정신을 결국에는 자신의 희곡 작품들을 통해 폭발시켰던 것이다.

3. 항상 뜨거운 저항정신을 품은 노인 :
헤겔의 청소년기 롤 모델

헤겔 연구가 한단석은 헤겔의 성격에 대해 이렇게 보고하고 있다.

> 원래 헤겔은 어릴 적부터 성격적으로 자신의 감정을 직설적으로 표현하
> 거나 지적으로 재기발랄한 사람은 아니었던 것 같다. 성인이 되어서도
> 항상 신중하고 착실하며 중후하며 끊임없이 자기 연구에 몰두하는 유형
> 이었다. 그래서 동료들 사이에서 '노인'이라는 별명이 붙었다고 한다. 그
> 러나 그의 유년기 그리스 비극과 실러의 희곡에 대한 관심을 고려해 볼
> 때 딜타이의 다음과 같은 표현이 이해가 간다. "그는 청춘을 몰랐다. 그
> 러나 노년에 이르기까지 계속 가슴 속에 불을 태웠다."
>
> — 한단석, 「헤겔의 생애와 시대적 상황」

이런 국가와 정치와 같은 사회현실에 대한 헤겔의 태도는 당대 독일
지식인의 태도를 대표한다고 볼 수 있다. 영국과 프랑스의 시민혁명과
산업혁명에서 볼 수 있듯이 영국과 프랑스의 시민계급은 자신들의 자
유와 저항정신을 행동을 통해 주도적으로 표출시켰다면, 독일 지식인
과 시민계급은 독일영방의 정치·경제적 후진성에 대한 보상기제로서
인격과 자유를 내면적 권위의 차원에서 자각하고 함양시키고자 했다.
칸트에서 헤겔에 이르는 독일 철학은 인간의 내면에 있는 영혼(주관,
정신, 지성, 이성, 감정 등)에 대한 깊은 신뢰가 바탕에 깔려 있으며,
관념론적 형태를 띨 수밖에 없었다.

유년과 청소년 시절부터 헤겔은 성격적으로는 내향적이고 행동 상으로도 모범생의 이미지를 갖고 있었지만 실러와 같은 희곡작가를 자신의 롤 모델 중 한 명으로 삼으면서 내면적으로 뜨거운 열정과 저항 정신을 키웠다. 실제로 이후 헤겔은 실러의 예술철학에도 영향을 많이 받았다. 헤겔은 예술교육을 통한 유희충동이야말로 감성에서 비롯되는 감각충동과 이성에서 비롯되는 형식충동 두 가지가 상호작용하게 함으로써 종합할 수 있다는 실러의 관점에 동의한다. 물론 헤겔은 예술과 동등하게 종교와 철학의 역할도 강조하면서 실러의 주정주의적 접근뿐만 아니라 주지주의적 접근도 강조하지만 말이다.

4. 프랑스 혁명과 칸트 철학, 나폴레옹 :
헤겔의 또 다른 롤 모델들

헤겔은 김나지움 졸업 후 튀빙겐 신학대학에 입학을 한다. 튀빙겐 대학 입학은 그의 생애, 특히 그의 진로와 관련해서 여러 모로 중요한 의미를 갖는다. 우선 헤겔이 대학에서 깊게 사귀었던 두 명의 친구인 시인 횔덜린Friedrich Holderlin과 철학자 셸링Friedrich Wilhelm Joseph Schelling은 그의 미래 철학에 중요한 영향을 끼쳤고, 또한 진로에서도 중요한 도움을 주었다. 동년배였던 횔덜린의 그리스 신화에 대한 누구보다 섬세하고 깊은 이해는 애초에 그리스 비극에 관심을 가졌던 헤겔에게 그리스 정신에서 신과 인간의 관계에 대한 이해와 관련해서 중요한 영향을 준 것으로 보인다. 또한 2년 뒤에 입학했던 셸링은 비록 5살 연하였지만 그의 천재적인 철학적 직관, 특히 스피노자에 대한 셸링의 범신론적 해석과 자연과 정신의 동일성에 대한 이해는 헤겔이 칸트와 피히테의 철학을 넘어서는 데 결정적 영향을 준다. 그러나 튀빙겐 신학대학 시절 헤겔을 정신적으로 사로잡은 것은 프랑스 혁명과 칸트의 철학이었다. 프랑스 혁명, 더 정확히 말하면 혁명을 주도한 세력 자체가 헤겔의 또 다른 롤 모델이었다고 볼 수 있다. 혁명이 발발한 후 헤겔은 셸링과 휠덜린과 함께 튀빙겐 교외의 들에 나가 한 그루의 나무를 심고 '자유의 나무'라고 명명했다는 일화가 있고, 또한 바스티유 감옥이 무너진 날에 축배 드는 것을 평생 계속했다고 한다. 헤겔의 주저인『정신현상학』에 국한해 본다면 그의 철학은 프랑스 혁명에 대한 이성적 숙고였다고 볼 수 있다.

그러나 여기서 우리는 혁명의 철학자와 철학의 혁명가를 구별해야 한다. 18세기 계몽주의자가 일종의 혁명을 예견하고 지지했던 혁명의 철학자라면, 헤겔은 프랑스 혁명의 시작부터 그 파국까지 지켜보면서 그 혁명의 의의와 한계를 분명하게 파악할 수 있었다. 프랑스 혁명에 대한 비판적 숙고는 그로 하여금 인간의 이성과 자유에 대한 철학적 혁명을 이루어낼 수 있는 원동력이 되었다. 그런 점에서 그는 '혁명의 철학자'가 아니라 '철학의 혁명가'라고 볼 수 있다. 당대 독일 지식인들과 시민들이 프랑스 혁명의 시작과 파국을 바라보면서 단순히 혁명에 대한 단순한 동경과 실망이라는 정서적 반응을 보였다면 헤겔은 프랑스 혁명에 대한 철학적 성찰을 수행했다.

헤겔이 프랑스 혁명을 철학적 관점에서 숙고할 수 있었던 중요한 발판, 매개체는 바로 칸트의 철학이었다. 칸트의『순수이성비판』의 제

2판(1787년)은 헤겔이 대학입학 전년도에 나왔고, 『실천이성비판』(1788년)은 입학하던 해에 출판되었다. 그가 석사학위를 받던 해에『판단력비판』(1790년)이 나왔고, 대학을 졸업하던 해에 칸트의 종교철학인 『이성의 한계 내에서 종교』(1793년)가 나왔다. 우리가 앞서 칸트의 철학을 이야기하면서 언급했던 것처럼 칸트의『순수이성비판』은 비록 수학이나 수리적 물리학의 지식과 같은 선험적 종합판단이 어떻게 가능한지에 대한 초월론적 근거를 인간의 감성과 상상력, 지성과 이성에서 찾고자 했을 때는 절대왕정 체제의 통치체제와 유비적 유사성을 갖고 있었던 반면, 칸트의『실천이성비판』은 도덕적 행위가 가능하기 위한 초월론적 근거를 이성의 도덕법칙과 자유의지에서 찾으면서 인간을 비로소 인격으로서 파악하고 수단이 아닌 목적으로 대해야 한다는 통찰에 이르렀다.

절대왕정의 아류인 뷔르템베르크 공국의 폐해를 누구보다 잘 알고 있었고 1789년 프랑스 혁명을 통해 프랑스의 절대왕정의 붕괴의 소식을 들었던 헤겔에게는『순수이성비판』의 칸트가 아닌『실천이성비판』의 칸트야말로 그의 철학의 롤 모델이었다. 헤겔이 보기에 자신이 청소년 시절부터 관심을 가졌던 소포클레스의 비극『안티고네』에서 하이몬과 안티고네의 태도는 칸트가『실천이성비판』에서 말한 오로지 도덕법칙에 의거해 의지를 규정해야만 자유의지라 말할 수 있고 도덕적 행위라고 부를 수 있다. 또한 이렇게 도덕적인 자야말로 행복에 도달할 수 있는 품격을 지녔다라고 말할 수 있다. 더욱이 안티고네와 하이몬의 논리는 전지, 전능, 절대선의 신의 요청이라는 칸트의 논리에도 부합한다. 또한 신학생으로서 헤겔에게 칸트의『실천이성비판』과

『이성의 한계 내에서 종교』야 말로 기존의 형이상학적 독단에 빠져 있는 신학에 대한 이성주의적이면서도 혁명적인 계몽이었다.

그러나 헤겔은 프랑스 혁명이 로베스피에르의 공포주의와 테러리즘의 횡행으로 인해 파국에 이르게 되면서 현실과 동떨어진 이성, 민족적 인륜과 동떨어진 자유주의적 도덕이 마치 세상물정 모르는 순진한 돈키호테처럼 보였을 것이다. 그런 점에서 프랑스 혁명이 본래의 목표와 이상을 잃고 공포정치와 테러리즘으로 치달을 때 쿠데타를 통해서 권력을 잡았지만 국가의 현실적 기능을 회복시키면서도 헌법에 입각해서 프랑스 혁명의 이성성을 담보하고자 했던 나폴레옹이야말로 헤겔의 진정한 롤 모델이었을 것이다. 톨스토이의 『전쟁과 평화』에서 주인공 중 한명인 피에르의 다음과 같은 대사를 통해서 유럽의 당대 진보적 지식인들 사이에서 나폴레옹에 대한 전반적인 긍정적 평가를 읽을 수 있다.

"나폴레옹은 위대합니다. 왜냐하면 혁명보다 높은 곳에 서서 시민의 평등이나 말과 언론의 자유 같은 모든 선한 것들을 보존한 채 혁명의 만용을 진압했기 때문이죠. 그가 권력을 쟁취한 것은 오직 그 때문입니다."

– 레프 톨스토이, 『전쟁과 평화』 1권

5. 직업과 흥미 사이의 간극 좁히기 :
   헤겔의 직업적 흥미, 적성

　헤겔이 본격적인 철학자로서 천직에 이를 때까지의 헤겔이 원했던 직업적 환경 내지 연구 환경과 헤겔이 꿈꾸면서도 실제로 천천히 그러면서도 집요하게 실현시켜 나갔던 그의 진로 내러티브는 어땠는지를 살펴보자. 누구보다도 프랑스 혁명과 칸트철학에 빠져 있었던 헤겔은 튀빙겐 대학 신학부 과정을 마치고 더 이상 성직자의 진로에 뜻을 두지 않고 철학자로서 진로를 바꿨다. 스위스 베른의 귀족인 슈타이거 집의 가정교사직을 택하여 1793년부터 1796년까지 3년을 베른에서 머문다.

　헤겔의 이런 진로변경과 가정교사라는 생업을 택한 것을 보면 내 대학시절이 떠오른다. 내가 대학에 입학했을 때 박종철 고문사 진상해명과 호헌철폐를 외치며 6.10민주화 운동이 한창이었던 시절이었다. 난 본래 아무런 고민도 없이 부모님의 기대에 맞춰 취업에 유리하다는 경영학과에 입학했지만 당시 가입한 동아리를 통해서 학생운동과 사회현실에 대한 관심을갖게 되었다. 매주 세미나와 MT 그리고 방학합숙 때마다 헤겔의 변증법과 마르크스의 사적 유물론과 레닌의 러시아 혁명과 모택동의 중국공산혁명에 대한 서적을 탐독하며 토론에 열정적이었던 기억이 난다. 당시 나에게 철학은 단순히 헤겔과 마르크스의 철학이 전부였고, 나머지 철학은 귀족이나 부르주아의 이데올로기에 불과하다는 경직된 관점을 훈장처럼 가슴에 달고 다녔다. 대학 4학년 때 취업을 포기하고 철학과 대학원 진학을 하며 생계로 학원강사를 시작했었다. 학원강사 일을 하며 대학원 생활을 하는 게 시간적으로나 정신적으로 갈등이 아주 심했던 것 같다. 학원강사 일을 철저하게 생업으로만 생각했고, 대학원에서 철학전공을 본업으로 하려했지만 나중에는 주객이 전도되어 학원강사가 본업이 되었고 철학공부는 뒷전이 되어 버렸다. 그렇다면 헤겔에게 가정교사직은 어떤 의미가 있었을까?

> 가정교사란 직업은, 이 시대의 대학을 졸업한 청년의 거의 대부분이 적절한 직업을 얻을 수 있는 조건이 이루어질 때까지 거치게 되는 인생항로의 제1단계이며, 귀족이나 부호 집에서 같이 생활하면서 그 자녀의 지적 · 인격적 훈도를 담당하는 중대한 책임을 지닌 일이기 때문에, 우리의 학생들이 학자금 부족을 충당하기 위하여 하는 일과는 그 성격이 전혀 다른 것이다. 그래서 당시의 젊은 인텔리들은 이러한 가정교사를 하고 있는 동안에, 장래의 학문적 비약과 발전에 대비하여 공부에 힘쓰는 것이다. 칸트도 피히테도 셸링도 모두 이 과정을 밟았다.
>
> — 한단석, 「헤겔의 생애와 시대적 상황」

지금 생각해보면서 부끄럽게도 학원강사로서 일하던 당시 나는 수강생들에게 농담 삼아 "너희들은 걸어 다니는 신용카드야"라고 말하며 강사와 수강생의 관계를 자조적으로 여겼던 것 같다. 그러면서도 생업치고는 많았던 당시 학원강사 수입에 만족하면서 점차 공부는 뒷전이었다. 그러나 헤겔은 이 시기 가정교사로서 의무를 충실히 하면서도 자신이 청소년 시절부터 관심을 가졌고, 대학에서 학문적으로 연구하기 시작한 국가와 시민의 관계에서 이성과 종교가 갖는 역할에 대한 연구를 계속한다. 다만 이 시기 헤겔이 셸링에게 보낸 편지를 보면 헤겔이 어떤 직업적 흥미, 더 정확히 말하면서 어떤 장소에서 어떤 사람들과 어떤 문제를 어떤 절차에 따라 다루려고 했는지를 추측할 수 있다.

> 나는 학문적 활동의 무대에서 멀리 떨어져 있으므로, 내가 깊은 관심을 가지고 있는 문제에 대해서도 새로운 소식을 얻을 수 없네. 그러니 자네가 나에게 그러한 것에 관해서, 때로는 자네 자신의 일에 관해서도 종종 소식을 전해주면 고맙겠네. 내가 이전에 소홀히 하였던 것을 흡수하고, 내 자신이 이것저것 일에 착수할 수 있을 만한 지위를 얻고자 원하고 있네. 나는 한가한 것도 아니나, 하고 싶은 일은 무엇 하나 되지 않는다네.
>
> – 한단석, 「헤겔의 생애와 시대적 상황」

우선 이미 예나 대학에 철학교수로 임용된 셸링에게 보내는 편지임을 감안할 때 헤겔이 말하는 학문적 활동의 무대란 대학도시**다. 또한 그는 학문적으로 서로 교류하며 소통할 수 있는 사람들과 함께 있고 싶어 했다. 그가 깊은 관심을 갖는 것은 당연히 철학, 그 중에서도 정치철학이었다. 끝으로 그는 자신의 학문적 관심사를 독자적으로 추진할 수 있는 지위와 시간을 갖는 직업, 즉 철학교수 자리를 갈망했다.

6. 정신 현상학의 도야의 과정 : 헤겔의 진로 내러티브

생명의 자기의식으로의 통합 :
형제 횔덜린의 비극적 사랑에 대한 성찰

헤겔은 이후 진로 내러티브를 보면 베른에서 프랑크푸르트 가정교사로, 프랑크푸르트에서 예나의 대학으로, 예나대학에서 밤베르크 신문 편집장으로, 밤베르크에서 뉘른베르크 김나지움의 교장으로, 뉘른베르크에서 하이델베르크 대학 철학교수로, 최종적으로 베를린 대학 철학교수와 총장으로 장소와 지위를 옮겨가면서 점차 자신의 궁극적 관심사를 현실화하는 과정을 보여준다. 이런 헤겔의 진로 내러티브는 생업에서 전문직으로, 전문직에서 천직으로 상승과정이다. 이 과정은 마

> **▪ 대학도시**university city; Universitätstadt
>
> 본래 대학(university)이란 기독교 교회가 설립하여 수도사와 수녀들이 학문 자료를 보관하고 지식의 전수하도록 할 목적으로 설립되기 시작한 자료보관소이자 교육기관이었다. 오늘날 유럽의 여러 도시들은 자칭 '대학도시 university city'라 부르며 도시 아이덴티티 구축과 브랜딩에 적극 활용하고 있다. 지금도 유럽에 있는 유서 깊은 대학 도시들 중에서 중세에 설립된 프랑스의 파리 대학, 독일의 하이델베르크 대학, 이탈리아의 볼로냐 대학, 영국의 캠브리지와 옥스퍼드 대학은 대표적이다. 이들 대학들은 도시 속에 일부의 제도 기관으로서 출발했지만 수세기에 걸쳐 성장을 거듭하며 도시를 대표하는 핵심적 요소가 된 이른바 '대학도시'들 탄생시킨 명문 대학들이다.

치 헤겔이 자신의 주저 『정신현상학』에서 보여준 바, 정신이 자신의 고향인 진리로부터 가장 멀어져 있는 감각적 확신에서부터 지각, 지성, 자기의식, 이성으로 현상하면서 궁극적으로 자기와의 통일로서 진리인 절대정신의 단계에 이르는 도야Bildung의 과정과 같다.

우선 프랑크푸르트 은행가 곤달트 가정에서 가정교사를 하던 횔덜린의 추천으로 헤겔은 스위스 베른을 떠나 프랑크푸르트의 상인 고오겔가의 가정교사로 옮겨온다. 스위스 베른으로부터 독일 프랑크푸르트로의 옮겨온 것은 헤겔에게는 정신이 자신의 고유의 대상으로부터 분열된 감각, 지각, 지성의 의식의 현상단계로부터 자기와 대상의 일치를 도모하기 시작하는 생명의 자기의식 단계로의 이행과도 같다. 왜냐하면 프랑크푸르트의 생활은 헤겔이 칸트적 의미의 이원론, 그러니까 물자체와 현상, 현상 속에서 질료와 형식, 형식 속에서 감성과 지성의 분리를 통해 구체적 현실을 분해하여 고정화시키고 현실에서 생명을 빼앗아 추상적인 것으로 바꾸어 버린 것을 바로 생명의 자기의식으로 통합시키기 위한 가장 중요한 매개체인 사랑의 의미를 성찰하게 된 결정적 계기가 되었기 때문이다.

그 계기는 바로 헤겔이 고오겔 가의 가정교사로 있으면서 가까이 지내던 곤달트 가의 가정교사 횔덜린의 비극적 사랑을 듣게 되면서부터이다. 헤겔과 동갑내기인 횔덜린은 지금 남아있는 그의 초상에서 짐작할 수 있듯이 보기 드물게 단아하고 수려한 외모를, 마치 그리스의 신화에 나오는 아폴론과 같은 빛나는 외모를 갖고 있었다. 게다가 그의 시적인 감수성과 혼은 하이데거에 따르면 독일 문학의 정점이었다. 그런 그가 프랑크푸르트 은행가 곤달트 가의 가정교사로 지내면서 그 집의 부인 스젯테 부인의 관심을 끌지 않을 수 없었다. 왜냐하면 그녀는 뛰어나게 우아한 미모와 예술에 대한 섬세한 감수성, 그리고 풍부한 교양을 갖추고 있었지만, 무감각하고 살풍경한 남편과 주변 지인들로 둘러싸인 환경 속에서 행복을 느끼지 못했기 때문이다. 그녀는 횔덜린 과의 대화, 교류 속에서 영혼의 위안을 얻었던 것 같다. 스젯테 부인 은 이후 횔덜린의 작품 속에서 소크라테스에게 에로스에 대해 설명해 준 무녀 '디오티마'로 불리며 자연과 인간의 더할 나위 없는 조화를 상 징하는 인물로 그려진다. 이렇게 두 사람 사이에 조용하게 싹텄던 사 랑이 외부에 알려지게 되면서 수많은 사람들의 오해와 비난을 불러일 으켰고, 횔덜린은 더 이상 곤달트 가에 머물 수 없게 되어 프랑크푸르 트를 쫓겨나듯 떠나지 않을 수 없었고 그의 정처 없는 방랑생활이 시 작되었다. 급기야 프랑스를 거쳐 다시 고향 튀빙겐에 돌아 왔을 때에 는 지독한 운명의 시련을 견디지 못한 그의 정신은 더 이상 시적 감성 과 영혼을 잃고 착란상태에 빠져버리게 되었다.

헤겔이 횔덜린의 삶을 곁에서 지켜보고 들으면서 형제 같은 친구의 비극적 사랑에 대해서 흔히 친구처럼 어떤 조언을 한다든가 중재를 한 다든지 하는 개입을 할 수는 없었다. 현실적으로 그 문제는 헤겔이 개 입할 수 있는 성격의 일도 아니었다. 그러나 헤겔에게는 횔덜린에게 닥친 비극은 자신이 유년시절부터 관심을 가져오던 그리스 비극에서 운명에 대한 깊은 성찰을 하도록 만든다. 흔히 비극의 주인공에게 닥 친 운명은 당사자에게 납득할 수도 없고 그렇다고 맞설 수도 없는 절 대적 타자처럼 보이겠지만, 헤겔에게는 타자화된 자기이며 밖에서 자 기에게 엄습해오는 폭력에 다름 아니다.

예를 들어보자. 소포클레스의 『오이디푸스 왕』에서 오이디푸스는 자신에게 닥친 운명, 즉 부친을 살해하고 모친과 동침하고 결혼할 것이라는 신탁을 믿었지만, 자신은 운명을 거스를 수 있다는 자만심 때문에 자신이 조국이라고 믿고 있었던 코린토스를 떠나 방랑에 오른다. 자신에게 닥친 운명에 대한 억울함과 비애감 때문에 삼거리에서 마주친 노인의 시비에 분노하여 그와 부하들을 죽이고 만다. 또한 테베의 성문 앞에서 만난 스핑크스의 수수께끼를 풀고 스핑크스로 하여금 치욕감 때문에 자살을 하게 만듦으로써 테베를 재앙에서 구한다. 여기서도 그는 자신의 능력에 대한 오만 때문에 테베의 시민들의 요청을 받아들여 왕이 되고 선왕의 왕비 이오카스테와 결혼한다. 결국 오이디푸스에게 신탁으로 내려진 운명은 바로 오이디푸스의 오만 때문에 그에게 실현된다.

헤라클레이토스의 철학적 통찰을 활용한다면, 정반대의 일치라는 법칙에 비추어볼 때 오이디푸스의 합리적이고 능동적인 대처는 그를 가장 비합리적인 수동적인 낯선 운명의 피해자로 전락시켰다. 즉 운명은 절대적 타자가 아니라 타자화된 자기요, 분리된 자기다. 소포클레스의 『안티고네』의 경우에도 안티고네는 크레온의 명령을 따르기를 거부하고 오빠 폴리네이케스의 장례를 치른다. 그녀는 크레온의 명령에 대한 불복종이 어떤 결과를 초래할 것임을 이미 알고 있었고, 그것을 감수한 것이다. 그렇다고 오이디푸스나 안티고네에 대해 그들의 운명에 대한 책임은 그들 자신에게 있다는 식의 단순한 주장은 곤란하다. 왜냐하면 아직 생명의 자기분열단계에서는 이성적 자유의지가 성립할 단계가 아니며, 도덕적 책임의 문제를 논할 계제가 아니기 때문이다.

중요한 것은 운명이라는 것이 타자화된 자기요, 보편적 생명의 자기

분열 상태임을 의미한다는 점이다. 횔덜린에게 닥친 비극적 사랑도 그의 시적 감수성과 영혼과 스젯테 부인의 영혼의 갈망의 만남에서 비롯된 피할 수 없는 운명이라는 점에서 두 남녀 각자의 타자화된 자기일 뿐이다. 헤겔에게 생명의 자기분열이요, 타자화된 자기로서 운명은 변증법적 관점에서 보면 테제에 대한 안티테제이다. 그렇다면 이렇게 분열되고 대립된 생명으로서 자기는 어떻게 종합되고 통일될 수 있을까? 헤겔은 정신의 운명에 대해서 깊은 성찰로 침잠한다. 그는 당시 쓴 논문「기독교의 정신과 그 운명」에서 그리스 비극이 갖는 운명에 대한 극복은 기독교 예수의 사랑을 통해서 통합될 수 있다고 보았다.

오이디푸스에게 닥친 운명, 안티고네에게 닥친 운명, 횔덜린에게 닥친 운명은 처음부터 피할 수 있는 것은 아니었다. 그것은 생명의 운동 과정에서 불가피한 자기분열의 운동이다. 그러나 그런 분열, 대립의 상태는 통합을 필요로 한다. 잘 알다시피『오이디푸스 왕』에서 아버지 라이코스를 살해하고 어머니 이오카스테아와 동침하고 결혼함으로써 그녀를 자살로 내몰게 만든 오이디푸스는 이오카스테의 브로치로 자신의 눈을 찔러 멀게 함으로써 자신의 오만의 죄에 대해 스스로 벌을 내린다. 그러나 안티고네는 어머니를 죽게 만들고 자신을 아버지의 딸이자 여동생이라는 비참한 처지에 빠뜨린 오이디푸스를 사랑했기에 테베를 떠나는 그와 함께 길을 떠나고 그를 죽을 때까지 보살핌으로써 오이디푸스로 하여금 자신의 운명에 대한 긍정과 통합을 도모하게 만든다. 그렇다면 안티고네에게 닥친 또 다른 비극적 운명은 비록 늦었지만―왜냐하면 크레온이 자신의 잘못을 깨닫고 안티고네의 죄를 사면하려고 했지만 이미 안티고네와 하이몬은 자살을 택했기 때문이다―크레온의 안티고네에 대한 이해와 사랑으로 통합되었어야 한다. 마찬가지로 횔덜린에게 닥친 사랑의 운명에 대해서 스젯테의 남편 곤달트는 아내에 대한 증오와 횔덜린에 대한 질투가 아닌 그들에 대한 이해와 용서로 문제를 해결했어야 한다. 결국 '사랑에 의한 운명의 화해'라는 테마는 헤겔에게 자신의 변증법적 사고를 발전시키는 과정에서 헬레니즘의 운명과 헤브라이즘의 사랑의 종합의 시도였다고 볼 수 있다.

이성과 현실의 통합 : 밤베르크 신문 편집자

헤겔은 부친의 사망 후 충분하지는 않지는 않지만 더 이상 가정교사 일을 하지 않고 학문에 정진할 수 있는 정도의 유산을 상속받고 예나로 옮겨온다. 예나에서 셸링과의 교류하면서 헤겔은 자신의 주저인 『정신현상학』을 완성하게 된다. 여기서 헤겔은 사랑에 의한 운명의 화해라는 이전 통찰을 근본적으로 수정한다. 다시 말해 사랑에 의한 운명의 화해는 너무나 감정적이고 주관적인 통일의 시도일 뿐이다. 그것은 개개인의 비극적 운명의 문제를 넘어서 사회적 차원에서 절대왕정 체제의 민중과 시민의 자유의 제약은 칸트적인 계몽주의적 이성을 통해서도, 예수식의 사랑과 용서를 통해서도 해결될 수 없다는 통찰이었다. 이것은 고대 로마의 기독교의 국교화를 통해서, 당대 프랑스 혁명이라는 거대한 실험을 통해서 입증되었다. 다시 말해 로마에서 귀족들에 의한 노예의 착취는 사랑과 용서의 종교인 기독교가 국교가 되었다고 극복된 것이 아니었다. 또한 절대왕정 체제에서 왕, 귀족, 성직자들에 의한 민중의 자유의 억압이 프랑스 혁명의 계몽주의에 의해서 해소된 것은 아니었다. 헤겔이 도달한 결론은 생명단계의 사랑도, 이성단계의 주관적 이성이 아닌 이성과 현실의 통합으로서 인륜 단계에서 헌법과 국가에 의해서 해결될 수 있다고 보았고, 『정신현상학』의 집필을 완성하던 날 그 증거를 말을 타고 예나로 입성하는 세계정신으로서 나폴레옹에게서 찾길 기대했다.

그런데 헤겔은 예나에 나폴레옹이 침공해 들어오면서 더 이상 그곳에 머무를 수 없게 되었고 친구의 도움으로 밤베르크로 피하게 된다. 친구는 헤겔에게 밤베르크 신문의 편집을 해볼 것을 주선한다. 밤베르크 신문 편집 일은 헤겔에게는 어찌 보면 철학과는 동떨어진 말 그대로 생업 이상의 의미를 갖지 못한 일일 수 있었다. 그런데 철학자에게 저널리스트 활동은 훨씬 중요한 의미를 갖는다. 여기서도 우리는 헤겔이 주어진 조건에서 최선을 다하면 철학적 소명에 다가가기 위해 부단히 노력하고 있는 모습을 발견할 수 있다. 『정신현상학』에서 헤겔이 도달한 아주 중요한 결론 중 하나가 바로 사랑과 이성의 주관성이었다. 헤겔은 특히나 시민사회에서 민중과 시민의 자유는 칸트적인 의미에서 목적의 왕국이라는 보편적 도덕법칙으로 보장되는 것이 아니라는 것을 프랑스 혁명을 통해서 잘 알게 되었다. 중요한 것은 이성은 현실과의 부단한 상호작용을 통해 절대정신으로 통일되어야 한다. 그런 점에서 헤겔에게 신문 편집자, 저널리스트로서 활동은 자신의 철학자로서 소명의 중요한 일부였다. 헤겔에게 신문기자로서 혹은 평론가로서 매일매일 신문을 편집하는 일은 현실을 직시하며 유동변전하는 현실을 그 본질에서 파악해야만 이성을 정신으로 강화시킬 수 있다. 특히나 당대 격동하는 현실에 대한 이해와 담을 쌓고 철학적 사변만으로 정신의 진리에 도달하고자 한다면 그것은 관념의 사상누각이며, 톨스토이의 표현대로 "개념이라는 카드로 쌓은 성"일 뿐이다.

절대정신의 실현을 위한 부단한 도야의 과정 :
베를린 대학의 국가철학자로서 헤겔

　헤겔이 본격적으로 철학자로서 자신의 교육을 제대로 펼치기 시작한 것은 이후 뉘른베르크 김나지움에서 8년간의 교장생활, 2년간의 하이델베르크 대학의 철학 교수생활, 마지막으로 베를린 대학에서 13년간 프로이센의 국가철학자로서 교육활동이다. 그러나 우리가 주목하고 싶은 것은 이미 헤겔은 본격적인 철학자로서 자신의 천직을 이행하기 이전 그러니까 가정교사나 사강사 그리고 저널리스트와 같은 생업과 전문직에 종사하면서 이미 자신의 철학체계의 기반을 모두 완성했다는 점이다. 만일 헤겔이 그에게 주어진 현실 여건에 항상 불만만 갖고 자신의 실력을 제대로 발휘할 수 있는 기회가 주어지지 않았다고 불평만 늘어놓거나 혹은 생업이나 전문직에서 보수나 지위에 자족해버렸다면 헤겔에게 하이델베르크 대학, 베를린 대학에서 철학교수 자리를 제안하지 않았을 것이며, 또한 우연히 그런 자리에 임용되었다고 하더라도 사전에 준비가 되어 있지 않았을 것이다.

　헤겔이 하이델베르크 대학에 임용되어 첫해 강의를 개설했을 때 수강생은 단지 4명뿐이었다. 비록 헤겔이 이미 『정신현상학』과 『대논리학』이라는 주저를 출간했다고 하더라도 그의 이름이 알려지지 않기에 첫해 개설된 강의에 학생들이 거의 없었다는 것은 자연스러운 일이다.

1년 만에 청강자가 70인 이상의 많은 수를 확보하였고 점차 많은 열광적인 숭배자가 나타나기 시작했으며, 후년의 헤겔학파가 출발할 수 있는 기반이 다져졌다. 이런 점에서 헤겔이 이미 베를린 대학에서 독일뿐만 아니라 유럽 전역에 명성을 드높이고 있을 때 그의 철학의 명성을 꺾어보겠다고 호기롭게 같은 요일, 같은 시간에 베를린 대학에 철학강의를 개설했던 쇼펜하우어가 한 학기 만에 자신의 철학강의를 접고 대학을 떠났던 사건을 생각해볼 수 있다. 물론 쇼펜하우어도 노년에는 그의 주저인 『의지와 표상으로서 세계』가 아닌 『인생론』으로 명성이 알려지게 되었지만 쇼펜하우어는 헤겔에 비해 철학자의 진로 내러티브에서는 많이 부족한 면을 갖고 있다.

7. 변증법적 대립과 종합을 통한 도양의 완성 : 헤겔의 캐릭터 아크와 철학

우리는 헤겔이 이처럼 자신에게 주어진 현실 속에서 생업으로부터 전문직으로 그리고 전문직에서 천직으로 상승해가면서 이미 그 출발부터 목적의 실현을 위한 준비를 시작할 수 있었던 근거, 다시 말해 헤겔의 캐릭터 아크를 이끌어낼 수 있었던 그의 근본적 철학적 통찰을 살펴볼 차례가 되었다. 헤겔은 삶이란 처음부터 어떤 목적 실현이라는 잠재성을 이미 지니고 있으며 다만 그 목적이라는 것이 완성된 형태로 미리부터 존재하는 것이 아니라 원초적인 단계에서부터 분리와 대립의 갈등과 투쟁을 거치면서 도야를 통해 종합되고, 완성되어 간다고 보았다. 이런 통찰은 그의 첫 번째 주저인『정신현상학』에서 제대로 된 논리를 갖추게 된다.

감각적 확신

칸트에게 감각이라는 것은 그 자체 인식이 될 수 없으며 무질서하고 잡다한 질료에 불과하다. 그러나 헤겔이 보기에 대개의 사람들은 감각을 가장 직접적이면서도 구체적인 인식으로 여긴다. 즉 감각적 확신의 단계라는 게 존재한다. 흔히 우리는 백문이 불여일견이라고 하는데, 듣는다는 것은 개념적, 언어적 수준에서 앎이다. 반면 본다는 것은 말 그대로 직접적으로 지금 여기의 '이것'이라고밖에 말할 수 없는 구체적이고 생생한 앎이다. 그러나 헤겔은 이런 사고실험을 해본다. 만일 우리가 감각적 확신을 통해 얻은 앎의 내용을 '이것'이라고 지금 노트에 작성해서 보관하다가 내일 그것을 확인해본다면 이미 '이것'으로 지칭할 수 있는 것은 존재하지 않는다. 재차 여기에 있는 어떤 것에 대해서 '이것'이라고 말한 것을 저기에 있는 어떤 것에 대해서는 지칭할 수 없다. 다시 말해 감각적 확신에서 '이것'은 시간적 변화와 공간적 위치이동시 다시는 어디에도 적용할 수 없는, 말 그대로 일시적이며 공허한 앎이다.

지각

우리는 앎의 지속성과 확장성을 위해서 감각적 확신에 머무를 수 없다. 감각적 확신의 구체성과 추상성, 생생함과 공허함의 대립은 우리를 감각적 확신을 넘어서게 만든다. 바로 갈등과 대립으로서 모순은 변화의 원동력이 된다. 예를 들어 지금 뭐라고 표현할 수 없는 어떤 감각적 속성은 공간적 위치이동이나 시간적 변화 속에서 지속적으로 확인하는 과정에서 변화하기 마련이다. 우리는 그런 감각적 속성들을 '그리고 …… 그리고 ……' 식으로 계속해서 결합해서 표현할 수밖에 없다. 바로 지각이라는 것은 감각적 확신을 넘어 그때마다 사물에서 감각되는 속성들의 결합을 통해서도 동일한 그 사물로 존재하는 것에 대한 파악이다. 그런데 이런 지각 속에서 개별적 사물의 동일성은 그 자체로 고립되어 있지 못하고 다른 사물과의 관계 속에서 파악되지 않을 수 없다. 결국 사물은 자신의 고유한 본질을 지니기 위해서는 다른 것과 구별되어야 하고, 자신의 동일성을 유지하기 위해 다른 것과 관계하는 모순 속에 놓인다. 즉 사물은 통일체가 아니라 관계이다.

지성

속성들의 자기동일적 통일체에 대한 파악으로서 지각은 관계에 대한 파악으로서 지성의 단계로 이행한다.

> 지성은 사물을 사물과 사물의 관계인 법칙 속에 위치시키며 이때 사물의 본질로서 관계는 힘으로서 인력과 척력, 원심력과 구심력 등이다. 관계 속에서 통일성이란 자기 자신 속으로 움츠러든 본래적인 힘이며, 다양한 속성이란 이 힘이 외부로 확산된 것으로서 자립적인 질료들의 전개로 나타난다. ― 강순전, 『정신현상학의 이념』

그런데 지성적 파악 역시 최종적 앎이 아니다. 칸트에게 학문적 인식은 이처럼 지성을 통한 법칙의 파악에 멈춘다. 그러나 헤겔에 따르면 지성은 자신의 대상인 법칙을 변화무쌍한 현상 이면의 정지된 초감성적 세계라고 생각한다.

> 가장 법칙다울수록 가장 많이 현상으로부터 추상된다. 따라서 보편적 법칙일수록 현상의 다양한 구별을 설명해주지 못한다. 참된 법칙은 자신을 구별하여 자신의 반대인 현상과 매개되고, 매개를 통해 현상의 다양한 구별을 포함해야 한다. 이런 현상과 매개된 법칙의 세계가 생명이다.
>
> — 강순전, 『정신현상학의 이념』

물론 생명을 지성보다 상위의 단계로 보는 것에 대해서 의아스러움이 있을 수 있다. 그런데 프랭크 잭슨Frank Jackson의 사고실험(「메리가 몰랐던 것What Mary Didn't Know」(1986))을 생각해보자. 한 여성이 태어날 때부터 흑백의 방에서 자라고 거기서 받을 수 있는 모든 과학적 교육을 전문적으로 다 받았다. 특히 색깔에 대해서 물리적, 신경생리학적 지식을 모두 학습했다. 그녀는 색깔에 대한 이론적, 법칙적 지식은 거의 완벽하게 통달한 일종의 수퍼 과학자super scientist였다. 그러던 그녀가 성인이 되어 흑백의 방 밖으로 처음으로 나오게 되고 빨간 꽃을 보았다. 과연 수퍼 과학자인 그녀는 이미 꽃과 빨강에 대한 모든 이론적 지식을 갖추고 있기 때문에 실제로 빨간 꽃을 보았다고 해서 새롭게 얻는 지식은 없을까? 직관적으로 생각해보아도 그녀는 사실 빨간 꽃을 보면서 자신이 그동안 알고 있었던 법칙 이론적 앎이라는 것이 너무나 공허하고 추상적인 것임을 자각했을 것이고 일상 속에서 삶 속에서 빨간 꽃이라는 것이 어떤 의미를 갖는지를 비로소 깨닫게 될 것이다. 이런 깨달음은 일상적 삶 속에서 얻은 새로운 지식이 단순히 법칙적 지식을 보충하는 수준에 머물러 있는 것이 아니라 반대로 법칙적 지식은 일상적 삶의 지식으로부터 추상화된 파생적 지식에 불과하다는 판단에 이를 수 있다. 이런 생명적 앎이 지성에 의한 법칙적 앎에 비해 상위의 앎이라고 규정하는 헤겔의 시도는 20세기에 이르러 후설의 후기 생활세계적 현상학이나 하이데거의 현존재 분석론에서 과학적 인식이란 생활세계적 혹은 도구적 존재자에 대한 앎으로부터 비롯된 파생적 앎에 불과하다는 통찰로 이어진다.

생명의 욕구

지성의 법칙적 인식이 무기물이든 유기물이든 간에 모든 것을 사물화시켜 철저하게 주객이분법적 관점에서 주체에 의한 객체화나 대상화의 방식으로 이루어진다면, 생명에게는 설령 그것이 다른 생명체가 아닌 무기물이라고 하더라도 순전히 중립적인 인식의 대상이 아니라 생명의 자기유지를 위해 동화시켜야 되는 생활세계적 의미를 갖는다. 사람에게 국한시킨다면 모든 사물은 인간적 의미와 가치를 갖게 마련이다. 내 눈앞에 있는 노트북은 단순히 하드웨어와 소프트웨어로 작동되는 인공물이 아니라 내 팔동작과 손동작에 맞는 크기와 모양, 내 손가락에 익숙한 키보드 촉감, 키보드를 누를 때 너무 조용하지도 않고 크지도 않은 적절한 소리와 내 눈의 피로감을 너무 주지 않는 조명도를 갖추고 있는 도구이다. 이처럼 생명적 단계에서 앎의 대상은 철저하게 나에게 맞춰져 있어서 거의 나에게 동화되어 있다. 동화란 말 그대로 나의 일부로 만든다는 의미이다. 이런 맥락에서 헤겔의 다음과 같은 주장은 이해될 수 있다.

> 자기관계적 활동성으로서 자기의식은 그 자신 대상이 아니라 모든 대상을 부정하는 절대적 부정성이다. 자기의식은 본질적으로 대상을 부정하고 자신만이 자립적이라고 확신하는 의식이다. 그렇기 때문에 자기의식은 우선 욕구의 형태로 존립한다.   – 강순전, 『정신현상학의 이념』

생명단계의 앎은 욕구의 형태로 존립하면서 대상을 동화시켜 자기의 일부로 만들어버린다. 그런 점에서 대상의 자립성을 인정하지 않는다. 자기동화적 대상은 자칫 자기의 자립성을 해친다. 즉 역설적으로 주체는 자신의 자립성을 위해 욕구를 충족시키는 과정에서 동화의 대상에 의존되고 중독될 수 있다는 말이다.

> 자기의식은 사물적 대상과 관계된 욕구가 아니다. 사물성이 부정된 자기의식의 대상은 생명이다. 자기의식의 본질은 자신의 자립성에 대한 욕구다. 하지만 자기의식이 사물적인 것을 욕구한다면 자립성을 얻지 못하고 진정한 자기의식이 되지 못한다.   – 강순전, 『정신현상학의 이념』

이처럼 자신의 욕구의 대상에 의존되고 중독되는 경우를 사람의 경우 소비중독이나 물질중독의 사례에서 볼 수 있다. 또한 동물이라면

338

자신의 환경에 철저히 적응되어 환경이 조금이라도 바뀌면 적응하지 못하고 도태되는 사례에서 확인할 수 있다.

자기의식 : 주인과 노예의 변증법

우리가 사람들의 관계, 즉 사회적 맥락으로 논의를 확장시켜보면

자기의식의 욕구는 물질적 욕구가 아니라 도덕적, 정치적인 욕구다. 따라서 자기의식은 더 이상 대상의식처럼 사물적 대상에 관계하는 것이 아니라 자기와 동일한 생명을 가진 존재에 관계한다.

― 강순전, 『정신현상학의 이념』

그러나 여전히 사람이 타인에 대해서 동물적 욕구의 수준에 머물러 있으면 어떻게 될 것인가?

동물은 생명이라는 유의 구성원으로 개체이지만 자신의 유를 의식하지 못한다. 자신의 유를 의식하고 자신을 유의 개체로서 의식하는 생명은 인간이다. 이로써 인간은 단순한 생명이 아니라 자기의식이다. 따라서 자기의식은 오로지 다른 자기의식 속에서만 자신의 만족에 도달할 수 있다.

― 강순전, 『정신현상학의 이념』

이로써 '나는 나다'라는 순수한 자아가 상호주관성으로 실현된다. 헤겔은 진정한 자기의식 속에서 이미 '우리인 나, 나인 우리'라는 정신의

개념에 도달한다고 한다. 요컨대 사람이 서로에 대해 동물적 욕구에 머물러 있다면 우리에게는 공동체 의식을 기대할 수 없게 된다.

이 대목에서 노예제 하에서 주인-노예관계나 봉건제에서 영주-농노의 관계와 자유로운 시민사회를 첨예하게 대립시키면서 어떻게 해서 전자로부터 후자로 이행할 수 있는지에 대한 헤겔의 근본적 집념에서 비롯된 놀라운 통찰, 즉 주인과 노예의 변증법이 설명된다.

홉스, 로크, 루소와 같은 근대의 철학자들은 시민사회의 성립을 설명하기 위해 인간의 자연적 본능(욕구)의 상태를 가정하고 거기로부터 어떻게 사회로의 이행이 일어났는지를 설명한다. 헤겔은 이러한 상태를 자기의식과 생명을 가진 사람들 사이에서 벌어지는 인정 투쟁의 모델로 설명한다.

개인들은 한편으로 자기의식(자의식, 자존감)을 가지면서 다른 한편으로 생명을 갖는다. 그런데 사회의 출발점은 인간들이 서로 상대방을 인격으로서가 아니라 욕구의 대상으로서만 보면서 전개되는 생사를 건 인정 투쟁이다. 이 싸움은 자기의식을 갖는 인간으로서 대우받느냐 아니면 자신의 자기의식을 인정받지 못하고 인간으로서 대우받기를 포기하느냐를 결정하는 중대한 투쟁이다. 죽음을 두려워하지 않는 자가 생명에 예속되지 않는 주인의식이다. 반면 죽음을 두려워하여 생명에 집착하는 자는 노예가 된다. 여기서 주인-노예 관계가 성립된다.

— 강순전, 『정신현상학의 이념』

헤겔과 근대 사회계약론자의 차이가 분명하게 드러나는 대목이다.

홉스, 로크 그리고 루소에 이르기까지 사회계약론자들은 인간의 자연 상태를 본능적 욕구 단계에 머물러 있는 인간 집단을 전제한다. 당연히 이와 같은 본성을 갖는 인간집단은 서로에 대한 지속적이고 만연한 전쟁상태에 놓일 수밖에 없다. 이에 대해 홉스나 로크는 지성적 차원에서 인간의 이해타산의 능력에 힘입어 자신의 생명, 재산, 자유를 보장받기 위해 권리의 양보와 상호제한을 위한 제3자의 개입에 대해 합의하게 된다. 그런 점에서 사회계약론자들은 지성을 욕구보다 더 상위의 인간적 능력으로 보고 있는 셈이며, 사회는 철저하게 상호양보 속에서 성립한다고 보았다. 그러나 헤겔은 노예사회나 봉건사회로부터 자유로운 시민사회로의 이행의 원동력을 이성적 수준의 보편적 자유의 자각과 투쟁에서 찾는다.

> 주인은 주인인 자신만이 자유로워야 하고 노예는 당연히 예속되어야 한다고 편협하게 생각하지만, 노예 자신은 주인도 인간이기 때문에 자유로워야 하지만 노예인 자신도 인간이기 때문에 자유로워야 한다는 보편적 자유의 이념 — 보편적 자기의식 — 을 깨닫게 된다. 노예는 비록 예속 속에서이기는 하지만 주인으로부터 독자성을 배운다. 그러나 이것은 노예에게 잠재적, 가능적 독자성이다. 노예는 노동을 통해 자연에 대한 의존성을 지양하면서 자신의 독자적인 존재라는 것을 인지한다. 이로써 노예가 주인에게 느꼈던 잠재적 독자성은 현실적 독자성, 즉 주인의식을 획득하게 된다.   – 강순전, 『정신현상학의 이념』

이것은 반드시 노예제나 봉건제와 같은 전근대적 사회에서만 작동되는 것은 아니다. 취업이 힘든 요즘 청년 구직자들은 정규직으로 채용되는 문이 너무 좁은 까닭에 다양한 유형의 비정규직 채용에 지원하지 않을 수 없고 이렇게라도 해서 취업의 좁은 문을 뚫고 들어가길 갈망한다. 그러나 회사에서 일을 하다보면 의문과 분노를 느끼는 상황에 곧 직면하게 된다. 비정규직으로 들어왔다는 점에서 정규직 사원들에 비해 보상이나 처우조건에서 불리할 수밖에 없음을 인정한다. 그런데 일을 하는 과정에서 정작 정규직이나 비정규직이 하는 일이 거의 비슷한데 비정규직은 정규직에 비해 일의 양은 훨씬 많은 반면 임금은 적다는 것을 알게 되면서 점차 현재의 노동조건이 불리함을 넘어 불공정하다는 것을 자각한다. 반면 정규직 사원은 자신은 정규직이라는 힘든 관문을 통과한 선발된 예외적인 자들이라고 여기기 때문에 현재의 불리한 보상과 처우조건을 오히려 공정한 조건이라고 여길 것이고 자신들이 이런 대우를 받는 것은 마땅하다고 여길 것이다. 정규직은 여전히 생명적 욕구의 자기보존 단계에 머물러 있을 가능성이 높은 반면, 보편적 자유와 평등에 대한 의식은 정규직보다는 비정규직 사원들에게서 훨씬 일반화되어 있을 것이다. 그런데 헤겔은 자유로운 주체들의 사적인 교환이 아니라 노동이야말로 사회형성의 원리일 뿐 아니라 인간의 본질이라고 본다. 헤겔은 노동을 통해서 사회를 형성하는 노예의 노동만이 보편적 자유의 이념을 실현할 수 있다는 점에서 노예가 주인이 되는 사회를 시민사회로 그리고 있다.

시민사회에서는 각 구성원이 남이 소비할 상품을 공급해 주는 한에서 남을 섬기는 노예이며, 남이 생산한 상품을 향유하는 한에서 주인인 사회이다. 사회란 욕구를 가진 인간들이 서로를 수단으로 이용하는 것이 아니라 목적으로 인정하는 관계의 그물망이다. 이것이 상호인정이라는 법의 전제조건이다. 한 사람이 전적으로 목적이 되고 다른 사람은 전적으로 수단이 되는 주인과 노예의 관계에서는 법적인 관계가 성립할 수 없다. 각각의 개인은 모두가 주인이면서 노예이고, 권리와 의무의 통일체인 상호인정의 관계에서만 법이 적용될 수 있다.

- 강순전, 『정신현상학의 이념』

이것은 전근대적 인간관계를 해체하고, 오직 법만이 인간관계를 매개하는 근대사회로의 이행을 논리적으로 논증하고 있다. 그것은 노예제의 해체, 지배의 원리에서 자유의 원리로의 사회적 이행의 논리적 필연성을 입증하는 것이다.

이성적인 것이 현실적이요, 현실적인 것이 이성적이다.

물론 이와 같은 주인과 노예의 변증법은 한편으로는 혁명적이면서도 다른 한편으로는 반동적이기도 하다. 왜냐하면 헤겔은 아담 스미스나 칼 마르크스와 마찬가지로 노동이 부의 원천이며, 또한 노동이야말로 한 개인이 사회 속에서 한 명의 성원으로서 살아가기 위한 기본 조건이라는 점을 누구보다 잘 파악하고 있다. 그러나 법의 제정과 집행을 통해서 이런 노동권의 평등이 실질적으로 실현되기 위해서는 노동에 몰입하는 것만으로는 안 되며 마르크스의 주장처럼 바로 상호인정투쟁을 넘어 권리를 위한 집단적, 조직적 투쟁이 필요한 것이다. 마치 헤겔의 말처럼 열심히 노동에 헌신하기만 하다면 향후 관리직 사원에 비해서 생산직 노동자의 보상과 처우가 나아질 것이라는 말, 더 열심히 그리고 성실하게 일하기만 하면 비정규직 사원도 정규직 사원으로 전환시켜줄 수 있을 것이라는 말은 항상 노동자나 비정규직 사원의 입에서 나온 말이 아니라 사측과 관리자 측에서 나온 말이며개별 사업장 단위에서 이런 말은 지켜지는 법은 없다. 여기서 우리는 헤겔이 처한 당대의 사회역사적 맥락을 고려해야 하며 그에 대한 19세기 근대 산업화의 병폐와 20세기와 21세기 현대사회의 신자유주의의 기만성을 목도해온 현재적 관점을 강요하기는 어렵다.

헤겔은 자기의식 단계에서 상호주관적 공동체 의식에만 이른 것이 아니다. 자기의식의 결과는 보편적 자기의식이었고, 이 보편적 자기의식이 이성이다. 이성이란 개별적인 동시에 보편적인 의식이다. 이성은 '자기 자신이 모든 실재성이라고 확신하며' 그렇기 때문에 '모든 현실성이 자기 자신에 다름 아니라고' 생각하였다. 헤겔은 칸트의 철학에서 보편적 자기의식과 관념론이라는 이성 의식의 특징을 본다. 이성은 자연을 자신의 방식대로 파악할 뿐만 아니라 사회에 대해서도 자신의 생각이 올바른 것이라고 생각하고 자신의 방식대로 세상사를 규정하고 변형하려고 한다. 전자를 이론이성이라고 하고 후자를 실천이성이라고 한다.

이성은 세계가 자신의 방식대로 존재한다고 생각하고 자신의 방식대로 세계를 변형하려고 한다. 하지만 이성은 세계가 자신의 방식대로 존재하는 것이 아니라 자신이 세계에 맞춰 존재할 수밖에 없다는 사실을 경험하게 된다. 헤겔은 이론적 이성에 있어서나 실천적 이성에 있어서나 칸트의 입장을 비판한다. 헤겔에 따르면 세계는 인간 안에 미리 구비되어 있는, 보는 방식에 의해 그러그러하게 규정되는 것이 아니다. 오히려 인간이 자신의 인식을 그때그때 세계의 내용에 맞추어 가야 한다.

헤겔은 실천이성의 도덕에 대해서도 근본적으로 다른 생각을 갖는다. 헤겔은 인간의 행위를 윤리적으로 만드는 것이 풍습, 관습 등을 포함한 공동체의 규범이라고 생각한다. 칸트가 말하는 추상적인 양심으로부터는 구체적으로 어떻게 행동하는 것이 윤리적이며 어떻게 행동해야 하는지 어떤 가르침도 받을 수 없다. 이 공동체는 각자가 살아가는 삶의 터전이며 공동체의 규범은 각자의 삶의 양식을 결정한다. 선이라는 것은 개인적 차원에서 성립하거나 실현되는 것이 아니라 관습, 풍습, 법, 문화, 제도 등 세상사 속에서 사람들이 살아가는 방식에 의해 형성되고 결정되는 것이다. 헤겔은 이것을 인륜성이라고 한다.

8. 헤겔의 진로 내러티브와 철학

헤겔은 그의 진로 내러티브나 철학에서 칸트와 많은 대조를 이루는 인물이다. 쾨니히스베르크에서 태어나, 공부하고, 대학교수가 되고 생애 후반에 그의 3대 비판서를 차례대로 집필하고 사망한 칸트와 달리 헤겔은 슈투트가르트에서 태어나, 튀빙겐에서 학업을 마치고, 베른, 프랑크푸르트에서 가정교사를 했고, 예나에서 대학강사와 조교수를 지내면서 자신의 철학의 관문이라고 할 수 있는 『정신현상학』의 집필을 완성하고, 밤베르크에서 신문 편집자가 되고, 뉘른베르크 김나지움의 교장이 되어서『대논리학』과『엔치클로패디아』의 집필을 완성함으로써 자신의 철학체계를 세웠고, 하이델베르크와 마지막으로 베를린에서 국가철학자로서 자신의 철학을 완성하고 유럽철학의 왕이 되었다. 철학에서도 칸트는 인식과 실천을 나누고, 과학적 인식과 도덕적 실천이 가능하기 위한 보편타당한 정적인 조건을 이성의 선험적 형식 속에서 찾았던 반면, 헤겔은 인식과 실천을 통합하고, 감각적 확신에서부터 지각, 지성, 생명적 욕구, 자기의식, 이성, 절대정신에 이르는 정신의 동적인 도야의 과정에 주목했다.

헤겔의 진로 내러티브에서 생업에 가까운 가정교사로부터, 신문 편집장, 김나지움 교장, 대학교수 그리고 국가 철학자에 이르기까지 과정은 정신이 감각적 확신, 지각, 지성, 생명적 욕구, 자기의식, 이성, 절대정신으로서 완성되어가는 도야의 과정과 같다. 헤겔의 진로 내러티브와 철학이 현대의 우리의 진로 내러티브와 관련해서 전하는 가르침은 무엇인가? 우리는 진로 내러티브에서 새롭게 얻게 되는 직업, 직업 내에서 업무의 변화, 나아가 직업의 변화 등 우리의 뜻대로만 될 수 없는 직업의 세계의 변화 속에서 어떠한 직업에 종사하든 간에, 어떠한 업무를 맡건 간에 거기에서 자신이 궁극적으로 소명을 다해야 하는 천직에 기여할 수 있는 지식과 기술 나아가 지혜를 찾아내려는 노력과 현재의 직업과 업무가 갖는 한계를 간파하고 극복하려는 노력이 필요하다.

헤겔의 커리어 스토리

1. **집념** : 그리스 비극과 실러의 희곡을 탐독하며 뷔르템베르크 공국의 전제군주에 대한 남모르는 저항심을 키움

2. **롤 모델** : 뷔르템베르크를 포함해서 당시 독일 전제군주들의 폭정을 고발한 실러, 프랑스 혁명을 일으킨 시민들, 혁명의 정당성을 철학적으로 밝힌 칸트와 혁명의 완성자로서 나폴레옹을 존경함

3. **직업적 관심** : 정치적으로나 학문적으로 최신 논의를 접할 수 있고 소통할 수 있는 학자들과 동료들이 있는 대학도시(예나)나 정치중심지(베를린)과 같은 도시를 선호했고, 자신의 학문이론을 체계적으로 연구하고 강의할 수 있는 대학 철학정교수 지위를 갈망함.

4. **스토리** : 신학생으로 시작했지만 철학에로 전공을 바꿨고 베른과 프랑크푸르트에서 가정교사를 하면 철학연구에 매진함. 예나 대학의 강사와 조교수로 일했지만 나폴레옹 침공으로 예나를 떠나 밤베르크 신문편집장과 뉘른베르크 김나지움의 교장을 역임했고, 이후 2년간의 하이델베르크 대학교수와 18년 동안 독일정치의 중심지인 베를린 대학의 철학 정교수를 역임하면서 유럽의 철학의 왕이 됨.

5. **철학** : 시작부터 목적실현의 잠재성을 지녔지만 분리, 대립, 갈등, 투쟁의 변증법적 과정을 거쳐 절대정신으로 완성해가는 정신의 도야에 대한 이론 정립

● **참고문헌**

한단석, 「헤겔의 생애와 시대적 상황」 『헤겔철학사상의 이해』, 한길사, 1985

F.v. 실러, 홍성광 옮김, 『간계와 사랑』, 민음사, 2011

———, 김인순 옮김, 『도적떼』, 열린책들, 2009

L. 톨스토이, 연진희 옮김, 『전쟁과 평화1』, 민음사, 2019

강순전, 『정신현상학의 이념』, 세창출판사, 2016

11. 니체

문헌학 교수과 차라투스트라의 길

1. 남성적 우월, 전사, 영웅에 대한 갈망 : 니체의 유년기 집념

니체는 프로이트의 정신분석▪이나 아들러의 개인심리학▪ 전통에 있는 연구자들에게는 훌륭한 연구 사례이다. 니체는 생애초기 4살 때 당시 목사였던 아버지 카를 루트비히 니체와 남동생 요제프의 잇달은 죽음을 목격한다.

우리가 보기에는 정신분석과 개인심리학의 세부적인 사항들 중에는 동의하기 쉽지 않은 부분이 많다고 해도, 기본적으로 정신분석에서 말하는 초자아의 형성과 개인심리학이 말하는 우월추구를 통해 열등콤플렉스를 극복하려 한다는 것은 아동은 물론 성인의 발달과 관련해 설명하는 바가 많다. 니체의 경우, 아버지의 부재는 유아기에 니체가 기성세대의 가치관을 내면화할 기회를 잃게 만들었다. 반면 아버지와 남

■ 19세기 말과 20세기 초 유럽 가정에 대한 연구로서
프로이트의 정신분석과 아들러의 개인심리학

19세기말과 20세기 초 유럽의 가족문화에 기반을 두고 발달되었던 프로이트의 정신분석은 부모, 특히 아버지는 가족과 사회를 연결하는 고리 역할을 한다고 보았다. 정신분석에 따르면 아이는 구순기와 항문기 때에는 주로 어머니와의 이자관계에 머물러 있지만 대략 3세쯤 남근기에 접어들면서 아이-어머니-아버지 사이의 삼자관계가 형성된다. 아직 완전한 자아를 갖추지 못한 유아는 이자관계에서 어머니를 전인적으로 인식하지 못하고 젖가슴 같은 부분적 대상으로 지각하고 관계를 맺는다. 그러다가 아이는 인격체가 형성되어가면서 삼자관계에 되어 어머니를 사랑하고 아버지를 증오하는 오이디푸스 콤플렉스를 갖게 된다. 왜냐하면 어머니를 자신의 사랑의 대상으로만 여겼던 아이는 어머니가 실은 아버지의 사랑의 대상이라는 것을 알게 되면서 어머니의 사랑을 두고서 아버지와 경쟁자가 된다. 그에 따라 아이의 자아 역시 파편적인 자기를 벗어나 완전한 자기에로 이행한다. 그러나 아이는 자신이 아버지에 비해서 신체적으로나 정신적으로나 현저하게 열등한 존재임을 자각하고 어머니의 사랑을 포기하고 자신을 아버지와 동일시하게 된다. 이런 아버지와의 동일시 속에서 사회의 지배적 가치관이 아이의 내면에 초자아로서 자리 잡게 된다.

프로이트의 정신분석에서 출발했지만 그의 성충동 이론이나 무의식-선의식-의식의 지형학적 정신 개념을 거부한 아들러는, 인간을 처음부터 나눌 수 없는 individual, 즉 전인(全人)으로 이해하고자 한다. 아들러의 개인심리학은 프로이트의 정신분석에서 오이디푸스 콤플렉스에 반대한다. 대신에 아이가 자신이 아버지에 비해서 신체적으로 열등하다는 점을 자각하고, 또한 손위 형제나 동생들에게 부모의 관심이나 사랑을 빼앗기고 자신이 무시당하고 버림받는다는 느낌을 가지면서 열등감을 필연적으로 느끼게 되고, 이런 열등감을 보상하려는 기제 속에서 열등콤플렉스를 인정욕구와 우월추구를 통해 극복하려고 한다고 본다.

동생의 죽음으로 신체적으로나 애정적으로나 니체는 자신이 열등하다는 느낌을 적게 받았을 뿐만 아니라, 할머니와 어머니의 과도한 관심과 사랑 속에서 천성적으로 우월감을 갖게 된 것은 자연스러운 일이었다. 학령기에 들어서면서 니체는 소년 시민학교에 입학했지만 학교생활에 적응하지 못했다. 하지만 8살 때에는 칸디다텐 베버라는 사설 교육기관에 들어가 종교, 라틴어, 그리스어 수업을 받았고, 또한 친구 쿠룩의 집에서 처음으로 음악을 알게 된다. 또 어머니에게서 피아노를 선물 받고 음악교육을 받기 시작하면서 작시와 작곡, 고전어와 독일문학에 대한 관심과 재능을 보이기 시작한다. 그에 따라 학업적인 측면에서도 열등감보다는 높은 우월감 혹은 자기효능감을 가졌을 법하다.

그러나 니체 전집에 실려 있는 니체연보는 유년기 니체의 정신생활의 어두운 면을 묘사한다.

니체는 이미 소년 시절에 창조적으로 생활한다. 그렇지만 음악에 대한 천부적인 재질, 치밀한 분석능력과 인내를 요하는 고전어에 대한 재능, 문학적 능력 등에도 불구하고 그는 행복하지 못했던 것 같다. 아버지의 부재와 여성들로 이루어진 가정, 이 가정에서 할머니의 위압적인 역할과 어머니의 불안정한 위치 및 이들의 갈등관계, 자신의 불안정한 위치의 심적 대체물로 나타난 니체 남매에 대한 어머니의 지나친 보호본능 등으로 인해 그는 불안스러운 어린 시절을 보내게 되며 이런 환경에서 아버지와 가부장적 권위, 남성상에 대한 동경을 품게 된다.

— 니체전집총서, 「니체연보」

할머니는 니체를 평범한 소년으로 교육시키려고 소년 시민학교에 보냈지만 어머니는 그를 사설교육기관에 보내어 인문, 예능과 관련된 고등교육을 시키고 싶어 했던 것에서도 알 수 있듯이 니체 교육과 양육을 둘러싸고 할머니와 어머니의 갈등이 심했을 것으로 보인다. 할머니가 사망한 이후 어머니는 음악과 어학, 문학에서 뛰어난 재능을 보이는 아들 니체에 대해 높은 기대를 갖게 되었을 것이다. 그에 따라 아들에 대한 지나친 관심과 사랑을 베풀었을 것이고, 그것이 오히려 니체에게는 여성들에 대한 반감과 영웅적인 남성상에 대한 갈망, 동경을 품게 했을 것이다.

이와 같이 열등감보다 우월감을 많이 느꼈을 법한 니체도 또 다른 열등감에서 자유롭지 못했다. 소년 시절에 니체는 육체적으로 많이 허약했고 많은 병증들이 있었다. 이런 신체적 허약함은 니체로 하여금 급우들에 비해 신체적 열등감을 느끼게 했을 것이다. 그러나 아들러의 개인심리학의 관점에서 보면 니체는 이에 대한 보상기제로 신체적으로 강한 자로서 군인, 전사에 대한 갈망을 갖게 되었다. 특히 이것은 앞서 언급한 영웅적인 남성상과 결합되면서 열등한 인간에 대한 우월한 인간의 거리의 파토스를 심어준 것으로 보인다. 이런 우열의 차이에 대한 집념은 인종주의적 우생학으로 퇴락하지 않았다. 이 집념은 기독교와 윤리에 대한 철저한 반성, 힘에의 의지에 대한 자연학적, 형이상학적 통찰을 기반으로 가치의 창조, 능동성과 반동성의 구별과 연결되면서 오히려 최후의 인간과 베푸는 인간, 노예민족과 주인민족의 구별, 초인의 개념을 낳게 한다.

이처럼 기성 가치관에 대한 희박한 존경심, 자신의 음악적, 어학적,

문학적 재능에 대한 높은 자기효능감, 할머니와 어머니의 갈등과 어머니의 과보호에서 비롯된 여성성에 대한 반감과 영웅적 남성상에 대한 갈망, 신체적 병약함에서 비롯된 신체적 강함의 추구와 갈망 등은 니체의 생애 진로 스토리에서 우열의 차이에 대한 집념을 낳았다.

2. 재능과 적성의 불일치 :
문헌학 교수로서 니체의 첫 번째 진로 내러티브

니체는 처음에는 어머니의 뜻대로 신학과 고전문헌학을 공부했지만, 신약성서에 대한 문헌학적 비판적 시각이 형성되면서 신학공부를 포기하고 문헌학자로서 진로의 방향을 잡게 된다. 이때부터 반기독교적인 사상과 정서가 싹틔워진 것으로 보인다. 그러나 유희적인 면에서 사교적이고 음악적인 삶을 살게 되었는데 아마도 젊은 시절 니체는 다분히 성적으로 자유분방한 생활을 한 것으로 보인다. 왜냐하면 그는 당시 대표적인 성병인 매독 치료를 받기도 했기 때문이다.

니체의 첫 번째 진로는 처음부터 성공을 거두게 된다. 왜냐하면 니체는 저명한 문헌학자 리츨의 제자가 되고 나서 그의 높은 평가로 인해 문헌학자로서 니체의 이름이 알려지기 시작했으며, 25세 때 박사학위도 없음에도 불구하고 바젤 대학의 고전어와 고전문학 원외 교수로 위촉되었기 때문이다. 그러나 직업적 성공이 곧바로 만족과 행복을 의미하는 것은 아니다. 니체는 자신이 문헌학에 대한 뛰어난 재능을 갖고 있었음에도 불구하고 다른 분야에 대한 더 많은 관심을 갖고 있었다. 20대 초반 고서점에서 쇼펜하우어의 『의지와 표상으로서 세계』를 읽고 난 후에 철학에 대한 관심을 갖게 되었고 쇼펜하우어를 통해서 칸트의 철학을 접하게 되면서 문헌학이 아닌 철학에서 칸트에 대한 박사학위 논문을 계획하기도 했다. 또한 유년시절부터 갖고 있던 음악에 대한 재능과 열정은 바그너와 그의 음악에 대한 숭배로 이어지면서 작시와 작곡 그리고 음악에 대한 비평가로서 활동을 꿈꾸게 만들었다.

누구에게나 항상 그렇듯이 이런 관심과 열정은 취업이라는 현실 앞에서 쉽게 포기되거나 중단되곤 한다. 니체는 이처럼 철학이나 음악에 대한 관심과 계획을 갖고 있었지만 박사학위나 교수 자격 논문 없이도 바젤대학의 고전문헌학 교수직을 얻을 수 있다는 스승 리츨의 말을 들은 뒤 철학과 음악 쪽으로의 진로계획을 포기한다. 그렇기 때문에 니체는 한편으로는 아주 젊은 나이에 대학교수가 되면서 나름 자부심을 가질 수도 있지만 다른 한편으로는 자신의 철학과 음악에 대한 관심과 열정을 접어야 했기 때문에 전반적으로 우울했다. 게다가 유년시절부터 신체적으로 강한 남성상, 바로 용감한 전사를 꿈꿨기에 군대를 두 번이나 입대하였다. 하지만 첫 번째는 말에 떨어져 가슴에 심한 부상을 입는 바람에 그만두었고, 두 번째 입대는 이질과 디프테리아에 걸려 바젤로 돌아오게 된다. 결국 니체는 자신이 재능을 발휘할 수 있는 분야에서는 비록 일찍이 두각을 나타냈지만 정작 만족을 경험하지 못했고, 반면에 자신이 꿈꾸던 철학, 음악, 군대에 대한 그의 열정은 좌절을 겪게 된다.

3. 대학강단과 연구실 그리고 도시를 떠나 산정으로 :
   니체의 직업적 흥미

  철학과 음악에 대한 관심은 니체가 만 26세가 되던 해인 1871년에 『음악의 정신으로부터 비극의 탄생』이라는 저서를 완성하게 되고, 그 다음해에 출간하게 되면서 현실화된다. 흥미롭게도 니체는 이 책의 초 안을 아직 군인이었을 당시 전쟁터에서 집필하기 시작했다. 물론 일차 적으로 이 저서는 형식적으로는 문헌학자로서 고대 그리스 비극에 대 한 니체의 전문적 지식에 바탕을 두고서 쓰인 일종의 문헌학 연구서 이다. 그러나 『비극의 탄생』은 실질적으로는 그의 음악과 철학에 대한 열정을 담고 있다. 특히 바그너 음악에 대한 숭배와 쇼펜하우어 철학 에 대한 이해에서 비롯된 디오니소스적 도취와 승화와 아폴론적 절제 와 균형을 조화시킨 의지에 대한 통찰이 작품 속에 녹아들어 있다. 이 저작은 문헌학자로서는 혹독한 비평을 받았지만 니체 본인의 철학적, 음악적 통찰에서는 독창성이 돋보인 작품이며 그 만큼 자부심도 큰 작 품이었다.

  이때부터 정확히 10년 후인 1881년에 니체는 스위스의 실스 마리아 에서 자신의 주저 『차라투스트라는 이렇게 말했다』에 대한 집필을 구 상하고 집필을 시작한다. 물론 그 사이에 그의 진로에서 중요한 결정 이 있었다. 1879년 바젤대학의 교수직을 그만 두었다. 이미 『비극의 탄생』을 집필하고 출간하던 시기 니체는 자신의 삶을 더 이상 문헌학 자이자 교수로서의 진로에 헌신하고자 하는 마음은 접은 것으로 보인 다. 그러나 니체 역시 한 집안의 가장이고 교수직을 그만두었을 때 선뜻 철학적 사유와 창작에 기반을 둔 자유문필가로서 생계를 꾸려갈 자신은 없었을 것이다. 그러나 그의 열악한 건강이 그에게 더 이상 대학교수로서 강의와 문헌학 연구에 몰두할 수 있는 체력을 허락하지 않았고, 역설적이게도 그의 질병이 그로 하여금 철학자로서의 길을 가지 않을 수 없게 만들었다.

특히 이 대목에서 우리는 니체의 진로와 관련해서 그가 철학적으로 사유하고 시와 산문을 쓰며 자유문필가로서 활동을 하고 싶었던 공간은 어디인지를 물어볼 수 있다. 일단 그에게 대학연구실과 강단은 자신의 신체적 건강에도 나빴지만 그의 자유로운 영혼의 감옥과 무덤과 같은 곳이었다. 니체는 대학교수직을 그만두기 전에도 여러 번 요양차 지중해 인근 도시들로 떠난다. 그러나 도시의 소음과 냄새와 수많은 사람들과의 부대낌과 번잡함은 니체에게는 고통스러웠던 것으로 보인다. 그가 마지막으로 택한 곳은 바로 스위스 알프스 산정에 있는 마을들이었다. 니체가 자신의 사유와 저술활동, 더 중요한 것은 그의 깨달음에 커다란 영감을 제공한 곳은 바로 스위스 실스 마리아의 산책길이었다. 여기서 얻은 동일자의 영원회귀의 사상에 대한 영감은 그의 주저『차라투스트라는 이렇게 말했다』를 집필하게 만든 원동력이었다. 또한 스위스 실스 마리아는 그에게 자신의 철학체계를 완성하기 위한 또 다른 주저인『힘에의 의지』를 쓴 공간이기도 했다. 1884년 4월 7일 니체는 바젤에 있던 친구 오버베크에게 이렇게 쓰고 있다.

만약 내가 여름에 실스마리아로 간다면 나는 나의 형이상학과 인식론을 재검토할 것이다. 지금 나는 한 걸음씩 모든 학문분과들을 철저히 연구해야만 한다. 왜냐하면 나는 나의 책 『차라투스트라는 이렇게 말했다』를 통해 나의 '철학'을 위한 현관을 지었던 바, 나의 '철학'을 완성시키기 위해서 다음 5년을 바치기로 결심했기 때문이다. – 하이데거, 『니체』

이를 근거로 하이데거는 『차라투스트라는 이렇게 말했다』와 『힘에의 의지』의 관계를 현관과 본관의 관계로 규정한다. 지금도 스위스 실스 마리아에 가면 '니체 하우스'가 관광명소로 자리 잡고 있을 정도로 실스 마리아는 니체의 사유와 집필을 위한 최적의 공간이었던 것으로 보인다.

4. 니체 혹은 차라투스트라의 상승과 하강 :
니체의 두 번째 진로 내러티브

차라투스트라의 롤 모델 : 예수와 붓다

그런데 우리가 더욱 궁금한 것은 니체는 스위스 알프스의 산정에 있는 마을 중 하나였던 실스 마리아에서 '과연 철학자로서 자신의 진로와 관련해서 어떤 생애 내러티브를 만들어내고 싶었을까?'이다. 흔히 우리는 어린이든 성인이든 모두 '누구처럼 살고 싶다'라는 막연한 환상 같은 것을 꿈꾼다. 자신의 진로를 구성하는 데에서 자신이 어떤 무대에서 어떤 역할을 맡고 어떤 사건들이 벌어지며 이야기는 어떤 플롯을 갖는지 그리고 그 이야기의 주제는 무엇이길 원하는지를 상상해보는 것이 중요하다. 우리는 니체의 『차라투스트라는 이렇게 말했다』에서 깨달음과 가르침을 추구하는 자로서 니체가 상상하는 진로 내러티브를 읽어볼 수 있다.

니체가 문헌학자의 진로를 접고 철학자의 길로 진로를 바꾸기 시작한 것은 1872년 『비극의 탄생』의 출판부터이다. 정확히 10년 후인 1882년 『차라투스트라는 이렇게 말했다』 1부 집필을 시작했다. 차라투스트라가 호수가 있던 자신의 고향을 떠나 산정 동굴로 올라가 머문 기간은 10년이다. 차라투스트라가 산정 동굴에서 고독 속에서 가치전도, 허무주의, 초인과 힘에의 의지, 영원회귀의 진리를 깨우치는 데 걸린 10년의 시간이 니체가 『비극의 탄생』을 집필하면서부터 본격적으로 철학적으로 진로를 걷기 시작하며 『차라투스트라는 이렇게 말했다』를 집필하기 시작하기까지의 10년과 일치하는 것은 단순한 우연일까?

10년은 자신이 본격적으로 철학자로서 길을 걷기 시작해서 영원회귀의 진리에 대한 영감을 얻기까지의 시간과 일치한다. 또한 니체는 『차라투스트라는 이렇게 말했다』에서 일종의 롤모델로서 자신보다 앞서 깨달음을 추구했던 선구자로서 예수와 붓다의 행적과의 비교를 암시하는 많은 말을 한다. 실제로 예수는 서른 살 즈음에 자신의 고향 나사렛을 떠나 출가하여 세례 요한으로부터 침례를 받는다. 그 후에 홀로 광야에서 40일 간 금식과 기도 속에서 구세주로서 자신의 소명에 대한 깨달음을 얻는다. 싯다르타도 서른 살 즈음에 출가하여 6년간 고행을 한 연후에 부다가야 보리스 밑에서 사성제와 십이지연기와 팔정도를 깨달았다. 니체는 자신의 분신인 차라투스트라가 호수가 있는 자신의 고향—바로 니체가 재직하던 호수가 많은 스위스 바젤대학을 연

상시킨다ㅡ을 떠나 산정에 올라 예수의 40일 동안의 금식과 기도기간
과 붓다의 6년간의 고행과 명상의 기간보다 훨씬 긴 10년간의 오랜 깨
달음의 시간을 보냈다고 말한다.

차라투스트라의 내러티브 : 깨달음을 위한 상승과 가르침을 위한 하강

예수가 광야에서 수행했다면, 붓다는 숲 속에서 깨달음을 얻었다.
광야는 니체가 말하는 정신의 변화단계 중에서 낙타가 머무는 사막의
공간을 연상시킨다. 사막은 물론 변화를 거부하는 원숭이에 가까운 최
후의 인간들이 머무는 도시와 달리 분명히 정신의 변화를 모색할 수
있는 공간이긴 하다. 그러나 낙타는 홀로 광야에 머물며 40일간 금식
과 기도를 통해 여호와로부터 부름 받고 과업을 부여받은 예수처럼 '너
는 마땅히 해야 한다'라는 당위의 규범과 가치에 복종하는 자이다. 반
면 붓다가 깨달음을 얻었다는 숲은 차라투스트라가 만났던 은자들이
머무르는 숲과 유사하다. 『차라투스트라는 이렇게 말했다』의 1부 머
리말에서 차라투스트라는 은자를 두 번 만난다. 첫 번째는 산정 동굴
에서 도시로 내려오는 길에 숲 속에서 머무는 은자를 만난다. 두 번째
로는 도시에 내려와 민중들을 상대로 신의 죽음과 초인의 사상을 설
파했으나 자신의 사상을 이해하기에는 너무 무지한 민중들에게 실망
하여 도시를 떠나 숲속을 헤맬 때 다시 은자를 만난다. 차라투스트라
가 보기에 이들 은자들이 속세를 벗어나 숲으로 온 까닭은 민중들에
대한 경멸과 신에 대한 자족적인 사랑 때문이었다. 광야는 일종의 금
지와 당위에 대한 복종의 공간이라면, 숲은 금지와 당위로부터 회피

의 공간이다.

　반면 차라투스트라는 산정에 있는 동굴에서 깨달음을 얻는다. 니체에게 깨달음은 태양의 상승과 하강처럼 혹은 나무의 줄기의 상승과 뿌리의 하강의 운동과 같다. 이것은 플라톤의 『국가론』에 나오는 '동굴의 비유'와도 깊은 관련을 맺는다. 두 동굴은 두 가지 차이점이 있다. 플라톤의 동굴은 지하에 있기에 진리를 상징하는 태양의 빛으로부터 가장 멀리 떨어져 있다. 반면 차라투스트라의 동굴은 산정에 있기에 태양을 가장 먼저 만날 수 있는 장소이다. 또한 동굴은 플라톤에게 가상의 그림자를 진리인 것처럼 믿고 사는 육체라는 감옥 속에 갇힌 어리석은 영혼의 무리들이 머무는 공간이다. 반면 차라투스트라에게 동굴은 영혼이 독수리의 긍지와 뱀의 지혜만을 갖고 깨달음을 추구해야 하는 고독한 장소이다. 그러나 플라톤의 동굴의 수인과 니체의 분신인 차라투스트라의 내러티브에서 유사점이 있다. 둘 모두 깨달음을 위해서는 힘겹고 고독한 상승의 운동을 무릅써야 한다. 또한 둘 모두 어리석은 무리를 깨우치기 위해서는 위험한 하강의 몰락을 감수해야 한다. 이런 하강이 왜 위험한가? 플라톤의 동굴의 수인은 지상에 올라가 존재와 인식의 원천으로서 선의 이데아인 태양을 보고 나서 동굴로 내려가 동굴 속 동료들에게 자신이 깨달은 것을 가르쳐 주려고 했지만, 동굴 속 수인들보다 더 눈이 어두워진 것 때문에 그들로부터 살해의 위협을 당한다. 마찬가지로 니체의 차라투스트라는 산정에 올라 태양의 진리를 매일매일 깨우치고 자신의 지혜를 산정 밑으로 내려가 도시의 무리들에게 선물로 베풀려고 하지만 그 역시 무리들로부터 오해와 위협을 당한다.

5. 다섯 가지 나무의 메타포를 통한 니체 철학 이해하기

니체의 차라투스트라의 내러티브는 여기서 끝나지 않는다. 왜냐하면 그에게 깨달음과 가르침은 상승과 하강의 반복운동이기 때문이다. 『차라투스트라는 이렇게 말했다』에서 차라투스트라는 세 번의 상승운동과 두 번의 하강운동을 통해서 가르침을 행하면서 동시에 깨달음을 얻는다. 우리는 이런 상승과 하강을 통한 니체의 차라투스트라의 철학을 그의 나무의 메타포를 통해서 설명할 수 있다. 나무의 메타포는 니체가 차라투스트라를 통해 말하는 수많은 메타포 중 하나가 아니다. 나무의 메타포에는 차라투스트라의 사상 전체가 함축되어 있다. 나무는 두 가지 운동을 동시에 한다. 나무는 한편으로는 하늘과 태양과 구름 속에서 숨은 번개를 향해 높이 상승하면서도 대지 속 깊숙이 뿌리를 내리기 위해 하강한다. 이때 상승과 하강은 대립된 운동이 아니다. 높이 상승하기 위해서는 깊게 하강해야 한다. 이런 나무의 운동의 양상은 헤라클레이토스가 말하는 불과 공기의 상승과 물과 흙의 하강의 비율로서 만물의 생성소멸의 법칙인 로고스를 닮았다. 차라투스트라는 이런 나무를 다섯 가지 메타포로 나누어 자신의 사상을 펼쳐나간다.

선악과나무 혹은 무화과나무 : 가치전도

첫째, 선악과나무 혹은 무화과나무의 메타포를 활용한 가치전도의 사상이다. 기독교를 믿지 않는 사람들도 모두가 알고 있는 것처럼 『성경』「창세기」를 보면 하느님이 창조한 아담과 이브가 사는 곳인 에덴동산에는 선악과나무가 있다. 하느님은 아담과 이브에게 그들이 에덴동산의 모든 나무의 열매와 동식물의 주인이요 관리자가 되도록 허락했지만 선악과나무의 열매만큼은 따먹지 말라고 명한다. 왜냐하면 선악과나무의 열매를 먹게 되면 선과 악이 무엇인지 알게 됨으로써 신과 같은 위치에 있게 되기 때문이다. 이는 곧 선과 악과 같은 가치에 대해서 인간은 그 이유와 원천에 대해서 어떠한 의문도 갖지 말고 무조건적으로 복종해야 한다는 뜻이다. 그러나 잘 알다시피 사탄의 분신인 뱀의 유혹에 못 이겨 아담과 이브는 선악과를 따먹고 나서 하느님에게 발각되고 죄인이 되어 에덴동산을 떠나 노동과 분만의 고통이라는 벌을 받고 살아가게 된다. 이것은 유발 하라리가 『사피엔스』에서 주장했듯이 마치 고대 수렵 채집인으로 살아가며 자연이 제공하는 동식물만으로 풍족한 삶을 살아가던 인류가 농업혁명 이후에 한곳에 정착하고, 작물을 재배하고 가축을 기르게 되면서 오히려 그 이전보다 훨씬 더 많은 노동과 더 많은 출산의 고통을 겪게 된 역사와 연결되는 대목이다. 여기서 중요한 것은 선악의 가치에 대한 무조건적인 복종이야말로 기독교의 덕목이라는 점이다.

그러나 차라투스트라에게 가치란 항상 파괴되고 새롭게 창조되어야 할 것이다. 차라투스트라는 선악과나무를 무화과나무로 바꿔 표현한다. 사실 고대 유대민족에게 가장 흔한 나무는 무화과나무였다. 반대로 유럽인들이 선악과나무로 믿고 있는 사과나무는 유대민족에게는 낯선 과실수이다.

무화과 열매가 나무에서 떨어진다. 잘 익어 달콤하다. 열매는 떨어지면서 그 붉은 껍질을 터뜨린다. 나는 잘 익은 무화과에 불어 닥치는 삭풍(겨울철 북쪽에서 불어오는 찬바람)이다. 그리하여 벗들이여 무화과 열매가 떨어지듯 여기 이들 가르침 또한 너희에게 떨어지고 있다. 자 그 열매의 즙을 빨고 그 달콤한 살을 먹도록 하라. 때는 온통 가을이고 하늘은 맑으며 지금은 오후다.　　　　　- 니체, 『차라투스트라는 이렇게 말했다』

차라투스트라에게 무화과나무의 열매는 누구나 따먹을 수도 있고, 가끔씩은 삭풍에 불어 바닥에 떨어져 누구나 주워 먹을 수 있도록 허락된 열매이다. 더 근본적으로 차라투스트라에게 나무란 애초에 인간이 씨앗을 뿌리고 묘목으로 키우고, 좀 더 잘 자랄 수 있는 곳으로 이식하고, 길러 모두가 함께 그 열매를 수확하고 열매의 단맛을 맛보아야 하는 것이다. 결국 나무와 열매란 인간이 끝없이 창조하고 파괴하고 다시 창조하는 가치일 뿐이다. 다시 말해 인간, 특히 민족에게 규범이란 그들이 기존의 것을 파괴하고 새롭게 창조해야 하는 가치이다. 여기서 이미 가치를 파괴하고 새롭게 창조하는 방식에서 열등한 민족과 우월한 민족 간의 노예와 주인의 우열관계가 성립할 수 있는 단서가 마련된다. 차라투스트라는 무화과나무의 파종과 육성과 수확, 열매의 맛보기를 통해서 가치의 전도 내지 가치의 파괴와 창조의 사상을 펼치고 있다. 차라투스트라가 산정 동굴에서 내려와 도시에서 만난 민중들을 상대로 가르친 첫 번째 가르침이 바로 '신의 죽음'의 사상이었다. 신의 죽음이란 서구의 기독교적 가치뿐만 아니라 고대 그리스의 형이상학적 가치의 효력의 상실을 의미한다. 결국 관점의 전환을 통해서 기존 가치의 전도를 말하고 있는 것이다.

산허리에 있는 나무 : 허무주의

두 번째로 차라투스트라는 '산허리에 있는 나무'의 메타포를 통해서 허무주의와 그 속에서 위험에 빠진 자들을 설명한다.

> 이 나무는 여기 산허리에 외롭게 서 있다. 나무는 사람과 짐승을 굽어보며 드높이 자랐다. 그가 무슨 말을 하려 해도, 그의 말을 이해할 수 있는 자는 없을 것이다. 그는 그토록 드높이 자란 것이다. 그래서 그는 기다리고 기다린다. 무엇을 기다린다는 것이지? 그는 너무나도 구름 가까이에 자리하고 있다. 정녕 첫 번갯불을 기다리고 있는 것일까? …… 네 말보다 너의 눈이 네가 처한 온갖 위험을 더 잘 말해주고 있으니. ……. 그렇다, 나 네가 처한 위험을 알고 있다. …… 고결한 자는 새로운 것을 그리고 새로운 덕을 창조하려 한다. 선하다는 사람은 옛것을 원하며, 옛것이 보존되기를 바란다. 고결한 자의 위험은 그가 선한 사람이 되는 데 있지 않고 뻔뻔스러운 자, 냉소적인 자 또 절멸자가 될 수도 있다는 데 있다. 아 나 자신의 최고의 희망을 잃어버린 고결한 자들을 알고 있다. 그렇게 되자 저들은 높은 희망을 모두 비방하게 되었던 것이지. 그렇게 되자 저들은 뻔뻔스럽게도 덧없는 환락에 빠져 살았고 오늘의 삶 이상의 목표는 거의 세우지도 못하게 된 것이지. '정신은 관능적 쾌락이기도 하다.' 저들은 이렇게 말했지. 그러자 저들의 정신의 날개는 부러지고 말았고, 그리하여 저들의 정신은 주변을 기어 다니면서 이것저것을 물어뜯는 일로 몸을 더럽히고 있는 것이다.!
>
> — 니체, 『차라투스트라는 이렇게 말했다』「산허리에 있는 나무에 대하여」

'산허리에 있는 나무', 좀 더 정확히 묘사하면 깎아지른 듯한 낭떠러지에 고독하게 자란 나무는 상승과 하강의 갈림길에서 기존의 가치는 파괴되고 아직 새로운 가치창조는 이루어지지 않은 허무주의의 현실 속에서 외로움과 고독에 허우적거리는 깨달음의 수행자들을 상징한다. 이런 허무주의는 두 가지 양상으로 나타난다. 강함의 염세주의와 약함의 염세주의가 그것이다. 그리스인들에게서 보이는 염세주의는 강함의 염세주의이기에 현실의 고통과 대결하고 그것을 흔쾌히 긍정하면서 비극적 명랑성을 유지한다. 반면 불교와 근대 유럽인들에게서 보이는 염세주의는 몰각, 퇴폐, 약화된 본능에서 비롯된 약함의 염세주의로서 현실의 고통을 부정적으로만 보면서 내면의 평화 속으로 도피하고자 한다. 차라투스트라가 산정동굴에서 내려와 첫 번째 몰락을 겪던 시기에 만나 가르침을 전했던 제자들은 최후의 인간이나 은자들과 달리 분명히 신의 죽음의 진실을 인식하고 있음에도 불구하고 가치가 전도된 허무주의 상황 속에서 고독과 말단적 퇴폐 그리고 차라투스트라와 같은 깨달은 자에 대한 시기와 열등감에 빠져 있다. 바로 차라투스트라가 '산허리에 있는 나무'라는 메타포를 통해서 이들의 상황과 행태를 상징하고 있는 것이다.

속이 텅 빈 고목 : 초인

세 번째로 차라투스트라는 '속이 텅 빈 고목'의 비유를 통해서 자신이 어떤 제자들과 만나야 하는지에 대해서 말하고 있다. 차라투스트라가 첫 번째 몰락에서 민중들을 만나 신의 죽음과 최후의 인간을 넘어선 초인의 사상을 가르친다. 그러나 민중들은 초인을 사람들 머리 위해서 줄을 타는 광대로 오해하고 오히려 이웃사랑에 집착하는 최후의 인간의 행복만을 갈망한다. 마침 도시에서 탑과 탑 사이에서 위태로운 줄을 타던 광대가 익살꾼에 의해서 농락을 당하면서 줄 아래로 떨어져 죽고 만다. 차라투스트라는 민중들이 초인으로 오해했던 광대가 죽어갈 때 그를 위로하고 죽은 그를 업고 도시를 떠난다.

> 그러나 동이 틀 무렵 그는 깊은 숲속에 와 있었고 길은 더 이상 보이지 않았다. 그는 송장을 속이 텅 빈 나무 속, 그의 머리맡에 눕혔다. 늑대들로부터 그 송장을 보호하기 위해서였다. ······ "한 가닥 빛이 떠올랐다. 이제는 길동무들이, 내 어디를 가든 지고 갈 수밖에 없는 죽어 있는 길동무나 송장이 아니라 살아 있는 길동무들이 있어야겠다. 스스로가 원하여 내가 가는 곳으로 나를 따라가려는 살아 있는 그런 길동무가" ······ "창조하는 자가 찾는 것은 송장이 아니라 길동무이다. 짐승의 무리도 신자도 아니다. 창조하는 자는 더불어 창조하는 자, 새로운 가치를 새로운 서판에 써넣을 자를 찾고 있는 것이다. 더불어 추수할 자. 창조하는 자는 길동무들을, 그리고 자신의 낫을 갈 줄 아는 자들을 찾는다. 사람들은 그런 자들을 절멸자, 선과 악을 경멸하는 자들이라고 부르리라. 그러나 그런 자들이야말로 추수하는 자요 축제를 벌이는 자인 것을."
>
> — 니체, 『차라투스트라는 이렇게 말했다』

여기서 말하는 '속이 텅 빈 고목'은 단순히 시신을 야생의 짐승들로부터 보호하기 위한 은신처의 의미만 갖고 있는 것은 아니다. 아침에 일어난 차라투스트라는 새로운 깨달음을 얻는다. 도시의 민중들처럼 최후의 인간에게는 더 이상 희망이 없다. 그는 동정을 베풀고 보살펴 주어야 하는 죽은 제자가 아니라 함께 새로운 가치의 씨앗을 뿌리고, 함께 키우고, 함께 새롭게 창조한 지혜의 열매를 수확하고 싶은 살아 있는 제자가 필요하다고 홀로 외친다. 그런 점에서 '속이 텅 빈 고목'은 희망이 없는 최후의 인간들이거나 보살펴주고 보호해주어야 하는 죽은 자나 다름없는 제자들을 상징한다.

차라투스트라는 얼룩소라고 불리는 도시에서 첫 번째 제자들을 얻는다. 그러나 이들은 위에서 말하는 '산허리에 있는 나무'라는 메타포를 통해서 묘사하려고 했던 약함의 염세주의에 빠질 위험이 있는 제자들이다. 흥미로운 것은 '얼룩소'라는 도시의 이름은 붓다가 자신의 설법을 펼쳤던 도시와 그의 십대 제자가 떠오른다. 또한 차라투스트라가 경계한 제자들의 모습을 보면 예수의 열두 제자가 떠오른다. 잘 알고 있다시피 예수의 열두 제자는 대개 스스로 찾아온 자들이 아니라 예수가 찾아서 자신을 따를 것을 명령받은 자들이다. 그들은 대개 예수로부터 제자가 되는 대가로 보상을 바랐고, 결정적 순간에는 스승인 예수를 고발하거나 예수가 십자가에 못 박혀 죽어갈 때 예수의 제자임을 부인했다. 또한 예수가 부활한 이후에 예수를 믿지 못했고 기적을 보여줄 때만 그를 믿었던 자들이다. 또한 예수를 신으로 숭배했던 자들이다. 붓다의 10대 제자는 예수의 제자들과는 달리 깨달음을 추구하는 과정에서 붓다를 찾아온 자들이며, 각자가 자신의 재능과 개성을 저마다 갖고 있다. 그러나 이들 역시 붓다를 넘어서지 못하고 모두가 붓다를 신처럼 숭배했다. 반면 차라투스트라가 원하는 살아있는 제자란 누구일까? 차라투스트라는 스승을 우상화시키는 제자들을 경계한다. 오히려 스승을 비판하고 극복할 것을 요구한다. 흥미로운 점은 예수와 붓다는 제자들을 삼기 전에 이미 자신들의 깨달음을 완수한 자들이다. 반면 차라투스트라는 첫 번째 몰락 이후 제자들과 헤어지고 또 한 번의 하강과 두 번의 상승을 통해서 자신의 깨우침, 특히 동일자의 영원회귀의 사상을 더욱 더 심화시키고 자신에게 체화시켜 나간다. 결국 속이 텅 빈 나무의 메타포를 통해서 대조적으로 차라투스트라는 궁극적으로 지속적으로 자신을 사랑하면서도 경멸하는 자, 다시 말해 항구적으로 가치의 파괴와 창조를 거듭하는 자, 바로 초인을 부각시키고자 한 것이다.

생명의 나무 : 힘에의 의지

네 번째로 차라투스트라가 사용한 나무 메타포는 생명의 나무이다.

"나 저들에게 낡아빠진 자부심이 자리하고 있을 뿐인 저들의 낡아빠진 강좌를 뒤엎으라고 명했다. 나 저들에게 저들의 위대하다는 덕의 교사와 성인, 시인과 구세주를 비웃어주라고 명했다. 나 저들에게 저들의 음울한 현자들을, 그리고 여태껏 검은 허수아비가 되어 생명의 나무 위에 위협적인 몸짓을 하고 앉아 있던 자들을 비웃어주라고 명했다." …… "이미 존재하고 있는 것이라면 어찌 새삼스럽게 존재하기를 의욕할 수 있겠는가! 생명이 있는 곳, 거기에만 의지가 있다. 그러나 나 가르치노라. 그것은 생명에 대한 의지가 아니라 힘에의 의지라는 것을! 생명이 있는 것에서 많은 것이 생명 그 자체보다 더 높게 평가되고 있다. 그러한 평가를 통해 자신을 주장하는 것, 그것은 힘에의 의지다."

– 니체, 『차라투스트라는 이렇게 말했다』

두 번의 내리막길에서 차라투스트라가 맞서 싸웠던 적들 중에는 특히 덕의 교사, 성인, 시인과 구세주, 음울한 현자들이 있다. 이들이야말로 최후의 인간들로서 선하다는 자들에게 마치 불변의 진리요 가치라도 되는 양 선과 악의 독을 퍼트린 자들이다. 아담과 이브가 선악과를 따먹기 전에 생명의 나무의 열매만을 따먹고 영생을 보장받고 살았던 에덴동산처럼 기독교에서 천국이란 선하다는 자들이 선과 악의 근원을 알지 못한 채 선과 악의 율법을 맹종하며 그 보상으로 영생을 보장받는 곳이다. 이런 천국은 마치 최후의 인간들이 꿈꾸는 행복, 즉 낮에 열 번의 극복과 열 번의 화해를 통해 선과 악의 규범을 지키고 밤에 단잠을 자는 곳과 유사하다. 그러나 차라투스트라에게 생명의 나무란 영생의 나무가 아니고, 반대로 영원히 파종과 육성과 이식, 수확과 축제의 깨달음의 반복 혹은 영원히 생성소멸을 거듭하며 반복되는 힘에의 의지다. 이런 생명의 나무를 음울한 현자들이 검은 허수아비가 되어 위협한다는 것은 생명의 진실 혹은 그런 진실을 은폐한 채, 추상적이고 보편적인 가치나 규범처럼 죽음의 독과 같은 비유와 은유들을 최후의 인간들에게 퍼트린다는 뜻이다.

반면 차라투스트라에게 생명의 나무란 모든 사물의 바탕에 있는 힘에의 의지의 상징이다. 에덴동산에 있는 생명의 나무가 불멸과 영생을 의미한다. 그러나 차라투스트라는 사물의 근거라고 여겨지는 불변적이고 보편타당한 본질, 진리란 허구요 거짓이다. 오히려 모든 사물은 생성과 소멸의 우연의 흐름 속에 있다. 사물의 근거는 무근거요, 심연이다. 그러나 그것은 전적인 무가 아니다. 왜냐하면 사물의 배후 바탕에는 생명에의 의지, 더 정확히 말하면 힘에의 의지가 작동하고 있기 때문이다. 결국 차라투스트라가 자신들의 제자들로 하여금 초인이 되기를 주장할 때에는 이처럼 사물의 배후 바탕의 심연을 볼 수 있는 독수리의 긍지와 그 심연의 본질로서 힘에의 의지를 깨닫는 뱀의 지혜가 필요함을 말하고자 한 것이다.

포도나무 : 동일자의 영원회귀

마지막으로 차라투스트라가 사용하는 나무의 메타포는 포도나무이다. 포도나무는 디오니소스를 상징한다. 포도주는 고대인들에게 생명의 음료를 의미하면서 동시에 도취와 망아의 순간을 경험할 수 있는 열정을 의미한다. 그런데 좀 더 시각적으로 단순하게 생각해보더라도 다른 어떤 나무보다도 포도나무는 서로 얽히고설킨 덩굴나무의 순환성을 느끼게 하며 특히끝없이 열리는 무수한 포도송이들을 통해서 동일한 것의 영원한 되돌아옴을 상징한다.

차라투스트라에게 동일자의 영원회귀의 사상은 우주론적인 진리이면서 윤리학적 진리이다. 니체는 우주론적으로 세계는 공간적으로는 유한하면서 시간적으로는 무한하다고 보았다. 유한한 세계에서 무한한 시간의 흐름을 생각할 때 우리가 겪는 일들은 비로소 처음으로 일어난 일이 아니라 무수한 반복된 일이지 않을 수 없다. 다시 말해 동일한 것이 영원히 반복되고 있다는 의미이다.

그러나 더 중요한 것은 그것의 윤리적 의미이다. 동일자의 영원회귀를 통해서 니체와 그의 분신 차라투스트라가 말하고자 한 바는 일종의 사고실험과 같은 것이다. 흔히 우리는 우리에게 닥치는 불행한 일들에 대해서 왜 나에게 그런 일이 일어났을까 의아해 하거나 억울해 한다. 그런데 우선 관점의 전환이 필요하다. 젊고 전도유망한 아들을 잃고 슬픔을 견디기 어려워 위안을 얻기 위해 수녀원에 머물렀던 소설가 박완서는 중요한 관점의 전환을 경험한다. 처음에는 억울함, 원통이 주된 심정이었다.

> 그래, 주님과 한번 맞붙어보려고 이곳에 이끌렸고, 혼자 돼보기를 갈망했던 것이다. 주님, 당신은 과연 계신지, 계시다면 내 아들은 왜 죽어야 했는지, 내가 이렇게까지 고통 받아야 하는 건 도대체 무슨 영문인지, 더도 말고 덜도 말고 한 말씀만 해보라고 애걸하리라.
>
> — 박완서, 『한 말씀만 하소서』

그러나 젊은 예비 수녀를 만나면서 관점의 전환이 일어난다.

> '왜 내 동생이 저래야 하나?'와 '왜 내 동생이라고 저러면 안 되나?'는 간발의 차이 같지만 사고의 대전환이 아닌가? 나는 신선한 놀라움으로 그 예비 수녀님을 다시 바라보았다. 내 막내딸보다 앳돼 보이는 수녀님이었다. 저 나이에 어쩌면 그런 유연한 사고를 할 수 있었을까? 내가 만약 '왜 하필 내 아들을 데려갔을까?'라는 집요한 질문과 원한을 '내 아들이라고

해서 데려가지 말란 법이 어디 있나?'로 고쳐먹을 수만 있다면, 아아 그럴 수만 있다면, 구원의 실마리가 바로 거기 있을 것 같았다.

– 박완서, 『한 말씀만 하소서』

결국 박완서는 "다른 사람에게는 어떠한 불행이 닥치더라도 나에게만은 불행이 일어나서는 안 된다"는 생각은 그 자체가 오만이고 착각이라고 본 것이다. 그러나 박완서의 관점의 전환에는 고통과 불행을 겪어도 딱히 불만을 털어 놓을 수 없을 만큼 우리 모두는 하찮고 죄 많은 인간이라는 기독교적 자기비하가 전제되어 있다.

그러나 니체와 차라투스트라는 역설적으로 "얼마든지 그런 일이 나에게 반복되어 일어난다고 하더라도 그때마다 우리는 과연 자신의 삶을 긍정하고 회피하지 않고 맞서 싸울 수 있겠는가?"라고 묻는다. 니체는 우리가 겪는 고통과 불행은 오히려 우리 자신을 현명하게 만들고 더욱 강하게 만들 수 있다는 점에서 고통과 불행이 반복되길 원한다는 강함의 염세주의를 요구하는 것이다. 동일자의 영원회귀는 우리에게 닥치는 운명에 대해서 그것이 얼마든지 반복되더라도 계속해서 그 운명을 긍정하고 맞서 싸울 수 있는 용기와 결심을 요구하고 있는 것이다. 결국 힘에의 의지로서 생명의 나무가 존재의 본질을 말해주고 있다면, 포도나무로서 동일자의 영원회귀는 인간이 감당해야 하는 존재방식을 말하고 있다.

6. 니체의 진로 내러티브와 캐릭터 아크

　니체의 진로는 처음부터 말 그대로 잘 풀린 케이스이다. 박사학위도 없는 20대 중반의 젊은 나이에 바젤대학의 문헌학 정교수가 된 것은 물론 스승 리츨을 잘 만난 것도 있지만, 니체의 직업적 흥미와 적성을 앞질러 그의 뛰어난 어학적, 문학적 재능 때문이다. 우리는 한국사회에서 니체처럼 적성이나 흥미보다 재능을 최우선으로 전공과 진로를 선택하는 경우를 드물지 않게 목격한다. 수능성적이나 내신 성적으로 등급과 순위를 매겨놓고 한해의 의대정원에 해당되는 최상위 성적의 학생들은 묻지도 따지지도 않고 최우선적으로 의대를 지원한다. 자신이 의사로서 진로적성과 흥미가 있는지는 중요하지 않다. 더욱 중요한 자신의 유년기 집념과 자아이상은 애초에 자각하지도 못한 채 수능성적만으로 즉 국어, 수학, 과학, 영어라는 기초 도구과목에서 뛰어난 점수를 얻은 학생은 의사의 길을 가는 것이다.

　흥미로운 점은 진로구성주의의 지도적 학자인 사비카스가 근무한 대학이 오하이오 메디컬 스쿨이라는 점이다. 오하이오 메디컬 스쿨이 새롭게 세워지고 얼마 안 있어 사비카스는 대학당국을 찾아가 의대생들의 진로지도와 상담 워크숍을 기획하며, 자신을 교수로 채용할 것을 제안하는 우리가 보기에는 다소 돈키호테 같은 행동을 한다. 그런데 놀랍게도 오하이오 메디컬 스쿨 당국은 사비카스의 제안을 환영했고, 그를 의대생들의 진로지도와 상담교수로 전격 채용을 한다. 사비카스는 현재 오하이오 메디컬 스쿨의 명예교수Professor Emeritus of Family and Community Medicine이며, 지난 30년 넘게 오하이오 메디컬 스쿨의 진로지도 상담교수로서 의대생들을 상담해오면서 자신만의 고유한 진로 구성주의 상담이론을 개발했다. 사비카스는 똑같은 의대생이라고 하더라도 전공분야에 따라 요구되는 적성과 흥미가 너무나 다르고, 의사로서 자신의 진로 정체성을 구성해 나가는데 학생의 유년기 기억 속에서 발견되는 집념과 롤 모델 조사를 통해서 확인되는 자아이상이 결정적 역할을 한다는 것을 발견했다. 또한 의사로서 자신의 진로 내러티브를 어떻게 구성해 나갈 것인지 그리고 의사로서 자신의 철학은 무엇인지 역시 중요하다는 것을 알아내었다. 요컨대 설령 의대생들의 홀랜드 진로적성 검사결과가 실재형과 탐구형으로 나왔다고 하더라도, 그것만으로는 의학의 세부 전공분야를 고르고 선택하는 데는 턱없이 부족한 정보이며, 의사라는 직업만 해도 그 안에서 각각의 의사만의 고유한 진로 내러티브와 진로 정체성이 형성되어야 한다는 것이다. 이를 위해서 자신만의 창의적인 진로 내러티브 정체성의 구성과 자기 고유의 의학철학의 정립이 필요하다는 것이다.

다시 니체로 돌아오자. 니체는 뛰어난 고전어 능력과 문학적 해석능력 덕분에 너무 이른 나이에 문헌학 교수가 되었지만 이 직업이 자신이 진정 원하는 진로가 아니었음을 차츰 자각하기 시작한다. 그리하여 니체는 문헌학 교수에 대해 사회가 기대하고 부여하는 역할과 당위를 떠맡고 "나는 무엇을 해야 하는가"라는 식의 낙타 같은 정신단계의 태도를 넘어서, "나는 무엇을 원하는가? 내가 파괴해야 될 가치와 당위는 무엇인가?"라는 사자 같은 정신, 나아가 "내가 새롭게 창조해야 될 가치와 당위는 무엇인가?"라는 아이 같은 정신으로 상승이 필요함을 역설한다. 물론 니체는 자신의 철학자로서의 진로 역시 기존의 철학자의 진로와는 전적으로 다른 길을 걷는다. '연구하고 강의하고 글을 쓰는 철학자'가 아니라 '노래하고 춤을 추는 철학자', '펜과 분필을 들고 강의하는 철학자'가 아니라 '망치를 들고 파괴하고 창조하는 철학자'의 길 말이다. 사실 니체가 집필한 철학 서사시인 『차라투스트라는 이렇게 말했다』는 그 이전과 이후 어디에서도 그 유례를 찾아볼 수 없는 창의적인 철학적 사유방식을 보여주는 저서이다.

자 여러분은 니체의 사자 같은 불굴의 파괴의 정신과 아이 같은 천진난만하며 순진무구한 유희와 창조의 정신을 갖고서 어떤 진로 내러티브를 새롭게 만들어가길 원하는가?

니체의 커리어 스토리

1. **집념 :** 열등함과 우월함의 분리 및 둘 사이의 거리의 파토스에 집착함. 영웅적인 남성상, 전사처럼 강한 자에 대한 열망.
2. **롤 모델 :** 낙타, 사자, 아이의 정신변화단계에 맞게 도시의 최후의 인간들을 떠나 광야와 숲과 산정동굴로 떠난 예수, 붓다 그리고 디오니소스
3. **직업적 흥미 :** 사람들로 번잡한 도시와 대학 연구실과 강의실보다 실스 마리아와 같은 산정의 고독한 공간을 선호함. 정체된 최후의 인간들보다 정신의 변화를 위해 상승과 하강을 통해 파괴와 창조를 행하는 초인에 대한 관심
4. **스토리 :** 젊은 시절 남들보다 훨씬 빠르게 문헌학 교수가 되었지만 철학, 음악비평에 대한 관심에 더 많은 관심을 가졌고, 결국 예수나 붓다처럼 깨달음을 통한 정신의 변화를 위해 도시와 학교를 떠나 산정의 고독 속에서 사색과 집필에 몰두함.
5. **철학 :** 기존 가치의 전도와 허무주의를 견뎌내면서 가치파괴와 창조를 거듭하는 초인이 되어 세계의 본질인 힘에의 의지를 간파하고 영원회귀의 진리를 체득함.

● **참고문헌**

니체, 박찬국 옮김, 『비극의 탄생』, 아카넷, 2007
니체, 정동호 옮김, 『차라투스트라는 이렇게 말했다』, 책세상, 2000
하이데거, 박찬국 옮김, 『니체 1, 2』, 길, 2012
박완서, 『박완서 일기 : 한 말씀만 하소서』, 세계사, 2019

12. 하이데거

종치기 소년, 철학강사와 교수,
그리고 존재사유의 길

1. 종치기 소년의 신비로운 이음매의 경험 :
　 유년기 하이데거의 집념

　하이데거는 프라이부르크 대학의 강사 시절에 아리스토텔레스에 관한 강의를 다음과 같은 간결한 말로 시작한다.

　"그는 태어나서 공부했고 죽었다."

　하이데거는 자기 자신에 관해서도 후대에 이렇게 이야기되길 바랐다. 그러나 우리는 하이데거의 바람과는 반대 방향으로 가고 있다. 고대 그리스의 철학자 아리스토텔레스이건 독일의 20세 현대철학자 하이데거이건 그들의 진로와 철학은 단순히 공부가 전부라고 말하기에는 그 이상의 진로 내러티브가 있다. 앞서 확인했듯이 아리스토텔레스의 생애와 진로와 철학도 단순하지 않았던 것처럼 하이데거의 생애와 진로도 단순하지만은 않다. 하이데거는 처음에는 카톨릭 사제가 된다는 조건 하에 1903년 김나지움 입학부터 1916년까지 카톨릭 교회의 장학금을 받고 학교를 다녔다. 실제로 하이데거는 1909년 김나지움을 졸업하고 예수회에 들어갔지만 건강상 부적합 판정을 받았다. 그러나 그는 여전히 신부라는 직업을 포기하지는 않았고 일반 신부가 되기 위해 프라이부르크 대학 신학부에 입학했다.

이런 하이데거의 초기 진로에 결정적 영향을 끼친 것은 그의 아버지가 메스키리히에 있는 성 마르틴 성당의 관리자였다는 점이다. 그가 태어나 유년시절을 보냈던 곳은 작고 나지막한 교회지기 관사였고, 그 관사가 교회 마당을 사이에 두고 우뚝 솟은 성 마르틴 교회와 마주해 있었다는 점. 교회지기의 아들로서 마르틴은 동생 프리츠와 함께 교회 일을 도와야 했는데 두 아이는 미사 때에는 복사였고, 교회를 장식할 꽃을 꺾어 와야 했으며, 신부님의 심부름을 하면서 유년시절을 보냈다.

교회지기 아들로서 하이데거에게는 교회의 종을 치는 일이 유년시절 일상이었다. 아마도 이일은 교회 신부가 되길 원했던 하이데거의 초기 진로방향뿐만 아니라 신부직을 포기하고 철학연구로 방향을 바꾼 진로와 연관해서도 의미 있는 기억으로 보인다. 하이데거가 「종탑의 비밀」에서 회상하는 바에 의하며 종탑에는 7개의 종이 있었는데 종마다 이름이 달랐고 모두 시간과 긴밀한 관련을 맺고 있다.

오후 4시에 울리는 종은 '피어레' 였는데, 이 종은 낮잠에 든 소도시 주민들을 일깨우는 일종의 자명종이었다. 3시에 울리는 '드라이에'는 조종으로도 쓰였다. '킨데'는 성경 공부시간과 묵주기도 시간을 알려 주었으며, 12시에 울리는 '츠뷀페'는 학교의 오전 수업이 끝났음을 알렸다. '클리나이'는 시간마다 울리는 종이었고, 가장 아름다운 소리를 내는 '그로세'는 중요한 축일 전야와 당일 새벽에 울렸다. 부활절 전의 성목요일에서 성토요일까지는 종을 치지 않았으며, 그 대신 달가닥 소리를 울렸다.

- 하이데거, 「종탑의 비밀」

이처럼 7개의 종은 메스키르히의 주민들의 삶의 시간과 깊숙한 관련을 맺고 있다. 그것은 단순히 기계적인 시계가 만들어 놓는 천편일률적인 시간과 달리 성스러운 것이 개방되는 시간과 연관되어 있다. 하이데거는 종치기 소년으로서 자신의 유년기를 다음과 같이 회상한다.

교회의 여러 축일과 대축일, 사계절의 순환 그리고 나날의 아침과 저녁 시간을 서로 이어준 비밀스런 이음매는 어린 마음과 꿈과 기도와 놀이 사이로 어떤 종소리가 끊임없이 울려 퍼지게 했다. 아마도 종탑의 가장 매혹적이며 가장 완전하고 가장 영속적인 비밀 중의 하나를 품고 있는 것이 바로 그 이음매일 것이다.

- 하이데거, 「종탑의 비밀」

2. 소리 중심 사유의 경험과
   하이데거의 진로 내러티브의 관련성

전통적으로 사유란 플라톤의 보임새로서 '이데아'에 대한 지적 직관이나 아리스토텔레스의 형상에 대한 관조로서 '테오리아', 근대 합리론자들의 코키토나 영국의 경험론자들의 지각 등의 개념에서 알 수 있듯이 시각 중심의 사고였다. 시각중심의 사고에서 사고의 주체는 시각 바깥에 존재하며, 시각을 통해 보이는 것들은 모두 주체 앞에 대상, 표상으로 세워진다. 본래 '대상'이라는 의미의 독일어 Gegenstand나 '표상'이라는 의미의 Vorstellung 모두 '앞에 세움' 내지 '앞에 세워진 것'이라는 의미를 갖는다. 하이데거는 후기에 기술에 대한 사유를 전개 하면서 기술의 본질을 Gestell, 즉 '닦달함'이라고 규정하였다. 요컨대 시각중심의 사유에서는 사유하는 주체가 항상 사유를 관장하는 전권을 쥐게 되고 사유하는 대상은 주체 앞에 대상으로서 주체의 처분에 내맡겨져 있다.

반면 소리 중심의 사유에서, 말하는 자와 듣는 자 모두는 말소리 가운데 놓여 있다. 여기서는 말하는 자와 듣는 자의 이분법적 구분이나 대립 이전에 양자를 결합하는 혹은 이어지는 이음매로서 말, 소리가 주도권을 쥔다. 하이데거의 전기 주저인『존재와 시간』에서 사유란 음의 조율이라는 의미를 갖는 독일말 Stimmung, 즉 '기분', '분위기' 속에서 처해 있음, 던져져 있음에 대한 이해이며, 이 속에서 의미는 말함을 통해 분절화된다. 하이데거의 후기철학 이를테면「사물」에서 사유란 존재의 말 건네 옴에 대해 물러서서 응답함이며, 언어 속에서 존재가 지켜진다. 또한 사유하는 자는 세계의 바깥에서 세계를 구성하는 자가 아니라 하나의 사물 속에서 땅과 대지와 신적인 것과 하나로 포개어지는 죽을 자로서 연결된다. 이런 네 가지의 계기의 이음매 속에서 사방세계가 펼쳐지고 또한 사방세계는 이런 이음매를 감싼다.

유년기의 종치기 소년의 신비로운 이음매에 대한 경험과 청장년기 『존재와 시간』에서 현존재분석이나 노년기 「사물」의 사물분석에서 하이데거가 일관되게 알고 싶어 했던 것은 존재에 대한 사유이다. 여기서 말하는 존재라는 것이 무엇이고 존재에 대한 사유는 어떻게 하는 것인지에 대한 논의는 이후로 미루더라도 일단 사람들은 여기까지만 듣고서 혹은 이 책이 아니더라도 하이데거의 존재사유에 대한 독서나 공부를 해온 사람이라면, 하이데거는 말 그대로 우리의 비본래적 일상적 삶과는 동떨어진 본래적인 현존재와 존재사유에만 몰두해온 현실감이 떨어지는, 비세속적인 신비주의자나 은자처럼 여겨질 수도 있다. 그러나 이것은 일단 하이데거에 대한 오해이기도 하거니와 현존재분석과 존재사유에 대한 오해이기도 하다. 현존재분석에서 근본기분에 사로잡혀 세계 속에 던져져 있음에 대한 이해와 말함 나아가 사물 속에서 죽을 자로서 인간과 불사자로서 신적인 것 그리고 대지와 하늘이 하나가 되는 경험 속에서 공통적인 것은 무엇일까? 그것은 소리중심의 사유 속에서 이음매에 대한 경험으로서 그의 진로선택에서 왜 그가 철학강의에 열정적이었는지와 긴밀한 관련을 맺는다.

우선 하이데거는 누구보다는 자신의 현실적인 직업—그것이 생업이든 전문직이든—을 얻고 유지하기 위해서 노력하며 살았던 사람이다. 특히 하이데거의 철학에서 주목할 만한 점은 바로 그의 저서가 대부분 강의록에 기반을 두고 있다는 점이다. 물론 가장 최근에 편집되어 출판된『철학에의 기여』는 30년대 하이데거의 철학일기라는 점에서 예외이기는 하지만 그 밖의 대부분의 저서는 대학 내 혹은 대학 바깥의 강연을 위한 원고이거나 강연이후 수정된 원고들이다. 우리가 궁금해 하는 것은 이것이다. 왜 하이데거는 철학강의를 중시했을까?

하이데거는 자신의 출판된 저작물이 하나도 없었음에도 불구하고 청년기 프라이부르크 대학강사로서 학생들로부터 유럽의 숨은 철학왕이라는 호칭을 들을 정도로 유명했다. 그 만큼 그가 강의에 열정적이었고 청중들 역시 열광적이었다. 마부르크 대학과 프라이부르크 대학 철학교수를 지내면서 매년 단 한번도 강의 내용이 동일하지 않았을 정도로 연구와 강의를 연계시킴으로써 수많은 철학자들이 그의 제자가 되기 위해 마부르크와 프라이부르크 학생이 되었다.

여기서 잠깐 그가 대학 철학교수직에 얼마나 연연해했는지를 보여주는 몇 가지 에피소드를 소개해보자. 하이데거는 1920년에 후보자 순위 중에 세 번째였지만 마부르크 대학 교수직에 지원한 적이 있었고, 괴팅겐 대학도 하이데거에게 관심을 보였다. 당시 하이데거에게는 넷으로 늘어난 가족을 조교의 박봉으로 먹여 살리기에는 벅찼던 것으로 보인다. 그는 야스퍼스에게 보낸 편지에서 이렇게 쓴다.

이리저리 끌려 다니지만 가능성은 불투명하고 입에 발린 칭찬이나 듣다 보니 상황은 끔찍해지고 있습니다. 물론 다들 그런 의도가 있어서 그런 건 아니겠지만 말입니다. (1922년 11월 19일)

— 뤼디거 자프란스키,『하이데거 : 독일의 거장과 그의 시대』

하지만 하이데거는 결국 1923년 7월 18일 마부르크 대학에서 원외 교수 자리를 얻는다. 바로 다음날 그가 야스퍼스에게 자랑스레 알리듯, 원외 교수지만 '정교수의 지위와 권리가' 보장된 자리였다. 그 만큼 그에게 대학에서 철학교수라는 직위는 자신의 가족의 생계를 위해서도 그리고 자신의 명예와 철학적 사유를 위해서도 절실한 전문직이었다. 자프란스키는 전후 나치 부역 혐의로 프라이부르크 대학교수에서 해직될 위기에 처했을 때 하이데거의 대처를 생생하게 기술하고 있다.

> 1945년 패전 이후 8월 정화위원회는 나치 치하에서 하이데거의 정치적 행동에 대해 상당히 관대한 판정을 내렸다. 판정에 따르면, 하이데거는 처음에 국가 사회주의 혁명에 봉사하여 '교양 있는 독일인들의 시각에서 보면' 이 혁명을 정당화했으며 그 결과 '정치적 변화의 와중에서 독일 학문의 자주성'을 위태롭게 했지만 1934년 이후로는 더 이상 '나치'가 아니었다. 정화위원회는 이런 권고안을 제시했다. 하이데거는 조기 퇴직해야 할 뿐 해직될 필요는 없었다. 하이데거는 명예교수로서 자격은 유지하되, 대학 내 일체 조직에 참여할 수 없다. 하지만 대학평의회는 이런 관대한 권고안에 반대한다. 당시까지 하이데거는 완전한 명예회복을 노리고 변론을 개진했다. 그는 권리와 의무에서 아무런 제한도 받지 않고 대학에 남기를 원했다. 그래서 그는 조기퇴직을 받아들일 용의가 있음을 넌지시 밝힌다. 하지만 명예교수로서 강의 권한은 지키고자 한다. 연금은 말할 필요도 없다.
>
> — 뤼디거 자프란스키, 『하이데거 : 독일의 거장과 그의 시대』

하이데거의 노력에도 불구하고 그는 대학에서 해직된다. 그러나 하이데거는 자신의 철학강의를 포기하지 않았고 대학 바깥에서 자신의 진로를 이어간다. 그는 1945년 이후 더 이상 나치 부역자라는 혐의에서 자유로울 수 없기 때문에 대학 내 학생들과 다른 교수들의 선입견이 부담스러웠을 것이다. 하이데거는 좀 더 정치적 혐의와 선입견에서 자유로운 독일과 유럽의 고급 엘리트들, 사상가들, 시인들과 교류를 나누기 위해서는 학술 아카데미나 소규모 인문교양 모임에서 들어오는 강연요청을 거절하지 않는다. 대표적으로 최고급의 빌러회에 요양소에서 상류계급의 신사, 숙녀를 대상으로 강연을 했고, 또한 브레멘 클럽에서 선박 중개인과 상인, 자본가를 대상으로 강연을 했다. 또한 바이에른 예술 아카데미로부터 여러 차례 강연 초대를 받았다.

비록 당시 대학 밖 청중들에 대한 강연 원고가 책으로 출판되기도 했지만 그에게 대학 밖 청중에 대한 강연은 큰 의미가 있었다. 왜냐하면 하이데거의 존재사유는 기존의 철학적 사변과 본질적으로 달랐다. 하이데거의 후기, 특히 40년대 이후 존재사유는 더 이상 강단철학의 철학연구의 방식과 달리 말 그대로 그때그때 존재사유의 경험, 즉 존재의 말 건네 옴과 그에 대해 물러서서 혹은 말 건네 옴에 자신을 초연히 내맡기고 응답함의 행위였다. 다시 말해 그에게 존재사유는 이론이 아니라 그 자체로 하나의 심층적인 대화와 실천행위였다. 흔히 제도권 내에서 강단철학은 대개 자신의 고유한 철학적 논리와 방법을 가지고 있으며, 이런 논리와 방법을 통해 전통적으로 내려오는 철학적 문제에 대한 자기 나름의 독창적인 답변을 이론적으로 정립하기 마련이었다. 하이데거 저서에 대한 나의 독서경험에 비추어 보면 그의 초기 주저인

『존재와 시간』만 하더라도 나름의 현상학적 방법과 고유한 실존범주들의 이론적 체계화가 정립되어 있기에 독서를 하면 뭔가 기억하고 암기할 게 남아 있었다. 반면 그의 후기 강연 원고를 읽다보면 항상 동일한 질문인 "존재란 무엇인가?", "존재사유라는 무엇인가?"라는 물음 속에서 그때마다 고유한 존재사유의 경험을 기술하는 것에 불과했다. 우리가 니체의『차라투스트라는 이렇게 말했다』를 눈으로 읽기보다는 소리 내어 읽을 때 그리고 암송할 때 니체의 의도가 훨씬 더 분명하게 우리에게 다가오듯이, 하이데거의 강연원고는 단순히 눈으로 읽어가며 뭔가 이론적으로 체계적인 이해를 시도하기보다는 하이데거의 육성을 직접 들으며 그가 처해있는 분위기, 기분 속에 함께 어울려 존재사유의 경험을 해보는 것이 필요하다.

이런 점에서 하이데거에게 청중을 대상으로 하는 강연은 그 자체가 철학하기의 실천행위요 그의 천직이었다. 하이데거는 강연을 할 때 제스처가 컸으며 목소리 역시 하이톤이었다고 한다. 그가 단순히 강연을 생계를 위한 방편 정도로여기지 않았고, 더욱이 홀로 연구한 원고를 단순히 녹음기 틀어놓듯이 반복해서 읽거나 암송하는 강연을 했으리라고 생각하지 않는다. 우리도 홀로 책을 읽거나 글을 쓰는 것과 달리 자신의 철학에 대해 어느 정도 공감과 이해를 하는 청중을 만나 강연하면서 질의응답을 받고 있을 때에 글을 읽거나 쓸 때는 이해하지 못했던 것을 비로소 터득하게 되는 경험을 한다. 즉 철학강의는 그 자체로 직업 활동이면서 철학활동이다. 지금이야 철학공부라는 게 대개는 독서에서 시작하지만 동서양의 고대철학자들에게 철학은 쓰기나 읽기가 아니라 말하기와 듣기였다. 비록 노자의『도덕경』은 예외지만 공자의 『논어』나 맹자의 『맹자』, 장자의 『장자』 모두 그 주된 방식이 대화체이거나 대화를 기반으로 삼고 있다. 서양의 플라톤의 철학저서는 앞서서도 지적했듯이 온전히 대화체이다. 사실 아리스토텔레스의 저서는 모두 현재 강의록 형식으로 남아 있지만 그것도 말 그대로 학생들을 대상으로 한 강연을 염두에 둔 글쓰기였다.

여기서 강조하고 싶은 이런 것이다. 하이데거의 진로와 철학과 연관된 유년기 가장 강렬하면서도 지속적인 경험은 교회의 종치기에서 종소리가 만들어내는 성스러운 시공간의 경험이었다. 이것은 사람 사이 그리고 사람과 주변 환경을 이어주는 이음매 역할을 했다. 마찬가지로 하이데거의 진로와 철학에서 강연을 통한 학생이나 청중과의 교류는 말함과 들음, 물음과 응답 심지어 침묵과 정적의 경험이었다. 이런 소리와 정적의 경험은 하이데거 자신을 세계와 연결하는 이음매였다.

3. 횔덜린의 시 짓기와 하이데거의 존재사유 : 하이데거의 존재사유의 롤 모델과 직업적 흥미

하이데거가 유년기 종치기와 종소리의 경험으로부터 마음 깊숙이 형성된 나의 삶과 세계의 성스러운 시공간적 이음매에 대한 집념은 자연스럽게 그의 존재사유의 선구자로서 횔덜린에 대한 흠모로 이어진다. 즉 횔덜린은 존재사유를 실천하고자 하는 하이데거에게는 자신의 진로와 철학의 롤 모델이었다. 하이데거가 태어난 메스키르히는 보덴 호수와 슈바벤 알프스 그리고 도나우 강 상류 사이에 놓인 소도시이다.

하이데거는 자신의 소망스러운 출신배경을 프리드리히 횔덜린과 다음과 같이 연결시키면서 일종의 자기 신비화에 빠진다.

> 아마도 시인 횔덜린은 …… 어느 사유하는 자에게 규정적 역운이 될 수밖에 없는 바 …… 이 사유하는 자의 선조 중 한 사람이 바로 「이스터 강」이 집필되던 무렵 …… 상부 도나우 계곡의 강가 절벽 아래 있는 어느 농장의 양 우리에서 태어났다.
>
> — 뤼디거 자프란스키, 『하이데거 : 독일의 거장과 그의 시대』

1930년대 초 독일 상황을 하이데거는 다음과 같이 묘사한다.

> 1930년대 초 우리 민족 내 계급 간 차별은 사회적 책임을 지니고 살아가는 모든 독일인들에게 참을 수 없을 정도가 되었습니다. 게다가 베르사유 조약으로 인해 독일은 심각한 노예 상태에 있었습니다. 1932년에 실업자가 7백만 명이나 되었고, 이들과 그 가족이 앞날에는 궁핍과 빈곤밖에 올 것이 없었습니다. 오늘날의 세대는 상상조차 하지 못할 이런 혼란의 상태가 대학가에도 덮쳤습니다.
>
> — 뤼디거 자프란스키, 『하이데거 : 독일의 거장과 그의 시대』

이런 상황에서 국가사회주의자들의 권력 장악은 하이데거에게 하나의 혁명이었다. 그것은 정치를 훨씬 더 넘어서는 일이었다. 그에게 히틀러는 새로운 시대의 출발이었다. 그렇기에 하이데거는 자신과 유사한 '착오'를 범한 횔덜린과 헤겔을 언급하며 책임을 면하려 한다.

그런 착오는 더 위대한 사람들도 범했습니다. 나폴레옹은 헤겔의 눈에 세계정신이었고, 횔덜린에게는 신들과 그리스도 또한 초대받은 축제에 자리한 왕자였습니다.

— 뤼디거 자프란스키, 『하이데거 : 독일의 거장과 그의 시대』

하이데거는 프라이부르크 총장직을 사퇴한 후 1934년 히틀러에 대한 실망을 횔덜린에 대한 희망으로 대체하려 했다. 1934~35년 겨울학기에 최초로 횔덜린 강의를 하고, 그 후로 횔덜린은 하이데거 사유에서 부동의 준거점이 된다. 그는 횔덜린을 통해 독일 국민이 결여한 신적인 것이 진정 어떤 것인지 밝혀내려 한다. 사실 당시 하이데거뿐만 아니라 성스러운 것의 새로운 경험 가능성을 — 시인의 언어로 — 모색하는 사람들이 특히 자신과 횔덜린을 동일시하려는 경향을 보여주었다.

횔덜린을 사로잡은 광기는 그의 문학에 진정성을 더해 주었다고 믿었다. 그가 미쳐 버렸다는 것. 이는 그가 비밀로 가득한 위험의 영역으로 다른 사람들보다 더 깊이 들어섰다는 뜻이 아니겠는가? 독일의 시인, 시의 힘에 압도당한 시인, 새로운 신들의 탄생을 돕는 자, 경계를 넘나든 자, 위대하게 좌절한 자, 사람들은 횔덜린에게서 이런 것을 보았다. 그리고 하이데거의 태도도 이런 테두리 안에 있었다.

— 뤼디거 자프란스키, 『하이데거 : 독일의 거장과 그의 시대』

정치에 가담하려 한 시도가 좌절된 후 하이데거가 중요시한 문제는 힘의 본질 및 현존재를 이루는 힘들의 위계이다. 시 짓기와 사유와 정치. 이 세 가지는 서로 어떤 관계에 있는가? 시인은 한 민족의 정체성을 부여한다. 호메로스나 헤시오도스가 그렇듯이 시인은 민족에게 신들을 데려오며 그렇게 해서 '풍습과 관습'을 세운다. 시인은 한 민족 문화의 본래적 창시자이다. 하이데거는 시 짓기의 문화 건립행위를 다른 위대한 건립 행위와 결부시킨다. 다른 건립 행위란 철학적 세계 발현과 국가 건립을 말한다.

> 근본기분, 즉 한 민족의 현존재의 진리는 근원적으로 시인에 의해 건립된다. 하지만 그렇게 드러난 존재자의 존재Seyn는 사상가에 의해 비로소 존재로서 파악된다. …… 그리고 그렇게 파악된 존재는 ……. 민족이 민족으로서의 자기 자신에게 인도됨을 통해 '규-정'된 역사적 진리 안에 …… 세워진다. 이런 일이 국가 창조자들에 의한 국가의 …… 건립을 통해 일어난다. (강조는 인용자에 의함)
>
> – 뤼디거 자프란스키, 『하이데거 : 독일의 거장과 그의 시대』

이런 하이데거의 횔덜린 해석은 어떤 의미에서 반플라톤주의를 상기시킨다. 플라톤은 국가의 통치를 오히려 철학자에게 맡겼고, 전통적인 의미에서 정치의 영역이었던 군사 권력을 철학에 종속시켰다. 플라톤에게 시인을 포함한 예술가는 가장 비진리의 영역인 이데아의 모방의 모방을 다루고 있기에 국가에게 가장 배척해야 하는 집단이다. 반면 하이데거는 횔덜린과 같은 시인이야말로 한 민족의 진리를 건립하는 자이며, 철학자와 정치인을 그 다음의 위계로 위치 지웠다.

횔덜린에게 신적인 것이란 인간 안의, 인간 사이의, 인간과 자연 사이의 관계 개방된 영역으로서, 이는 하이데거가 선호하는 존재사유의 작업공간과도 긴밀한 관련을 맺는다. 그는 메스키르히에서 태어나 유년시절을 보냈으며, 끊임없이 그곳으로 돌아가고자 했다. 결국 그는 메스키르히 공동묘지에 묻힌다. 그에게 메스키르히는 단순히 자신이 태어나고 자란 곳 그 이상의 의미를 갖는다. 메스키르히는 그에게 획일적으로 기술화된 세계 문명 시대 고향상실을 말할 때 상실된 고향, 망각된 존재의 근원과도 같은 곳이었다. 그리고 바로 그곳이야말로 횔덜린이 말하는 신적인 것이 개방되는 곳이다.

하이데거는 궁핍한 대학강사 시절을 마감하고 마부르크 대학의 원외 교수로 임용되고 나서 마부르크로 이사하기 얼만 전에 프라이부르크 근방 산악지대인 토트나우베르크에 한 떼기 땅을 구입해 아주 소박한 오두막을 짓는다. 그 후로 토트나우베르크 오두막은 그가 세상에서 물러나는 장소이자 사색하는 폭풍의 언덕이다. 여기서부터 모든 길은 아래로 향하며 대학강단, 대학 밖 청중들이 모이는 곳에서 존재사유의 실천을 수행하기 위한 힘의 원천이 되는 공간이 된다. 그곳은 사실 자신의 고향 메스키르히의 복사판 같은 곳이다.

4. 존재사유의 길을 걷는 자 : 하이데거의 진로 내러티브와 서사적 정체성

앞서서도 확인했듯이 하이데거의 진로는 아주 단순하지 않다. 거기에는 실패와 성공 그리고 좌절도 있었다. 청소년 시절 신부직을 꿈꿨지만 건강문제로 포기하고, 철학공부를 하며 대학의 시간강사와 마부르크 대학에서 짧은 원외 교수 기간과 1928년부터 1945년까지 프라이부르크 대학 교수, 1946년부터 1951년까지 강제 퇴직을 당했지만 프랑스를 비롯하여 여러 사상가, 학자들의 관심과 방문을 받았고, 그 후로 대학 강의를 다시 시작했지만 주로 대학 밖 청중을 대상으로 한 강연을 더 많이 했다. 세계적 명성을 얻은 노후에는 독일 전역과 세계 각지에서 유명인사들의 방문을 부정기적으로 받으며 삶을 마무리한다.

그런데 진로 내러티브는 단순히 거쳐 간 직업의 나열과 그 과정에서 성공과 좌절의 이야기만은 아니다. 진로 내러티브에서 가장 중요한 것은 여러 직업을 거쳐 가면서 만들어지는 자신의 진로 내러티브 정체성이며 그것을 결정하는 가장 중요한 계기는 그의 진로의 주제이다. 이 대목에서 우리는 하이데거 스스로 자신이 생전에 출간한 저서들에 어떤 제목을 부여했는지를 주목해볼 필요가 있다. 그의 저서는 앞서 말했듯이 단순히 그의 철학의 이론적 결과물이 아니라 그의 존재사유의 여정이었다. 1935년부터 1946년까지의 원고를 모은 『숲길 Holzwege』, 1950년부터 1959년까지 언어와 관련된 철학적 사유를 모은 『언어에 도상으로Unterweg zur Sprache』, 1949년 글 「들길Der Feldweg」과 「숲길: 장래의 인간Holzweg "Dem künftigen Menschen"」 등은 모두 길Weg라는 단어를 포함하고 있다. 가장 인상적인 저서로서 1919년부터 1961년까지 자신의 사유의 여정에서 중요한 계기가 되었던 원고들을 편집한 책의 이름이 『이정표들Wegmarekn』이다. 이 책들의 편집과 출간은 대개 하이데거 제자 폰 헤어만에 의해서 이루어졌지만 하이데거가 자신의 전집을 발간할 때 책의 제목을 자신이 직접 지었다. 하이데거는 대학강사와 교수,

대학 밖 청중을 대상으로 한 강연자로서 자신의 직업 활동에서 오로지 존재에 대한 사유만을 글과 말로 그리고 가끔은 침묵으로 실천해온 자이다. 그에게 존재사유는 어떤 결과물이라는 것이 없고 모두가 경험의 과정이요 여정이다. 하이데거의 진로는 career가 아니라 course, path에 해당하며 독일어로 바로 Weg라는 말이 적합하다. 흥미롭게도 우리말 '진로進路' 역시 나아가는 길이다. 이때의 길은 끝나지 않는 길이다. 그렇다고 방향이 없는 것은 아니다. 모두 존재에로 향해 있다. 그러나 존재는 어떤 대상도 장소도 아니다. 도달해야 될 목적지를 알 수 없다. 더욱이 존재는 자신을 드러내면서도 감추는 것이다. 항상 존재사유는 길 위에, 도상에 있을 뿐이다. 결국 하이데거의 진로 내러티브의 주제는 존재사유의 길, 존재사유로의 도상이며 그의 서사적 정체성은 존재사유의 길을 걷는 자이다.

5. 존재사유의 전회 : 하이데거의 캐릭터 아크

하이데거의 유년기 종치기 소년으로서 느꼈던 종소리의 조율, 분위기로서 Stimmung 속에서 나와 세계가 하나로 연결되는 경험은 그로 하여금 누구보다도 신이 떠난 자리에 신적인 것의 성스러움에 대한 시 짓기를 수행한 횔덜린을 존재사유의 롤 모델로 갈망하게끔 했고, 그런 신적인 것의 개방성을 대학의 강단에서, 대학 밖 청중들과의 강연에서 그리고 고향 메스키르히의 분신으로서 토트나우베르크 오두막의 산책길에서 경험하고 사유하도록 만들었다. 그러나 하이데거의 이런 존재사유의 길은 흔히 '전회Kehre'라고 불리는 중요한 분기점이 존재한다고 한다. 이것을 사비카스의 진로구성주의 용어로 표현하면 바로 하이데거의 캐릭터 아크, 즉 그의 진로 내러티브 정체성의 변곡점이라고 부를 수 있을 것이다.

하이데거의 철학에서 전회와 그의 캐릭터 아크의 연관성을 설명하기 위해서 하이데거의 전기 철학의 주저인 『존재와 시간』(1927)과 후기 존재사유의 주요 강연 논문인 「사물」(1951)을 비교해보자. 『존재와 시간』의 핵심 개념은 바로 현존재의 존재이다. 반면 「사물」의 핵심 개념은 사물의 존재이다. 이 양자의 차이는 크게 두 가지 면에서 결정적이다. 첫 번째, 전기 하이데거의 사유에서 현존재가 세계의 중심이다. 반면 하이데거의 후기 사유에서 사물 자체가 세계의 중심이다. 주도권이 인간 존재로부터 존재자 자체로 넘어갔다. 두 번째로 전기 하이데거의 존재사유는 여전히 근대철학의 주체, 개인 중심이다. 반면 후기 하이데거의 존재사유는 개인보다는 민족, 집단에 초점이 맞춰져 있다.

현존재 분석 : 너는 지금 무엇을 하고 있지? 너가 지금 원하는 게 뭐야?

좀 더 자세히 들여다보자. 『존재와 시간』은 현존재의 존재의미를 탐구하기 위해 현존재의 존재방식으로 현Da의 의미를 분석한다. 현존재의 현, 거기로서 Da는 세 가지 등근원적 계기로 나눠진다. 기분, 분위기로 번역되는 Stimmung 속에서 내가 세계 속에 던져져 있음이 발견된다. 영어나 독일어에서 "자신이 어떤 상태에 있다"라는 표현을 "find oneself (befinden sich) ~ 상태"라고 표현한다. 그런데 영어에서는 가능한 표현이 아니지만 독일어에서는 이를 명사화시키면 'Befindlichkeit'라고 표현하며 우리말로는 '처해있음'이라고 번역할 수 있다. 하이데거가 말하고자 한 바는 이렇다. 우리는 그때마다 어떤 기분, 분위기를 느낄 때 자신이 어떤 상태에 있음을 발견한다는 것이다. 기분이나 분위기는 단순한 정서, 감정이 아니다. 오히려 더 중요한 것은 기분이나 분위기 속에서 알아차려지는 자신의 존재방식이다. 흔히 상담을 할 때 상담자는 내담자에게 "지금 기분이 어떠신가요?"라는 질문을 자주 한다. 그것은 상담에서 관례적인 말이 아니다. "지금 여기에서 당신은 무엇을 하고 있는지? 무엇을 느끼고 있는지? 무엇을 하고 싶은 것인지?"를 알아차려보라는 중요한 직면적 물음이다. 흔히 요즘식으로 표현하면 '현타'의 경험에서 자신이 지금 여기서 무엇을 하고 있는지 알아차리게 되는 것과 같다.

그런데 하이데거는 여기서 질문을 멈추지 않고 한 걸음 더 나아간다. 그때마다 어떤 기분 속에서 내가 어디에 어떤 상태로 던져져 있음을 발견함과 동시에 우리는 이해 속에서 무엇인가로 자신을 기획투사하고 있다. 여기서 말하는 이해는 독일말로 verstehen인데 인지적 의미의 앎이 아니다. 오히려 '할 수 있음'이란 의미가 더욱 강하다. 우리는 그때마다 어딘가에 어떤 상태로 던져져 있지만 동시에 그 속에서 뭔가를 할 수 있다고 여기며 뭔가를 하려고 한다. 이런 기분에 사로잡힌 이해 속에서 던져져 있으면서 뭔가를 하려고 함, 아직 이것만으로는 현존재의 존재를 해명하기에는 한 가지 요소가 빠져있다. 바로 우리는 기분에 사로잡힌 이해를 침묵까지 포함된 넓은 의미의 말함을 통해 던져져 있으면서 뭔가를 하려고 함의 의미를 명료화시키고 있다. 이 역시 상담에서 흔히 사용하는 기법인데 아까 말한 "지금 기분이 어떠세요", "지금 본인이 무엇을 하고 있는 것 같으세요?" "지금 무엇을 하고 싶으세요?"라고 물을 때 내담자에게 자신의 존재상태를 명료화articulation는 작업을 하고 있다. 바로 이렇게 자신의 존재방식에 대한 명료화는 그 순간 자신이 행한 말함과 침묵 속에서 드러난다.

사실 1920년대 전후 상황에서 더 이상 기존의 객관적 학문들이 탈주술화되고 합리화되면서 역설적으로 사람들이 그때마다 부딪히는 삶의 문제에 대해 침묵하게 되었다. 사람들은 점차 신칸트주의의 과학적 학문의 철학적 정초라는 강단철학으로부터 관심이 멀어지기 시작했다. 더 이상 철학을 포함해서 객관성을 추구하는 학문으로부터 삶의 지혜를 듣기를 기대하지 않게 되었다. 그렇다고 전통적인 종교나 도덕이 이런 삶의 의미, 지혜에 대한 사람들의 갈망을 충족시켜 주기에는 너무나 노회하였다. 기존의 도덕과 종교가 기업이라면 이미 니체의 신의 죽음, 허무주의, 가치전도의 사상을 통해서 거의 파산의 지경에 이르렀다.

바로 이 시기 하이데거의 현존재 분석은 사람들로 하여금 개념적 세계나 초월적, 예지적 세계가 아닌 삶의 세계에서 "바로 지금 여기 내가 어떤 세계에서 누구와 함께 무엇을 해오고 있었는가 그리고 무엇을 원하는가"부터 다시금 되돌아보라는 벼락과 천둥처럼 번쩍이며 울린다. 이 질문에 답하기 위해서 학문적 개념과 종교적 초월에 앞서 우리가 살아가면서 '이미 갖고 있으며vorhaben' '앞서 주시하고 있으며vorsehen' '먼저 파악하고 있는vorgreifen', 나와 타인과 세계의 관계를 해석학적으로 드러내 밝혀야 한다. 이것이 바로 하이데거가 후설의 현상학과 키르케고르, 니체의 실존철학 그리고 딜타이의 해석학으로부터 배운 현상학적 해석학의 사유방법이었다. 사실 하이데거의 현존재 분석은 지금 우리에게도 유의미한 자기성찰의 방법이다. 이따금씩 느껴지는 허무감, 지루함 혹은 불안과 우울 속에서 감각적인 말단적 쾌락에 빠져버리거나 초월적 종교를 기웃거려 보거나 하다못해 서점이나 도서관 혹은 인터넷 속에서 여러 성공을 위한 자기개발서나 인문적 교양을 제공해주는 책들을 들여다 볼 때 하이데거는 이렇게 우리에게 물을 것이다. "지금 기분이 어떠세요? 지금 뭐하고 계신 거죠? 지금 누구와 어떤 말을 나누거나 나누지 않고 있으신 건가요?" 이 물음은 바로 삶의 의미, 가치발견과 창조의 새로운 출발은 개념의 세계에도 초월적 세계에도 다양한 교양과 지식 속에 있은 것이 아니라 지금 여기 내가 자기 자신과 타인과 그리고 세계와 맺는 일상적 관계에 대한 성찰 속에서 시작해야 함을 깨우쳐 주고 있는 것이다.

『존재와 시간』을 통해서 하이데거가 우리에게 던지는 질문은 너무나도 일상적이면서도 단순한 질문이다. 하이데거는 그전까지만 해도 어느 누구도 철학이 탐구해야 하는 주제로서 생각해본 적 없던 바로 지금 여기에서 우리 자신의 일상이 바로 모든 결단, 변화의 시작점임을 알려주고 있다. 물론 하이데거는 본래적인 현존재의 존재방식을 드러내기 위해서는 깊은 지루함이나 불안과 같은 근본기분에 대한 분석을 제안한다. 이를 통해서 현존재가 처해있는 이 세계의 무의미성과 인간 존재의 유한성이 드러난다. 우리가 그런 무의미성과 유한성을 회피하지 않고 직시할 때 비로소 자신의 존재의미에 대한 진정한 물음이 시작된다. 그러나 하이데거가 비본래적 현존재와 본래적 현존재를 나누는 순간, 사실 하이데거도 여전히 탁월한 개인의 전형을 제시하고 있다. 이 점에서는 플라톤의 동굴의 비유에서 동료수인들과 달리 동굴 밖에서 선의 이데아를 보고서 동굴로 다시 돌아온 개인, 혹은 키르케고르의 실존적 단독자처럼 심미적, 윤리적 가치를 넘어서 있는 개인에 초점화된 철학이 하이데거의 『존재와 시간』에도 반영되어 있다. 하이데거는 후설의 초월론적 의식이나 메를로-퐁티의 신체가 아닌 독특한 현존재Dasein라는 어휘를 사용하고 있다. 하지만 하이데거의 현존재 분석은 여전히 주변 사물, 타인 그리고 세계가 모두 현존재의 존재를 중심으로 그 의미가 벗겨지거나 새롭게 부여된다는 점에서 근대 이후의 주체 중심의 철학의 전통 내에 있는 셈이다.

사물분석 : 존재는 나에게 무슨 말을 건네 오는가? 그리고 나는 어떤 응답을 해야 할까?

하이데거는 1930년대 초반 자신의 사유의 전회를 동기 부여할 수 있는 중요한 철학내적, 사회적 경험들을 하게 된다. 앞서 이미 언급했듯이 독일은 1차 세계대전의 패망 후에 승전국들로부터 과도한 전쟁배상금 압박을 받고 있었다. 게다가 1920년대 후반 미국으로부터 불어 닥친 경제 대공황의 여파로 이중의 경제적 곤란을 겪고 있었다. 경제적 궁핍과 빈곤은 1930년대 넘어오면서 더욱 커졌고 대학가 역시 이로부터 예외가 될 수 없었다. 하이데거 역시 이런 국가적 위기 상황에서 독일민족의 구원자에 대한 민중의 갈망의 회오리 속으로 빠져든 것처럼 보인다. 점차 그의 철학적 사고는 개인보다는 집단, 민족에 관심을 기울이기 시작한다.

또한 철학적으로도 하이데거는 『존재와 시간』의 본래 기획과 달리 제1부의 1편 「현존재에 대한 예비적 기초분석」과 2편 「현존재와 시간성」만 출간되고, 3편 「시간과 존재」 그리고 2부의 칸트, 데카르트, 아리스토텔레스의 철학의 현상학적 해체의 집필과 출간은 포기된다. 물론 이후에 강의록의 출간을 통해서 『현상학의 근본문제들』이라는 제목으로 나머지 내용 중 일부가 출간되기도 했다. 그러나 하이데거는 현존재의 존재의미에 대한 기초 존재론적 접근의 기획 자체가 존재 자체의 의미를 드러내는 통로로서 부적합함을 자각한다. 특히 1930년에 작성된 「진리의 본질에 대하여」를 통해서 더 이상 존재의미의 문제가 아닌 존재의 진리의 문제가 중요시된다. 현존재의 존재의미에서 여전히 개인이 의미부여, 창조의 주체라는 근대 철학적 전통의 영향력이 남아있다. 반면 애초에 진리라는 것은 발명되는 것이 아니라 발견되는 것이다. 더욱이 현존재의 존재의미가 아니라 존재자체의 진리가 문제가 된다. 그렇다면 주체의 개입여지는 그만큼 차단되는 것이다. 하이데거에 따르면 존재진리에 대한 사유에서 자신을 은폐하면서 존재자를 탈은폐하는 존재 자체로서 진리의 본질에 대한 통찰에 이르게 된다. 그에 따라 현존재의 개시성의 여부가 관건이 아니라 존재 자체의 은폐와 탈은폐성이 존재사유에서 관건이 된다.

그런데 이런 하이데거의 개인중심에서 집단과 민족중심에로, 그리고 현존재 중심에서 존재 중심으로 사유의 전회를 가장 잘 보여주는 논문으로 1950년 강연원고였던 「사물」이 있다. 『존재와 시간』에서 하이데거는 사물을 이론적 존재자 이전에 도구적 존재자로 보면서 현존재라는 궁극목적을 중심으로 도구가 쓰임새라는 의미연관으로 관계를 맺는 현상학적 분석을 수행한 바 있다. 이때 도구로서 사물은 그 도구의 사용자인 현존재 및 다른 공동 현존재들의 관계 속에서 형성되는 세계 속에서 자신의 쓰임새에 따라 그 의미가 규정되기 마련이다. 여기서도 여전히 현존재 중심이며, 도구의 의미의 구성이 문제였다. 그러나「사물」에서 사물은 더 이상 단순히 현존재가 사용하는 도구로 전락되지 않는다. 예를 들어 다른 것을 담는 그릇으로서 단지에 대해서 다음과 같이 기술한다.

> 단지는 자립적인 것으로 자립Selbststand으로서 대상Gegenstand[마주 서 있음, 대립]과는 구별된다. 자립적인 것은 대상이 될 수도 있으며, 그것은 우리가 [자립적인 것을] 직접적으로 지각을 통해서건 상기하는 떠올림을 통해서건 우리 앞에 세울 때 [즉 표상할 때] 일어난다. 그렇지만 사물의 사물적임은 그것이 표상된 대상이라는 사실에 의해 성립되는 것이 아니다. 그것은 도대체 대상의 대상성으로부터는 규정될 수 없다.
>
> — 하이데거,「사물」

하이데거가『존재와 시간』에서 사물을 이론적 존재자로 보든 도구적 존재자로 보든 결국 사물은 현존재가 그 이론적, 도구적 의미를 부여하는 대상에 불과하다. 그런데 사물의 사물성은 대상의 대상성으로부터 규정될 수 없다. 결국 현존재는 더 이상 사물의 사물성을 규정하는 주체가 될 수 없다.

단지는 그것이 제작되었기 때문에 그릇인 것이 아니라 오히려 그것이 그렇게 그릇이기 때문에 제작되어야 한다. 물론 제작은 단지로 하여금 그것의 고유함에 이르게 하고 있다. 그러나 이러한 단지 존재의 고유함은 결코 제작에 의하여 만들어지는 것이 아니다. 만듦에서부터 해방되어 그 자체를 위해 서 있는 단지는 담아 잡는 데 자신을 모은다.

– 하이데거, 「사물」

사실 기독교의 창조론이나 근대 주체철학이나 모두 인공물이든 자연물이든 모두 사용자이자 제작자인 인간 쓰임새의 대상으로서 의미나 가치가 결정된다고 보았다. 그러나 인공물은 아니어도 자연물, 이를 테면 태양과 공기와 바다(강 포함) 그리고 대지는 단순히 인간이나 다른 생명체가 생존을 위해 사용하는 자원의 저장고로서 의미만 갖는 것은 아니다. 그러나 하이데거의 사물에 대한 사유에서 특이한 점은 인공물에서도 실은 그 사물의 고유함은 만듦, 제작에서 해방되며, 자신 안에서 다른 모든 것을 "담아 잡는 데에 자신을 모은다"라는 독특한 고유함을 각자 갖는다는 사실이다. 이런 사물에 대한 새로운 통찰에는 인간의 과학기술 중심적 사고에 대한 근본적인 전환을 요구한다.

자신의 구획, 즉 대상의 구획 안으로 [모든 것을] 강요하고 있는 과학의 지식은 원자 폭탄이 폭발하기 훨씬 전에 이미 사물로서의 사물을 절멸시켜버렸다. …… 사물의 사물적 차원은 은닉된 채로, 망각된 채로 남아 있다. 사물의 본질은 결코 전면에 드러나지 않는다. 다시 말해 언어에 이르지 못한다.

– 하이데거, 「사물」

과학기술적 사고 이전, 주체중심의 표상주의적 사고 이전 사물의 사물적 차원 속에서 존재가 자신을 은폐하면서 드러내는 방식에 주목하는 것이 중요하다. 단지는 부어줌과 선사함의 맥락 속에서 존재한다.

> 선사된 물속에는 샘이 머물고 있다. 샘에는 암석이 머물고 있고, 암석에는 하늘의 비와 이슬을 받은 땅[대지]의 어두운 선잠이 머물고 있다. 샘의 물에는 하늘과 땅의 결혼식이 머물고 있다. 하늘과 땅의 결혼식은 땅의 자양분과 하늘의 태양이 서로서로 믿어 열린 포도나무의 열매를 주고 있는 포도주에도 머물고 있다. .. 단지의 본질에는 땅과 하늘이 머문다.
>
> − 하이데거, 「사물」

단지에 담긴 물 혹은 포도주를 떠올려보자. 단지를 만들었기 때문에 물이나 포도주를 담는 게 아니고 물 혹은 포도주를 담기 위해서 단지를 제작한 것이다. 단지의 고유함은 물 혹은 포도주를 담거나 혹은 담긴 물 혹은 포도주를 목이 마른 자에게 혹은 제단에 선사함 속에 존재한다. 이때 단지 자체이든 단지에 담긴 물 혹은 포도주이든 모두 하늘의 태양과 대지와 그 자양분을 통해서 만들어지고 생성된 것이다. 단지의 본질에 땅과 하늘이 머무는 것이다. 그러나 단지는 하늘과 땅만을 이음매처럼 모으는 것에 그치지 않는다.

부음의 선사는 죽을 자들을 위한 음료이다. 그 음료는 그들의 갈증을 상쾌하게 풀어준다. 그 음료는 여가의 흥을 돋구어준다. 그 음료는 그들의 교제를 유쾌하게 만든다. 그러나 단지의 선사는 축성을 위해서도 부어진다. 부음이 축성을 위한 것일 때, 그것은 갈증을 가시게 하기 위한 것이 아니다. …… 그 부음은 [이제] 불사의 신들에게 제헌된 헌주Trank이다. …… 축성된 헌주가 '부음'이라 낱말이 본디 의미하고 있는 그것, 즉 바침과 희생이다.

　　　　　　　　　　　　　　　　　　　　　　　- 하이데거, 「사물」

　단지의 본질에 하늘과 땅만이 머무는 것이 아니라 죽을 자들 곧 사람들과 신적인 것들도 머문다. 여기서 죽을 자들은 단순히 『존재와 시간』에서 죽음에로 앞서 결단해야 하는 실존적 개인이 아니라 축제와 축성을 위해 만나 교류하는 집단, 같은 신적인 것을 위해 헌주하며 바침과 희생을 결심하는 바로 민족이다.
　하이데거의 존재사유에서 놀라운 점은 그저 포도주나 물을 담는 너무나도 평범한 그릇에 대한 사유 속에서 하늘과 땅, 죽을 자들과 신적인 것들의 함께 머무름을 사유하고 있다는 사실이다.

　　부음의 선사에는 땅과 하늘, 신적인 것들과 죽을 자들이 동시에 머문다. 이 넷은 그 자체에서부터 하나로 함께 속해 있다. 이들은 모든 현전하는 것에 앞서 도래하면서, 하나의 유일한 사방Geviert으로 하나로 포개진다.

　　　　　　　　　　　　　　　　　　　　　　　- 하이데거, 「사물」

　바로 단지 속에서 신적인 것들과 그런 신적인 것들을 섬기는 민족과 그런 민족이 살아가는 땅과 하늘이 하나의 사방세계를 이루면 서로 포개어진다.
　요약해보자. 앞서 『존재와 시간』에서는 현존재의 기분과 이해와 말

속에서 여하간의 세계 속에 던져져 있으면서 기획투사하는 분절화[명료화]된 현존재의 존재가 드러나며 그 속에서 타인과 사물의 의미연관이 구성된다. 반면 「사물」에서는 더 이상 현존재의 역할을 결정적이지 않다. 사물 자체의 사물성, 이를테면 단지의 본질 속에서 같은 신적인 것들을 섬기며, 같은 하늘 밑에 그리고 땅위에 거주하며 자신들을 희생하며 바치는 죽을 자들로서 민족이 모아지는 사방세계가 드러난다.

그런데 현존재의 존재의 분석이든 사물의 사물성에 대한 분석이든 도대체 어떻게 이런 사유가 가능한가? 우리는 여기서 하이데거가 「종탑의 비밀」에서 밝혔던 유년기의 근본집념인 종소리의 끊임없는 울려퍼짐의 경험이 그에게 깨우쳐준 종탑의 가장 매혹적이며 가장 완전하고 가장 영속적인 비밀로서 이음매를 떠올려보는 게 과도한 과거환원주의일까? 여러 번 반복하지만 유년기의 집념은 성인기에 회상된 과거경험이며 이미 현재의 관심이 투여된 재구성된 과거이다. 그 과거경험 자체가 직접적으로 현재의 경험에 인과적 영향을 미친 것이 아니라 과거와 현재의 경험의 상호성 속에서 본인의 생애, 진로 내러티브의 주제에 대한 성찰이야말로 바로 새로운 캐릭터 아크를 가능하게 한다는 것이다. 하이데거의 종소리의 경험의 핵심인 이음매는 우선 『존재와 시간』에서는 기분이 갖는 조율성과 연결되며, 「사물」에서는 단지로부터 느껴지는 신성함의 분위기와 연관된다. 그러나 더 중요한 것은 종소리 속에서 모든 것이 하나로 연결되듯이 현존재의 존재이해 속에서든 단지의 사물성에서든 나와 타인, 민족과 신적인 것, 하늘과 땅이 하나로 모여지며 세계를 드러내는 것이다.

6. 하이데거의 진로 내러티브와 캐릭터 아크

하이데거는 유년기 종치기 소년으로서 자신과 세계가 시간 속에서 하나로 이어지는 성스러운 경험을 하면서 평생에 걸쳐 문자로서 언어보다 말과 소리로서 언어에 기반을 둔 존재와의 대화라는 독특한 사유의 길을 걸은 철학자이다. 이런 존재사유는 철학교수로서 그의 직업과 긴밀한 관련을 맺는다. 왜냐하면 존재사유는 단순히 강단철학에서 흔히 하듯이 철학의 개념과 이론에 대한 역사적 해석과 논리적 분석이 아닌 존재자를 넘어선 존재로부터의 말 건네 옴과 거기에 자신을 초연히 내맡기고 응답하는 대화의 방식이고 이런 존재와의 대화로서 사유의 방식은 바로 철학 강연에서 그 빛을 발하기 때문이었다. 대학에서 해직된 후에는 대학 바깥에서도 자신의 철학적 사색을 경청하길 원하는 사람들이 있음을 알고 대학강단을 고집하지는 않는다.

그에게 철학하기로서 철학강연은 실천, 행동과 무관한 순수한 이론적 사유가 아니라 존재와의 대화 그 자체로서 하나의 심오한 행위요 실천이었다. 하이데거에게 존재사유를 넘어서 윤리학이나 실천철학을 기대하는 것은 그의 철학하기에 대한 오해일 뿐이다. 또한 그가 철학교수라는 신분을 넘어서 나치당원으로서 정치활동을 했다는 혐의와 비난도 어느 정도 오해에서 비롯된다. 왜냐하면 그에게 히틀러의 초기 국가사회주의 운동을 일종의 독일민족의 존재사유의 운동을 불러일으키기 위한 마중물로 보았고, 그의 나치 참여는 그의 철학적 사유활동의 연장선상에서 보아야 한다. 그렇다고 이런 평가가 그의 철학 내용의 옹호까지 의미하는 것은 아니다. 여기서 중요한 것은 그의 철학과 진로 내러티브가 존재사유라는 하나의 활동의 두 가지 모습일 뿐이며, 그의 잠깐 동안의 나치 참여도 그런 맥락에서 보아야 한다는 사실이다. 헤겔과 횔덜린도 처음에는 침략자인 나폴레옹이 절대왕정의 전제주의에 허덕이는 독일영방의 개혁을 위한 구원자이길 기대했지만, 결국에는 나폴레옹의 무분별한 정복전쟁과 프랑스혁명의 정신의 퇴색을 알아차리고 그에 대한 지지를 철회했다. 마찬가지로 하이데거 역시 히틀러와 그의 국가사회주의 정당이 30년대 초반의 독일의 절박한 정치경제적 상황을 구원할 수 있지 않을까라는 희망과 기대를 품었지만, 30년대 중반 이미 히틀러와 나치에 대한 지지를 철회하고 횔덜린의 시짓기의 정신 속에서 독일민족의 또 다른 정신개혁을 기대했다.

하이데거의 진로 내러티브와 철학이 우리에게 던지는 질문은 이것이다. "너가 지금 하고 있는 일에서 어떤 기분에 처해 있는가? 그 기분 속에서 넌 무엇을 하고 있고 무엇을 원하는가? 나아가 너가 사는 세상에서 어떤 일을 하도록 부름받고 있는가? 거기에 어떻게 응답할 것인가?"

하이데거의 커리어 스토리

1. **집념** : 유년시절 반복했던 성 마르틴 교회의 종치는 일을 하면서 종소리가 메스키리히 시민들의 일상과 성스러운 삶의 시간을 일깨우면서 사람과 사물과 세계를 하나로 연결해주는 이음매의 경험을 함.

2. **롤 모델** : 독일민족의 새로운 국가건립을 위해 히틀러와 독일민족이 잃어버린 성스러움을 일깨운 횔덜린

3. **직업적 흥미** : 자신의 고향 메스키리히의 교회와 자신의 사색의 공간인 토트나우베르크의 산책길을 선호했고, 거기에서 존재사유의 경험을 하길 원했음.

4. **스토리** : 유소년과 청년기에는 신부가 되길 원했지만 심장의 문제로 포기를 하고, 처음에는 중세철학 전공자가 되려고 했지만 후설 현상학과 키르케고르, 니체의 실존철학 그리고 딜타이의 해석학을 공부하게 되면서 자신만의 고유한 존재론적 사유를 수행하는 철학자로서 마부르크 대학과 프라이부르크 대학의 교수가 됨. 1945년 나치에 부역했다는 죄목으로 대학해직 후 대학 밖의 철학강연자로 활동함. 대학복직 후에도 강연을 계속함

5. **철학** : 초기에는 현존재를 중심으로 기분, 이해, 말함 속에서 개방되는 세계의 구성에 대한 현상학적 분석을 수행했지만, 후기에는 개인보다는 민족에 그리고 현존재로서 인간보다는 존재 자체에 더욱 관심을 기울이면서 민족이 자신들이 섬기는 신적인 것들을 자신들이 거주하는 땅과 하늘에서 하나가 되는 경험에 대한 존재사유의 여정을 밟아감.

● 참고문헌

M. 하이데거, 이기상 옮김, 『존재와 시간』, 까치, 1998
M. 하이데거, 이기상, 신상희, 박찬국 옮김, 『강연과 원고』, 이학사, 2008
뤼디거 자프란스키, 박민수 옮김, 『하이데거 독일의 철학거장과 그의 시대』, 북캠퍼스, 2017

에필로그 나의 진로 내러티브와
철학 구성하기

총 13강의 내용을 모두 읽은 분들은

자신의 커리어 스토리를 작성해보면서

자신의 진로 서사적 정체성과 철학을 구성해보는 시간을 가져보자.

다음 다섯 가질 질문에 따라

자신의 경험내용과 생각을 진솔하게 작성해보고

다섯 가지 항목들을 종합해서

자신만의 커리어 스토리를 작성해보자.

커리어 스토리 만들기

1. 집념 찾기 : 가능한 한 자신의 유년기 경험들 중에서 기억나는 세 가지 에 피소드를 적어보면서 자신은 어떤 것에 대한 미해결 욕구 혹은 과잉 고착된 욕구가 있는지를 알아보자. 세 가지 유년기 기억들에 대해서 그 상황, 사건 과 결과들 그리고 경험한 느낌을 정확히 기술해보자. 특히 여기서 느낌은 종 종 사람들이 자신이 지금도 자주 경험하는 느낌이나 삶에서 두드러지게 나 타나는 감정과 관련되어 있다. 세 가지 기억을 자유롭게 떠오르는 대로 기술 해도 좋지만 가능한 첫 번째 기억에서 문제에 대한 언급을, 두 번째 기억에 서 그것이 어떻게 반복되는가를 그리고 세 번째 기억에서 그것의 해결책의 실마리를 찾을 수 있도록 해야 한다.

2. 롤 모델의 특징들을 통해 자아이상 찾기 : 유년기 집념, 미해결 욕구 혹은 과잉 고착된 욕구와 관련해서 본인이 가장 좋아했던 인물, 캐릭터(가상의 캐 릭터도 상관없다)를 떠올려보고 그들의 특징들을 정리종합 함으로써 본인이 어떤 이상적 자아를 갈망했는지를 서술해보자.

3. 좋아하는 과목, 매체(잡지, tv 논픽션 프로그램, 인터넷 사이트)를 통해 직업적 흥미, 정체성 찾기 : 학창시절 좋아했거나 잘했던 과목을 적어보고, 왜 좋아했고 어떤 재능이 있었는지를 적어보자. 또한 좋아하는 잡지, TV프 로그램 혹은 인터넷 사이트를 떠올려보고 어떤 장소에서 어떤 사람들과 어 떤 일을 어떻게 하는 게 좋은지 파악해보자.

4. 좋아하는 스토리를 통해 내러티브 정체성 찾기 : 그 동안 읽었거나 보았 던 소설, 만화, 드라마, 영화 중에서 가장 좋아했던 스토리를 적어보자. 그리 고 자신의 그동안 생애 혹은 진로에서 어떤 대목들이 그 스토리와 닮았는지 알아보자.

5. 좌우명 혹은 철학 정립하기 : 지금 나는 무엇을 해야 할지를 떠올려 보면 서 그 일속에서 찾으려고 하는 의미나 실현하고 싶은 가치가 무엇인지를 중 심으로 자신의 인생관, 가치관, 세계관을 정리해보자. 이때 앞서 배웠던 12 명의 철학자의 철학을 참조하는 것도 도움이 될 것이다.